Los milagros existen

MILLENIUM

LOS MILAGROS EXISTEN

Brian Weiss
y Amy E. Weiss

Traducción de Joan Soler

GRUPO ZETA

Barcelona • Madrid • Bogotá • Buenos Aires • Caracas • México D.F. • Miami • Montevideo • Santiago de Chile

Título original: *Miracles happen*

Traducción: Joan Soler

1.ª edición: octubre 2012

© Brian Weiss y Amy E. Weiss, 2012
© Ediciones B, S. A., 2012
   Consell de Cent 425-427 - 08009 Barcelona (España)
   www.edicionesb.com
   www.edicionesb.com.mx

ISBN: 978-607-480-379-2

Impreso por Programas Educativos, S. A. de C. V.

A Carole, cuya idea fue la semilla
que se convirtió en este libro
y cuyo amor nos ha nutrido a los dos

Algún día, tras dominar los vientos, las olas, las mareas y la gravedad, utilizaremos... las energías del amor, y entonces, por segunda vez en la historia del mundo, el hombre habrá descubierto el fuego.

PIERRE TEILHARD DE CHARDIN

Sumario

Introducción

En julio de 2010, una preciosa tarde de verano en Nueva York, mi esposa Carole y yo íbamos por la arbolada carretera de Taconic Park hacia el Instituto Omega, un rústico centro de retiro donde damos un curso intensivo sobre regresiones a vidas pasadas. El curso nos encanta. Cada día suceden hechos increíbles, una y otra vez. Los participantes no solo recuerdan vidas anteriores, sino que tienen también asombrosas experiencias espirituales o curativas, descubren almas gemelas, reciben mensajes de seres queridos fallecidos, acceden a sabiduría y conocimiento profundos o se encuentran con algún otro episodio místico o maravilloso. A lo largo de los años, Carole y yo hemos presenciado estos sucesos transformadores en los cursos y talleres, y nos sentimos bienaventurados por haber sido capaces de facilitarlos y observarlos. A menudo no sabemos que en el taller acaba de producirse una experiencia especialmente intensa. Quizá la persona necesite tiempo para procesarla, y nos enteraremos de la misma por una carta o un e-mail posterior.

En ese momento, en la carretera veteada de luz, suena el Black-Berry de Carole con un e-mail que describe alguna de estas maravillosas curaciones del taller, un mensaje transmisor de una sabiduría antigua que, sin embargo, nos llega a través de esta tecnología moderna. La sincronización es perfecta, pues estábamos a punto de volver a entrar precisamente en el sitio donde habíamos observado tantos sucesos similares. Nunca sabemos qué acontecimientos y cambios increíbles ocurrirán —solo que ocurren—. Carole se vuelve hacia mí y me mira, sensata y comedida: «A veces se producen milagros.»

Es verdad, se producen a veces. Los milagros pueden ser grandes y afectar al grupo entero. O pequeños y silenciosos. Con independencia de su alcance, la transformación es permanente. Las relaciones se arreglan. Las almas reciben sustento. Las vidas adquieren un significado nuevo y más profundo. Los milagros ocurren.

A mí me pasó un milagro el día en que una paciente llamada Catherine entró en mi consulta y me introdujo en todo un universo espiritual, cuya existencia yo ni había imaginado. Mis primeros libros contienen una descripción muy detallada de sus experiencias, y explican cómo su vida quedó permanentemente alterada para mejor a raíz de aquello. Mi propia vida se vio afectada al menos en la misma medida. Antes de sacar a la luz sus asombrosos recuerdos de vidas pasadas, yo había sido un académico obsesivo-compulsivo, de cerebro izquierdo. Me había licenciado *magna cum laude* en química en la Universidad de Columbia y era miembro de Phi Beta Kappa. Saqué, asimismo, mi título de médico en la Facultad de Medicina de la Universidad de Yale, donde fui jefe de residentes en psiquiatría. Totalmente escéptico respecto a campos «no científicos» como la parapsicología o la reencarnación, fui director de un prestigioso Departamento de Psiquiatría en el Centro Médico Mount Sinai, en Miami, y había escrito más de cuarenta artículos científicos y capítulos de libros correspondientes a los ámbitos de la psicofarmacología, la química cerebral o la enfermedad de Alzheimer. Catherine volvió mi escepticismo —y mi vida— del revés.

Aunque han pasado más de treinta años desde ese día, aún recuerdo la primera vez que ella cruzó la frontera invisible de su vida actual y entró en el terreno de sus otras vidas. Se encontraba en un estado profundamente relajado, con los párpados ligeramente cerrados pero concentrada al máximo.

«Hay grandes olas derribando árboles», susurró con voz ronca mientras describía una escena antigua. «No es posible correr a ningún sitio. Hace frío; el agua está fría. Tengo que salvar a mi bebé, pero no puedo... solo lo agarro con fuerza. Me ahogo; el agua me asfixia. No puedo respirar, no puedo tragar... agua salada. Me arrancan el bebé de las manos.» Se le había tensado el cuerpo; tenía la respiración acelerada.

De repente, la respiración y el cuerpo se relajaron por completo.

«Veo una nube... tengo el bebé conmigo. Hay otros del pueblo. Veo a mi hermano.»

Para debilitarse, mi escepticismo necesitaba más tiempo, pero el proceso se había iniciado. Los graves síntomas de Catherine comenzaron a desaparecer a medida que fue recordando más escenas de esa y otras vidas anteriores. Yo sabía que la imaginación no podía disolver esos síntomas crónicos, que eso solo podían hacerlo los recuerdos reales. Catherine pasó a recordar muchos hechos y detalles históricos de sus vidas pasadas, que a veces fuimos capaces de confirmar. También refirió verdades privadas de mi propia vida, que había llegado a conocer o descubrir por algún medio misterioso. Me contaba esos hechos personales mientras flotaba en ese estado deliciosamente distendido entre vidas físicas distintas.

Esos poderosos encuentros probatorios con Catherine empezaron a abrirme la mente y a eliminar mis dudas. Conocí a otros clínicos acreditados que realizaban regresiones e investigación al respecto, y aún quedé más convencido. Desde que en 1988 se publicara mi primer libro, *Muchas vidas, muchos maestros*, he tratado a más de cuatro mil pacientes individuales mediante terapia de regresión a vidas pasadas, y a muchísimos más en grupos grandes durante mis talleres experienciales. Cada caso valida y confirma, enseña y amplía. Cada caso desvela algo más del misterio de la vida. En todo este tiempo, he conocido a pioneros y lumbreras de las vidas pasadas de todas partes del mundo. Donde antaño hubiera incredulidad, hay ahora sabiduría y conocimiento cuidadosamente reunido. Las historias de este libro impulsarán al lector por el mismo camino y lo conducirán desde la duda hasta el descubrimiento. Solo hay que abrir la mente y dejar que empiece este viaje maravilloso.

En los talleres que dirijo, aproximadamente dos terceras partes de los asistentes recuerdan satisfactoriamente episodios de vidas anteriores. Sus recuerdos y evocaciones suelen curar enfermedades físicas y emocionales. Los síntomas aclaran dudas aunque el recuerdo no sea del todo preciso, pues un error al recordar no niega la verdad o la importancia de lo recordado. Por ejemplo, en una regresión una persona puede recordar el trauma, el caos o incluso toda la reacción emocional de su madre cuando, con tres años de edad y corriendo por la calle, casi fue atropellada por un Buick negro. Si lo verifica con la madre, resulta que el coche era un Cadillac azul marino. Por lo demás, el resto de la remembranza es exacto. Este pequeño grado de distorsión es aceptable. La memoria no es un viaje literal en el tiempo. Y si al describir el recuerdo del accidente usamos una palabra que no aprendimos hasta los doce años, tampoco pasa nada. La mente que observa y describe es la conciencia actual, no el cerebro a los tres años. En realidad, nunca nos metemos en una máquina del tiempo. La hipnosis es la herramienta que utilizo yo para ayudar a la gente a recordar esos episodios de la infancia y otras cosas. Muchos de mis pacientes y de los individuos que he atendido en los talleres son capaces de recordar hechos no solo de su edad temprana, sino también de cuando se hallaban en el útero de su madre, de ese estado místico entre vidas, y de vidas pasadas.

A lo largo de los años he conocido personas, cuyas ideas preconcebidas sobre la terapia de regresión a vidas pasadas las han empujado a rechazar el concepto de plano. Sostienen que los recuerdos están distorsionados o son imprecisos, como he señalado antes, o que sus efectos terapéuticos se pueden atribuir a las meras ilusiones, o que todos los individuos que experimentan una regresión se identifican erróneamente a sí mismos con una figura histórica famosa del pasado. Estos críticos se hacen oír, pero están mal informados. El libro incluye numerosas historias de personas que han tenido o llevado a cabo sus propias regresiones, y en conjunto presentan un catálogo increíblemente diverso de experiencias que pone definitivamente en entredicho tales suposiciones. Sus páginas contienen más evocaciones de pobres y campesinos que de personajes importantes. La imaginación o la fantasía no curan afecciones físicas o mentales muy consolidadas, pero el libro abunda en ejemplos de cómo el recuerdo de vidas pasadas sí lo consigue, y ni el paciente ni el terapeuta necesitan siquiera creer en este concepto para que se produzca la curación, como nos pasaba al principio a mí y a Catherine. Las historias de este libro, como un microcosmos de todo el ámbito de la terapia de la regresión, ilustran una amplísima variedad de vidas pasadas, aunque también señalan una y otra vez los elementos comunes fundamentales del viaje y la evolución de nuestra alma. Abrir la mente a sus verdades —que somos seres eternos e inmortales que hemos vivido antes y viviremos otra vez, que somos uno, y que estamos aquí en la Tierra para aprender lecciones de amor y compasión— es, recurriendo a una cita conocida, un paso importante para el hombre y un salto gigantesco para la humanidad.

Cada vez que los pacientes y participantes en talleres logran recordar una de sus vidas pasadas, se abre una avenida que conduce directamente a la sabiduría divina y al bienestar físico o emocional. La conciencia de que tenemos múltiples vidas, separadas por paréntesis espirituales en el otro lado, ayuda a disolver el miedo a la muerte y a llevar más paz y dicha al momento presente. A veces, la mera evocación de traumas en vidas pasadas desemboca en percepciones y curaciones increíbles. Esta es la vía rápida.

Quienes no han tenido ningún recuerdo de vidas pasadas pueden llegar a comprender y a tener una perspectiva mejorada presenciando o leyendo sobre las experiencias de otros. Una identificación empática puede ser un poderoso estímulo transformador. Esta es una ruta alternativa, en la que la dirección del progreso es más importante que la velocidad. A la larga, alcanzaremos un estado de conciencia iluminada.

La reencarnación, el concepto de que todos hemos vivido otras vidas, es la puerta de entrada a un nivel superior de conocimiento. Catherine me la abrió a mí, y yo después la he mantenido abierta para muchos más.

No obstante, hay muchas puertas. Ciertas personas han accedido a las esferas superiores mediante experiencias cercanas a la muerte, a través de encuentros místicos o gracias a la meditación. Otras han experimentado una percepción súbita, o momento «ajá». Todas las puertas llevan al mismo sitio: un reconocimiento trascendente de que nuestra verdadera naturaleza no es física sino espiritual. Suele haber una conciencia simultánea de que todos estamos interconectados y de que, de algún modo, somos manifestaciones de una energía.

Paolo Coelho ha escrito lo siguiente: «La vida es el tren, no la estación.» En el viaje de ida y vuelta del alma a un estado de sabiduría y amor infinitos, un viaje lleno de misterios y milagros, descansamos, nos recuperamos y reflexionamos en las estaciones, entre distintas vidas, hasta el momento de subir de nuevo a bordo: otro tren, otro cuerpo. Solo hay una casa y al final, tarde o temprano, todos regresamos allí. Es la sede de la felicidad. Este libro nos ayudará a encontrar las orillas.

El tesoro del libro reside en las historias cuidadosamente cultivadas y cosechadas por lectores y participantes en talleres durante los últimos veintitrés años. Compartidas aquí, las experiencias subyacen a todo aquello sobre lo que he escrito y dado clases y lo honran. En miles de voces, estas historias validan no solo los fenómenos de las regresiones a vidas pasadas sino la totalidad del universo psicoespiritual. Leeremos sobre almas y almas gemelas, sobre la vida después de la muerte, sobre vidas presentes completamente transformadas por encuentros con el pasado. Las historias tienen en común el modo en que la mente y el cuerpo se pueden curar de manera profunda y permanente. Explican cómo la pena se puede transformar en consuelo y esperanza, y cómo el mundo espiritual impregna y enriquece nuestro mundo físico en todo momento. Estas historias están llenas de sabiduría, amor y conocimiento profundo. Son divertidas y serias, breves y extensas, pero siempre sensatas e instructivas. Extraídas de todas partes, las experiencias compartidas ayudarán a muchos miles de almas que avanzan por la vida a duras penas. Ayudar a los demás a sanar, a entender y a hacer progresos por su camino espiritual es el deber más noble del espíritu.

Leer las historias y las reflexiones de este libro es como experimentar cien regresiones indirectas. Ciertas resonancias intensas de recuerdos latentes de vidas pasadas del lector estimulan el subconsciente y suscitan una conciencia mayor. La mente más profunda descubre nuevas posibilidades de curación física y emocional. Una comprensión de nuestra naturaleza superior —que somos el alma, no el cuerpo o el cerebro— da lugar a profundos cambios en los valores y las aspiraciones esenciales. Y entonces comienza la transformación más importante. Se despierta la conciencia, que abre sus ojos divinos pero aletargados y distingue su camino espiritual. Las historias seleccionadas para este libro no se limitan a describir estas discretas llamadas de aviso, las efectúan. Leerlas equivale a experimentar un cambio de manera inefable pero indeleble.

En ese momento del despertar, cuando descubrimos nuestra naturaleza intrínseca como seres eternos, desaparece la duda. Como si un viejo alquimista nos hubiera echado encima sus polvos mágicos, el miedo se transmuta para siempre en paz interior, la desesperación en esperanza, la tristeza en alegría, el odio en amor. En el plano del alma puede pasar todo.

Las palabras tienen su propio poder alquímico. Este libro no es una recopilación de historias, sino una colección de posibilidades transformadoras. Leyendo sobre experiencias de regresión de otros y estableciendo lazos de empatía, alcanzamos una profunda conexión con su inmensa sabiduría. Se crea y se fortalece gradualmente un vínculo con un proceso cósmico increíblemente sabio y afectuoso, una historia tras otra. Cada una de las escogidas para este libro facilita estos lazos empáticos y procura percepciones accesibles de la naturaleza más profunda de nuestra alma, nuestra finalidad en la Tierra y nuestra capacidad sanadora. Espero que mis comentarios ayuden a aclarar estos temas. Como ya hemos visto al leer sobre encuentros místicos de otros, ha aumentado la probabilidad de tener uno propio. Las historias ponen la mesa, y ya puede entrar el invitado especial. Alumbran toda una filosofía metafísica. Los conceptos de reencarnación y regresión a vidas pasadas ponen de manifiesto la realidad y la esencia de nuestro yo y nuestra finalidad superiores. Todos podemos valernos de las técnicas y las enseñanzas observadas en los capítulos siguientes para mejorar nuestra vida, seguir por nuestro camino espiritual, experimentar más amor y felicidad ahora mismo, y comprender que no hay por qué tener miedo, pues somos inmortales. Somos solo almas.

Mi hija Amy es terapeuta además de escritora y editora. Entre ella y yo recogimos centenares de informes de personas que tenían un recuerdo significativo que compartir. Leímos y releímos atentamente uno tras otro, y seleccionamos los que, a nuestro juicio, ponían de relieve una cuestión importante, proporcionaban una plataforma didáctica y, ante todo, iluminaban nuestras lecciones de vida comunes. Su belleza y sus percepciones eran tema habitual de conversación en la mesa familiar. Amy y yo trabajamos en equipo para escribir juntos este libro. A veces, mis palabras dan poesía y finalidad a sus pensamientos; a veces, sus palabras dan forma y final a los míos; pero en todo momento unas y otras se entrelazan a la perfección. Trabajar con ella en este proyecto ha sido una bendición y un placer. En cualquier caso, los colaboradores más importantes son, con mucho, los autores de las historias. Si ellos no hubieran transmitido sus experiencias de modo sincero, valiente y elocuente, el libro no habría visto la luz. Sin ellos no habría palabras. Han sido la inspiración para la creación de la obra y el conducto para sus curaciones.

Este libro no está necesariamente concebido para ser leído de una sentada, pues hay profusión de historias cargadas de lecciones. Deambulemos pausadamente por su sabiduría. Demorémonos en ellas un rato. Sintamos sus emociones y texturas. Quizás encontremos paralelismos con nuestras propias experiencias vitales, que merecerá la pena dedicar tiempo a explorar. Releámoslas todas las veces que haga falta. Cada vez que yo lo hago, descubro indefectiblemente nuevos y más profundos niveles de significado. También advertiremos enseguida que estas historias no tratan solo de vidas pasadas. Como he mencionado, la reencarnación es una entrada a una conciencia ampliada y a panoramas asombrosamente fértiles de conocimiento y sabiduría. Lo que hay al otro lado de la puerta es más importante que la puerta, aunque en sí misma esta sea fabulosa.

Las historias que nos disponemos a leer son ejemplos de nuestro inexorable avance hacia la perfección espiritual. Señalan el camino; iluminan los pasos. Son como joyas de múltiples facetas pensadas para ser compartidas. Las facetas de una parecen plasmarse en todas las demás. Aunque he creado capítulos, en realidad las joyas se reflejan unas en otras, por lo que podemos localizarlas en cualquier parte, como gemas holográficas.

Años atrás imaginaba a los seres humanos como joyas así, imagen que describí en *Muchas vidas, muchos maestros*:

Es como si dentro de cada persona se pudiera encontrar un gran diamante. Imaginemos un diamante de un palmo de longitud. Ese diamante tiene mil facetas, pero todas están cubiertas de polvo y brea. La misión de cada alma es limpiar cada una de esas facetas hasta que la superficie esté brillante y pueda reflejar un arco iris de colores.

Ahora bien, algunos han limpiado muchas facetas y relucen con intensidad. Otros solo han logrado limpiar unas pocas, que no brillan tanto. Sin embargo, por debajo del polvo, cada persona posee en su pecho un luminoso diamante, con mil facetas refulgentes. El diamante es perfecto, sin un defecto. La única diferencia entre las diferentes personas es el número de facetas que han limpiado. Pero cada diamante es el mismo y cada uno es perfecto.

Cuando todas las facetas estén limpias y brillen en un espectro de luces, el diamante volverá a la energía pura que fue en su origen. La luz permanecerá. Es como si el proceso requerido para hacer el diamante se invirtiera, liberada ya toda la presión. La energía pura existe en el arco iris de luces, y las luces poseen conciencia y conocimiento.

Y todos los diamantes son perfectos.

He aquí más diamantes.

1

Todos estamos conectados

Una vez, estando en un taller con un grupo grande, advertí una pequeña cartulina en la que había escrito un poema u oración: «La naturaleza de Buda impregna el universo entero, existe aquí mismo y ahora. Dedico el mérito de esta práctica a todos los seres sensibles. Juntos haremos realidad la liberación.»

Mientras leía estas palabras me di cuenta de que esto es verdad para todos y para todo. Si así lo preferimos, podemos sustituir «naturaleza de Buda» por la palabra *amor, Dios, Jesús, poder superior* o cualquier otra figura espiritual. Da lo mismo. Se refiere simplemente a una energía amable, sabia y afectuosa, quizá con atributos que exceden a nuestra comprensión, que llena los átomos, las moléculas y las partículas energéticas del universo entero: una energía de la que estamos hechos y a partir de la cual, en cierto sentido, nos hemos condensado. Esta energía, esta naturaleza de Buda o de Dios, existe justo aquí y ahora, en todo tiempo y lugar. Podemos dedicar la práctica de la vida cotidiana a lograr, de una manera compasiva, la mejora de todos los seres sensibles, esto es, de todas las cosas que tienen conciencia. Juntos —pues estamos todos conectados— podemos hacer realidad la liberación, que es libertad respecto al proceso de nacimiento y muerte y renacimiento, para así licenciarnos en la escuela que denominamos Tierra.

La palabra *juntos*, esta simple palabra, es crucial. En la formación y reunión del grupo hay una energía sagrada. Como ilustran las historias de este capítulo, no es casualidad ni coincidencia que ciertas personas concretas se junten en un momento determinado para una finalidad colectiva. Algunos de los autores de estas historias son capaces de descubrir los intrincados e infinitos hilos que nos unen. Otros que se llaman a sí mismos «desconocidos» averiguan que han estado íntimamente vinculados a lo largo de su vida. No son desconocidos. No hay separación. Nadie está solo.

Por ejemplo, cualquier grupo particular de personas que estén asistiendo a uno de mis talleres no es realmente aleatorio. Ya estaban conectadas entre sí antes incluso de reunirse, empujadas por cierta fuerza coordinadora superior. Es como si un imán cósmico atrajera a esas almas específicas que son necesarias para ese taller. Se congregan almas gemelas y otras personas, algunas de las cuales han compartido vidas pasadas pero en la presente aún no se han conocido. Estas uniones son en realidad «reuniones».

Recuerdo que, mientras miraba la cartulina, pensé: *Qué importante es esta pequeña oración*. Entonces, mientras seguía dando el curso, con las palabras de esa oración repicando todavía en mi cabeza, comprendí que las 130 personas que estaban en el curso habían acudido no solo movidas por sus propios fines o para experimentar una vida pasada. ¿Y si Dios o un poder superior hubiera juntado a esas 130 personas para curar a tres o cuatro? ¿Y si la intención fuera «bueno, que estas 130 personas y su energía única sanen a esas tres o cuatro de su grupo que lo necesitan»? Vaya privilegio, vaya honor y vaya bendición estar incluido entre las 130.

Esto planteaba una perspectiva diferente, a mí y a todo el grupo. Nos dimos cuenta de que los milagros se producían. Solo teníamos que abrir los ojos.

. EL TEJIDO DE LA CONEXIÓN .

En 1993, recibí *Muchas vidas, muchos maestros* de manos de un desconocido que no sabía nada de mí, pero me dijo que era «para» mí. Aquello hizo que toda mi vida anterior por fin tuviera sentido, no tanto mi experiencia con vidas pasadas como ciertos conflictos personales que tenía yo con la percepción común de la pena. Por primera vez en mi vida no pasaba nada si no me sentía totalmente hundida por la pérdida cuando fallecía alguien. Se suscitó en mí la idea de que si podía trabajar con usted y aprender de usted, sería capaz de ayudar a otros a cambiar su perspectiva, desde el dolor a la conexión.

Más de diez años después, mi esposo, un policía de carretera de California, cayó muerto en una persecución. Al cabo de dos años, le vi a usted en el programa de Oprah Winfrey, y tuve la misma sensación. Con el curso de formación de julio en Omega a solo unas semanas vista, lo reservé todo en cuestión de minutos. Fue coser y cantar.

Tras llegar a Omega, mi conciencia psíquica estaba completamente abierta, como no lo había estado antes. Yo era consciente de mi conexión no solo con los demás, sino también con las plantas y los animalitos. Usted llevó a cabo conmigo una regresión frente a todo el grupo. Como hizo una inducción rápida, vi enseguida la palabra «abrevadero» galopando por mi conciencia y luego el abrevadero real que teníamos para el agua de los caballos en la granja donde me había criado. Fui conducida al recuerdo de infancia de vernos obligados por las circunstancias a vender nuestros queridos caballos. Recordé la aflicción que eso causara a mi padre: había contado a mi madre que por instinto sabía que no debía vender los caballos a ese comprador concreto, y no había hecho caso de esos instintos con gran pesar. Yo había tomado la decisión consciente de no llorar para así ahorrar a mi padre cualquier culpa adicional. A partir de ese momento hasta que me senté con usted en Omega, la tristeza relacionada con ese incidente había permanecido dentro de mí, profunda y anónima. Mientras describía lo sucedido, el dolor me subía desde el diafragma con cada exhalación. La combinación de conmoción absoluta y alivio era indescriptible.

Pasé a un recuerdo del nacimiento de mi hijo, cuando mis instintos me gritaron durante semanas que algo iba mal, pese a lo cual me dejé convencer una y otra vez por el médico de que eran simples manías mías. Por fin, le supliqué que me provocara el parto y él accedió de mala gana; tras llegar al hospital, me llevaron a una sección de cesáreas urgentes. Mi hijo tuvo que ser resucitado, pues la gangrena había infectado la placenta y el cordón umbilical. Al día siguiente, cuando el niño ya estaba lo bastante estable para que yo pudiera sostenerlo, lo miré y vi sus deditos manchados. Supe que, al pasar por alto mi intuición, en la que debía haber confiado tanto como en el aire que respiro, había fallado en mi primer test real como madre. Me puse a llorar de ira, tristeza y frustración, como mi padre cuando vendiera los caballos. En ese preciso momento, mi hijo empezó a inquietarse y a moverse incómodo, y caí en la cuenta de que él percibía mi aflicción. Preocupada por si le provocaba un dolor adicional, dejé de llorar y me olvidé por completo de la culpa hasta transcurridos esos catorce años, durante mi sesión. Liberé el dolor extremo que había estado albergando de manera del todo inconsciente. Por fin aliviada, me sentí como si del pecho se me hubiera desprendido literalmente todo el peso del mundo.

Luego llegué a ser consciente de la presencia de mis guías, y me invadió el familiar sentido de paz y pertenencia. Me hicieron ver que yo era parte de ellos, igual que ellos eran parte de mí, y cuando le sentí a usted a mi lado derecho comprendí que también usted formaba parte de ese «equipo».

Me preguntó usted si mi esposo estaba ahí. Buscando la respuesta, lo sentí a mi izquierda, y volví la cabeza como para traerlo más claramente a mi conciencia. Y justo al volverme, también lo sentí delante; volví la cabeza hacia delante solo para percibirlo en la derecha sin dejar de estar delante y en la izquierda. «¡Está en todas partes!», dije mientras me daba cuenta de lo que había estado sintiendo.

Tras oír esto, las 130 personas de la sala exhalaron un suspiro colectivo. Fui consciente de la energía que, en forma de hilos azules, había estado conectándome con cada persona de la sala desde las presentaciones de la noche anterior, extendiendo mi diafragma al suyo de forma individual. Cuando suspiraron todos en respuesta a sus propias emociones, agitadas por haber compartido mi conciencia de la presencia de mi esposo, los hilos salieron disparados de cada uno, yendo de uno a otro, en un tejido de conexión hermoso, sencillo y a la vez complicado. Fui consciente de que todo lo que hiciera yo en lo sucesivo afectaría a los demás, y de que todo lo que hiciesen ellos les afectaría también recíprocamente. La conciencia que tenía yo era «sana a los sanadores», con la convicción de que en nuestra conexión estaba nuestra fuerza.

Sintonicé de nuevo para oírle a usted preguntar si mis guías seguían presentes. Yo respondí que estaban presentes y siempre lo están, y añadí: «Somos un equipo y tenemos una finalidad.» Usted me preguntó cuál era esa finalidad, y yo empecé a ver infinitos destellos de escenas —solo destellos—, pero acompañada cada una de emociones y detalles. Las pocas que pude captar incluían a un preso sentado en el borde de la litera con la cabeza entre las manos, sintiendo más dolor, miedo y enojo hacia sí mismo del que ninguna de sus víctimas habría podido jamás imaginar, pues ni siquiera él sabía por qué hizo las cosas que hizo, con lo cual no podía confiar en sus propias acciones. Una madre sosteniendo a su hijo, ambos muriéndose de hambre. La madre asfixiándose en su propia pena, sabiendo que el niño moriría de desnutrición antes que ella, temiendo que muriese creyendo que su madre era egoísta por no haberse muerto antes. De todos esos destellos solo pude articular verbalmente «el dolor, el dolor, tanto dolor», mientras lloraba con tal desconsuelo que me sentía como si fuera a romperme en pedazos.

«Todo el dolor viene del miedo, los malentendidos, el temor a ser temido», dije. Sabía que, respondiendo a su pregunta, la finalidad era reducir el dolor colectivo mediante la eliminación del miedo, y gracias a esto a continuación tendría lugar una elevación de todos los seres vivos. Ahora entiendo que ser uno no es un objetivo —ya *es*— y que todo lo que hacemos, incluso esas cosas aparentemente insignificantes que llevamos a cabo de forma individual, nos afecta real y directamente a todos.

~ *Nina Manny*

En mis clases y talleres, suelo hablar de que estamos todos conectados, de que lo que hace uno influye en todos los demás. Nina lo expresa a las mil maravillas: en nuestra conexión está nuestra fuerza. Los lazos que nos conectan son de espiritualidad afectuosa. Si somos de la misma energía, estamos compuestos de partículas y ondas, no de sangre y hueso, y entonces lo que hacemos afecta a los demás, y no solo a los seres humanos. Como nuestros pensamientos y acciones tienen consecuencias, tanto más motivo para ser afectuosos y compasivos, no temibles y dañinos. Ellos crean el destino y el futuro.

La historia de Nina explica y se extiende sobre los cables energéticos que nos unen. Pero hay mucho más. Ella percibe la presencia ubicua y afectuosa de su difunto esposo. Es consciente de la constante sabiduría eterna que la gracia, la mano del cielo, nos proporciona en diversas modalidades, sea en forma de guías, ángeles, mensajeros espirituales, etcétera. Ha reconocido vidas llenas de lecciones, pérdidas, dolor y esperanza. Y me ha recordado un mensaje de hace tiempo de un Maestro, transmitido a través de Catherine, grabado en una cinta y escrito en *Muchas vidas, muchos maestros*. Uno que me ha alentado y motivado desde entonces.

Tenías razón al suponer que este es el tratamiento correcto para quienes están en un plano físico. Debes erradicar los miedos de sus mentes. El miedo es un derroche de energía; impide a las personas cumplir con aquello para lo cual fueron enviadas... Energía... todo es energía. Se malgasta tanta. Dentro de la montaña hay quietud; el centro es sereno. Pero es afuera donde está el problema. Los humanos solo pueden ver el exterior. Pero se puede ir muy adentro... Debes liberarte del temor. Será la mejor de tus armas.

Es lo que Nina nos recuerda: «Todo el dolor viene del miedo.» El amor y el conocimiento acaban con el miedo.

El gran profesor Jon Kabat-Zinn me enseñó una reflexión sobre una montaña. Pienso en ello a menudo, pues me ayuda a mantener el equilibrio con independencia de lo que pase fuera. Creo que para mí ha sido una imagen potente precisamente porque los Maestros la habían mencionado hace mucho tiempo en la cita anterior.

Imaginemos una hermosa montaña, quizá con una cumbre cubierta de nieve. Cuando la miramos, vemos que tiene un núcleo interior de paz y temperatura constantes, así que da igual lo que pase fuera: el interior no cambia.

Imaginemos ahora que las estaciones van y vienen. El verano llega con rayos, tormentas, inundaciones e incendios, pero el interior de la montaña permanece quieto, tranquilo y en calma. El verano da paso al otoño, con vientos huracanados y hojas que caen de los árboles; luego llega el invierno y sus nevadas y temperaturas gélidas; y este, cuando se funde la nieve y se producen los aludes, se convierte a su vez en primavera. Sin embargo, el núcleo interno, el bello espacio en las honduras de la montaña, no se ve afectado por ninguno de estos cambios estacionales.

Nosotros somos como la montaña. No hemos de dejar que sucesos de fuera nos quiten la dicha ni la armonía, al margen de lo fuerte que bramen las tormentas o aúllen los vientos. Todos contamos con este núcleo interior de calma y tranquilidad. Está ahí cuando quiera que lo queramos o necesitemos. Si vamos hacia dentro, accedemos a su poderosa presencia sanadora. La montaña, por dentro, es perfecta; como lo somos nosotros.

Imaginemos ahora que aparecen en la montaña unos turistas. Llegan en tren, avión, coche, barco y otros sistemas de transporte. Y todos opinan. Esta montaña no es tan bonita como una que he visto en otra parte. Es demasiado pequeña, o demasiado alta, o demasiado estrecha, o demasiado ancha. Pero a la montaña le da igual, pues sabe que es la esencia ideal de montaña.

Una vez más, somos como esa montaña. Digan lo que digan los demás de nosotros, al margen de sus críticas y juicios o lo que para ellos sean espejos, ya somos ideales y divinos. No tenemos que sentirnos afectados por sus opiniones, ni siquiera de las personas cercanas a nosotros, como la familia, los jefes o los seres queridos. En este sentido, somos sólidos y estamos bien afianzados en la tierra, como la montaña. En el fondo de nuestro corazón, sabemos que somos la esencia perfecta de un ser espiritual. Las palabras de los otros no pueden quitarnos la dicha y la paz interior a no ser que les demos la capacidad para ello.

Suelo utilizar esta reflexión como recordatorio, para mí mismo y para los demás, de nuestro esplendor y nuestra nobleza, como la bella montaña. Aunque lo hayamos olvidado, ya somos perfectos. Siempre lo hemos sido.

. AMADA Y DIGNA DE AMOR .

La semana de octubre de 2010 que pasé en Omega me afectó y abrió el corazón de muchas maneras. Ayudó a llevar a mi mente consciente muchísimas cosas que había olvidado. Surge en mí un renacer que me llena los ojos de lágrimas siempre que me quedo quieta y pienso lo maravillosos que realmente somos.

La primera mañana, el doctor Weiss nos guio hacia una regresión de grupo. No era mi primera vez, pero estaba buscando otra experiencia de vidas pasadas. Por lo general, percibo, siento y visualizo en sincronía con las palabras del guía del viaje. En esta ocasión, no obstante, con gran sorpresa mía me vi como soy en esta vida y con mi edad actual. Estaba de pie en un espacio donde todo parecía confuso. Miré delante, y había una especie de cortina de niebla. De pronto apareció un brazo desnudo, que me cogió de la mano y me llevó a través de la cortina.

Me vi a mí misma frente a un viejo amigo, Joe, que se había muerto en los setenta, cuando teníamos veintitantos. Joe y yo habíamos estado muy unidos. De hecho, no he estado jamás tan unida a nadie ni antes ni después. Éramos amigos, amantes y confidentes. Hablábamos durante horas sobre las posibilidades de que hubiera vida después de la muerte. Nos prometimos uno a otro que quien muriese primero regresaría y le explicaría al otro cómo era eso. Con el tiempo, cada uno siguió su —mal— camino.

Uno o dos años después, Joe y yo hablamos por teléfono, y quedó claro que lo que hubiera habido entre nosotros ya no era ahora tan fuerte. Me invitó a visitarle la siguiente vez que yo fuera a Santa Bárbara. Dije que sí, pero no lo hice. Tuve miedo; me dije que necesitaba más tiempo antes de verle cara a cara.

No mucho después, un amigo común me llamó para decirme que Joe se había suicidado. No me lo podía creer. Enloquecí, me puse triste y enloquecí de nuevo. Si lo hubiera llamado cuando estaba en Santa Bárbara, quizás esto no habría ocurrido.

Pasó el tiempo, y Joe cumplió su palabra. Empecé a recibir visitas suyas, sobre todo de noche en sueños vívidos. Había también ocasiones en que, tras haber hablado yo con alguien sobre lo furiosa que me había puesto cuando se quitó la vida, me despertaba en una cama temblorosa y oía su voz diciéndome que no estuviera enfadada con él. Conseguí dejar de expresar mi ira en voz alta, y pronto me di cuenta de que lo echaba de menos. Al final dije a Joe que ya no quería más sueños, y estos también cesaron.

A partir de entonces, de vez en cuando, comencé a notar la energía de Joe a mi alrededor: saber sin más que estaba ahí me tranquilizaba. Un día, en los noventa, estando en la cocina pude sentir cerca la energía de Joe. Alrededor y dentro de mí. Le oí decirme que me amaba y que abandonaba esa vibración para pasar a otra dimensión, donde tenía cosas que hacer. Me explicó que iba a dar la bienvenida a las almas que habían muerto a causa del sida. Me mostró una fugaz visión de un espacio donde había mucho dolor, tristeza y confusión. Esta era parte de su deuda, dijo, por haberse suicidado. Sentí que su energía me envolvía y me llenaba de un amor incondicional que yo nunca había experimentado antes. Se me saltaron lágrimas de alegría. No sé cuánto rato permanecí allí de pie antes de reparar en que estaba en la cocina en mitad del día.

Fue la última vez que noté su energía, hasta la regresión de grupo la primera mañana del curso. Allí estaba yo, delante de Joe. Me llevó hacia él y me abrazó con fuerza y sin cortarse. Ahora tenía alas. Sin hablar, me dejó claro que había progresado. Yo notaba las alas que me envolvían. Sentía que a nuestro alrededor había otras energías que también me transmitían amor. Oí las palabras «eres amada, eres digna de amor». Me dolían las mandíbulas, tenía la garganta tensa, los brazos doloridos y los ojos llenos de lágrimas. Joe continuó abrazándome hasta que acepté y me abandoné al mensaje, momento en que cesó el malestar físico. Apareció un profesor y me puso un «cristal de luz» en el corazón. Seguí la voz del doctor Weiss y abrí los ojos. Otra vez de vuelta. ¡No quería volver! Aquí estaba sola y tenía frío.

Esa tarde, me ofrecí voluntaria para ser hipnotizada delante del grupo para que el doctor Weiss pudiera hacer una demostración de inducción rápida. Salió bien. Mientras estaba hipnotizada, el doctor Weiss me preguntó sobre mi viaje de la mañana. Le hablé de mi encuentro con Joe, aunque oculté adrede su nombre y me referí a él simplemente como «un amigo». Le conté lo de las alas y el mensaje. Dije que mi amigo se había quitado la vida y que no había ido a verle como había prometido que haría. El doctor Weiss me dijo que yo no era responsable y que no debía sentirme culpable de que mi amigo se hubiera suicidado. Para mi amigo yo era, dijo, «amada y digna de amor».

Sentí de inmediato una sensación de alivio. No me había dado cuenta conscientemente de que había soportado esa carga de responsabilidad, pero ahora que se había hablado de ello notaba que se disipaba una capa de tristeza. Podía sentir la emoción del momento, bien que todavía percibía algo que me frenaba y yo no me soltaba del todo.

Al cabo de unos días, aún durante el curso, un amigo y yo íbamos al comedor a desayunar. Una mujer llamada Rachel caminaba hacia nosotros. Me miró de hito en hito y preguntó: «¿Eres Jeannette?»

Tras contestarle yo que sí, ella dijo: «Tengo un mensaje de Joe para ti. Dice que te ama.» Me explicó que había recibido este mensaje y se había sentido obligada a buscarme para transmitírmelo. Le di las gracias con lágrimas en las mejillas. Esta era mi confirmación. Joe me conocía muy bien. Sabía que debía enviar el mensaje a través de alguien más para asegurarse de que yo lo creía.

Y en efecto lo creo. Desde ese encuentro, tengo una sensación de sosiego. Me siento conmigo misma más cómoda que nunca. Ahora sé que todos somos realmente amados de maneras que no podemos imaginar en este nivel físico. Y ahora, por fin, acepto esta verdad.

~ *Jeannette*

La Tierra es como una escuela con una sola aula en la que se agrupan alumnos de diferentes cursos: los de primero coexisten con los universitarios, los de recuperación con los superdotados. Los cursos se dan en todas las lenguas y abarcan la totalidad de los temas. Asisten a esta escuela estudiantes de todas las razas y nacionalidades, el conjunto de los seres humanos. Todos siguen el camino que lleva a la graduación espiritual. En esta escuela, las lecciones son difíciles porque aquí tenemos cuerpo, de modo que experimentamos enfermedad, muerte, pérdida, dolor, separación y otros muchos estados de sufrimiento. No obstante, la Tierra también cuenta con poderosas virtudes redentoras, como la belleza increíble, el amor físico, el amor incondicional, las almas gemelas, placeres para todos los sentidos, personas amables y compasivas o la oportunidad para el crecimiento espiritual acelerado. Al final, en el transcurso de muchas vidas, habremos aprendido todas estas lecciones. Nuestra educación será completa y ya no hará falta reencarnarnos más.

Jeannette procura una visión de cómo prosigue la educación en el otro lado, incluso después de que la conciencia ha abandonado el cuerpo físico. La Tierra es una escuela: difícil y popular, pero no la única. En estos ámbitos superiores, no aprendemos mediante sensaciones corporales, emociones, relaciones o enfermedades. Allí, nuestros estudios son más abstractos y conceptuales. Descubrimos las dimensiones avanzadas que hay más allá de nuestra conciencia humana, y comenzamos a desentrañar sus muchos misterios. Allí vemos y sentimos las manifestaciones sublimes de lo que en la Tierra parece ser sólido y material, y adquirimos un conocimiento de estas energías absolutas en su vibración más elevada. Allí exploramos los matices y niveles de la amabilidad afectuosa; en comparación con la Tierra y sus formas físicas, es aprendizaje en una octava superior. Aunque estas lecciones son los cursos de nivel de graduación, aún forman parte del programa de estudios del alma. Siempre estamos ampliando conocimientos.

Joe dice a Jeannette que al quitarse la vida ha contraído una deuda. Al hacerlo, probablemente dejó un cuerpo sano. Su conciencia no resultó herida ni dañada, desde luego, pero sin un cuerpo no puede realizar su labor en el nivel de la Tierra. El cuerpo es fundamental para que el alma se manifieste en una dimensión física. El alma de Joe deberá aguardar a su próxima reencarnación para proseguir su viaje espiritual por el mundo. Sin embargo, no sufre el castigo de la condenación eterna ni la destrucción. El karma es para aprender, no para castigar. Y así Joe tiene el encargo de trabajar con los espíritus de personas que han muerto de sida. Hay aquí gente que ha sufrido mucho, y que ha muerto muy joven porque su cuerpo ha llegado a estar irreparablemente dañado a causa de esa horrible enfermedad: el mejor sistema para que Joe aprenda el valor de un cuerpo sano, del don de la vida.

Mientras trabajaba con las almas de las víctimas del sida, Joe no padecía dolor ni aflicción. Rebosaba amor incondicional. En cierto sentido, estaba ganándose las alas, como si fuera un ser angelical. Estaba saldando sus deudas kármicas. Si Joe, con todos sus fallos y deudas, pudo hacer la transición de ser humano a ángel, todos podemos. Pues la verdad es que todos somos ángeles disfrazados temporalmente de seres humanos.

En su historia, Jeannette menciona su encuentro con Rachel, que tenía un mensaje especial que darle. A continuación, Rachel explica cómo recibió ella ese mensaje.

. DILE QUE LA AMO .

En el curso del Instituto Omega, una noche experimenté una regresión en la que me llevaron mentalmente a un bello jardín con margaritas. Pasé allí un tiempo hablando con mis guías, que me miraban llenos de amor y felicidad. Recibí mensajes sobre mi dolor de espalda y sensaciones de control. Al rato, ya estaba lista para abandonar ese terreno, pero tenía la impresión de que debía esperar. Fue entonces cuando percibí que aparecía un espíritu para hablarme. Sabía que no tenía nada que ver conmigo. Traía un mensaje para Jeannette.

«Dile que la amo», me dijo.

Sentí el impulso de preguntarle el nombre. Se llamaba Joe. Tuve muchas dudas al respecto, pues sonaba demasiado genérico. Pudo muy bien haber sido cualquier «Fulano de Tal» anónimo. De todos modos, visualicé claramente su aspecto. Se había plantado ante mí un hombre mayor, con el pelo corto, rizado, de un gris blancuzco, piel aceitunada y ancho de pecho. Cuando le prometí que transmitiría el mensaje, bailó una giga de felicidad.

Por desgracia, yo no sabía quién era Jeannette.

Había recibido mensajes antes, pero solo en sueños y ninguno tan claro como este. Y pasaba como con todos los mensajes del pasado, que daban la lata hasta que hacía algo con ellos. No encontré a Jeannette esa noche, así que el fastidio prosiguió. Cuando iba a acostarme, pedí a Joe que hiciera un paréntesis hasta la mañana, cuando ya podría volver a molestarme.

No tenía ni idea de dónde se originaba la idea del paréntesis, o siquiera si existía un lugar así, pero tuve una noche tranquila y apacible. Una hora antes de que sonara el despertador ya estaba despierta, y Joe junto a mi oído hablando de Jeannette.

En cuanto hube entregado el mensaje, confirmando que Jeannette conocía efectivamente a Joe, le pedí que se fuera y se hiciera invisible. Aunque yo no quería, él quería quedarse y ayudarme. Explicó que ayudarme era su forma de decir «gracias» así como parte de su propia curación espiritual. Era algo que necesitaba hacer, y yo no tenía intención de interrumpir su viaje. Al final de ese día, él había ayudado a mis ángeles a hacerme llegar mensajes.

~ *Rachel*

Nuestra mente racional suele intentar minimizar o incluso negar los encuentros místicos, espirituales o psíquicos que tenemos. Olvidamos la inmediatez y el poder de la propia experiencia. Si recibimos verificación y confirmación, somos capaces de liberarnos de las dudas y aceptar la realidad del suceso.

Joe insistió en que Rachel le confirmase la reunión con Jeannette durante su regresión. Jeannette también sabía que el encuentro en la cocina no era fruto de su imaginación. Joe estaba ayudándola, curándola e irradiando su amor eterno por ella. Los mensajes de Joe y de las otras «energías» no eran solo para Jeannette, sino para todos nosotros. «Eres amada, eres digna de amor.» Nos pasa a unos y a otros. No permitamos que nuestra mente minimice o niegue esta realidad.

Faith, cuya historia conoceremos acto seguido, también recibió un importante mensaje del otro lado. Transmitirlo a sus destinatarios le permitió certificar no solo sus impresiones psíquicas, sino también la importante verdad de que nuestros seres queridos no nos abandonan nunca.

. MENSAJES DE MÁS ALLÁ .

En 2002, el segundo día de nuestro taller en Los Ángeles empezó con una regresión. Se distribuyeron micrófonos para que todos pudieran hablar de lo experimentado una vez finalizada la regresión. En el otro extremo de la sala, una mujer se levantó, se acercó a uno de los micros y explicó que había acudido ese fin de semana porque su hija había muerto de cáncer hacía poco. Mientras hablaba, yo veía todo el rato una luz a su espalda. Intenté quitarla mentalmente de ahí, pero cada vez se volvía más brillante hasta que por fin se materializó en una chica muy bonita de pelo castaño y ojos azules que estaba de pie justo detrás de la mujer. La chica me miraba directamente.

Supe que debía decírselo. En el descanso fui al vestíbulo, y aunque al acto asistían quinientas personas, las únicas que había ahí eran esa mujer y su esposo.

En primer lugar describí con todo detalle a la chica que había visto a su espalda. La mujer y el esposo estaban llorando, y de pronto ella sacó una foto del bolso y me enseñó una imagen de su hija. Era la chica que yo acababa de describir a la perfección.

Luego le dije que no eran imaginaciones suyas si creía oírla reírse tontamente cuando le salpicaba el agua al lavar los platos; que cuando hacía la cama y creía notar cosquillas, era la niña; y que si mientras leía o veía la televisión percibía un abrazo o una cabeza en el hombro, era eso realmente lo que pasaba.

Llegados a este punto, el esposo ya no podía hablar. Según la mujer, aunque él no creía en nada de todo eso, había comprado los billetes para el fin de semana porque creía que era eso lo que debía hacer. Cuando ella le dijo que quería salir afuera durante el descanso, él no la dejó salir del vestíbulo donde se hallaban ahora, así que habían deambulado por ahí contemplando las obras de arte. Todo lo que yo le había descrito eran cosas que ella había contado a su esposo y a nadie más, cosas que sentía que ocurrían en la casa.

A estas alturas estábamos todos llorando, desde luego. Sonreí y dije: «Por la razón que fuera, su hija me eligió para que yo les dijera lo que acabo de decirles.» No soy la típica persona que ve y habla con fantasmas, pero sin lugar a dudas esta chica transmitió un mensaje a sus padres a través de mí.

No fue hasta que hube regresado a la sala del taller y me hube sentado cuando caí en la cuenta de lo alterado de mi estado de ánimo al recibir esos mensajes. Desde donde estaba yo sentada, era absoluta y físicamente imposible que hubiera visto a esa mujer hablando por el micro. En la sala había dos columnas de soporte; yo estaba sentada junto a una del extremo izquierdo, y el micrófono se hallaba detrás de una del extremo derecho. No cabía la posibilidad de que yo la hubiera visto allí de pie. Pero así fue. Yo necesitaba ver a su hija y ser ese día el mensajero que llevara a la madre y al padre una pequeña dosis de paz.

~ *Faith Susan*

Todos poseemos facultades y poderes intuitivos que trascienden en mucho lo que sabemos. Faith no es vidente ni médium profesional, pero al entrar en el estado alterado su visión se volvió extrasensorial y quedó despejada de obstáculos físicos. Veía y oía con el corazón igual que con los ojos y los oídos. Y el padre de la pequeña confió en su intuición de conseguir los billetes para el acto y demorarse en el vestíbulo, aun sin saber exactamente por qué.

Si no hacemos caso de la intuición, creamos obstáculos y oposición, lo que acostumbra a ser peligroso. Sin embargo, si seguimos el corazón, fluimos con el proceso; no forzamos ni bloqueamos, más o menos como señala el principio taoísta de *wu wei*. Los seres espirituales se esfuerzan por comprender y fluir con el proceso, no por luchar contra él.

La niña del cabello castaño quería consolar a sus padres, aliviar su pena. Como los tres adultos abrieron su mente y confiaron en su intuición, llegó el consuelo.

Ante la duda, hay que elegir el corazón, no la cabeza.

LA FLORECILLA DELICADA

Asistí a su taller de Omega en julio de 2009. Quiero darle las gracias por mostrar tanto interés en mis problemas médicos en curso y por tomarse la molestia de guiarme por una terapia de regresión uno a uno. Tras la regresión, tardé unos días en comenzar a procesarlo todo. Al principio establecí conexiones concretamente con la vida en la que yo era solo una niña pequeña en un campo de flores amarillas, que eran venenosas y que yo me comí por error. Mi madre, la misma que tenía en esa vida, se suicidó a mi muerte, pues estaba muy consternada por no haber sido capaz de salvarme. En esa vida, ella era sobreprotectora, tal como vimos, y pronto empecé a recordar cosas que me contaba cuando yo era pequeña.

Me explicaba, según recordaba yo, que, después de haber sido concebida, ellos —mis padres— habían decidido separarse sin saber nada del embarazo. Tan pronto mi madre supo que estaba encinta, la discusión giró en torno a abortar. Sus amigos y familiares y mi padre intentaban convencerla de que seguir adelante sería un error. No obstante, mi madre contestaba que, aun sin saber la razón, sí sabía que no abortaría jamás, y que, por duro que fuera para ella continuar sola, debía tener el bebé. Siempre me dijo que había sentido una fortísima necesidad de traerme a este mundo.

Mi madre, seguía recordando yo, también me confesó que había estado muy obsesionada conmigo mientras yo estaba en el útero. Si llevaba un cierto tiempo sin sentir que yo me movía, iba directamente a ver al médico por miedo de que yo ya no estuviera viva. Tenía constantemente miedo de que me muriese. Además, cuando niña estaba enferma a menudo, y muchas veces esto suponía estancias en el hospital. Y cada vez que me hospitalizaban, mi mamá creía que no iba a superarlo.

Después de la regresión, comprendí que había venido a este mundo con la idea preconcebida de mi madre de que yo necesitaba cuidados debido a su permanente temor a perderme. Curiosamente, recordé que, siendo pequeña, mi madre solía llamarme «su florecilla delicada», por mi fragilidad y mis continuas enfermedades. Al recordarlo me resultó un tanto misterioso, pues usted y yo precisamente descubrimos que, en otra vida, de hecho yo había muerto a causa de una reacción alérgica sobrevenida por haber comido unas florecillas amarillas.

Aún no he hablado de toda mi experiencia en Omega con mi mamá, pero tengo intención de hacerlo. En cuanto a mis hábitos de comer, ahora me permito hasta treinta y seis alimentos distintos, veinticinco más que antes de la regresión. Se trata de un proceso lento, pero soy la mar de feliz y espero ser capaz de comer muchos más. Sigo probando comidas nuevas, y estoy contenta de los resultados tras haber sido incapaz de comer determinadas cosas durante más de tres años. Desde entonces, mi cuerpo ha ido curándose. También quería comunicarle que, después de la regresión, muchas personas se han dirigido a mí para decirme que mi regresión las ha ayudado. Esto me hizo pensar en sus palabras, cuando usted dijo que estábamos todos reunidos con alguna finalidad.

~ Nikki DeStio

Antes hemos vivido con muchas personas con las que vivimos en la actualidad. Nuestras almas se han reencarnado juntas. Cuando se produce una situación que nos recuerda un trauma de una vida pasada, las semillas de nuestro sufrimiento reciben agua, y florecen nuestras ansiedades. Tememos lo que ya ha sucedido porque hemos olvidado el pasado. Creemos por error que el episodio traumático se producirá en el presente o en el futuro.

Cada vez que me encuentro con padres obsesivamente controladores y sobreprotectores, busco las causas en vidas pasadas. En la mayoría de los casos, el remedio a sus temores radica en esos recuerdos enterrados. Las preocupaciones de los padres se disipan, y el niño, ahora liberado, puede empezar a prosperar. La clave del futuro suele estar oculta en el pasado.

En ese taller, Nikki recordó otra vida pasada trágica en la que había muerto de forma prematura. Curiosamente, otra mujer que no había visto nunca a Nikki recordó exactamente la misma vida. Su historia se relata a continuación.

El mundo funciona de maneras misteriosas.

. AMOR, PÉRDIDA Y VIDAS .

En julio de 2009 tuve la suerte de poder asistir a su seminario. Sabía que todo un fin de semana con usted sería una experiencia emocionante, pero mis expectativas fueron superadas con creces. El último día fue el más profundo.

En mi regresión, sentí que el estómago me ardía todo el rato y que se me tensaba el pecho y me costaba respirar. Vi a lo lejos una granja mientras cruzaba un puente cubierto de niebla. Yo era una mujer joven de rasgos hermosos. Estaba de pie en la hierba, a cierta distancia de la casa, con gran ansiedad sobre si entrar o no. Permanecían el ardor del estómago y la rigidez del pecho. Y luego fui transportada al último día de mi vida. Contaba veintipocos años. Lucía un vestido blanco recién planchado que parecía un camisón. Tenía el pelo largo y oscuro. Dejaba a alguien a quien había amado de verdad, con todo mi corazón. Era muy triste, pero de algún modo sabía que debía abandonarle.

De pronto, mientras dejaba esta vida, sentí la presencia de Vincent. Vincent es un gran amigo, un hombre al que justo comenzaba a reconocer como mi alma gemela. En ese momento, salió a escena una chica llamada Nikki para una regresión con usted. *Qué raro*, pensé. La hija de Vincent, a quien está muy unido, también se llama Nikki.

Tras sentarse con usted, Nikki explicó un problema que había tenido durante toda su vida acerca de tragar y comer alimentos. Había consultado a muchos médicos, pero nadie encontraba ninguna explicación física del problema. Usted le hizo una regresión a una vida pasada en la que ella era una niña. Estaba asfixiándose con una flor, y su madre intentaba sacársela de la garganta. Se desveló que la flor era venenosa, y que la niña había muerto por esa causa. Abrumada por la pena, la madre de la niña, que resultó ser también la madre de Nikki en esa vida, se suicidó.

¿Recuerda que me ardía el estómago y me apretaba el pecho, que no podía respirar bien? Pensé que era muy extraño tener precisamente esas sensaciones, y aquí Nikki estaba sintiéndolas en una regresión. Pero mientras usted la hacía regresar a ella a una época aún anterior, se me secó la boca. Empecé a juguetear con la revista y a agarrarla fuerte; la mujer sentada a mi lado me preguntó si pasaba algo. Le pedí que leyera la descripción de la regresión experimentada por mí ese mismo día, que yo había anotado.

Nikki se describía a sí misma como un hombre. Estaba balanceándose alegremente en círculos con una niña que llevaba un vestido blanco y tenía el pelo largo y oscuro. Ella quería mucho a esa niña. Cuando usted la hizo avanzar, ella describió la vieja granja que yo había visto en mi regresión. Se encontraba de pie, casi como yo, sin querer entrar en la casa. Tenía miedo; allí dentro estaba pasando algo malo. Por fin usted la convenció para que entrase, y ella habló de la niña que había visto, tendida en la cama, moribunda. Había resultado intoxicada. Nikki sentía la gran pérdida de ese amor.

Para cuando terminó la regresión de Nikki, yo estaba llorando, y la mujer sentada a mi lado había terminado de leer lo que yo había escrito esa mañana. Me dijo que debía compartir eso con usted y Nikki, pero yo no quería. Nikki había tenido recuerdos muy emotivos; no quería contarle mi experiencia. Yo había sido muy escéptica respecto a todo eso, y me preocupaba que los demás me considerasen una especie de oportunista por buscar cinco minutos de atención. Con todo, la mujer pidió el micrófono y me lo dio al punto.

«Lo de Nikki es extraño», dije con tono vacilante. «Ha descrito exactamente la misma escena que observé yo al ver la granja. Nikki era un hombre de pie a la misma distancia. Estaba afligido porque iba a perder a su esposa. Ella agonizaba, y él se hallaba desconsolado, triste para el resto de su vida. Cuando yo me moría en mi regresión de la mañana, me sentía muy afectada por el hecho de dejar a mi esposo. Pensaba que no habíamos tenido suficiente tiempo, que había algo inacabado. Notaba fuego en el estómago y tensión en el pecho. Tenía la garganta tan apretada que me costaba respirar.»

Me costó transmitir mi regresión a Nikki. Lloré y en ciertos momentos se me atragantaron las palabras. Más tarde la busqué entre la multitud para presentarme. Le pedí que me dejara darle un abrazo, pero una amiga protectora que la acompañaba dijo enseguida que no porque a Nikki los abrazos le hacían sentir que se ahogaba y no podía respirar. De todos modos, Nikki me dirigió una amplia sonrisa y me abrazó fuerte durante un buen rato.

~ *Shannon*

Si mal no recuerdo, la dieta de Nikki resultó muy alterada por su muerte en una vida pasada a causa de comer florecillas amarillas siendo niña. Solo podía comer once alimentos distintos, y si tomaba cualquier otra cosa, experimentaba graves reacciones alérgicas. Le resultaba casi imposible ir a restaurantes. Este problema le limitaba y entorpecía la vida. En cuestión de días tras la regresión, la dieta se amplió a quince alimentos diferentes; al cabo de un mes, ya eran veinticuatro; y con el tiempo llegaron a ser treinta y seis.

No era casualidad ni coincidencia que Shannon, una absoluta desconocida para Nikki, estuviera ese fin de semana en el mismo grupo. Se compartían recuerdos confirmatorios muy intensos, incluso síntomas físicos. Estoy seguro de que Shannon ya no es una escéptica.

Vincent, un alma gemela cuya hija se llama igualmente Nikki, también estaba por ahí, dando clases sobre amor eterno. No somos solo cuerpos o cerebros, sino seres espirituales expansivos. Quizás era el yo superior de Vincent el que ese fin de semana estuvo ayudando y organizando las experiencias de Shannon. ¿No querría un alma gemela ayudar a abrir la mente y el corazón de su escéptico ser querido?

La amiga de Nikki, sin darse cuenta todavía de que la regresión a esas dos vidas pasadas ya había iniciado el proceso terapéutico, estaba siendo protectora. Pero Nikki, intuitivamente consciente de que estaba curándose y sintiéndose mejor, no hizo caso de su amiga y fue capaz de abrazar encantada a Shannon. Estas dos mujeres estaban aprendiendo sobre almas gemelas reconectadas, sobre lazos de amor eternos, sobre trascender la muerte. El largo y feliz abrazo expresaba su transformación y entendimiento mutuos.

No suele suceder que dos personas, a menudo desconocidas, recuerden la misma vida pasada. No obstante, cuando sucede, tenemos una nueva certificación de que esas vidas fueron efectivamente reales. No son fruto de la imaginación o la fantasía, ni símbolos o metáforas. Como hemos vivido centenares o incluso miles de vidas, es perfectamente realista descubrir que hemos compartido algunas de ellas con alguien, igual que todos compartimos partes de la actual.

En medicina tenemos un dicho: «Si oyes ruido de cascos, no busques cebras.» Lo cual significa que, antes de contemplar una posibilidad más exótica, has de buscar caballos: en otras palabras, la explicación más probable. Hay varias maneras de explicar la existencia de recuerdos compartidos en vidas pasadas, pero son cebras. Por ejemplo, es posible atribuir los recuerdos al inconsciente colectivo, concepto de Jung según el cual en cierto nivel profundo todos lo sabemos todo, aunque hayamos olvidado cómo acceder a ese banco de conocimiento infinito. El vidente americano Edgar Cayce ha escrito sobre los registros Akashicos, que se parecen al inconsciente colectivo en el hecho de que son un conocimiento de todas las cosas. Sin embargo, la explicación más realista —el caballo— es que son vidas pasadas reales sin más. La especificidad de los detalles observados en cada regresión y las curaciones derivadas procuran un respaldo adicional a esta idea.

No estamos limitados a las regresiones a nuestras vidas, sean compartidas o individuales. En la siguiente historia, Raymond observó que era capaz de visualizar la vida pasada de otra persona, alguien a quien no hubiera conocido siquiera la semana anterior. Cuando liberamos la mente, se producen milagros.

. EL SÍMBOLO SHAIVITA .

En su curso de formación en Austin, Tejas, experimenté personalmente regresiones «de alta definición» que alteraron mi vida para bien. También hubo un episodio no planeado de conciencia compartida con alguien totalmente desconocido. Ese suceso ha quedado grabado en mi mente para siempre. El desconocido en cuestión era otro hombre que asistía al curso conmigo. A la hora del almuerzo, mi esposa y yo nos sentábamos junto a ese tipo agradable, un psiquiatra del Canadá. Su historia es la mía.

Ese hombre y yo estábamos hablando una noche durante la cena, y de pronto se entristeció porque no experimentaba regresiones, mientras que yo le había relatado a él la mía y le había expresado mi incredulidad, por no decir conmoción, ante todo lo que me había encontrado. Empecé a sentir una fuerte empatía hacia el hombre, y tuve interés en que hallara su camino hacia una experiencia. En parte porque yo reconocía que su capacidad para hacerlo podría tener un gran impacto no solo en él, sino también en sus pacientes. Tenía presente su circunstancia en mi cabeza y en mi corazón.

En una pausa para un café en una de las sesiones, me tropecé con Brian y Carole saliendo del edificio por atrás y pedí excusas. Tras las oportunas formalidades, aproveché para hablarles del psiquiatra y lo bueno que sería, a mi juicio, que pudiera tener una regresión. Al día siguiente, Brian le llamó para hacer una demostración delante de la clase, y el psiquiatra experimentó una maravillosa y detallada regresión en la que había sido formado por un santón de la antigua India, muchos siglos atrás, para ocupar el puesto de gobernante provincial. Luego pasó a relatar una ceremonia de coronación con gran minuciosidad. Me alegraba muchísimo que Brian hubiera realizado esa regresión, durante la mayor parte de la cual me quedé sentado con los ojos cerrados, agradecido hasta ese punto que podríamos denominar alivio. Mientras permanecía así, me pasó por la cabeza la imagen súbita de un símbolo de forma extraña, con un aspecto de chinche. Se veía nítido y claro, pero no tenía ni idea de qué era ni de por qué aparecía durante la regresión de mi compañero.

Esa noche, mi esposa y yo compartimos mesa con el psiquiatra. Le expresé lo contento que me sentía, y él explicó que estaba pasando por el tipo transicional de pensamiento que había tenido yo en la semana posterior a mi primera experiencia de vida pasada. Mientras hablábamos de su regresión, mencioné el misterioso símbolo que había visto yo mientras él estaba hipnotizado. Me preguntó qué era; le contesté que no tenía la menor idea pero se lo podía dibujar. Cogí una servilleta, hice un esbozo, y él puso una mirada que soy incapaz de describir. Asombrado y serio a la vez, dijo lo siguiente: «Es el símbolo que había en las banderas de mi coronación.» Ninguno de los dos sabíamos de qué se trataba. A estas alturas de la semana, me había resignado a alucinar sobre la experiencia de mi regresión, pero esto era demasiado: ahora estaba experimentando conciencia compartida con un absoluto desconocido.

Pasé los años siguientes intentando averiguar el significado de aquel símbolo. Escribí a diversas universidades de la India. Llamé a muchas personas sin decir nunca toda la verdad, solo que había visto algo en algún sitio y quería saber qué era. Nadie sabía nada.

Mi esposa y yo teníamos previsto un crucero por Alaska, pero antes nos matriculamos en una clase de *reiki* en Seattle. (Tengan en cuenta que, antes del seminario de las regresiones a vidas pasadas, yo creía que todos esos individuos estaban chiflados; es curioso cómo la experiencia puede iluminarnos y volvernos humildes.) Cuando acabó la clase de *reiki*, preguntamos a la profesora si conocía alguna cafetería en Seattle, y ella habló de una con la que estaba familiarizada y que «tenía algo diferente», pues servía comida india y se encontraba en una parte singular de la ciudad. Nos indicó el camino, y allá fuimos. Enseñé los dibujos a varias personas y les pregunté si habían visto antes el símbolo. Nadie.

Cuando íbamos a marcharnos, echamos un vistazo en una vieja librería; al salir, el hombre del mostrador dijo: «¿Ha encontrado todo lo que buscaba?»

«Todo menos una cosa», respondí.

Él inquirió al respecto, diciendo que estaba muy versado en historia de la India, y me pidió que le dibujara el símbolo. Eso hice. Y entonces el hombre supo al instante qué era: la representación de un símbolo shaivita de una pequeña secta. Había sido dibujado por poquísimas personas. Cinco años después de ver el símbolo en la regresión de un desconocido, fui a parar frente a otro desconocido que supo descifrarlo.

~ *Raymond Wilson*

La fascinante historia de Raymond desvela cómo su conexión empática con el psiquiatra canadiense desplegó sus propias capacidades intuitivas. Con sus ojos discretamente cerrados durante la regresión del otro, de repente vio la forma rara del símbolo shaivita. El psiquiatra confirmó la visión de Raymond esa noche durante la cena. Cinco años después, Raymond recibió una segunda confirmación en la vieja librería de Seattle.

Después de leer este relato, recuerdo que, tras volver a casa de ese taller de Tejas, repasé algunos recuerdos de mis experiencias de esa semana. Enseguida encontré mis notas sobre Nikhil, el psiquiatra:

> El primer recuerdo de vida pasada de Nikhil se remontaba a 2.500 años atrás en la antigua India. Nikhil era un niño de seis años rodeado de otros niños, uno de los cuales era su mejor amigo. Vio al gurú del lugar donde vivía. Ese gurú no llevaba camisa sino un cordel de cuentas de madera de sándalo, que Nikhil alcanzaba a oler; durante la regresión, sus sentidos se habían acentuado. El gurú dictaba lecciones a los niños, y después Nikhil recogía leña y realizaba otras tareas. Sentados en torno al fuego, agarrados de las manos en círculo, oyó y fue capaz de repetir a todo el grupo del taller las enseñanzas del gurú sobre humildad, sencillez, generosidad, compasión y amabilidad.
>
> Nikhil tenía un segundo recuerdo de vida anterior en la India, en el que era el príncipe de un pequeño reino. En esa vida, su mejor amigo se había sacrificado en una batalla para salvarle la vida. En la existencia actual, ese amigo es su cuñada. El recuerdo ayudó a explicar buena parte de su relación: la conexión inmediata y el sentido de seguridad, protección y amistad profunda.

Raymond tardó cinco años en identificar el símbolo shaivita. La transformación de Nikhil fue inmediata, sobre todo al recordar e incorporar la sabiduría de dos mil quinientos años. Estas enseñanzas son antiquísimas, pero en la actualidad resultan de lo más pertinentes. Son las lecciones de los Maestros compartidas con nosotros a través de Catherine, amén de las lecciones de las grandes tradiciones espirituales. Hemos de ser humildes, amables, generosos y compasivos. Somos seres espirituales, y así es cómo estos sienten y actúan. Es una sabiduría eterna, y así es cómo podemos salvar el mundo.

Raymond vio en la vida pasada de Nikhil y visualizó el símbolo exhibido en las banderas de la coronación. Mientras veía a una mujer del taller experimentar una regresión, Eileen, la siguiente en contar su historia, abrió sus intuitivos ojos para descubrir la cara de un viejo monje que la miraba a su vez. Las regresiones a vidas pasadas son transformativas en un sentido bastante literal. Eileen llevó a cabo su proeza de forma espontánea, pero en mi libro *A través del tiempo* describo un ejercicio denominado «Caras» que permite al lector experimentarlo por sí mismo:

> Siéntate cerca de un amigo, a media luz y con música suave de fondo. Mira la cara de la otra persona. Fíjate en si esa cara cambia. Observa y describe los cambios que ves. A menudo los rasgos parecen cambiar. Los ojos, la nariz y el corte de pelo se disuelven y vuelven a formarse. A veces aparece un gorro o un sombrero.
>
> También puedes intentar el ejercicio a solas, usando un espejo y observando los cambios que ves en tu rostro...
>
> El único secreto de «Caras» está en probarlo en una habitación tenuemente iluminada. Esto libera el cerebro izquierdo y facilita el paso de las impresiones intuitivas.
>
> Las caras pueden proporcionar pistas de muchas vidas anteriores diferentes. Como pasa en otros métodos, la meditación, la visualización y/o la asociación libre de los cambios observados pueden rellenar la memoria. Deja que se expandan y desarrollen, sin censurar el material. Una cara puede convertirse en un conjunto de caras, o detrás de la cara puede desplegarse una escena entera. Acaso oigas una voz o una palabra importante. Prueba a ver.

. SABIDURÍA DE UN MONJE .

En 2008 estuve en un taller del estado de Nueva York. Yo no tenía recuerdos de ninguna vida pasada, pero en estas sesiones de grupo sí experimentaba profundas meditaciones: una noche, una especialmente interesante con otro asistente. Yo no era profesional y había ido allí por mi cuenta.

Uno de los participantes, una mujer llamada Erin, se sentía afectada debido a dos recuerdos de vidas pasadas de los que yo no sabía nada salvo que ella estaba apenada. Al día siguiente, Brian condujo a Erin a una regresión hasta una vida anterior bastante criminal y violenta. Ella notaba la muerte y la corrupción, incluso las armas de fuego. No era un sitio agradable en el que apeteciera estar. En otro caso recordaba haber sido un hombre en el sudeste de Asia, trabajando en la tierra y el agua, muy solo. En esos recuerdos había mucha tristeza y nubes oscuras, y reinaba la soledad.

La siguiente regresión fue a un lugar que aclararía o explicaría las dos regresiones que habían traído consigo tanto pesar. Erin se veía a sí misma en un sitio de mucho saber, una biblioteca antigua con personas sentadas en torno a una mesa enorme y escribiendo en todas las lenguas. Allí se guardaban libros de aprendizaje y conocimiento, que había que ocultar en caso de atentado o guerra. Hablaba del lugar como si contuviera las verdades del mundo.

Mientras transcurría la regresión en el escenario, miré a Erin y ya no vi ni su cara ni su cuerpo, sino la cara y el cuerpo de un monje, de cabeza enorme y cejas muy largas, finas, oscuras y pronunciadas. La cara transmitía inteligencia y tenía la piel clara. Parpadeé varias veces por si me engañaban los ángulos o la luz, pero allí seguía. Se trataba de un hombre corpulento, que lucía un hábito marrón de monje, con un gran cuello plisado en pico de hombro a hombro.

El monje, como Erin, pronunció estas sabias palabras: «Todas las religiones tienen límites que provocan divisiones, y la finalidad no es esta. Hemos de ir más allá de los límites, superar la estrechez de miras. Hemos de saber que verdaderamente la vida es eterna, y que para la tierra son tiempos importantes. La verdad del conocimiento es que todos somos uno. Debemos ser conscientes del conocimiento y de las verdades y buscar la unión, no la separación. El conocimiento es más profundo, casi, que la sabiduría, pues es un cambio interno en la percepción.»

Yo conocía la implicación de las palabras. Sabía que el conocimiento es unión con el alma profunda y Dios en el interior. En la sala no se oía ni un sonido. Las percepciones estaban muy agudizadas, sobre todo en mi caso. Tuve la idea de que el lugar donde estaba Erin tenía altas murallas con escaleras hasta los «volúmenes»: creo que ella lo dijo así. También se me ocurrió la idea que el lugar era antiguo y existía realmente en la Tierra. No estoy seguro de que ella lo dijera, pero evoco la imagen en mi mente. El monje desapareció, y allí estaba Erin de nuevo.

Brian dijo a Erin que había experimentado las vidas tristes porque para ella era preciso tener el conocimiento de esas cosas en el viaje de su vida, de que todo eso contribuía a su aprendizaje en la Tierra. Para Erin era importante saber que estaba muy desarrollada.

Yo había esbozado el perfil de la cabeza del monje; en mi bloc no había más que líneas simples. Tuve ganas de hablar con ella, pero entonces iniciamos todos las progresiones grupales a doscientos y dos mil años por delante, y ya estaba yo otra vez en las estrellas.

Sentí el impulso de preguntar a Erin por el lugar que había visto y si había estado con monjes. Conseguí hablar con ella apartando a alguien que se me había adelantado... ¡fui un poco grosero! Pero tenía que irme enseguida y quería saber.

Erin me explicó que el lugar que había visto estaba entre Inglaterra y Escocia. Me pregunté si sería Lindisfarne, cerca de las fronteras de ambas, así que le pedí que bosquejara el sitio en mi bloc. Eso hizo. Dibujó el contorno de las islas Británicas y el continente europeo. Marcó una isla justo al sudoeste de las islas Británicas y luego dibujó el continente norteamericano. Dibujó esta isla frente al sudoeste, que es Cornualles y está cerca de las islas Sorlingas, con trazo más fuerte, y luego, al este del continente norteamericano, dibujó unas islas más pequeñas. Dijo que lo que había visto estaba en esa isla: la cercana a las islas Sorlingas.

Yo estaba estupefacto, pues aquella es la famosa zona de Avalon, más allá de las islas Sorlingas, donde descansa en paz el rey Arturo. Caí en la cuenta de que Erin hablaba de Escocia e Inglaterra porque la mayoría de las personas no sabían acerca de las islas Británicas, razón por la cual mi primer pensamiento fue para Lindisfarne. Sin embargo, ella se refería a la región más suroccidental y a aquellas largas y escondidas islas al oeste de las islas Sorlingas. Esto me pareció asombroso.

Después reflexioné sobre todas esas cosas e intenté recordarlo todo. Soy consciente de que «saber» trasciende las percepciones terrenales, y que las profundas verdades y palabras del monje pertenecían a ese género de cosas. Mi conocimiento del rey Arturo y los Caballeros de la Mesa Redonda es tal que, aunque soy consciente de que es todo una leyenda, soy igualmente consciente de que las historias proceden de los druidas, establecidos en Inglaterra hace más de cinco mil años, y de que la familia de Arturo era pagana (druida) y estaba ligada a las religiones «viejas» (Merlín). Arturo reunió lo viejo y lo nuevo; cuando llegó el cristianismo a las islas Británicas, él fue la fuerza unificadora. El lugar de Bretaña donde vivo yo ahora era también región de druidas, quienes de hecho siguen ahí. Buena parte del territorio no ha experimentado desarrollo industrial, por lo que existen aún lugares antiguos, intactos, incluida una zona de tumbas y otras piedras de hace al menos tres mil años. Existen también muchos pozos sagrados que se remontan a épocas anteriores al cristianismo. Al llegar este, los pozos conservaron sus usos religiosos y se construyeron iglesias cerca, de modo que el vínculo entre lo viejo y lo nuevo fue una fuerza unificadora, no separadora. De hecho, cerca de mi casa hay una capilla que en un principio fue un lugar de adoración druídica; más adelante, los romanos la convirtieron en un templo a Venus; y por fin llegó a ser una iglesia cristiana. Esto me fascina, pues pone de manifiesto la perfecta adaptación de monumentos y lugares de culto antiguos y sagrados de una época a otra, sin conflictos ni divisiones. Lo cual, naturalmente, me hace pensar en las profundas palabras del monje que percibí en Erin.

~ *Eileen de Bruin*

Eileen observó al monje de Erin con la misma facilidad con que esta observaba la metamorfosis desde la catedral de la naturaleza al templo, la capilla y la iglesia. Recuerdo una ocasión en que visité una mezquita construida sobre las ruinas de una iglesia cristiana, que había sido levantada sobre las ruinas de un templo romano, que a su vez había sido construido sobre las ruinas de un templo griego aún más antiguo. La reencarnación arqueológica se revelaba sin contratiempos igual que la reencarnación de las almas, como había descrito Eileen.

Durante su regresión, Erin habló —como el monje— de cómo las religiones suelen dividir mientras la espiritualidad unifica y conecta. Tanto si Nikhil se hace eco de su viejo gurú como si Erin evoca el conocimiento druídico primordial, los mensajes son similares. Hemos de tratarnos unos a otros como pertenecientes a una familia afectuosa, pues somos lo mismo. Estamos todos conectados.

Aunque hemos caminado sobre la luna y hemos dividido el átomo, todavía discriminamos y libramos guerras en nombre de la religión. Parece que en nuestras creencias respectivas solo vemos las diferencias, o las verdades comunes. Los árboles no nos dejan ver el bosque.

Hay una parábola clásica en la que se permitía a unos hombres ciegos tocar solo una parte individual de un elefante y luego se les pedía que describieran la forma y la naturaleza del animal entero. Unos tocaban la cola y decían que un elefante era como una cuerda; los que palpaban la trompa lo consideraban una serpiente; los que tanteaban una pata pensaban que se parecía a una columna; y quienes se centraban en las orejas y el trasero tenían su propia idea. Todos acertaban, pero todos se equivocaban. Tenían razón en cuanto a los rasgos concretos, pero no respecto al conjunto. Es como si nosotros fuéramos también ciegos. Para encontrar el núcleo espiritual de nuestras religiones, el conjunto es más importante que las partes constituyentes.

Erin habla con precisión de este núcleo cuando dice: «Hemos de saber que verdaderamente la vida es eterna... la verdad del conocimiento es que todos somos uno... y buscar la unión, no la separación.»

Recordar nuestras vidas pasadas y el estado místico tras la muerte posibilita ese conocimiento. El conocimiento es mucho más profundo que la creencia, la razón o la lógica. Es el fruto de la experiencia directa, y su poder es inmenso. Cura y libera. Conocer la verdad de nuestra esencia espiritual puede tranquilizar el mundo y traer consigo paz, pues quienes sepan renunciarán a la violencia y abrazarán la compasión. La vida es eterna. Todos somos uno. Odiar o hacer daño a otro es odiar o hacerse daño uno mismo. La violencia nos perjudica de inmediato, ya que todos estamos conectados. La violencia también nos hace daño después, pues hay que cancelar la deuda kármica, a menudo en una vida futura.

¿Y qué pasa cuando permitimos que la religión, la nacionalidad u otras características similares constituyan la base de tal violencia? Para obtener la respuesta, solo hemos de poner las noticias. La autora de la última historia de este capítulo nos ofrece otro ejemplo al recordar una vida anterior en el Holocausto. Sin embargo, lo más importante es que presenta la antítesis: un mundo donde superamos nuestras divisiones en vez de perpetuarlas; donde nos unimos para constituir un todo afectuoso y amado; y donde «todos importan, todos son iguales, y... donde no hay barreras que nos separen».

. COMUNIDAD .

Necesité varios años y mucha sincronización acumulada para organizar mi calendario como pastora de parroquia de tal modo que pudiera asistir al taller de Brian y Carole sobre terapia de regresiones al pasado en el Instituto Omega. Tras haber incorporado la hipnoterapia y el *reiki* al ministerio sacerdotal, creí que acaso sería interesante añadir la terapia de regresión a mi repertorio de habilidades. Ni que decir tiene que jamás habría imaginado los numerosos cambios acaecidos en mi vida debidos al taller.

La primera mañana, Brian hizo la regresión de grupo. Tras llevarnos a un recuerdo de infancia y luego al útero, nos presentó una puerta que daba a nuestras vidas anteriores. Cuando la hube cruzado, no estaba preparada para lo que iba a experimentar.

Me miré los pies y vi que sin duda pertenecían a una mujer madura con medios económicos holgados. Los zapatos eran de piel marrón bruñida, de un estilo sólido pero un tanto sofisticado. Las medias eran de una mezcla de nailon grueso que me recordaron las que solía llevar mi abuela. Yo lucía una falda recta de lana marrón hasta media pierna, una blusa color crema y un collar de perlas y pendientes con perla engarzada. Mi cabello también era castaño, y estaba echado hacia atrás desde los lados de la cabeza formando una especie de «U» en el cogote. No tenía ni idea de cómo había llegado a tener ese aspecto. Era relativamente delgada y medía alrededor de metro sesenta... ¡nada que ver con lo de ahora!

Me hallaba cerca de una ventana en lo que parecía ser el comedor o la sala de estar. A todas luces se trataba de la planta superior de un edificio, pues yo estaba mirando a la calle de abajo. El edificio del otro lado tenía una estructura parecida, con una fachada de piedra o cemento y unas molduras decorativas a lo largo de la línea del tejado y en la parte superior de las ventanas. Era sin duda un paisaje urbano. La estancia donde estaba yo tenía los techos altos; el mobiliario era macizo pero elegante a su manera. Sobre una mesa de madera oscura colgaba una araña de cristal. En la mesa se veían desparramadas fotos de familia, joyas, candelabros y otros objetos pequeños.

Varios niños, adultos y sus cónyuges se movían inquietos por ahí. Estaban jugando y persiguiéndose unos a otros, pero sus padres parecían muy agitados. Estábamos esperando algo cuando mi esposo entró por la puerta y anunció que debíamos recoger todo lo que pudiéramos y presentarnos en la estación de ferrocarril en una hora. Nos deportaban a un campo de concentración. Mi esposo se parecía a mi esposo actual, solo que era más alto y delgado.

Brian nos hizo avanzar en la regresión, y me vi a mí misma aguardando en la estación de tren y luego en el vagón de ganado. Había una terrible combinación de miedo, dolor físico y claustrofobia. Me sentía como si estuvieran aplastándome, lo que casualmente es una fobia que he sufrido durante toda mi vida actual. Cuando Brian nos hizo salir de la regresión, yo lloraba a lágrima viva.

El segundo día del taller, Carole estaba buscando personas que hubieran tenido una experiencia de regresión el primer día y estuvieran dispuestas a trabajar con ella delante del grupo. Le conté mi historia mientras andaba cojeando ayudada de un bastón debido a un problema crónico de mi rodilla y a un reciente achaque debilitante. Me escogió para que yo fuera su «cliente», y decidimos ahondar en mi primera regresión.

Me entró un poco de pánico, pues me preocupaba no ser capaz de dejarme hipnotizar, ver solo una pared en blanco, o que el hecho de estar frente al grupo entorpeciera mi capacidad para experimentar cualquier cosa. Pero pasó todo lo contrario. La inducción fue como deslizarse en la relajación más profunda que hubiera experimentado jamás. Carole me guio con mano experta hasta ese recuerdo de las vías del tren. Averigüé que mi esposo era médico y yo su enfermera. En la estación había un caos tremendo mientras los soldados nazis gritaban órdenes. La gente estaba aterrorizada, los niños lloraban, y todos parecían recurrir a mi esposo para conseguir información y tranquilidad.

Cuando vimos llegar los vagones de ganado, el puro terror empezó a corroer mi, por lo demás, carácter fuerte, pero hice todo lo posible por aguantar. Las condiciones eran espantosas: un cubo en el rincón para la orina y las heces, una ventanilla que dejaba entrar luz y aire. Los soldados metían en los vagones todos los cuerpos que podían, y todos gritaban y sostenían en alto a los niños para evitar que los aplastaran. Era imposible sentarse; no había sitio. Me dolían horrores las piernas y la espalda, igual que en esta vida de ahora, pero seguí calmando a los pequeños. Recé para que mis hijos tuvieran fe en que Dios nos protegería. Pensé que peor no podían ir las cosas. Me equivocaba.

El tren llegó a un campo de trabajo lejano. Habíamos viajado durante horas, y luego fue difícil descender y andar. Todos estábamos despeinados, sucios, hambrientos y asustados. Se produjo un caos inicial y luego se oyeron más gritos y órdenes. Entonces fue cuando nos separaron. Las mujeres nos pusimos a chillar cuando se llevaron a los hombres. Pero aún estábamos menos preparadas para que nos quitaran a los niños. Nos dijeron que estarían todos juntos en una «guardería», pero a esas alturas ya no nos creíamos nada.

A mis hijas, mi nuera y a mí, junto a otras mujeres que conocíamos, nos llevaron a un edificio en el que fuimos obligadas a entregar las maletas y la ropa. Estábamos desnudas y teníamos frío. Alguien nos puso en fila para cortarnos el pelo («Para evitar los piojos», dijeron), y acto seguido nos condujeron a una gran sala con duchas. El agua estaba fría y no había jabón. Después nos dieron un atuendo de tela basta y áspera. Tampoco había toallas. Fue humillante y degradante.

Mientras Carole me guiaba a través de esta pesadilla, recuerdo que revelé a los oficiales del campo mi condición de enfermera. Me había enterado de que mi esposo estaba trabajando como médico en la enfermería de los hombres. Pero en vez de aprovechar mi capacidad profesional, me ordenaron ir con las demás a ayudar a mover piedras para construir una carretera. Esto me fastidió en serio la espalda.

Entonces Carole me llevó a mi muerte. No morí en la cámara de gas, sino en la enfermería de las mujeres. Vi a mi esposo una última vez a lo lejos: nuestras miradas se cruzaron un instante. Supe que él había encontrado un modo de que me llevaran a la enfermería (¿sobornando a alguien?). Yo tenía los pulmones llenos de líquido, y las manos y los pies fríos, sucios y cubiertos de llagas. Al menos estaba en un catre.

Sin embargo, también recuerdo que las escasas mujeres que intentaron ayudarme fueron amables, aunque no tenían nada para mejorar mi estado. Me mostré muy agradecida, y me dejaron en paz. Yo había hecho todo lo posible para consolar y apoyar a quien lo necesitara, si bien siempre tenía la sensación de no poder hacer lo suficiente. Di gracias a Dios por morir con un mínimo de dignidad. No sabía qué le había pasado al resto de mi familia, pero casi no importaba ya. Sabía que estábamos conectados de maneras que ni siquiera los nazis podían destruir. La muerte era bienvenida.

Salta a la vista que fue una sesión muy reveladora y emotiva. Toda la vida he tenido miedo de que me gritaran, me regañaran o me ridiculizaran. Tras un episodio así, me siento como un perro apaleado, y los sentimientos de culpa, vergüenza y miedo me saturan. Cada célula de mi cuerpo reacciona. Justo antes de escribir esto, mientras regresaba a casa desde la iglesia, al final de la calle había un policía dirigiendo el tráfico. Aquí siempre es difícil girar a la izquierda, y me estremecí ante la idea de que él parase la circulación. Cuando pasé por su lado, él gritó «¡vamos!». Me sentí mareada durante todo el camino. ¿Por qué me había gritado? ¡Yo iba todo lo rápido que podía! Por dentro me sentía fatal. Entonces recordé mi regresión al Holocausto. Oía a los guardias gritarme que caminara más deprisa, llamándome de todo, haciéndome sentir indigna e inútil. Fue para mí una revelación increíble.

Sigo sintiendo un intenso proceso curativo en el cuerpo y el espíritu. Me muero de ganas de continuar este trabajo en mí misma, y veo el tremendo potencial de percepción y curación de otros. Esta regresión fue un gran regalo recibido por mi vida. Pero la historia no termina aquí.

A primera hora de la mañana de nuestro último día juntos en Omega, pedí a mis guías, en meditación, que me dieran algunos nombres para su comprobación. Me dijeron «Ruth» e «Hiam» (o «Hermann», no estoy del todo segura). Pedí un apellido para verificarlo en la lista de víctimas del Holocausto de Yad Vashem. Oía una y otra vez la palabra *Gemeinschaft*. Al principio no sabía ni siquiera deletrearla, pero fluía del bolígrafo. Se me ocurrieron distintas variaciones, pero *Gemeinschaft* seguía destellando de forma intermitente.

A última hora de la tarde estuve buscando desesperadamente en las bases de datos, pero no encontré a nadie con ese último nombre. Me sentía muy decepcionada. Busqué en todas partes, pero no me salió nada. De todos modos, la palabra seguía chillando en mi cabeza. Así que, a medianoche, frustrada y triste, decidí averiguar si *Gemeinschaft* era siquiera una palabra. Lo que descubrí me dio escalofríos.

Gemeinschaft fue acuñado por un sociólogo alemán a finales del siglo XIX. Significa «comunidad». La doctrina de Gemeinschaft tiene que ver con un organismo vivo, una comunidad orgánica y real en que las personas están conectadas entre sí por creencias, lazos culturales y otros identificadores. En Gemeinschaft, todo el mundo es importante, todo el mundo es igual y todo el mundo tiene algo que aportar al conjunto. Gemeinschaft trasciende la sociedad, y cuando uno es parte de esta comunidad, se le reconoce como miembro intrínseco de la misma dondequiera que se encuentre. Todo eso tiene que ver con la comunidad «amada», en la que no hay barreras que nos separen.

Percibí que los guías estaban enviándome un mensaje más importante que un apellido. Me gustaría hacer más trabajo de regresión, pues noto que necesito y quiero aprender muchísimo más. Pero entretanto voy a tomar este mensaje en serio y veré adónde me lleva. La comunidad que creamos en Omega era Gemeinschaft en grado sumo, sin lugar a dudas.

~ *Cindy Frado*

Aunque Cindy sentía menos dolor y dormía mejor, el aspecto más llamativo de sus regresiones era la extraordinaria agudeza del detalle. Alcanzaba a ver, oler, sentir, saborear y oír el vagón de ganado. Estaba atendiendo a su Gemeinschaft del Holocausto judío y en esta vida es, de hecho, una pastora de la Iglesia que también atiende a sus feligreses, de nuevo con gentileza y dignidad.

Nuestras almas adoptan un millón de formas distintas. Podemos convertirnos en león o diente de león, en planta o persona. Si hemos asumido una forma humana, podemos ser de cualquier color, raza o sexo. Con independencia de la forma elegida, bajo la superficie somos exactamente lo mismo. Estamos todos conectados; somos todos la misma sustancia y energía, procedemos de la misma fuente, nos componemos del mismo material espiritual.

Realmente carece de sentido mortificarnos con tantas guerras y acciones violentas, pues cada vez que hacemos daño a otro nos lo hacemos a nosotros mismos. Los nazis se han reencarnado en judíos, y los judíos alemanes en cristianos americanos, como en las dos vidas de Cindy. Hemos sido los asesinos y los asesinados, los violentos y las víctimas de la violencia. Si en una vida hemos lastimado a otros, en otra hemos sido un monje que no mataría ni a una hormiga, y ahora estamos en algún lugar intermedio, aprendiendo sobre el equilibrio. Así es como evolucionamos. A menudo nos metemos en el cuerpo de nuestros enemigos para aprender la verdad de que el color de la piel, la nacionalidad, la religión o el género son unos arreos exteriores ajenos al alma. El odio tergiversa la realidad. Debemos aprender de todas partes. Cuando nacemos en el cuerpo de nuestros enemigos, ¿qué opción nos queda salvo la de amarlos? Vemos a sus bebés indefensos; observamos que cuidan de los ancianos, se preocupan de tener alojamiento y comida suficiente, y se enfrentan a los mismos miles de detalles cotidianos que nosotros. Les reconocemos como iguales. Esta sabiduría trae la paz de la mano.

Nuestra comunidad, nuestra verdadera Gemeinschaft, es la totalidad de la comunidad humana, y más que eso. En cuanto miramos a los ojos a otra persona y nos vemos a nosotros mismos devolviendo la mirada, somos capaces de crear un cielo en la Tierra.

2

Confirmación de los recuerdos

Por lo general, los terapeutas de la regresión a vidas pasadas actúan en dos niveles. El nivel terapéutico está continuamente presente y acaso sea el más importante. El nivel confirmativo es de vez en cuando posible, pero siempre fascinante. A lo largo de los años, muchos de mis pacientes han sido capaces de corroborar la precisión de sus recuerdos de reencarnación mediante documentación de nombres, hechos históricos o incluso placas de identificación militar. Han recordado domicilios particulares, nombres de barcos y otros muchos detalles que confirman sus evocaciones.

Internet ha facilitado mucho la documentación. Se pueden realizar búsquedas *on line* de forma rápida y económica. Varias personas se han valido de la información de internet para certificar la breve descripción de Catherine de una de mis vidas anteriores, mencionada en unos cuantos párrafos de *Muchas vidas, muchos maestros*. Esta clase de investigación era mucho más ardua treinta años atrás, cuando Catherine era mi paciente.

Las confirmaciones basadas en la observación también son importantes. Los individuos que durante las progresiones son capaces de hablar lenguas extranjeras que nunca han estudiado procuran otro tipo de ratificación sobre la validez de experiencias en vidas pasadas. Esto recibe el nombre de *xenoglosia*, y no cabe atribuirlo a la mera fantasía o a la imaginación. A veces, puede que las lenguas habladas en la regresión hayan desaparecido, como el arameo antiguo. Si la sesión ha sido grabada, un departamento universitario de lingüística puede verificarlo.

Una cirujana de Pekín, que me visitaba en su primer viaje fuera de China, hizo una regresión a una vida anterior en California en 1850. Como ella no hablaba nada de inglés, la sesión se llevó a cabo con la ayuda pericial de un intérprete de chino. La mujer recordaba haber tenido una discusión con su esposo en esa vida, por lo que se puso a hablar un inglés muy fluido y subido de tono. El intérprete, sin darse cuenta de lo que estaba pasando, empezó a traducir automáticamente lo que decía ella al chino. «Alto», dije yo con discreción. «Entiendo inglés.» El intérprete casi se desmaya, pues sabía que la mujer no había hablado nunca una palabra de ese idioma. Jamás olvidaré la mirada de asombro en su rostro.

. REGRESO A CASA .

En el verano de 2008, participé en su seminario (soy el director de vida espiritual y capellán del Nichols College, y en la tanda de presentaciones me describí como «el hombre de nombre con guion —Wayne-Daniel—, mitad portugués, mitad judío, ¡un porjudío!»; la gente se rio). Desde que recibí su formación en Omega, he experimentado regresiones con gran éxito, lo cual se ha convertido en una herramienta importante en mi trabajo como capellán.

Hice una serie de regresiones a vidas pasadas con la doctora Sylvia Hammerman, de Massachusetts, todas centradas en la misma vida, durante el siglo I d.C. La regresión comenzaba siendo yo un niño, más o menos de seis años, llamado Yosia (o «Yossi»). Al parecer era un huérfano criado por los esenios. A esa edad, escapé de la destrucción de mi casa, en el asentamiento esenio que hoy es Qumram, a manos de los romanos. En mis sesiones con Sylvia, experimenté recuerdos de esa temprana edad hasta mi muerte como Yossi ya con veintitantos años.

Tras mi huida del incendio del poblamiento esenio, vagué dos noches por el desierto de Judea. Al final, fui descubierto por una cabrera que me llevó a su casa. Al cabo de unas semanas, apareció su hermano para llevarme consigo. Con los esenios yo había empezado a aprender los rudimentos de la lectura y la escritura, y ese hombre, llamado Ismael, tenía una escuela donde yo podría vivir y seguir aprendiendo.

Cuando Sylvia hizo avanzar los recuerdos en el tiempo, me experimenté como un adolescente joven, el principal alumno y ayudante de Reb Ismael, muy progresista en sus enfoques y enseñanzas: utilizaba no solo textos judíos tradicionales, sino también conceptos de la filosofía griega y de otras fuentes. Esto enojaba a muchos de la Academia de la Torah, donde vivíamos y él enseñaba, por lo que llegó un momento en que tuvimos que huir de noche. Nos dirigimos al sur, y con el tiempo acabamos en Alejandría.

Al principio, Sylvia había pedido que yo no intentara investigar sobre los recuerdos que estaba experimentando; quería que yo simplemente permitiera a la experiencia ir calando. Aunque había oído hablar de los esenios, en realidad sabía poco de ellos y tardé unas cuantas sesiones antes de entender dónde había estado y con quién. Al final, Sylvia me dio permiso para empezar a investigar un poco sobre mis recuerdos. Y lo que me encontré me dejó cuando menos estupefacto.

Esa noche, busqué «Josías» *on line*, pero solo hallé cosas sobre los viejos puritanos de Nueva Inglaterra. Luego tecleé «rabino Josías» y me salió una página web que hablaba de un maestro talmúdico del siglo II llamado Josías, del que se sabía muy poco: vivía en el sur, y la Mishnah palestina había sido escrita sobre todo en el norte, en Galilea. Decía también que había sido el principal discípulo del rabino Ismael ben Elisha. Tecleé este nombre y encontré información.

Una conjetura de los expertos era que Ismael ben Elisha era solo un nombre en clave de otro rabino, llamado Elisha ben Abuya, al parecer un hereje de infausta memoria, condenado y expulsado del Sanedrín. Había varias explicaciones posibles: que era demasiado devoto del pensamiento griego y había intentado introducirlo en la asamblea, que era gnóstico, que era cristiano, y así sucesivamente. El artículo precisaba que todo lo que sabemos de Ben Elisha provenía de sus enemigos y no era muy fiable. Se sabe que fue un importante erudito que hizo montones de aportaciones al Talmud; hasta tal punto, prosigue la conjetura, que algunos rabinos no querían suprimir todas sus enseñanzas, debido a lo cual inventaron ese nombre en clave y así se curaban en salud. En el Talmud también se alude a él como «Akbar» y «el Otro».

Bueno, ¡estaba pasmado! Advertí que, a diferencia de otros nombres que estaba viendo, ese rabino Josías no aparecía acompañado de *ben*, que significa «hijo de». Solo Josías, como si no tuviera padres. Yo no había oído hablar nunca de Elisha ben Abuya y no sabía nada de su pasado. Esto solo me confirmaba la validez de las regresiones.

En 2009, en el verano siguiente a mis regresiones al pasado, tuve la oportunidad de viajar a Israel, donde me alojé en un monasterio cristiano del monte Sión. Estaba decidido a ir a Qumram. Acompañado de alguien con quien había trabado amistad en el monasterio, un profesor de una escuela católica de América que había escuchado el relato de mis experiencias de regresión y no me había tomado por loco, tomé el autobús y partí para allá.

Llegamos, pagamos la entrada y nos acercamos a las ruinas del asentamiento esenio.

«Bueno —dijo mi nuevo amigo—, supongo que sabrás adónde vamos.»

«Desde luego que sí —contesté—. Justo por ahí.»

«Pero ahí pone "Salida".»

«Me da igual lo que ponga —repliqué—. Por ahí se entra.»

Nos movimos por las ruinas con facilidad y parsimonia. Yo sabía exactamente dónde estaba todo y qué era.

«Por este callejón —dije a mi amigo— está el sitio donde comíamos. Los hombres se sentaban sobre mantas, y los niños les servíamos. Después comíamos nosotros.» Y desde luego al final de ese tramo había unas ruinas en las que ponía RE-

FECTORIO, con un dibujo de unos hombres sentados sobre mantas, comiendo.

»Por aquí abajo», dije mientras seguíamos andando, «está el lugar donde fueron escritos los pergaminos. Los niños nos quedábamos a un lado, y los escribas nos pedían más tinta o un nuevo utensilio de escritura. Se valían de juncos cortos y huecos, afilados en un extremo». Huelga decir que, tras doblar una esquina, nos metimos en unas ruinas señaladas con un letrero que ponía SCRIPTORIUM.

En mi primera sesión de regresión, había visto ese *scriptorium* con una chimenea redonda y elevada ardiendo. Era muy particular. Se lo describí a mi amigo diciendo: «Estaba justo por aquí.»

«Wayne-Daniel —dijo él—, mira.» Allí, a mis pies, se apreciaban una serie de círculos concéntricos, hechos de piedra, apretados en la tierra... exactamente como los había visto yo.

~ *Wayne-Daniel Berard*

En la historia de Wayne-Daniel, en la que había un rabino de hace unos dos mil años y un capellán actual, vemos el hilo conductor de una vida espiritual. Las afinidades y los intereses de nuestra vida actual suelen tener su génesis en las vidas pasadas. Diversos talentos y capacidades se han afinado en encarnaciones previas antes de reaparecer en la presente. Somos la suma de nuestras experiencias, perfeccionadas por nuestra sabiduría intuitiva y nuestra conciencia en evolución.

Por lo general, la labor de confirmación más amplia corre a cargo de la persona que recuerda la vida pasada, como se pone aquí de manifiesto. Los terapeutas están ocupados y suelen tener muchos pacientes, pero estos se sienten muy motivados para corroborar los recuerdos, pues las experiencias son suyas. La confirmación de detalles da todavía más poder a la regresión. Aunque las primeras investigaciones que Wayne-Daniel llevó a cabo antes de su viaje a la antigua comunidad esenia habían sido importantes e interesantes, las que realizó *in situ* fueron extraordinarias. La sensación *déjà vu* de familiaridad y de conocimiento del camino no se aprende en los mapas. Deriva de la experiencia real. Wayne-Daniel era capaz de describir las actividades, los escenarios y los detalles, que fueron confirmados de inmediato.

Recuerdo mi propia experiencia de vida pasada en Alejandría, hace unos dos mil años, donde en un período correspondiente al recuerdo de Wayne-Daniel deambulé entre las comunidades esenias del desierto del norte.

Quizá su presencia en el seminario haya sido más un reencuentro que otra cosa.

Según un estudio de 2009 llevado a cabo por el Foro Pew sobre Religión y Vida Pública, casi tres cuartas partes de los americanos creen en la vida después de la muerte, y aproximadamente una cuarta parte cree en la reencarnación. Casi la mitad dicen haber tenido una experiencia mística o espiritual —porcentaje que se ha más que duplicado en los últimos cincuenta años— y alrededor del treinta por ciento afirma haber estado en contacto con alguien que ha muerto. Aunque el número de personas que creen en la reencarnación es superior en Asia y otras regiones donde el concepto lleva siglos aceptado, el mundo occidental está recuperando terreno.

Diversos investigadores, como Ian Stevenson, director ejecutivo, fallecido presidente emérito del Departamento de Psiquiatría de la Universidad de Virginia, han documentado centenares de casos de reencarnación, sobre todo mediante entrevistas conducentes a la identificación de la familia de la vida pasada más reciente de esa persona y la subsiguiente confirmación de los detalles evocados. La labor del doctor Stevenson, centrada ante todo en recuerdos espontáneos de vidas pasadas de niños, revelaba la frecuencia con que las heridas mortales en una existencia anterior se manifestaban como marcas de nacimiento en el cuerpo actual del niño.

Hace casi una década, la Canadian Broadcasting Corporation produjo una hermosa serie de documentales de gran calidad acerca de vidas pasadas en los que fui entrevistado y participé como asesor. Después de que se eligiera a varios voluntarios para que experimentasen regresiones a vidas pasadas, una periodista llamada Sarah Kapoor viajó por todo el mundo, incluyendo poblaciones rurales y cementerios, para verificar los recuerdos. Sarah habló, entre otros, con sacerdotes, viejos de los pueblos e historiadores, quienes fueron capaces de certificar las vidas anteriores experimentadas por los voluntarios. Vi la convincente y corroborativa documentación del vídeo, que en algunos casos aún me emociona. En 2008, cuando dirigí la regresión de varias personas en el *Oprah Winfrey Show*, los productores del programa entrevistaron a Sarah. Una vez más se confirmaron los primeros hallazgos, aparte de que en el transcurso de esos años en que Sarah siguiera con los voluntarios, habían surgido detalles adicionales.

En mis anteriores libros he documentado exhaustivamente casos clínicos que han confirmado recuerdos de vidas anteriores. Las historias ratificadas son innumerables. Jenny Cockell, británica, descubrió a los niños a los que había dado a luz en su encarnación anterior como Mary Sutton en Irlanda a principios del siglo XX. Cinco de los hijos de Mary seguían vivos cuando Jenny los localizó en la década de 1990. Fueron capaces de verificar totalmente el recuerdo de Jenny incluso respecto a episodios insignificantes de su infancia, acaecidos más de setenta años antes del reencuentro emocional con la reencarnación de su madre.

Tenemos un relato de la reencarnación minuciosamente documentado en el libro *The Reincarnation of a World War II Fighter Pilot*, de Bruce y Andrea Leininger. Los padres de James Leininger observaron a su hijo de dos años recordar una vida anterior como James Huston, un hombre muerto en la batalla de Iwo Jima. El grado de confirmación, aun de los menores detalles, es un testimonio de la esmerada investigación realizada por los padres del pequeño James.

Al margen de si se trata de informes sobre casos individuales, como las experiencias de Jenny o los Leininger, o de estudios en curso sobre material vinculado a la reencarnación, se han acumulado muchísimas confirmaciones de la validez de vidas pasadas. La verificación ayuda a las mentes a abrirse a posibilidades nuevas. Una mente cerrada es incapaz de aprender nada nuevo. Una mente cerrada está atascada en el pasado. Gracias a los incansables esfuerzos de los investigadores, ahora podemos afirmar con razón que es posible aceptar la reencarnación basándonos en datos clínicos, no solo en la fe.

En realidad, las verdades no precisan respaldo de investigaciones, desde luego. Existen más allá de la confirmación científica, pues la ciencia está sometida a las limitaciones de sus instrumentos de medición. No puede demostrar lo que no puede medir. Cuando se crean las herramientas adecuadas, las verdades están ahí, aguardando a ser descubiertas: son independientes y no se ven afectadas por las creencias de los seres humanos. No obstante, es comprensible que muchas personas encuentren consuelo y apoyo en pruebas estadísticas y científicas. Lo ideal es que la verdad y las pruebas coincidan. Este ha sido el caso en cuanto al concepto de la reencarnación.

Veamos un ejemplo. Sir Isaac Newton describió la gravedad, pero no la inventó. La gente llevaba milenios conociendo la verdad: todo lo que sube baja. Hizo falta el desarrollo de herramientas matemáticas para que Newton pudiera explicar bien el fenómeno. Y a medida que las herramientas de la física se vayan perfeccionando, la gravedad se entenderá aún mejor. Podemos describir igualmente la reencarnación aunque no conozcamos sus mecanismos con exactitud. Todavía aguardamos a nuestro Newton.

Tras un taller de formación, expliqué una breve experiencia que había tenido Claire, una de las participantes. Irlandesa, Claire nunca había estado en Norteamérica ni Sudamérica antes de asistir a mi curso. Pero resultó que tenía un recuerdo de vida pasada en Chichén Itzá. Se trataba de un lugar que no conocía y que para ella no tenía sentido alguno, pero que recordaba a la perfección.

Comenzó describiendo una aparición que parecía un ángel grande y espléndido de colores cambiantes. Claire era una mujer joven que, junto a otras, estaba participando en una especie de ceremonia. Lucía una túnica blanca con cinturón. Había pirámides con techos planos y muchos escalones que conducían a un templo donde ella meditaba para purificarse antes de la parte siguiente del ritual. Claire estaba sola en el templo, en lo alto de los escalones, las pirámides de techo plano debajo de ella. De repente se vio sola en un gran hoyo en la tierra. Fue capaz de explicar lo que había alrededor y en el agujero con profusión de detalles. En algún momento de la ceremonia había acabado envuelta en un enorme helecho. Por lo visto se trataba de un sacrificio, pero Claire no se mostraba nada traumatizada, pues consideraba que ser elegida era un honor. Su familia se sentía igualmente honrada. La decisión de participar en la ceremonia se había tomado de buen grado.

Estos detalles fueron verificados más adelante por otro miembro del curso que resultó ser un antropólogo mexicano bastante entendido en ceremonias antiguas. Me impresionó el hecho de que, en el pequeño grupo, hubiera un antropólogo de México especializado en culturas mayas e indígenas que certificó inmediatamente los recuerdos de Claire, mucho más elaborados y detallados de lo que yo recuerdo o describo aquí.

Ni Claire ni yo habíamos hablado con el antropólogo antes de la regresión. Si considero las posibilidades de encontrarme en el mismo pequeño taller con un profesional especializado en el mismo tema del recuerdo de Claire, reitero mi idea de que en la vida no hay coincidencias.

Jill, la protagonista de la siguiente historia, descubrió la misma verdad. Las fuertes conexiones entre su presente y su pasado distaban de ser fortuitas; por otro lado, no era ninguna casualidad que los detalles que recordó en una regresión correspondieran a los que más adelante observó en documentos históricos.

. SIEMPRE SOMOS LIBRES .

Mi paciente, una mujer blanca de cincuenta y tantos años, me contó una historia en una sesión terapéutica. En su vida presente, Jill era una asistenta social que sin ayuda de nadie había puesto en marcha un comedor de beneficencia en una zona urbana deprimida. Siendo niña, contando aproximadamente diez años, fue a Mount Vernon a visitar la casa del presidente Washington. En esa visita, empezó a recordar una vida pasada. Sus reacciones, tanto para ella como para su tía, que la había acompañado, al ver la casa y mirar las fotografías fueron extrañas. Jill reconoció a una niña pequeña de quien dijo que había jugado con ella en esa casa. También habló largo y tendido de la colocación de los muebles en la finca de Mount Vernon y de que todo estaba mal. Yo identifiqué esa historia como un recuerdo de una vida anterior, y Jill se mostró abierta a la idea de explorar más a fondo. Acudió a uno de mis talleres y efectuó la regresión sin dificultad. Entonces juntó todas las piezas del inquietante recuerdo.

Como contó Jill al grupo del taller, se había descubierto a sí misma como niña negra esclava de diez años en la casa de George Washington de Mount Vernon. Allí había jugado con una niña llamada Nell, que luego se mudó con su familia a Filadelfia. Recordó que su madre era una esclava negra que trabajaba como costurera, y que su padre era un sastre blanco. Se llamaba a sí misma «mulata».

Más adelante, esa joven huyó en barco hacia la libertad y se instaló en Portsmouth, New Hampshire, donde se casó con un marinero negro libre y tuvo tres hijos. Recordó que vivía con miedo a que la descubrieran y la devolviesen a la esclavitud, pero siguió siendo una mujer libre hasta que murió de vieja en la paz del Señor. Mi paciente era capaz de dar fechas y señalar emplazamientos, y aseguraba que su nombre era «Oney Judge». Cuando le pregunté qué lecciones aprendió en aquella época, respondió con una voz muy distinta, la voz de su alma: «Siempre somos libres.»

Esa misma noche, la pareja de Jill entró en internet y le gritó que acudiera enseguida. En la pantalla había una página web con una historia afroamericana que explicaba la vida de una valiente esclava joven que había huido a la libertad: Ona Judge, la esclava fugitiva de George Washington.

Todo lo que Jill nos había contado al grupo esa noche en

el taller fue verificado por la página de internet. Muchos de los detalles eran correctos. Jill no recordaba haber estudiado jamás esto en clase de historia, lo que seguramente era verdad, pues en la época en que ella iba a la escuela no se explicaba historia afroamericana. Tampoco se había criado en Portsmouth.

Jill todavía está procesando e integrando toda esa información. Se siente muy consolada y aliviada al averiguar por qué tuvo esos recuerdos a una edad temprana, más o menos a la misma edad que tenía Oney en Mount Vernon. La regresión también le ha ayudado a integrar partes de su personalidad en esta vida, así como a determinar sus objetivos futuros.

~ *Maria Castillo*

De vez en cuando, un estímulo geográfico precipitará el recuerdo de una vida pasada. No hace falta hipnosis alguna, solo la visita al escenario. En este caso, la paciente de Maria empezó a recordar espontáneamente pormenores de la colocación de mobiliario y otros hechos históricos. Años después, su regresión y algo de investigación en internet procuraron una nueva confirmación. Curiosamente, la profesión y los proyectos de la actual vida de Jill reflejan los temas observados en la vida de Ona Judge.

Wayne-Daniel también experimentó un recuerdo de vida pasada al visitar la excavación arqueológica en la antigua comunidad esenia. Volver físicamente al emplazamiento de una vida anterior es un poderoso desencadenante y puede suscitar tanto emociones fuertes como recuerdos minuciosos. Si visitamos una ciudad desconocida y notamos una aversión acusada o, en su caso, una conexión positiva con el lugar, los orígenes de estos sentimientos acaso residan en las vidas anteriores.

Hemos vivido muchas vidas y conocido las creencias y culturas de países de todos los rincones del planeta.

La posibilidad de verificar los detalles de una vida pasada es sin lugar a dudas un aspecto fascinante de la regresión, sobre todo en el caso de aquellos que pueden mostrarse escépticos respecto al recuerdo recién evocado. La persona que se pregunta si *ha sido realmente el recuerdo de una vida pasada o solo fruto de la imaginación* tal vez considere que ciertas evidencias objetivas confirmatorias de los datos de la experiencia le ayudarán a aceptarlo como real, o al menos a reconocer que la mente es capaz de saber cosas a un nivel que va más allá de los cinco sentidos tradicionales. Esto desde luego funcionó conmigo cuando estaba tratando a Catherine, mi primera paciente en hacer una regresión a una vida anterior. Yo no creía en absoluto en ese concepto, si bien no podía negar que ella estaba curándose rápidamente ni que era capaz de proporcionarme información personal incognoscible y muy detallada sobre mi hijo, mi padre y mi hija. Si ella no me hubiera suministrado este nivel de «pruebas», quizá yo no habría tenido tantas ganas de investigar y explorar el campo de la regresión a vidas pasadas.

Casi todos, en algún momento, hemos tenido un sueño que ha sido cronológicamente impreciso, o quizás incluso ilógico, que sin embargo nos ha llevado a un nivel nuevo de conocimiento o percepción tras despertar. A un analista de sueños jamás se le ocurriría descartar un episodio profundamente evocador por ser «impreciso» o «falso». Es el mismo caso que se da con las regresiones a vidas pasadas. Las regresiones, al igual que los sueños, como a veces se recuperan de estados muy profundos de conciencia, acaso contengan símbolos y metáforas junto a recuerdos reales. Para que el significado y el mensaje estén claros, hay que interpretar estos símbolos. Un recuerdo de vida anterior simbólico u onírico no es menos potente que uno literal. A veces la mente despliega escenas de vida anterior más en forma de poema que de texto histórico.

El recuerdo de vidas pasadas también está expuesto a las mismas distorsiones potenciales que cualquier otro recuerdo que tengamos en nuestra conciencia regular de vigilia. Puede que el recuerdo sea totalmente exacto, pero a veces las fechas y otros detalles quizá sean algo borrosos. La memoria es así. Por ejemplo, lo que estamos seguros de que nos pasó en el jardín de infancia puede haber ocurrido realmente en el primer curso. De todos modos, el noventa y nueve por ciento del recuerdo es correcto, y ese error no invalida la precisión general. Las emociones y los temas tienden a ser sumamente precisos. Las distorsiones más habituales se dan con los números y otras funciones lógicas o del cerebro izquierdo. La mente profunda se ocupa más del entendimiento y la curación que de los detalles y las fechas.

Mis libros anteriores ofrecen una exploración más minuciosa de la convalidación de casos. No obstante, como han ido pasando los años y he testificado en muchos de estos casos, mi centro de atención ha cambiado un poco, desplazándose desde la confirmación del recuerdo de la vida pasada a su valor terapéutico. Pocas veces, si acaso alguna, son los hechos, los detalles o la precisión histórica de las regresiones los que tienen un efecto curativo significativo en el paciente: lo que se revela es más bien el contenido emocional, los sentimientos y las relaciones, lo que se cosecha son las percepciones de la vida y la naturaleza más profunda. Las historias del próximo capítulo ilustran el modo en que estas interpretaciones pueden curar vidas de personas de forma clara y permanente.

3

Cómo conocer puede curar

El cuerpo y la mente son las máscaras que nuestro yo real
—el alma— lleva en el mundo físico. Al morir, nos quitamos las
máscaras y descansamos en nuestro estado natural. No hay desaparición, ni olvido. Simplemente nos quitamos las máscaras, la
ropa y otras coberturas externas, y regresamos a los reinos espirituales, donde nos renovamos y restablecemos. Aquí reflexionamos sobre las lecciones de la vida que acabamos de dejar. Aquí
nos reencontramos con los compañeros del alma de todos los siglos. Aquí planificamos nuestra próxima vida en la Tierra. Cuando el tiempo y las circunstancias son las propicias, nos ponemos
máscaras nuevas —un cuerpo y un cerebro de bebé— y volvemos
al estado físico. Con energía y actitud renovadas, seguimos aprendiendo lecciones espirituales hasta que ya no es necesario reencarnarse. Luego podemos seguir ayudando a personas del otro
lado.

Es importante recordar que somos el alma, no la máscara.

Mientras adquirimos una perspectiva superior y comprendemos que la vida presente es una de las innumerables vidas que
nuestra alma ha experimentado a lo largo de eones de tiempo, es
palpable la expansión, la eternidad y la dicha que sentimos. Podemos liberarnos de la culpa, la desesperación, la sensación de
vernos atrapados y atacados. Disponemos de una eternidad de
tiempo para aprender lecciones. Los síntomas y temores probablemente nos han sido transferidos desde vidas anteriores. Siem-

pre nos queda esperanza en cuanto comprendemos que somos algo más que un cuerpo y un cerebro concretos.

La lección más importante es el amor. Recordar las causas de nuestras aflicciones nos permite curarlas. Al hacer esto, el reconocimiento de que somos seres afectuosos, espirituales, ocupa cada vez más el centro de atención. Esto nos despoja de miedos y ansiedades. Elimina las barreras que nos impiden entender nuestra verdadera naturaleza, curarnos a nosotros mismos y curar el mundo.

Comprender puede ser inmediato: una percepción súbita del significado y las repercusiones de esas ideas, un conocimiento claro e intuitivo. También puede ser lento y pausado, una conciencia difusora mientras se levanta suavemente el velo de la ignorancia. Tanto con la inmediatez tipo zen como con la salida gradual del sol en un día de niebla, los resultados son idénticos.

El conocimiento claro está bloqueado por muchos obstáculos. A menudo somos sistemas específicos de creencias, tanto culturales como religiosas, alimentados por la fuerza cuando somos demasiado jóvenes para entender, razonar o tomar decisiones por nuestra cuenta. Quizá nos volvamos mentalmente cerrados a creencias y sistemas alternativos. En una mente cerrada no puede entrar información. No es posible aprender nada nuevo.

Menos mal que la experiencia personal puede ser más fuerte que la creencia. En cuanto experimentamos, sabemos. Por esta razón, tener un recuerdo de una vida anterior, sea mediante regresión, sueños, meditación o incluso de forma espontánea, puede ser lo bastante cautivador para abrir una mente cerrada y liberarla de las cadenas del escepticismo. Es posible formular preguntas nuevas. Ahora cabe examinar y reexaminar las creencias, aceptarlas o rechazarlas. Ahora puede producirse aprendizaje de verdad.

Para Heather, que acto seguido expone su historia, el conocimiento sobrevino de manera rápida y clara. Fue capaz de recuperar su voz así como de destilar sabiduría espiritual, gracias a lo cual curó su mente y alimentó su alma.

Mi cuerpo está enfriándose bajo la pesada cota de malla. Ahogándome en mi propia sangre, soy consciente de mi muerte inminente, pero no tengo miedo. Alzo la vista al cielo húmedo y gris, sabiendo que el combate se ha librado con honor y que yo moriré igual.

No es una página de un cuento de hadas medieval, sino de una experiencia transformadora de la vida que dio lugar a una reestructuración de todo lo que creía saber. Yo nunca buscaba respuestas porque no tenía preguntas, pero movido por la pura curiosidad decidí probar con la hipnosis. Poco después me encontré en una vida anterior.

Desde entonces he sabido que esta vida es una lección, una escuela a la que venimos a aprender. Y cada encuentro que tenemos es una oportunidad para cambiar y ayudar. Estamos todos juntos en este mundo, y solo pueden salvarnos el amor, la esperanza y la caridad. Se trata de palabras radicales de un antiguo agnóstico. Me explicaré.

Cuando era joven, no quería que nada me tocase el cuello. No llevaba cuellos vueltos, bufandas ni gargantillas. En 2000, me detectaron en la garganta un tumor que requirió extirpación quirúrgica. El terror que sentí cuando la hoja del cirujano descendió a la garganta fue más intenso de lo que habría sido normal. No se ajustaba a mi predisposición a «absorberlo». Hoy tengo una cicatriz a consecuencia de aquello.

También sufría problemas recurrentes con la voz, de modo que muchos días, sin ningún motivo aparente, no tenía voz en absoluto. Y ello pese a tres evaluaciones médicas y una terapia de habla.

Además, hace unos años experimenté una reacción ante un fármaco que me causó un pánico desconocido para mí hasta entonces. Me obsesioné y llegué a pensar que la garganta estaba cerrándose. Estaba convencida de que me moría. Me encontraba bien, pero tardé días en sacudirme ese miedo emocional y desconcertante.

Un jueves por la tarde fui a ver a Donna, hipnoterapeuta clínica. Como era de esperar, ese día yo estaba afónica. Donna me enseñó verbalmente a relajar los músculos, valiéndose de imágenes guiadas para llevarme a un nivel profundo de hipnosis. Por último, estando yo ya totalmente relajada, me hizo visualizar una biblioteca. Fui conducida a una sección de libros con el nombre «Heather» impreso en la cubierta. Hojeé las amarillentas y desgastadas páginas de un libro, y en el lado derecho de una página abierta vi una lámina de colores, como las de los cuentos de hadas. Era la imagen de un caballero de pie frente a un caballo blanco arrodillado. El caballero lucía cota de malla, y sostenía un escudo en la mano izquierda y una espada en la derecha. El pelo oscuro y ondulado le tapaba un poco el ojo derecho, y el delgado y demacrado rostro estaba lívido.

Donna me ordenó entrar en el dibujo, y en un instante dejé de ser Heather: ahora era el caballero. Sentía la fatiga extrema de la batalla y la falta de comida, aunque también un profundo sentido del honor. Tenía el deber juramentado de combatir, pero también una sensación incómoda de que no era una causa justa. No tenía miedo de morir, y lo haría con dignidad. En mi vida no había ninguna mujer, solo amor y ternura por mi caballo.

Donna me hizo avanzar un poco más en el tiempo, y pronto estuve en pleno combate. La tierra era verde y yo iba a pie, luchando con la espada firmemente agarrada con la mano derecha. Aunque me encontraba tumbada en el sillón de la terapeuta, tenía el puño derecho cerrado y lo levantaba como si sostuviera el acero mientras la izquierda sujetaba un escudo imaginario. No podía aflojar los puños.

De pronto sentí que me ahogaba en sangre. Me habían dado un tajo en la garganta. En el sillón de la consulta de Donna, notaba como si la garganta se me cerrase. Tuve náuseas y tosí. Donna me ordenó salir del cuerpo y contemplar la escena como si fuera una película en una pantalla. Lo intenté, pero las sensaciones eran tan reales —el dolor, el ahogo— que no era capaz de retirarme. Por fin, afortunadamente, cesó el dolor. Yo estaba flotando. Paz. Solo conocía la paz. Fui soltando las armas imaginarias y mis manos se relajaron.

Era una paz desconocida para mí. No había dolor ni enfrentamiento, solo una serenidad total combinada con una magnífica sensación de ingravidez. En mi cuerpo no había tensión. Me sentía menos limitada, más libre, eterna. Podría haberme quedado allí para siempre, pero Donna estaba hablándome. Yo no quería abandonar a mi caballero. Aún lo sentía y no pretendía dejarlo; no obstante, ella me guio sacándome de esa vida y devolviéndome al presente.

Concluida la sesión, yo estaba abrumada. Cuando abracé a Donna y le di las gracias, ambas reparamos en que mi voz era clara y fuerte. Había empezado con voz ronca y en susurros; ahora volvía a sonar campechana. ¿Revivir la muerte del caballero había resuelto mis problemas vocales? El tiempo lo diría. En todo caso, me sentía eufórica.

En los días siguientes, me desperté con una voz clara. Cada vez que cogía el teléfono, me quedaba gratamente sorprendida. Me consumía el deseo de aprenderlo todo de los caballeros y de investigar sobre heráldica.

Por fin comprendí por qué me gustaban determinadas clases de cultura, música, arte o símbolos; o por qué me comportaba de cierta forma y tenía unos códigos, singularidades y éticas que eran anteriores a mí. Conocía mejor mis temores y mis puntos débiles y cuál era su origen. Y aunque los beneficios curativos eran sorprendentes y yo valoraba más mis rasgos específicos, no era esa la revelación que todavía sigue impresionándome.

Tras esas experiencias, mi obsesión fue aprender más sobre historia medieval. En la actualidad, mantengo la curiosidad, aunque algo menos. Si uno se centra en los árboles, no ve el bosque. El verdadero significado, el verdadero mensaje, es algo más profundo que el simple conocimiento de saber que yo era un caballero o cualquier otra persona. Y si aceptamos la idea de que somos algo más de lo que esta vida corriente nos dice que somos, las repercusiones son de gran alcance.

Una consecuencia es que somos inmortales. Experimentaremos muchas otras vidas con muchas de las mismas almas con las que ya hemos estado antes. Siempre acabaremos encontrándonos. Así, «hasta que la muerte nos separe» no viene al caso, pues ni siquiera la muerte puede separarnos.

Las víctimas de nuestros agravios regresarán a nosotros en otra vida, por lo que tendremos la oportunidad de enmendar la situación. Del mismo modo, quienes nos han agraviado volverán para reparar el daño. Nos encontraremos de nuevo con la familia, los amigos y aquellos a quienes antes lastimamos. Alimentar la hostilidad y la ira y perjudicar a otros es una pérdida de tiempo y energía. Aunque tengamos que vernos mil veces frente a los mismos problemas y las mismas almas, al final aprenderemos a amar y a purificar nuestras relaciones.

Además, me consta que no soy la persona que conozco como «Heather». Es como si ahora estuviera llevando un traje «Heather» y la próxima vez me pusiera uno «Henry». Esto me ayuda a dar un paso atrás y contemplar los conflictos y las crisis de manera más objetiva. Soy solo una conciencia que experimenta la vida Heather. Actualmente, procuro distanciarme de situaciones estresantes, pero aún es difícil, pues las sensaciones parecen muy reales e intensas. Cuando tuve la experiencia del caballero, las sensaciones también eran intensas y parecían muy reales. Entonces, ¿qué es real en cada situación? ¿Las sensaciones son reales debido a su calidad e intensidad? ¿Son los sentimientos de Heather más reales que los del caballero? El poder de la experiencia es el mismo. ¿A cuál debo prestar atención? Esto me lleva a la conclusión de que ninguno es real: solo lo es la conciencia que subyace a ellos.

Estos cambios de percepción y perspectiva afectan al modo en que me planteo la enfermedad, la dolencia crónica o las crisis. Influyen en cómo miro el cuerpo de Heather, los incidentes y las reacciones de Heather ante los mismos. «Mi» enfermedad crónica ya no es personal. Ya no me pertenece. Es solo algo que está experimentando Heather, y probablemente para ello hay una explicación. Es una lección que hemos de aprender de la convivencia con la enfermedad. Esto ayuda a uno a alejarse del impacto personal y a distanciarse de su emotividad.

Estamos aquí para aprender lecciones sobre amor y perdón. Y solo cuando hayamos aprendido estas lecciones podremos «graduarnos». Mi vida se ve a través de una nueva verdad. Aunque ya se ha dicho antes mil veces y de mil maneras, para entender de veras algo no hay nada como la experiencia. Esta nueva percepción es innegable ahora que he sido testigo de ella y la he sentido.

~ *Heather Rivera*

Heather resume a la perfección las profundas repercusiones de los recuerdos ligados a la reencarnación. Somos muchísimo más que un cuerpo y un cerebro. Somos un espíritu inmortal que se encarna aquí en una forma física para aprender las lecciones que Heather pone de relieve. Comprender la realidad de la reencarnación permite que disminuya nuestro miedo a morir, pues sabemos que la conciencia sobrevive a la muerte física. Hemos vivido antes, hemos muerto en esa vida, y aquí estamos, otra vez aquí, en un cuerpo distinto. La parte que continúa tras la muerte del viejo cuerpo y que luego se reencarna como bebé suele recibir el nombre de «alma», «espíritu» o «conciencia eterna». El reconocimiento de que somos un alma o una conciencia inagotable es increíblemente liberador. Comprendemos que somos seres espirituales, no solo seres humanos temporales. No morimos nunca, pues nunca nacemos realmente. Entonces, ¿de qué tenemos miedo?

Si no nos enseñaron el concepto de reencarnación cuando éramos niños —como fue mi caso, desde luego, por eso no creía en él—, eso no significa que sea erróneo. Es muy importante ser mentalmente abierto y seguir aprendiendo a fin de alcanzar el potencial máximo. Heather fue capaz de hacer exactamente esto, y su vida ya no ha sido la misma.

Un trauma en el cuello o la garganta en una vida anterior sin duda puede provocar problemas en la vida actual, aunque hay otros orígenes posibles. Quizás a uno lo castigaron, incluso lo mataron, por lo que dijo en una vida pasada. Las propias palabras acaso hayan sido letales. La consecuencia en la vida actual es una fuerte necesidad de autocensura, o tal vez de hablar poco y con cuidado para evitar que vuelva a pasar lo mismo. Las palabras pueden matar.

Cuando sacamos a la luz y entendemos el vínculo causa-efecto, por lo general el síntoma se disipa. En el caso de Heather, desapareció un problema físico. En el de Giorgio, paciente de Mira y protagonista de la siguiente historia, la naturaleza del síntoma era emocional. Da igual si el problema se manifiesta en el cuerpo o la mente. Este paradigma de curación es aplicable a todo.

. LA VIDA NO TIENE POR QUÉ SER DURA .

Una de las sesiones con el paciente fue una historia especialmente interesante y conmovedora no solo por los profusos detalles, las comprensiones y la curación emocional, sino también porque habló en dos lenguas diferentes, desconocidas ambas tanto para él como para mí.

Giorgio se veía a sí mismo en una sala abarrotada, en una época antigua de Oriente Medio. Se hallaba con un grupo de personas que tenían audiencia con el rey de aquella tierra, en la que pretendían establecerse como refugiados. Había criados de pie a ambos lados del recorrido que conducía al trono. Un consejero susurró algo al rey. Entretanto, la multitud aguardaba ansiosa el veredicto sobre su futuro. Se iba a tomar una decisión importante.

El rey se levantó del trono, bajó los escalones y dijo: «*Anan shatlan temuk.*»

Era una lengua que la gente no entendía, por lo que nadie supo qué significaban esas palabras. Todos murmuraban nerviosos entre sí. Los soldados los rodearon, y los refugiados temieron que fueran a matarlos. Sin embargo, les fue perdonada la vida y se les permitió instalarse en las afueras de la ciudad, en una zona asignada cuya tierra no era fértil. Allí crecía poca cosa, y para sobrevivir casi todos criaban animales. Era una vida dura. Pedí a Giorgio que entrara en su casa y viera dónde vivía.

Mientras hablaba, empezaron a correrle lágrimas por las mejillas. «Soy una chica, una adolescente. He llegado a casa, y mi madre me está diciendo lo dura que es la vida. Que siempre lo es y siempre lo será. Ella me quiere mucho, y está diciéndome que la vida siempre será difícil para nosotros dondequiera que vayamos. Y yo la creo. La escucho y asiento. Estoy de acuerdo. Hemos de trabajar mucho.»

«¿Está afligida?», pregunté. «¿Lleva una carga pesada en el corazón?»

«No. No está afligida. Solo explica cómo son las cosas para nosotros. Que este es nuestro destino en la vida.»

La chica, Giorgio, en esa vida, aceptaba e interiorizaba esas afirmaciones. Estaba experimentándolo y viéndolo con sus propios ojos, y nunca ponía en entredicho la actitud de su madre.

Giorgio me dijo que era el único niño en esa vida, una niña llamada Anash. Le pregunté sobre la madre de Anash. «Es mi madre actual. Era mucho más fuerte en esa vida que ahora, pero se trata de la misma alma.»

El padre de Anash era un hombre alto, de calva incipiente y con barba. Un día llegaron los soldados y lo mataron con lanzas, delante de su misma casa. Había robado algo. La madre estaba enterada del delito y sospechaba que eso podía suceder, pues cuando se presentaron los soldados ella se organizó al punto y enseguida ocultó a su hija dentro de la casa.

«La importancia de este suceso no es la muerte de mi padre, sino la reacción de mi madre. Confirma todo aquello en lo que ella creía y que me había enseñado: que la vida es dolor y sufrimiento. Que este es nuestro destino en la vida: lo que mi madre sigue diciéndome hoy», explicó Giorgio.

La chica se casó con un hombre de la ciudad. Con el paso de los años, las personas más jóvenes de la tribu de Anash se fueron integrando poco a poco en la ciudad casándose y trabajando ahí. Pregunté si Anash solía visitar a su madre.

«Sí», respondió Giorgio. «Le llevo naranjas.»

A Giorgio le corrieron lágrimas por las mejillas, y su voz delató las emociones que sentía. Anash podía a menudo coger a escondidas pedazos planos y redondos de pan así como naranjas para su madre. Ahora, para Anash la vida era un poco mejor. La casa donde vivía actualmente era una casa de verdad, no una tienda ni una choza. Seguía faltando el dinero, o había muy poco, pero el esposo de Anash era molinero, lo que les daba un acceso estable a la comida. También era judío, y aunque formaba parte de un grupo minoritario, los judíos estaban más integrados en la sociedad que la tribu de Anash. Giorgio, como Anash, se puso a hablar en otra lengua y dijo: «Hay un montón de palabras hebreas que ahora conozco.»

El siguiente momento importante en la vida de Anash fue la muerte de su madre. «Mi madre es vieja. Es vieja y está enferma. Le toco la cara. Está muriéndose. Le digo que la quiero. Está débil. Toda huesos. Estábamos muy unidas.»

«¿Cómo te sientes?», pregunté.

«Muy, muy afectado. Creo que ella tenía razón, que la vida es muy dura.»

En esa vida como Anash, Giorgio debía aprender que la percepción de la vida como una lucha era solo una suposición, solo un modo de contemplarla, únicamente una creencia. En su reencarnación actual, él seguía creyéndolo. Sin embargo, la vida no es solo dolor y sufrimiento. Se producen cambios de maneras que jamás cabría predecir; ocurren cosas que no son de esperar. Y esto es una lección muy importante tanto para Giorgio como para su madre. Ella continuaba pensando de veras y a fondo que la vida era una lucha, y por consiguiente cada situación de su vida confirmaba esa percepción. La vida está llena de posibilidades. Los milagros ocurren, en efecto, y ambos necesitaban saberlo.

En su vida actual, Giorgio creció oyendo de su madre exactamente las mismas cosas que ella le enseñaba cuando él se llamaba Anash. Giorgio mantenía la misma actitud y, al describir las dificultades que se había encontrado antes de la regresión, habló de su vida refiriéndose continuamente a luchar y sobrevivir. Esta actitud —basada en que la vida es un campo de batalla— se había extendido a todos los rincones de su existencia: su carrera, sus finanzas, sus relaciones e incluso su expresión creativa como artista.

Tras la sesión, Giorgio decidió desvincularse de la creencia en la vida como un forcejeo. Cayó en la cuenta de que las circunstancias que generaron esa creencia en la vida de Anash no existen en su vida como Giorgio, y que él ahora es una persona diferente. No había necesidad de ser negativo o preocuparse de que las cosas escaparan a su control. Comprendió que tenía la capacidad de elegir, y que no necesitaba percibir el mundo mediante los ojos de su madre. La elección se hizo como muestra de gratitud hacia todo lo bueno que había recibido en vez de pasarlo por alto y centrarse en lo malo. Giorgio decidió ver la vida y vivirla como un maravilloso despliegue de posibilidades y bendiciones.

Ha pasado más de un año desde nuestra regresión. Hablando con Giorgio, veo que el cambio en él es permanente. La sesión le procuró un conocimiento que lo liberó de la necesidad de recrear un constante enfrentamiento en su vida. Ahora sabe que la vida está llena de posibilidades y que efectivamente se producen milagros.

~ Mira Kelley

En la introducción de este capítulo, mencioné que lo que nos encontramos como adultos puede confirmar o contradecir las actitudes y los puntos de vista no probados que tal vez nos enseñaron siendo niños, y que quizá nos tragamos sin digerir ni examinar. La descripción de Giorgio procura un excelente ejemplo de cómo esas primeras creencias o suposiciones pueden estar distorsionadas o incluso ser falsas. Al principio, los nuevos conocimientos acaso parezcan raros o extraños porque no nos resultan familiares, pero con tiempo y paciencia acaba imponiéndose la verdad. Mira guio expertamente a Giorgio hasta un nivel superior de conciencia. Y como consecuencia de ello, su vida llegó a ser más plena y dichosa.

Giorgio y su madre, tanto en la existencia pasada como en la presente, creían que la vida era y es dura. No están solos. A lo largo de los años, muchos lectores y participantes en talleres me han preguntado por qué nos hallamos en esta difícil dimensión física. ¿Por qué no permanecemos sin más en el otro lado, en las vertientes celestiales, y aprendemos allí, donde no tenemos toda la carga, todo el dolor, de la existencia física?

Es una pregunta complicada, pues conlleva una perspectiva espiritual muy superior. Es como intentar conocer la mente de Dios. Mi respuesta es incompleta, pero ha ayudado a mucha gente.

Comparo la existencia física con el primer día de jardín de infancia, cuando tuvimos que abandonar la familiaridad y las comodidades de casa para ir a la escuela y comenzar la estresante caminata por los diversos cursos y aulas. Un niño de jardín de infancia podría poner objeciones y decir: «¿Por qué necesito esto? ¿Por qué no puedo quedarme en casa y aprender allí? ¿Quién necesita la escuela, en el fondo? Yo en casa estaba de maravilla. ¡Qué hago aquí!»

No obstante, a ese niño le falta perspectiva para comprender la finalidad y el valor de la escuela: adquirir unos conocimientos, aprender sobre muchos temas, prepararse para tener una carrera, saber actuar en la sociedad, ganarse la vida, interaccionar con iguales, etcétera. El niño no repara en que la casa cambiará, que los padres se harán mayores, se jubilarán o se mudarán a otro sitio. Todo cambia.

Somos como el niño del jardín de infancia. No acabamos de entender por qué estamos aquí, en esta escuela física de la Tierra; sin embargo, la realidad es que aquí estamos en efecto, con independencia de cuáles sean las razones. Y hemos de sacar el máximo provecho de ello, aprendiendo las lecciones espirituales y luego, igual que el joven estudiante que regresa a casa tras un largo día de escuela, volver finalmente a nuestro verdadero hogar.

. ENCONTRAR LA PAZ .

Mi esposo y yo asistimos a su seminario de Los Ángeles. Hice las reservas desde Houston en el último momento debido a un sueño. Unos días antes del viaje, soñé que usted me estrechaba la mano y me decía algo al oído. Tardé un rato en comprender lo que me decía, pero cuando estaba estrechándole la mano a mi esposo, caí en la cuenta. Usted decía que yo no tengo hijos en esta vida porque había perdido dos en mis dos vidas anteriores, y por eso tengo ahora miedo de tenerlos. Vaya, eso me despertó y me fastidió, pues a mí no me asusta tener hijos. Estoy cansada de intentar quedarme embarazada dejando que la naturaleza siga su curso. ¡Debía averiguar más!

Durante su seminario matutino sobre regresión a vidas pasadas, tuve la imagen mental de una mujer blanca que vivía en las montañas con su esposo y un hijo. Era una vida sencilla y tranquila. Al final, cuando usted preguntó qué lección se podía extraer de esa existencia, lo único que sentía yo era pura paz y satisfacción. Entonces se me ocurrió que da igual la vida que yo lleve, siempre y cuando aprenda a estar contenta y serena, a ser compasiva, paciente y generosa. Si aprendo todas esas grandes enseñanzas ofrecidas por la vida, sus libros y el budismo, todo funcionará. No tengo hijos, pues muy bien. Como dentista pediatra, trabajo con niños a diario, y eso me hace feliz. Gracias por ayudarme a descubrir este mensaje.

~ *Michelle Lin*

La historia de Michelle es breve pero convincente. Quizás el final no esté escrito. Estoy seguro de que ha dado a luz cientos, incluso miles, de niños en el transcurso de sus numerosas vidas. En su existencia actual, atiende a niños cada día. Las percepciones y los tesoros de la sabiduría espiritual adquiridos tras la regresión son cautivadores. Es una auténtica bendición comprender de veras el carácter básico de la compasión, la paciencia y la generosidad como guías y peldaños hacia la liberación. Michelle lo entiende en un nivel profundo derivado de la experiencia. Ella sabe.

Con los años, he tenido como pacientes a muchas mujeres con problemas de fertilidad. Bastantes de ellas fueron capaces de concebir tras superar el bloqueo de la vida pasada (como el miedo a volver a perder un hijo), o tras reducir la tensión mediante la aceptación y el conocimiento. Si Michelle sigue viviendo tranquila y satisfecha, feliz con lo que tiene, aumentarán espectacularmente sus posibilidades de quedarse embarazada.

Las dos historias siguientes se extienden sobre esta idea.

. ÚLTIMA OPORTUNIDAD .

Hace unos cuantos años, Brian estaba dirigiendo un taller en un gran auditorio de Florida. Llegamos temprano, y él estaba ocupado en la parte delantera de la sala comprobando el sonido, las luces y la disposición del escenario. Me senté en la última fila y esperé pacientemente a que empezara el día. Al poco rato llegó a la sala una mujer joven empujando a una hermosa niña en un cochecito. Se sentó a mi lado. Los niños me embelesan; me encanta su olor, su piel suave, su pelo enmarañado y sus sonrisas bobas. Siempre me recuerdan la maravillosa época en que mis hijos ya mayores tenían esa edad.

La joven madre y yo entablamos una breve conversación sobre la pequeña, y luego me presenté. Al darse cuenta de que yo era la esposa de Brian, dijo: «Usted no es consciente de ello, pero su esposo es responsable del nacimiento de mi hija.»

Bien, estas no son las palabras que una mujer quiere escuchar. Recordando el comportamiento neutro que me enseñaron a tener como asistenta social, repliqué: «Vaya. Cuénteme.»

Me explicó que siempre había querido ser madre. Poco después de casarse, ella y su marido decidieron formar una familia. No obstante, tras meses y meses sin lograr la concepción, consultaron a especialistas en fertilidad. Con todo, seguían siendo incapaces de tener hijos. La mujer pasó por años de tratamientos y procedimientos, algunos de ellos molestos, dolorosos y difíciles, y cada mes la pareja pasaba de la esperanza a la desesperación. Ella tenía hora para ver a otro experto y probar otro método. Mientras se dirigía a esa cita, decidió que si ese procedimiento no surtía efecto, se daría por vencida. Ya era suficiente.

Mientras la mujer se encontraba en la sala de espera del médico, rodeada de embarazadas, pensó en *Muchas vidas, muchos maestros* y el concepto de «almas que escogen a sus padres», y recordó que las almas pueden ser de miembros de la familia o de amigos fallecidos. En voz alta, delante de todo el mundo, alzó la vista al techo y dijo: «Muy bien. Si alguna quiere volver, este es el momento. ¡Es vuestra última oportunidad conmigo!»

Quizás alguien estaba escuchando. El tratamiento fue satisfactorio, y nueve meses después nació esa preciosa niña.

~ *Carole Weiss*

Yo quizá sea en parte responsable de ese bebé, pero el caso es que he tenido bastantes niños. En mis numerosas encarnaciones, he sido hombre y mujer, de todas las razas, religiones y nacionalidades. Lo mismo que le pasa a todo el mundo, pues no somos solo un cuerpo, que es tan solo un hogar temporal. Somos un alma que se desplaza de una vida a la otra aprendiendo a hacer realidad nuestra verdadera naturaleza espiritual aquí en la Tierra.

Este cambio de perspectiva desde la identificación con el cuerpo a la identificación con el alma es un paso fundamental en nuestro viaje. Conocer la propia naturaleza es a la vez liberador y curativo. Los sucesos y problemas cotidianos pueden afectar fácilmente a un ego o una mente trivial. Pero en el nivel del alma, la calma profunda no se ve afectada por las minicatástrofes de la existencia diaria ni por otros conflictos externos. Una perspectiva más amplia ayuda a que prevalezca la paz y a que nuestro corazón permanezca abierto y afectuoso.

Jennifer, cuya historia conoceremos a continuación, descubrió esta perspectiva un día en la consulta de su masajista, cuando cayó en la cuenta de que subconscientemente había estado identificándose con un cuerpo que llevaba puesto desde hacía cientos de años. Esta identificación se manifestaba físicamente en forma de cicatriz, y también psicológicamente en forma de miedo a formar una familia. El resultante cambio de perspectiva la liberó para experimentar la dicha de la maternidad, como pasó con la joven de la historia de Carole y como acaso pase pronto con Michelle.

. CICATRICES DE TRISTEZA .

Creo que hay un proverbio budista que reza así: «Cuando el alumno está listo, aparece el maestro.» En noviembre de 2004 estaba yo en una librería buscando algo que leer en un largo vuelo a Las Vegas, y al pasar me llamó la atención el último libro del doctor Weiss. Comencé a leerlo en cuanto despegamos y no lo dejé hasta que aterrizamos en Las Vegas cinco horas más tarde. Por alguna razón, ese libro dejó en mí una huella distinta de la de los anteriores. Supongo que era la oportunidad del momento: ahora yo estaba lista para escuchar los mensajes y comenzar a ponerlos en práctica en mi vida.

Como asistenta social clínica autorizada para ejercer, estaba entusiasmada y ansiosa por aprender a utilizar mejor la regresión a vidas pasadas como herramienta terapéutica con mis pacientes. Y con gran asombro mío, leí que unos días después el doctor Weiss daría una charla en la Feria del Libro de Miami y que luego firmaría libros. Asistí a su conferencia, y en la sesión de las firmas le expliqué la impresión que me había causado su libro y que quería aprender más. El doctor Weiss fue muy amable y se tomó la molestia de hablar conmigo, como hacía con todos los que esperaban en la cola, y me animó a matricularme en su curso de Austin, Tejas, del siguiente año. Estuve en el curso de una semana y poco después ya empecé a utilizar las técnicas.

Aunque había leído varios libros sobre regresión a vidas anteriores, asistido a bastantes talleres y seminarios, y acudido a varios profesionales, yo misma no había pasado por una regresión vívida. Tenía impresiones, y a veces experiencias olfatorias, pero las imágenes y las sensaciones no llegaban a desarrollarse del todo. Mi primera experiencia real de vida anterior sucedió durante lo que para mí, en ese momento, era un masaje por un trastorno de la articulación temporomandibular (TMJ, por sus siglas en inglés).

Mi esposo había sufrido un accidente de coche y lo derivaron a un tratamiento de masaje. Tras la primera sesión, me llamó y me animó a conocer a la masajista, pues estaba especializada en tratamiento de TMJ. Yo llevaba varios años con este problema y los síntomas habían ido empeorando con el tiempo, por lo que enseguida pedí día y hora.

En mitad del masaje, sintiéndome completamente segura y sin más expectativa que la relajación, comencé a ver imágenes que para mí no tenían ningún sentido. De pronto, reparé en que la masajista ya no estaba tocándome la mandíbula sino que tenía las manos rondando por encima de mi cabeza. Más adelante supe que estaba aplicando una técnica denominada «liberación somatoemocional». «¿Qué está viendo?», me preguntó.

«Nada», respondí, turbada.

«¿Está segura?»

«Sí», contesté. Pero ahora, intrigada por las visualizaciones y las preguntas, pregunté a mi vez: «¿Por qué lo pregunta?»

«Me gustaría que describiese todo lo que está viendo», dijo, «al margen de lo estúpidas que sean las imágenes». *Bastante estúpidas*, pensé yo, pero asumí el riesgo y le expliqué las visiones, que al principio aparecieron fragmentadas, pero luego se convirtieron en una experiencia que me resultó vivificante.

Había empezado viendo un mar con un barco navegando a lo lejos. En el barco había varios hombres que parecían vikingos. Se alejaban de mí, y reparé en que esos vikingos me habían dejado sola en una isla desierta. De eso hacía por lo menos mil años, y el panorama era lúgubre y sombrío. En ese momento me palpé el estómago y me di cuenta de que estaba embarazada al menos de seis meses.

Acto seguido fui consciente de quién me había fecundado y me había abandonado: mi propio padre en esa vida, uno de los vikingos del barco. Yo era solo una muchacha. Me sentí invadida de un sinfín de emociones abrumadoras: vergüenza, turbación, aislamiento, tristeza, cólera y en última instancia pura desesperación. Fuera de mí, cogí una espada y me la clavé en el lado inferior izquierdo del estómago. Mi intención era matar al bebé, pero creo que también quería acabar con mi vida.

El siguiente recuerdo fue el parto de un bebé, completamente sola, en esa isla. El niño nació muerto.

Salí de esa experiencia sin conocer el final de la vida de esa chica, pero para mí estaba claro que era un recuerdo vívido de una vida pasada. Lo primero que hice fue tocar el punto por el que la espada había penetrado en mi estómago. Era precisamente la zona en la que unos seis meses antes inexplicablemente había desarrollado una irritación cutánea, que me había dejado una cicatriz blanca de unos siete centímetros de ancho y unos dos y medio de largo. Había acudido a varios médicos; ninguno supo decirme qué era ni cómo se había originado. No se iba con ningún tratamiento. El último médico dijo que si no desaparecía en un mes, tendrían que hacer una biopsia.

Cuando llegué a casa y le conté a mi esposo la experiencia, aparté la ropa que cubría la cicatriz para mostrarle el lugar donde la espada había entrado en mi cuerpo en esa otra vida anterior. Con gran sorpresa mía, la señal había menguado considerablemente. A la mañana siguiente, al despertar, ya no quedaba ni rastro. No ha vuelto.

Quizá lo más importante sea el momento crucial en el que mi esposo y yo planeamos formar una familia. Llevábamos varios años casados y hablando de esta posibilidad desde hacía tiempo, pero yo nunca había estado preparada. Temía que pasaría algo con el bebé, que no me querría, o que en cuanto tuviera un niño mi esposo me dejaría, aun cuando no me había dado ningún motivo para pensar eso. Pero entonces comprendí la causa de mis preocupaciones: llevaban conmigo miles de años. Comprendí que ya no necesitaba llevar las cicatrices de esa época; de hecho, cuando descubrí su origen, desaparecieron. Ahora somos los padres orgullosos y felices de una hermosa niña.

～ Jennifer Williams

Cada una de estas historias no solo se hace eco de asuntos de vidas pasadas, sino también pone de manifiesto hasta qué punto hemos subestimado el poder y los límites de la mente humana. La historia de Jenny contiene muchos de esos elementos de expansión de la conciencia: por ejemplo, una cicatriz que aparece y desaparece en la misma ubicación de una herida de una vida anterior. Como he mencionado antes, los investigadores han documentado suficientemente un fenómeno similar en niños con marcas de nacimiento significativas en el lugar de traumas de vidas pasadas.

No necesitamos seguir con los temores y los síntomas que hemos venido acarreando durante miles de años. Descubrir y comprender sus causas fundamentales nos libera de estas viejas cargas. No tienen por qué dejarnos una cicatriz perpetua.

El karma no es un castigo sino la oportunidad para crecer. Los vikingos de la vida pasada de Jennifer tendrán que resarcirle por haberla abandonado a la muerte en aquella isla desierta. En el nivel más profundo, habrán de entender que matar está mal y que la vida hay que cuidarla, no quitarla. Vivirán existencias futuras en las que aprenderán esta lección básica a través de sus propias experiencias. Y aunque estas experiencias sean difíciles y dolorosas, no son ningún castigo, sino tan solo la vía para asimilar la lección de la no violencia.

Las conexiones kármicas continúan a lo largo de las sucesivas vidas a medida que las diversas relaciones se restablecen, expanden y hacen realidad. Nuestros seres queridos viajan con nosotros en el tiempo. Aprendemos juntos las lecciones. Unas veces ellos nos enseñan; otras enseñamos nosotros. La Tierra es nuestra escuela, y somos a la vez profesores y alumnos. Al recordar juntos las vidas anteriores, surge una valoración profunda del viaje común. Aumenta la calidad de la relación. Se adquiere una paciencia perdurable, pues somos capaces de ver la naturaleza eterna y multifacética de la conexión.

Comprender nos permite entrar en el corazón y la mente de otras personas. Esto es verdadera empatía. Conocemos el origen de sus miedos, sus esperanzas y su conducta. Viendo todo esto, ya no tomamos sus acciones de manera personal. Tenemos paciencia y aceptamos.

«El entendimiento es la base del amor», escribe el monje zen Thich Nhat Hanh. La siguiente historia, de Christy y su hijo Austin, ilustra magníficamente esta lección.

. ACEPTAR EL RETO .

En esta vida, he tenido mi cuota de padecimientos. Debe de ser para mí un extraordinario período de aprendizaje, que intento aceptar de buen grado y con dignidad. Tengo un hijo de cuatro años que padece una enfermedad rara desconocida en la bibliografía médica. En ciertas fases del desarrollo del útero hubo un leve hipo. Otros niños con síntomas similares no han sobrevivido. Esto significa, de algún modo, que es un pionero de este «síndrome» y que no se puede obtener información sobre referencias futuras acerca de sus capacidades.

El mayor desafío de mi hijo, aparte de una pérdida de audición, es su dificultad para el movimiento y ciertas destrezas motoras. Al nacer, ni siquiera podía volver la cabeza de un lado a otro. Usó gafas en cuanto las pudo llevar. Ha tenido problemas para oír, hablar y comer. A las nueve semanas dejó de respirar a consecuencia de una bronquitis y, seguramente, de la aspiración al alimentarse. Menos mal que soy enfermera anestesista y mi trabajo tiene que ver con el soporte a las vías respiratorias. (Estoy segura de que esto estaba planeado así.) Austin ha seguido terapias desde los seis años. Nosotros hemos ido a terapia entre cuatro y siete veces a la semana, y yo he aprendido y enseñado a toda mi familia el lenguaje de los signos. En la actualidad, Austin es capaz de correr un poco, se comunica por señas de maravilla y cuenta con unas cincuenta palabras audibles. Nos queda mucho camino por recorrer, pero estamos yendo en la dirección correcta. Es uno de los grandes maestros de mi vida, que también me ha causado las mayores penas.

Tuve una experiencia asombrosa en su conferencia de Tampa, durante la primera regresión. Retrocedí a una época de carros y vestimentas antiguas. La ropa, que parecía de arpillera, era puro andrajo. Yo estaba subiendo una colina; había también otras personas andando, pero no juntas. Por lo visto, yo no sabía adónde íbamos, y además no se apreciaba ninguna sensación de comunidad. Yo buscaba a alguien que había huido. En cuanto llegué a lo alto, vi un carromato sin caballo, que había volcado ligeramente y chocado contra una enorme roca. Había personas que corrían hacia allí —yo no las conocía—, pero se me hizo un nudo en la garganta cuando supe que el herido era mi pequeño. Era mi mismo hijo de esta vida; tenía otro aspecto, pero idéntico espíritu. El niño estaba debajo del carro; nadie podía sacarlo de ahí. Mientras él lloraba, muchos intentaban levantar el carro, pero este se deslizaba y tenían que empujarlo cuesta arriba. Al fin lo consiguieron, y pude sostenerlo brevemente, pero unos hombres desconocidos me lo arrebataron. Ellos intentaban ayudar pero yo me sentía impotente, y no me escuchaban.

Avanzó el tiempo, y me vi en un edificio diferente, adonde habían llevado a mi hijo. Era una construcción anaranjadapardusca de aspecto insulso, hecha de barro o adobe: un hospital. Me quedé de pie junto a la entrada, sin poder entrar. Murió allí dentro. Sé que quería que yo estuviera con él y yo quería estar con él; no sé por qué no entré. Murió rodeado de desconocidos, llorando; jamás he superado el hecho de no haber podido llegar a su lado.

Sé a todas luces que cuento con una segunda oportunidad. La de procurar por mi hijo en esa vida anterior no me salió muy bien. No hablé lo bastante alto; no le defendí. Me dijeron qué debía hacer, y escuché sin hacer preguntas pese a que necesitaba estar con mi hijo y sabía que él me necesitaba. No teníamos a nadie más. En esta vida soy enfermera profesional. En sus dos primeros años de vida, Austin tuvo más de doscientas citas médicas y terapéuticas, y nunca fue a una sola sin mí. Ahora entiendo por qué tengo tanto miedo de que la gente lo toque y por qué no permito que siga un tratamiento o una terapia si no estoy a su lado. En la regresión murió a los cuatro años debido a las heridas en las piernas y a la pérdida de sangre; en esta vida, tenía casi la misma edad cuando empezó a caminar por sí mismo. Incluso he fundado una escuela sin ánimo de lucro, la Academia «Esperanza, Logro, Aprendizaje, Superación» (HALO, por sus siglas en inglés), para niños con discapacidades, donde pueden satisfacer sus necesidades terapéuticas y de lenguaje de los signos. La mujer sentada a mi lado en el taller quizás envíe un donativo para que la escuela pueda construir instalaciones propias. Toda la historia, totalmente conectada desde el principio al final, ha sido una experiencia maravillosa y una bendición formidable que me han cambiado la vida. He adquirido un nivel de comprensión inaudito.

~ *Christy Raile*

Christy es una alumna de nivel universitario en esta gran escuela de la Tierra. Irradia amor y da tanto a Austin como a los demás. Su vida anterior en la época de los carros y los viejos vestidos la ayudaron a prepararse para los retos de la actual. Y aprendió mucho.

A propósito, las personas sentadas a nuestro lado en esos talleres no están ahí por casualidad. La guía divina, un proceso perfecto, está siempre funcionando. Los sucesos aleatorios no son realmente aleatorios, aunque quizás en su momento no entendamos su significado o su finalidad. Con independencia de que los definamos como destino, sincronías, gracia, campo de origen, intención universal o de cualquier otro modo, no son fortuitos. Parece haber una razón para todo, y con el tiempo y la reflexión aflora el significado.

En ocasiones, un alma avanzada se ofrece a encarnarse en un cuerpo físico para enseñarnos lecciones importantes. Austin ha hecho esto. Su nacimiento, repleto de graves anomalías del desarrollo, ha proporcionado a Christy la oportunidad de transmitir amor y compasión. Su amor es incondicional. No pide nada a cambio. Su compasión es universal: la Academia HALO procura ayuda sincera a muchos niños, no solo al suyo.

Me han preguntado muchas veces por qué ciertas almas evolucionadas escogerían un cuerpo maltrecho o enfermizo. Esta pregunta suele formularla un pariente de alguien con autismo, esquizofrenia o algún otro trastorno mental grave, parálisis cerebral o diversas clases de enfermedad o deterioro muscular, pues estos miembros de la familia son testigos directos de lo difícil que es la vida para dichos individuos. Muy a menudo se cree que esas afecciones son castigos kármicos. Pero, como ya he dicho antes, el karma no es ningún castigo, sino simplemente un medio para el aprendizaje y el crecimiento. Muchas almas, en especial las avanzadas como la de Austin, deciden encarnarse en un estado defectuoso para aprender cómo es esa experiencia. Quizás hayan vivido vidas en las que fueron quienes cuidaban de otros, y ahora aprenden qué es recibir amor. El amor debe estar compensado. Esta decisión se toma también para brindar a otras personas la oportunidad de expresar cariño. Un autista necesitará que lo cuiden y lo alimenten, lo que proporciona a otros la ocasión para manifestar bondad, caridad y compasión. Así pues, la enfermedad no resulta de ningún castigo ni del karma sino más bien de un deseo tremendamente afectuoso y generoso de ayudar a otras almas a progresar por su camino espiritual.

Entre nosotros siempre hay seres bondadosos y sabios. Quizá no los reconozcamos a primera vista. Tal vez no los veamos como maestros. Nuestra mente se interpone.

«¿Cómo va a enseñarme a mí algo este bebé?»
Nuestro corazón ya es consciente de ello.

Igual que en el caso de Christy y Austin, el nacimiento de un niño suele aportar una espléndida formación en esta escuela de la vida, pero la pérdida de un hijo también puede ser una enseñanza impactante y demoledora. La siguiente historia ahonda en esta idea.

Una paciente mía, Anna Silvernail Sweat, experimentó una regresión en 2008. Aún está disfrutando de los resultados de su trabajo. Le he pedido que cuente su historia, que ahonda en la idea anterior.

. BÚSQUEDA DEL ÉXITO .

Tras muchos años de sentir como si estuviera saboteando continuamente mi éxito, abandonando o dejando un puesto o relación justo cuando las cosas empezaban a despegar, decidí intentar una regresión a vidas pasadas para determinar si este problema procedía de alguna otra experiencia vital.

Al no haber tenido anteriormente regresiones y sentirme insegura respecto a mi postura sobre la reencarnación en la otra vida, asistí a una sesión de grupo con entusiasmo y curiosidad pero pocas esperanzas. Cuando me pidieron que declarase por escrito mis intenciones para ese viaje, reafirmé mi decisión de descubrir por qué, tras alcanzar cierto nivel de logro, siempre abandonaba.

Tranquila y relajada, exploré una vida en la que yo era Sarah, una hacendada viuda en la Inglaterra rural del siglo XVII. Tenía tres hijos, un varón —el mayor— y dos gemelas. Para mí, en esa vida, estaba claro que a quien más unida estaba era a mi hijo, que desempeñaba un papel esencial en el mantenimiento de la tierra que yo había heredado a la muerte de su padre. Mi objetivo principal en la vida era preservar nuestra independencia como familia conservando la tierra y manteniéndonos juntos. Era una existencia dura y laboriosa, pero me había ido bien durante años y estaba orgullosa de mis logros, una proeza de lo más inusual para una mujer sola en esa época. Justo cuando empezaba yo a confiar en que nuestros temores de pobreza y separación habían quedado definitivamente atrás, mi hijo murió en combate. Tenía solo dieciocho años. Me vi en su velatorio, allí en mi hacienda, totalmente desconsolada por la pérdida. Si me habían devuelto el cuerpo, es que no había muerto en una guerra en suelo extranjero. Además, tuve la inequívoca sensación de que no se había alistado voluntariamente, sino que de alguna manera lo habían coaccionado u obligado a ello.

Fue el fracaso supremo. Durante largos años había trabajado duro para conservar nuestras tierras de modo que mis hijos estuvieran seguros y conmigo, y procurarles una vida de libertad y relativas comodidades. Incapaz de proteger a mi hijo de la guerra, había perdido no solo a mi queridísimo niño sino también mi única ayuda fiable en nuestros empeños. En un giro inesperado, seguí imaginándome a ese hijo muerto de uniforme en la Guerra Civil americana. Para mí no tenía sentido.

Mientras seguía viajando por esa vida, advertí que, pese a las adversidades, seguí trabajando la tierra y la conservé para mis hijas, una de las cuales se casó y formó una familia; las dos se quedaron allí a mi muerte. Pero ya no era lo mismo; y me morí pensando que los grandes sacrificios y las penurias no habían servido de nada porque no había sabido proteger a mi hijo.

Una vez concluida la sesión, me sentía emocionada y acongojada por una pérdida ocurrida centenares de años atrás. Busqué respuestas y al día siguiente investigué un poco en internet. No sabía de ninguna guerra librada por los británicos en esa época, y aunque conozco bien el reclutamiento forzoso americano, no tenía ni idea de si en la Inglaterra de entonces existía ese concepto de la leva. Me sorprendió enterarme de que entre mediados y finales del siglo XVII tuvieron lugar tres guerras civiles británicas. Por eso tenía sentido la imagen del chico luciendo uniforme de la Guerra Civil americana, la única que me sonaba; fue la pista más clara que mi mente pudo darme sobre su muerte. Muchos de los soldados alistados en ambos bandos fueron coaccionados o reclutados por terratenientes, nobles y oficiales militares. Al parecer, buena parte de la población rural inglesa era neutral, no tomaba partido ni por el Parlamento ni por el rey. Los dos bandos combatientes solo podían tener sus regimientos bien provistos obligando o engatusando a jóvenes sanos para que se incorporasen a sus filas. Comprendí al instante que mi hijo de esa vida había muerto en las guerras civiles británicas, y que efectivamente había sido movilizado en contra de su voluntad. Aunque éramos «titulares de plena propiedad», no constituíamos una familia rica ni prominente desde el punto de vista social; así, mi hijo era precisamente el tipo de persona que buscaban los militares, alguien a quien no se echaría de menos abiertamente, alguien cuya familia no podría oponerse al reclutamiento. Según ciertas estimaciones históricas, en esas guerras civiles murieron unos 185.000 hombres —una cuarta parte de la población masculina adulta inglesa de la época.

Al final caí en la cuenta de que la tragedia de esa vida me había acompañado en las sucesivas encarnaciones, con lo que me quedaba la persistente sensación de que, al margen de lo mucho que me esforzara o del éxito que tuviera, el fracaso era inevitable, pues siempre hay variables incontrolables y resultados imprevisibles. El desconsuelo de Sarah no me abandonaba jamás. Sabiendo que ahí estaba el origen del instinto de dimitir en las coyunturas críticas, empecé a visualizar la idea de dejar atrás a Sarah y su familia y meditar sobre mi éxito personal en esta vida. Es más, fui capaz de reconocer a mi hija mayor en esta vida como la gemela que se había casado y había formado una familia; en aquella vida, su hijo (mi nieto) era de hecho mi hijo en esta. Entonces entendí que la necesidad de atención y aprobación de mi hijo y mi hija en esta vida provenía de su experiencia conmigo en la época de Sarah, quien, de tan acongojada y desilusionada como estaba, nunca consiguió conectar con sus hijas y sus nietos como había hecho con el hijo muerto.

Actualmente estoy intentando hacer realidad mis sueños, viajar a Irlanda, publicar mi primera novela y disfrutar de una relación estrecha y afectuosa con mis tres hijos. Doy las gracias a Sarah por su ética del trabajo pero aún más por la oportunidad que me brindó para relajarme y disfrutar de mis logros, algo que no había experimentado todavía. Descubrir que el pasado aún me perseguía me permitió realizar un esfuerzo concertado para superarlo, poner nombre a mi miedo al éxito, y dejar la pena de Sarah enterrada en Inglaterra con su hijo.

~ *Melanie Harrell*

La paciente de Melanie, Anna, fue capaz de aplacar su pena de la vieja época inglesa, con lo que eliminó esos obstáculos y quedó liberada para escribir, tener éxito y curar sus relaciones. También fue capaz de reconocer varias de las almas reencarnadas de esa vida anterior, lo que le permitió entender sus actuales temores y necesidades. Viajamos a través del tiempo con muchas de las mismas almas, que a menudo se reencarnan en distintas relaciones; por ejemplo, como en el caso de Anna, un nieto que vuelve como hijo. En la vida actual, solemos adoptar y repetir patrones vagamente recordados. Mediante el reconocimiento y el conocimiento, es posible reparar y mejorar patrones negativos de relación.

Anna hizo bien en buscar a Melanie, una terapeuta, para analizar la razón de sus forcejeos con el éxito. A lo largo de los años, y sobre todo en mi práctica psiquiátrica, me he encontrado con muchas personas que se sienten fracasadas. No han alcanzado cierto objetivo que, a su juicio, les habría proporcionado «éxito». Tal vez el objetivo era económico, un mínimo de aprobación familiar, un sueño infantil o cualquier otra cosa no lograda. También he tratado a muchos responsables de empresas y organizaciones, actores y actrices, famosos del deporte y tipos similares de individuos que dan la impresión de tenerlo todo pero que sin embargo se sienten frustrados, insatisfechos o tristes.

Así pues, mucha infelicidad deriva de medidas subjetivas de éxito impuestas por padres, comunidades y culturas. ¡Somos almas, no robots! Estamos aquí para aprender sobre amor, compasión, amabilidad y no violencia. Hemos de evaluar el éxito con arreglo a estas cualidades. ¿Vamos a ser personas más comprensivas y empáticas? En tal caso, tendremos éxito. El alma se aferra en esa clase de aprendizaje, pues se trata de verdades espirituales.

Con los pacientes que pese a destacar profesionalmente se sentían desdichados, nos centrábamos en los valores esenciales de ser una persona mejor y más amable. Entonces su actitud empezaba a mejorar. Al fin y al cabo, por esto están —estamos todos— aquí en la Tierra. Nuestra finalidad en la vida no es vender muchos libros, tener una carrera económicamente lucrativa o alcanzar el estrellato, sino ser alguien más afectuoso y compasivo. Podemos utilizar los éxitos para favorecer la vía espiritual y llegar a más personas, pero esto es solo un posible medio, no el fin. El verdadero objetivo es ayudar a los demás, y si conseguimos que así sea, a la larga seremos autores superventas, o multimillonarios... o no. Da igual. Tan pronto abrimos el corazón, las demás cosas llegan solas.

El dinero no es maligno. Es una cosa nada más, como cualquier otra. Podemos utilizarlo de formas maravillosas y caritativas. Sin embargo, aprendemos por medio de las relaciones, no de las cosas. Tras la muerte del cuerpo, no nos llevamos las pertenencias al otro lado: es un lugar de energía y conciencia superiores, no otro estado físico. Por tanto, no podemos llevarnos la casa, el coche, las cuentas bancarias, los diamantes, los títulos, los premios, el estatus ni ningún otro indicador semejante de éxito. Todo esto tiene solo carácter temporal. Lo que existe para siempre, lo que sí llevamos encima cuando seguimos adelante, es el buen corazón. Y, en cuanto lo tenemos, ya no lo perdemos.

En la siguiente historia, Brooke habla de lo que llevaba consigo: un miedo de dos mil años a estar sola.

· RELAJARSE Y LIBERARSE ·

Me hallaba en su serie de talleres «¡Puedo hacerlo en el mar!» de 2011. Mi curación a fondo se produjo en el taller de grupo.

Aunque soy una médica de cierto éxito profesional de cuarenta y pocos años, he estado toda la vida obsesionada con la idea de casarme. No era el sentimiento normal de mucha gente de «algún día me gustaría». No, yo sentía que si no me casaba, me moriría. Como cabe imaginar, esta intensidad descartaba noviazgos duraderos y a veces ahuyentaba a los ligues.

En la regresión de grupo, me vi a mí misma en el siglo I de nuestra era en Afganistán o Pakistán, envuelta en una manta de lona azul. Cuando usted nos avisó de que tuviéramos presentes los pies, de pronto me di cuenta de que no sentía los míos. Eran huesos, y yo estaba paralizada de cintura para abajo. Era una marginada de mi tribu, que me había abandonado para que mendigara en la calle. Resultaba muy doloroso. Me morí a la intemperie, completamente sola.

Mientras flotaba fuera del cuerpo, empecé a gritarle a la figura de Jesús que me acompañaba en el jardín. «¡Esto no es justo! Nadie debería vivir así», chillé. Me dijo que me relajara y me dio mensajes sobre esa vida. También me dijo que no volvería a morir sola y que tenía que curarme ese miedo, pues venía del pasado.

Salí de la hipnosis y ya no me he sentido igual. La ansiedad y el miedo han desaparecido. Ahora salgo con un hombre, y me siento cómoda al margen de lo que pase. Mi mejor amiga, la que me acompañó en el crucero, me recordaba que cuando estaba deprimida solía decir: «Si no encuentro un hombre, voy a morir sola en la calle.» Lo curioso es que estaba refiriéndome inconscientemente a una vida pasada. En esta vida es imposible que me muera sola; tengo familia a mi alrededor. Sin embargo, siempre había arrastrado esa pena.

Nunca me he sentido mejor. Creo de veras que estoy curada, como cualquiera que tenga fobia al agua o un dolor antiguo amargándole la vida.

~ *Brooke*

Es como si naciéramos todos con una forma de trastorno de estrés postraumático (PTSD, por sus siglas en inglés), pero el estrés procede de una vida anterior. Una persona que padezca el tradicional PTSD se volverá ansiosa cuando algo desencadene un recuerdo doloroso o perturbador. Vuelve a experimentar el trauma aunque ya no esté presente, pese a ser algo del pasado. Por ejemplo, a un soldado que acaba de regresar de la guerra a casa el sonido de un coche que petardea puede hacerle recordar de forma inmediata y visceral escenas de disparos. Aunque ahora está a salvo y a centenares de kilómetros de las trincheras, al instante se ve transportado mentalmente de nuevo al campo de batalla, donde luchará por sobrevivir. ¿No llevamos todos encima nuestros propios temores, fobias, traumas y equipaje —amén de afectos, intereses y relaciones— de vidas pasadas? Recordamos estos desencadenantes en el nivel del alma y en la mente subconsciente, y aunque no están presentes en la vida actual, respondemos y reaccionamos ante ellos como si lo estuvieran. Quizás el trastorno de estrés traumático de una vida pasada sea una afección muy real y muy común.

La buena noticia es que podemos tratarlo. No requiere medicación y se puede curar con una simple terapia de regresión. En solo un día, la fobia milenaria de Brooke sobre vivir y morir sola se desvaneció. Ya sin la tiranía de la obsesión y el miedo, su vida mejoró de inmediato.

Ahora la querida Brooke va a tener la oportunidad de conocer al personaje de Jesús y que este le explique qué necesitaba ella saber. Todos estamos protegidos en los niveles máximos. Nuestro universo es benigno e infinitamente bondadoso. Encontraremos el paraíso en la Tierra cuando recordemos nuestra verdadera naturaleza y alineemos la mente y el corazón con ese amor incondicional.

La historia de Brooke me recuerda que si tiendo la mano con

amabilidad, compasión y la pericia de la experiencia, no debo estar sujeto a ningún resultado. Si ayudo a una persona, a diez, o a diez millones, da lo mismo. Los resultados están fuera de mi alcance y no son tan importantes como la intención y la acción afectuosas. Esto es válido para cada uno de nosotros, para todas nuestras acciones.

Aunque nadie más del grupo de Brooke hubiera tenido una experiencia, una curación o un conocimiento transformador, el taller habría sido igualmente un éxito asombroso. Brooke sanó, qué maravilla. Todos y cada uno somos valiosísimos.

Terri, autora de la siguiente historia, experimentó un «trastorno de estrés traumático de vida pasada» de tipo inverso en el sentido de que esa vida anterior carecía realmente de estrés o preocupación. Recordar y recuperar la alegría sentida en una vida anterior la ayudó a llevar más felicidad y satisfacción a la actual.

. LA VIDA SENCILLA .

Debido a ciertos episodios acaecidos en mi familia y mi vida personal a finales de 2008, pasé varios días muy abatida. De hecho, esto no es propio de mí, pero fue comprensible teniendo en cuenta lo que me había pasado: una pelea con uno de mis hijos, el divorcio de otro, mi padre muriéndose tras años de lucha contra el cáncer, y yo cada vez más enferma. Por alguna razón, durante ese período acabé obsesionada con la idea de estar soltera, vivir sola y trabajar como secretaria.

En mayo de 2009, fui a la conferencia «¡Puedo hacerlo!» de San Diego y asistí a una clase de Brian Weiss. Compré más regresiones suyas grabadas en CD, y al cabo de solo unas semanas ya tuve una experiencia ciertamente asombrosa.

Cuando volví a casa desde San Diego, había estado haciendo las regresiones cada día o dos, de modo que no me resultaba nada fuera de lo normal tumbarme en la cama, en una tarde tranquila, y poner uno de los CD. Un día me sentía más triste y deprimida que de costumbre y no sé por qué puse el disco. Estaba sola en casa y disponía de tiempo, así que entré en la regresión meditativa. Estaba tan triste que empecé a llorar enseguida.

Las lágrimas cesaron, y escuché con más atención mientras Brian me conducía a niveles más profundos de la experiencia. Recordé una maravillosa vida pasada en Chicago. De hecho, cuando mi esposo y yo visitamos la ciudad dos años atrás, me sentí muy cómoda y me gustó mucho, aunque siempre había pensado que la encontraría desagradable y demasiado grande.

En la regresión, me vi en la década de 1940, una mujer joven de veintitantos o treinta y tantos, llamada Jenny. Estaba soltera, y era una profesional delgada y bonita. Había sido ascendida a secretaria ejecutiva de un subdirector, y luego del director de la empresa, una importante compañía de seguros con sede en un moderno edificio de oficinas. Aunque sin interés en el matrimonio o la maternidad, me sentía la mar de feliz, contenta y satisfecha con mi vida. No solía salir con novios, y no quería ni necesitaba un hombre; no había deseo de formar una familia. Quizás había sido huérfana y estaba acostumbrada a estar sola.

Recuerdo bien mi vestido favorito. Era un traje chaqueta a cuadros verde y beige con mangas de tres cuartos. Lucía medias y tacones altos. Vi el «sujetador años 40», las «bragas de señora mayor» y el liguero. Llevaba el pelo corto, cardado y muy rociado con laca. Por la noche y durante el fin de semana llevaba pantalones pirata y zapatillas. No tenía coche ni lo necesitaba; vivía en el mismo bloque donde estaba mi oficina. Era libre. ¡Nada de complicaciones ni familias! Mis amigas trabajaban conmigo, y estábamos muy unidas. Yo vivía sus separaciones y embarazos.

Mi vida como Jenny me encantaba. Era muy feliz; no había ninguna clase de estrés. Podía pasear junto al lago Michigan, dar migas a los pájaros del parque y luego ir de compras al mercado de la esquina. Mi apartamento era pequeño pero cómodo, y estaba limpio y carecía de cosas superfluas. Con cada ascenso me mudaba a un piso más grande.

Echo de menos la vida de Jenny: *mi* vida. Quizá me morí demasiado pronto y lo que tenía, además de «añoranza», era una sensación de inconclusión. Tal vez su vida, mi vida como Jenny, no terminó como a mi juicio habría debido terminar. La vida de Jenny era una clave para resolver mi depresión y mis problemas actuales. Creo que acaso quería un divorcio y una vida propia porque, cuando era Jenny, me sentía increíblemente realizada. Solo un día después de la regresión ya me notaba bastante más feliz que el día antes. Buena parte de ello tenía que ver con este conocimiento, esta interpretación de por qué deseaba yo tanto vivir sola aun habiendo escogido estar casada y tener un montón de niños durante esta encarnación. Al cabo de seis meses de la regresión, comprendí que la obsesión que sentía antes de experimentar mi vida como Jenny se había desvanecido sin siquiera darme yo cuenta. Ya no estaba obsesionada con vivir sola, estar soltera, trabajar de secretaria, etcétera. Todo esto desapareció sin más de mi mente consciente, como consecuencia de lo cual soy capaz de seguir con mi vida y ser mucho más feliz.

~ *Terri*

La validez de la experiencia de vidas pasadas suele residir en la desaparición de síntomas. Fantasear simplemente con una vida más sencilla no elimina la tristeza, la depresión ni las obsesiones. Sin embargo, un recuerdo real sí puede tener este efecto curativo (como así ocurrió en efecto). Desapareció la tristeza de Terri, que fue capaz de reanudar su vida actual con más sosiego y felicidad pese a todos los problemas y complejidades.

La comprensión se produce en muchos niveles, no solo en el consciente. En el nivel subconsciente, puede ser igual de importante. Nuestra mente más profunda observa los dramas de vidas pasadas y dice: «Vaya, resulta que mis obsesiones, miedos, afinidades, talentos, relaciones o síntomas vienen de ahí. Ahora lo entiendo. Pues ya no lo necesito. Lo superaré.» Y entonces nos curamos.

La experiencia enseña la lección de la naturaleza temporal de las emociones. Ser consciente de por qué surgen sentimientos negativos, y de cuáles son sus causas y orígenes, los elimina enseguida. A veces se deben a episodios y circunstancias de la vida actual. No obstante, puede que provengan de anteriores encarnaciones que vuelven a manifestarse en nuestra vida presente.

Perdonar a quienes nos han hecho daño y prescindir de la cólera es difícil, pero si lo hacemos nos sentimos libres. Una ventaja de hacerse uno mayor y acumular experiencias es que a menudo es consciente de haber vivido antes una situación parecida. He estado antes furioso, y la sensación ha pasado. El enfado aparece, se queda un tiempo y luego se va. Es como una nube que pasa flotando solo para desvanecerse. Todas nuestras emociones funcionan de modo semejante. La tristeza viene y se va. El miedo aumenta y disminuye. La ansiedad fluye y refluye. La frustración llega y se marcha. Al final, las heridas se curan. La desesperación se introduce furtivamente en la conciencia, y luego mengua. Todo es transitorio.

El conocimiento de que todas las cosas pasan suele bastar para que se produzca la curación. Pero si los síntomas o las emociones persisten, la exploración de las vidas anteriores puede procurar el remedio.

Así fue sin duda en el caso de Tom, un hombre de mediana edad que asistía a uno de mis talleres intensivos. Mientras participaba en un ejercicio de energía, su compañera experimentó una sensación de ardor en el vientre. Creía que eso tenía que ver con Tom. Cuando finalizó el ejercicio, Tom confirmó que la impresión de ella había sido correcta: él sufría un cáncer de estómago, y a causa del tratamiento, en especial la radiación, solía sentir ardor en esa zona. A todos los demás del grupo nos pareció de lo más triste.

El segundo día del taller, quedaron claras algunas de las respuestas a la tristeza y el estado deprimido de Tom. Este explicó que había perdido a su hijo; poco después, también a su esposa. El grupo reprimió colectivamente un grito ahogado al suponer que ambos habían muerto. En realidad, el hijo sí, pero la mujer no. Ella le había abandonado en cuanto se le hubo diagnosticado a él el cáncer. Desde luego, todos podíamos identificarnos con su dolor y su tristeza ante tal serie de acontecimientos trágicos, pero sobre todo nos desconcertaba que su esposa lo hubiera dejado justo en ese momento tan difícil.

No tendríamos que esperar mucho para entenderlo. Durante la regresión grupal, el propio Tom descubrió la respuesta a esa pregunta: cuando la tuvo, nos describió lo experimentado. Ya podíamos ver que su rostro brillaba más; era como si se hubiera quitado un peso de encima. Incluso sonrió por primera vez.

Tom había hecho una regresión a una vida en la Guerra Civil americana, en la que estaba comprometido con la mujer que era su esposa en la vida actual. Por culpa de la guerra no habían podido casarse. Hacia el final de la contienda, había vuelto a casa y estaba por fin con sus seres queridos cuando dio con él un grupo de soldados enemigos. Estos le dispararon en el estómago, en el mismo sitio en que tenía cáncer en la vida actual y donde los tratamientos de radiación le causaban esa sensación ardiente. Tom flotaba sobre su cuerpo y miraba a su prometida balancearse de un lado a otro, sollozando y llorando desconsolada. Murió con la cabeza en el regazo de ella, que le derramaba las lágrimas en la cara.

Para Tom resultaba evidente que, en su vida actual, su esposa no le había dejado por otro, debido a algún defecto o alguna otra razón desconocida. Simplemente no quería verle morir por segunda vez —quizás había incluso más pérdidas en otras vidas de las que él aún no era consciente—. En ese momento, Tom fue capaz de liberarse de la pena y el miedo, la cólera y la tristeza. Y gracias a este conocimiento se produjo una curación formidable.

Durante el resto de la semana, Tom pareció una persona diferente. Estaba de mejor humor. Ayudaba a otras personas. Entendía perfectamente que la partida de su esposa no era algo personal: ella, debido a sus circunstancias internas, simplemente no podía soportar perderle de nuevo.

También descubrió que era inmortal. Había vivido en la Guerra Civil y muerto como soldado, y aquí estaba de nuevo, reencontrado con la misma mujer, la misma alma. Sabía que, en este nivel, era un ser eterno y que por tanto su hijo, que había muerto siendo un adulto joven, tampoco estaba de veras muerto.

La experiencia de Tom resultó increíblemente conmovedora para todo el grupo. Todos establecimos lazos de empatía con su dolor y su tristeza, y nos sorprendió el cambio inmediato en su estado de ánimo y su actitud. Era capaz de perdonar. Se liberó de la carga; ahora podía seguir adelante con su vida. Tom volvía a tener esperanza. Nos sentíamos todos muy aliviados al ver que había superado ese punto crítico y que volvía a estar bien.

Somos almas, conectadas unas con otras. Lo que le pasa a una afecta a todas. Cuando un alma recupera esperanza, en un nivel más profundo todas las demás almas se sienten también más esperanzadas.

La capacidad de Tom para liberarse de su enojo me recordó una parábola que había leído yo recientemente sobre dos monjes listos para cruzar un río que bajaba crecido. Ahí cerca una mujer también deseaba cruzar, pero tenía miedo de la corriente. Uno de los monjes cogió a la mujer y se la colocó encima de los hombros, y uno y otro cruzaron sin novedad hasta la otra orilla. Una vez allí, el monje dejó en tierra a la mujer, que siguió su camino, lo mismo que hicieron ambos clérigos.

Al cabo del rato, el monje más joven dijo al otro: «No me puedo creer que llevaras a la mujer por el río. Te la pusiste sobre los hombros. Esto va contra nuestros valores, contra nuestros votos. Tenemos prohibido tocar a las mujeres. ¿Cómo has podido hacerlo?»

El monje sensato, de más edad, contestó así: «Yo dejé la mujer en cuanto hubimos cruzado el río. Tú aún la llevas a cuestas.»

Al pensar en esta historia, caí en la cuenta de que todos hacemos esto a diario. Tras finalizar nuestros problemas y tareas, no solemos dejarlos a un lado y que se las arreglen por su cuenta. Los llevamos con nosotros mucho más tiempo del necesario, lo que crea una carga que añade peso y fatiga a los hombros y pone tensas las mentes.

El remedio es vivir siendo cada vez más consciente del momento presente. Esto es difícil de hacer y requiere práctica, naturalmente, pero vale la pena intentarlo. Es importante aprender lecciones del pasado y recordarlas, pero luego hemos de dejar el pasado tranquilo. No es preciso llevarlo al otro lado del río.

4

Libertad a partir del dolor emocional

Los miedos, las fobias, las ansiedades y otros estados emocionales pueden ser tan debilitantes como las enfermedades físicas. Al igual que con los síntomas físicos, las afecciones psicológicas pueden tener su origen en episodios de vidas anteriores. En cuanto los descubrimos, la curación puede ser rápida y relativamente completa. Podemos recuperar la libertad y la alegría.

No todas las dolencias se originan en traumas de vidas pasadas. Ciertos episodios actuales son a veces los culpables o incluso los gérmenes de vidas pasadas. Y las tensiones del mundo competitivo y materialista hacen su aportación a nuestros males emocionales. Así pues, gran parte de la tristeza y la ansiedad nos ataca porque estamos demasiado distraídos y abrumados por los sucesos cotidianos. En todo momento hemos de hacer malabarismos con el trabajo, las relaciones y las interacciones con otras personas. Debemos ocuparnos de nuestras necesidades diarias. Por tanto, olvidamos que somos seres espirituales, lo que da lugar a confusión emocional. Los seres espirituales han de pensar y comportarse como seres espirituales: nuestra naturaleza y nuestro destino primordial. Sin embargo, cuando las circunstancias de la vida cotidiana nos llevan por el mal camino y olvidamos lo que somos de veras, aparecen la tristeza, la preocupación y el temor. Y es entonces cuando se van la paz interior, la alegría y la felicidad.

Lo único que hemos de hacer es recordar: recordar quiénes somos y qué somos, aquello por lo que hemos pasado, de dónde venimos, por qué estamos aquí. Mientras hacemos esto, la curación emocional sobrevendrá de forma natural, como les pasó a los autores de las historias de este capítulo.

Cuando se resuelven los síntomas emocionales, la familia y los amigos del paciente también sacan provecho de ello, pues disminuye su estrés y su responsabilidad. Incluso más allá del cambio curativo, cabe que los parientes y otras personas significativas experimenten indirectamente las sensaciones y los hechos de la regresión. Cuando escuchan las historias de los pacientes, sienten la emoción y la inmediatez de los recuerdos; reaccionan y responden ante la mejora de la vida de sus seres queridos. A menudo, con gran sorpresa y alegría para ellos, comprueban que sus propios síntomas y enfermedades desaparecen. Este fue el caso en la notable historia que sigue.

. LA LECCIÓN DEL AMOR .

La historia de cómo me familiaricé con el potente proceso de experimentar vidas del pasado comenzó en mis vacaciones de verano tras acabar séptimo curso. Había crecido en la Bulgaria comunista, y los temas de naturaleza religiosa o mística no formaban parte de mi formación. No obstante, unos años antes de ese verano Europa del Este había sido barrida por una oleada de revoluciones democráticas, por lo que enseguida contamos con cierta información espiritual.

Tenía yo a la sazón trece años. Me encontré con su libro *A través del tiempo*. Aunque el concepto de reencarnación no tuvo peso alguno en mi infancia y dudo de que llegara a discutirse en mi presencia, yo no ponía en duda su posibilidad. Parecía algo totalmente natural, normal. Como decía Voltaire, «no es más sorprendente haber nacido dos veces que una».

Las historias del libro me encantaban a más no poder. Me gustaba la sabiduría contenida en ellas, las posibilidades que me ofrecían. Me lo pasé tan bien que, tras leer las últimas páginas, decidí inmediatamente efectuar una grabación de mí misma leyendo el texto muestra del libro y experimentar una regresión por mi cuenta. Mientras me preparaba para empezar a grabar, me recordé pensando *Pero si solo tengo trece años; realmente no me pasa nada. No tengo fobias ni achaques físicos; ¿por qué hago esto?* Sin embargo, las ganas y la curiosidad eran demasiado fuertes para oponerles resistencia.

Hice la grabación, rebobiné la cinta hasta el principio, y aunque no sabía muy bien qué esperar, pulsé *play*. La grabación me guio por una hermosa relajación, y me sentí muy cómoda y tranquila. Sin embargo, en el momento en que crucé la puerta a una vida pasada, todo cambió.

De inmediato me encontré en el cuerpo de una mujer que corría para salvar la vida, y me convertí en ella. El corazón me palpitaba de miedo, y mis inhalaciones de aire eran cortas, bruscas y desesperadas. Aquello era aterrador. Estaba corriendo por un pasillo débilmente iluminado perseguido por unos hombres que, si me alcanzaban, me matarían.

Mi traje gris consistía en una chaqueta y una falda de lana gruesa. Lucía medias negras y calzaba zapatos negros con tacones bajos. Llevaba el pelo oscuro recogido pulcramente en un moño. Las paredes de ladrillo retumbaban con el sonido de mis pasos apresurados. Se veían hileras de puertas a ambos lados, pero al intentar abrirlas me di cuenta de que estaban cerradas. Por fin, un pomo cedió. Entré en la sala y vi que estaba vacía: tenía una ventanita alta con barrotes en la pared, cerca del techo. Supe que estaba atrapada y que me cogerían.

Era la época de la Segunda Guerra Mundial. Yo era una médica que, en vez de curar a un general alemán, lo había envenenado y matado. Por eso aquellos hombres iban tras de mí: querían vengarse.

La siguiente escena la contemplé desde arriba. Vi que me colocaban en una silla eléctrica, me amarraban a ella las manos y las piernas con correas, y me ejecutaban.

Luego sucedió algo de veras hermoso. Vi a mi espíritu abandonar mi cuerpo, elevarse lentamente, siguiendo una estela de luz blanca. Al final de ese camino, se apreciaba una puerta abierta por la que brillaba una espléndida luz blanca.

Junto a la puerta había un ser que resplandecía de amor y luz, aguardando para dar la bienvenida a mi espíritu. Yo sentía paz, amor y una sensación de eternidad.

Esa noche esperé ansiosa a que mi madre volviera de trabajar. Le expliqué lo que había experimentado y le pregunté si en la Segunda Guerra Mundial habían existido realmente sillas eléctricas. Años después me enteré de que habían entrado en funcionamiento allá por 1890.

Este episodio fue en mi vida una experiencia formativa; además, es interesante señalar que me sucedió a los trece años. Se cree que el número trece es el número del cambio. Para los numerólogos y los lectores del tarot, es el número de la transformación. Requiere el estudio de los principios básicos de uno, en qué cree. Suscita cambios en el modo en que una persona define todas las cosas de su vida, lo que origina cambios en su cosmovisión y su existencia. Mi primera regresión transformó todo eso, sin duda.

Años después, la historia de la vida experimentada siendo niña se amplió aún más en un taller del Instituto Omega dirigido por Brian. Durante una de esas regresiones de grupo, apareció en mi mente la imagen de una larga carretera bordeada de abedules. Yo era una mujer joven caminando por un tranquilo camino de tierra en el campo. Sostenía en la mano una pequeña maleta y llevaba en la cabeza un pañuelo anudado. Abandonaba el pueblo para ir a estudiar medicina a San Petersburgo. La última parada que hice fue en el cementerio, donde presenté mis respetos ante las tumbas de mis parientes muertos. Me sentía apesadumbrada. Pasarían muchos años antes de que volviera a casa... si es que volvía.

Mientras estudiaba en la universidad, fui reclutada por el servicio secreto de la Unión Soviética. En Europa se estaba cociendo algo; había rumores de una posible guerra. Me mandaron a Europa a espiar para mi país.

Yo era una mujer muy atractiva que sabía utilizar sus encantos, y me resultó fácil reunir información. Vi una escena vívida en la que estaba sentada frente a un pequeño artilugio que utilizaba para enviar cables cifrados con la información recogida.

Había un club nocturno frecuentado por muchos americanos, al que solía ir con la esperanza de encontrarme con un hombre concreto en el que estaba interesada, no por mi trabajo sino porque me había enamorado de él. Él también estaba enamorado de mí.

La siguiente escena se desarrolló en un largo tramo de escaleras frente a un gran edificio de carácter administrativo. Yo había recibido órdenes de trasladarme a otro lugar de Europa, así que había ido a despedirme. El hombre estaba de pie frente a mí, diciendo que me quería, suplicándome que no me fuera y pidiéndome que me casara con él. Aunque yo le quería mucho, no podía quedarme. Ya había dado mi palabra y comprometido mi vida, mi amor y mi corazón por mi país. Le aseguré que cuando él volviera a su casa, a la granja familiar de América, se casaría con una mujer buena, tendría hijos y sería feliz. Le dije adiós con lágrimas en los ojos, y acto seguido bajé corriendo las escaleras hacia el coche que me estaba esperando.

Más adelante, me casé con un importante oficial alemán, Esto facilitó muchísimo mi labor y me protegió. Ya había comenzado la Segunda Guerra Mundial. Yo había estado practicando la medicina, sobre todo tratando a militares alemanes, y recibí órdenes de matar a un general alemán de alto rango a quien le había estado tratando una enfermedad. Me vi de pie frente a una mesa. El general estaba a mi lado, sentado en una silla. En la mesa había un vaso de agua. Yo sostenía un pequeño recipiente con unos polvos y miré hacia el techo, inquieta por lo que estaba a punto de hacer. No obstante, como no quedaba otra opción, eché los polvos en el vaso. En vez de darle al general su medicación, le di veneno.

Aquí es donde encaja mi primera regresión como niña. Volví a verme corriendo por aquel pasillo y al final me cogían. Pero esta vez, como yo era mucho mayor y más capaz de manejar toda la historia, vi los truculentos detalles de los interrogatorios a los que me sometieron. ¿Traicioné a mi red? No. Hasta el último momento sostuve que había actuado sola. Me golpearon, torturaron y preguntaron. Los golpes, torturas y preguntas se repitieron una y otra vez. Lo único que no me hicieron los interrogadores fue violarme. Consideraban que había pertenecido a uno de ellos, y esa era una línea que no se podía traspasar. Al final, me sentaron en una silla eléctrica y me ejecutaron.

Mientras mi espíritu se elevaba por encima de la escena, supe que la lección de esa vida era una lección de amor, de la necesidad de enfocar todas las situaciones con amor y permitirme a mí misma ser también amada. Esa vida estaba organizada de tal modo que yo había tenido la oportunidad de elegir el amor cuando el americano me propuso matrimonio en aquellas escaleras. Sin embargo, preferí ser fiel a la promesa de servir a mi país. También supe que, después de irme yo, él sentía que no tenía ninguna razón de vivir; mi partida le había partido el alma. Murió en una zanja de tierra, tras recibir un disparo en la frente durante un combate contra el ejército alemán.

En las horas que siguieron a esa experiencia, me sentí conmocionada hasta la médula y con una gran sensación de lamento por haber desperdiciado toda una vida y haber hecho daño a otra persona. Sin embargo, como sé que somos eternos, también sé que toda vida nos enriquece el alma con lecciones valiosísimas.

Mi alma habrá elegido experimentar y aprender la lección del amor profundo en mi vida actual, pues lo que me da una mayor sensación de significado y plenitud es ofrecer amor, luz e inspiración a las personas. Una de las cosas que más me gusta es ayudar a que los demás experimenten sus vidas anteriores y adquieran conocimiento sobre las personas y circunstancias que les rodean. También tengo una relación muy afectuosa con un hombre que, casualmente, tiene dos miedos irracionales y muy arraigados: el miedo a perderme y el miedo a que le disparen a bocajarro en la frente. Y me hago la siguiente pregunta: ¿Es mi segunda oportunidad de amor con el americano que conocí una vez?

~ *Mira Kelley*

A sus trece años, Mira actuó según su saber intuitivo y su curiosidad por el conocimiento y el crecimiento espiritual mientras escuchaba las cintas que había grabado. Esta decisión cambió su vida: la condujo a su potencialidad superior, a su labor sanadora, y en última instancia a un reencuentro con su alma gemela.

El miedo de su alma gemela a perderla otra vez es típico del tema subyacente de la ansiedad por separación. Con frecuencia, los niños que tienen más miedo irracional de separarse de sus padres los han perdido realmente en vidas anteriores. Recuerdan la pérdida de manera subconsciente, como le pasa al amante actual de Mira. El remedio para este tipo de miedo a la separación es reconocer su origen en un episodio de una vida anterior. El trauma ya se ha producido. Pertenece a otra época, no es algo que debamos temer en el presente o en el futuro. Las preocupaciones del alma gemela sobre perder otra vez a Mira o recibir un disparo en la frente provienen de la época de la Segunda Guerra Mundial. Sabiendo esto, puede liberarse de ellas y promover una relación más libre y no restringida por inseguridades muy arraigadas.

La descripción de Mira de los episodios posteriores a su muerte física, cuando el espíritu abandonó el cuerpo, se hace eco de ciertos estudios sobre experiencias cercanas a la muerte (NDE, por sus siglas en inglés), de los que ella no sabía nada a los trece años. La luz espléndida y reconstituyente y el afectuoso ser espiritual de la historia de Mira son universales en las NDE. Su reconfortante presencia y la confirmación de la otra vida eliminan el miedo a la muerte y a morirse. Somos, nos recuerdan, inmortales, y la muerte no es más que una puerta al otro lado.

De vez en cuando surge una sincronía que atrae mi atención casi por la fuerza. Los hechos sincrónicos son episodios aparentemente fortuitos de asuntos afines que, en mi opinión, tienen una conexión en el plano metafísico. Quizá no entendamos esa conexión causal, pero está ahí.

Mientras terminaba de escribir mis reflexiones sobre la historia de Mira a principios de 2010, sonó el teléfono avisando de la llegada de un e-mail. Habían transcurrido menos de cinco minutos desde que escribiera sobre liberar temores actuales toda vez que los traumas se habían producido en una vida anterior.

En el e-mail, una mujer me explicaba que su «atroz miedo a volar» le había impedido disfrutar plenamente de la vida. Volar por placer o negocios estaba para ella estrictamente limitado. En 2003, había asistido a un taller que organizábamos en Miami. Mientras yo conducía el grupo a una regresión a vidas pasadas, ella se puso a recordar intensamente una vida en la Segunda Guerra Mundial.

«Me vi mirando por la carlinga de un avión... Era un hombre, el piloto de un avión de transporte de personal militar», escribió. El avión se estrelló «debido a un fallo mecánico; murieron todos los tripulantes y los pasajeros (también mi copiloto y yo misma)».

Acabó el taller. En un breve espacio de tiempo, los frutos de su regresión estuvieron listos para ser cosechados.

«Once días después del taller», explicaba ella, «recibí una llamada urgente y tuve que coger un avión a Boston. No sentí nada... en absoluto... ningún miedo... nada de nada. Desde ese día de 2003 he volado varias veces y en ningún momento he sentido miedo ni ansiedad. De modo que, aunque ha tardado mucho, gracias, doctor Weiss».

Si yo necesitaba un signo de admiración cósmico, ahí estaba. Solo momentos después de haber escrito al respecto, llegó por e-mail la confirmación de que los miedos y las fobias actuales suelen tener su origen en vidas pasadas. Si recordamos estos orígenes, es posible curar los síntomas por completo. No hay por qué seguir teniendo ansiedad ni miedo. El taller que curó a esa mujer había tenido lugar hacía casi nueve años, sin embargo su e-mail llegó al cabo de solo cinco minutos de una diana perfecta. Me podía haber contado esa historia en cualquier momento de todo ese período. La probabilidad de que la sincronización sea una coincidencia es remota. Y, como conexión final, ambas historias incluían muertes traumáticas en la Segunda Guerra Mundial.

A continuación, Mira comparte con nosotros otra historia.

. APRENDER A DAR POR BUENO .

Esta es la historia de Ananachimo y la lección de la necesidad de dar por bueno.

En uno de los ejercicios de regresión que hice con Brian Weiss durante un taller en el Instituto Omega, surgió la imagen de un grupo de personas subiendo a duras penas una pequeña cuesta. Me pregunté qué podía ser esa imagen y si la debía hacer a un lado mentalmente para llegar a algo más válido. Sin embargo, recordé a Brian diciendo que aquello podía ser el hilo que permitiera avanzar, y decidí seguir ahí y ver qué pasaba.

La imagen surgió nítida. Se trataba de un grupo de indios. Me pregunté a qué tribu pertenecerían, y se me pasó por la cabeza que eran indios de las praderas. Después, empecé a buscarme en el grupo. Y ahí estaba yo. En un instante supe que me llamaba Ananachimo. Me repetí una y otra vez el nombre para recordarlo, pues era la primera vez que lo oía.

En el preciso instante en que me identifiqué con Ananachimo, fui él de arriba abajo. Todo lo experimentado en esa vida era como si me hubiera pasado siendo totalmente esa persona, sintiendo sus emociones, teniendo su cuerpo.

Ananachimo, un joven con un cuerpo ágil, delgado y musculoso, era alto, tenía el cabello negro largo, sano y fuerte, y la mandíbula angulosa. Llevaba colgado al cuello un diente de oso blanco que había matado en una partida de caza en el norte.

Los indios subían la cuesta con mucho cuidado. En la zona llana de la cima había una casa. Estaban espiando a los colonos allí instalados, que habían estado invadiendo las tierras de la tribu de Ananachimo.

Ananachimo miraba al otro lado de un valle rodeado por montañas hasta donde alcanzaba la vista. Levantó la mano izquierda, colocó la palma frente al hombro derecho, e hizo el solemne juramento de proteger su tierra y a su gente contra los colonos invasores.

Estaba muy adaptado a la naturaleza. La naturaleza le hablaba. Oía el susurro de los árboles cuando sus hojas se balanceaban en el viento. Cada flor, arbusto o brizna de hierba transmitía un mensaje que él era capaz de interpretar. También era curandero: se valía de hierbas para devolver la salud a su gente.

Cuando contaba treinta años, sucedió algo importante en la vida de Ananachimo. Había capturado y establecido vínculos afectivos con un mustang con manchas blancas y rojas. El caballo se llamaba *Rayo Rojo*. Pero los blancos se habían apoderado de su mustang. Ananachimo intentó liberarlo, pero lo sorprendieron y lo acusaron de robar el animal. Para castigarlo, los hombres blancos le ataron las manos encima de la cabeza y lo azotaron. Yo no experimenté el horror de cada latigazo que impactaba en su espalda. Solo veía que, mientras le pegaban, el caballo, que estaba cerca, lo miraba todo y compartía con Ananachimo la furia y la sensación de injusticia. Se empinaba, coceaba y relinchaba con furia mientras intentaba liberarse.

De todos modos, fue en vano. Aquello quebró el ánimo de Ananachimo. Perdió su caballo y también la fe y la capacidad de proteger su tierra y a su gente. Sintió que se había cometido una gran injusticia y él había sido incapaz de impedirlo.

A medida que fue pasando el tiempo las cosas empeoraron. Su tribu se vio obligada a desplazarse al noroeste. Ahora estarían lejos de sus territorios de caza. Ananachimo murió a los cuarenta y dos años, en un día frío. Estaba tendido en su tipi, frustrado por no haber podido proteger a su pueblo, por no haber podido salvarlo, cuando su espíritu abandonó su cuerpo. Fuera, las mujeres y los niños de la tribu (pues la mayoría de los hombres habían muerto) se ocupaban de sus cosas. Tenían frío y hambre, y estaban totalmente desorientados.

Cuando la regresión ya tocaba a su fin, me puse a buscar la lección de esa vida para el alma: tenía que ver con «dar por bueno». Yo debía aprender a dar por bueno. Me echaba la culpa a mí mismo por no haber sabido proteger y salvar a mi gente, pero lo cierto es que yo no podía haber salvado ni protegido a nadie contra aquellos desagradables hechos históricos. Debo permitir que la vida de las personas se despliegue tal como está escrito, pues su alma necesita esas experiencias. Han accedido a aceptar desafíos para aprender sus propias lecciones y alcanzar su propia luz. Juzgué la tremenda injusticia provocada por los hombres blancos como una maldad contra la que prometí luchar, pero no conseguí ser realmente de ayuda en el momento más necesario. La gente no necesita ser salvada, sino amor, apoyo y ánimo con los que aguantar toda clase de penalidades, y así será siempre más fuerte, sabia y compasiva. No puedo proteger a los demás de las tormentas de la vida; si lo hago, no crecerán ni aprenderán.

Pero ¿cómo «se da por bueno»? ¿Cómo mantenemos el equilibrio entre ser afectuoso, amable y útil y la vez querer salvar a las personas de la injusticia del mundo y de sus propios errores estúpidos? Muchos años y vidas después, esta lección seguía siendo para mí un desafío. Tras haber cambiado de género, de nombre y de aspecto, todavía siento el impulso de correr a ayudar a las personas.

Esa noche, dejé la sesión y fui a mi cuarto con estos complejos problemas en la cabeza. Mi bungalow de Omega tenía dos habitaciones. Al entrar en el vestíbulo me encontré con la vecina. Iba camino del baño, que era compartido. Un instante después, se dio cuenta de que ella y el otro compañero de habitación, que estaba duchándose, se habían quedado encerrados fuera, pues ambas llaves estaban dentro de la habitación y la puerta se había cerrado de golpe. En el exterior llovía con ganas, y mi vecina iba descalza. ¡Vaya situación! Me ofrecí a ayudarla.

Mientras bajo la lluvia me dirigía en busca de alguien del personal de Omega, al instante comprendí que esa pequeña crisis estaba produciéndose por mi causa. Menudo regalo. Me proporcionó la última pieza de la lección. Siempre tengo que ayudar a los demás como sea sin reparar en medios. Pero no debo alterar el curso de su vida protegiéndoles y ayudándoles en sus apuros, pues eso entorpece sus valiosísimas experiencias y la expansión de su alma. Me sentí muy agradecida a mis encantadores vecinos. Mi lección había cristalizado.

Desde aquella regresión han pasado casi tres años, y ese aprendizaje suscitó en mí una transformación asombrosa. Ahora tengo una perspectiva distinta sobre la necesidad de precipitarme a ayudar a las personas. He aprendido a dar por bueno, a admirar y a ver el inmenso valor y poder del despliegue del camino de cada cual.

~ *Mira Kelley*

Mira vuelve a exponer una experiencia de regresión clásica e importantes verdades divinas. Cuando uno se muestra abierto a estas lecciones y confía en la sabiduría que le guía en su camino, observa las sincronías, la manifestación de la gracia, la mano auxiliadora. Estos hechos no son fruto del azar. Ni casualidades.

Mientras luchaba por comprender su mensaje de regresión de dar por bueno sin intervenir, Mira fue conducida en cuestión de horas a la escena que le procuraría la percepción para comprender: una escena tan sencilla como la de dos personas que no podían entrar en su habitación. Conozco bien las habitaciones de Omega, no cuentan con teléfonos interiores, por lo que Mira no podía llamar pidiendo ayuda. Los caminos no están iluminados, y recorrer esa larga distancia bajo la lluvia exige un esfuerzo considerable. No fue un gesto de ayuda menor por su parte. Con un ramalazo de reconocimiento, aprendió los matices de su lección espiritual.

Los grandes profesores han usado siempre ejemplos así, escenarios, parábolas y metáforas para ayudarnos a comprender sus enseñanzas.

Igual que Mira, Raymond tuvo un destello de reconocimiento al aprender su propia lección espiritual, aunque él lo sintió más como una descarga eléctrica. De un día para otro, su «mundo entero se volvió del revés». Ya hemos leído este fascinante relato de conciencia compartida con un desconocido, pero ahora regresaremos a la época de su primera experiencia de vida pasada.

. ENCONTRAR ESPERANZA .

Esperanza. Si hay un resultado predominante en sus cursos y experiencias, es que uno acaba albergando una esperanza que quizá no existía antes. Por la razón que sea, los sistemas de creencias tienden a ser subjetivos y pueden verse zarandeados por episodios personales o globales; no obstante, sus cursos de formación ofrecen una oportunidad clara para añadir experiencia real a la fe o la creencia, lo cual produce un resultado que se puede racionalizar pero no negar. Para mí, este resultado consiguiente y duradero equivale a la esperanza.

Primero, un poco de currículum. Soy terapeuta profesional autorizado para ejercer en el estado de Oklahoma, y me he pasado veinticinco años trabajando con esquizofrénicos crónicos en un escenario de hospitalización. Yo diseñaba el sistema conductual y supervisaba el programa. Por tanto, como conductista y terapeuta, cabría decir que la estructura era mi principio orientador. Lo que sigue es el método universal no demasiado sutil de decir «Señor Wilson, su estructura es microscópicamente pequeña, y la comodidad y la seguridad que ha experimentado usted en esa estructura no están donde empieza ni donde termina».

Hace unos cinco años, necesitaba urgentemente unas cuantas horas de formación continua para renovar mi autorización como terapeuta profesional. Como muchos otros, esperé hasta el último momento y empecé a buscarlas presa del pánico. No recuerdo cómo me enteré del seminario; en todo caso, lo vi como una oportunidad para conseguir las horas que me faltaban y no pensé mucho en el contenido.

Mi esposa y yo llegamos al Crossings de Austin y a la mañana siguiente nos juntamos con otros muchos en la primera sesión. Ni que decir tiene que enseguida estuve convencido de hallarme en una sala llena de chiflados cuando los presentes comenzaron a identificarse como terapeutas del ángel, maestros de *reiki*, etcétera (cosas de las que jamás había oído hablar). Tenía la inequívoca sensación de estar en el lugar equivocado. Educado en un entorno baptista sureño, bastante estricto y conservador, y posteriormente alejado de la religión organizada, no había llenado ese espacio con nada más. El resultado de este «vacío de religión» era que yo me consideraba alguien con valores morales, simple («blanco o negro»), y muy unido a Dios en el plano personal más que en el organizativo. En otras palabras, tenía a Dios bien definido en una caja que había creado para Él, y yo era feliz siempre y cuando Él permaneciera dentro de mis parámetros.

Tras la primera hora del seminario me dieron ganas de salir corriendo por la puerta sin mirar atrás. Sin embargo, en el descanso le hablé a mi esposa sobre mis recelos y ella dijo: «Mira, necesitas las horas, ya estás aquí y has pagado por la semana entera; no te cuesta tanto seguir hasta el final.» Poco después, el doctor Weiss hizo una regresión de grupo. Como es lógico, cerré los ojos atemorizado y con incredulidad y cautela extremas. Hubiera apostado la camisa a que mi resistencia habría impedido cualquier estado hipnótico. Jamás he estado más equivocado en mi vida.

Enseguida me vi en un pueblo costero siendo un niño de diez años. Las casas tenían tejado de paja, y entre ellas serpenteaba un camino de piedras y tierra. Había gansos y perros aquí y allá corriendo sueltos, la hierba era de un verde inmaculado, y yo corría y jugaba junto al sendero. En el pueblo había otras personas; yo las conocía pero no les hacía caso. Rodeé una de las casas, y desde lo alto de la colina de detrás oí una fuerte voz masculina que gritaba lo que sabía que era mi nombre: «Joar», o «Johar». Me paré, él gritó de nuevo, y yo me precipité hacia quien sabía que era mi padre. Se hallaba en nuestra casa, próxima al extremo alto del camino, trabajando con una gran piedra de afilar que parecía una rueda. Mi padre afilaba hachas y espadas, y yo sabía que ese era su trabajo. Se trataba de un pueblo nórdico, sin duda.

En la escena siguiente tenía dieciocho años, y mi padre y yo, junto con otros nórdicos, estábamos en un barco, navegando rumbo a una costa extranjera con la finalidad de atacar y saquear. Me quedé de pie frente a mi padre y sin mirarle dije: «No sé qué hacer.» Y él respondió: «Lo sabrás cuando estés allí.» En mi vida actual, había visto imágenes de nórdicos antiguos y de lo que llevaban puesto; no obstante, en el barco tardé un rato en comprender para qué era cada atuendo. Reconocí por primera vez que el brazalete era en realidad una defensa contra las armas.

Luego, ya de vuelta en el pueblo, mi padre estaba tumbado en una cama de aspecto duro. Agonizaba a causa de una herida recibida en combate, y yo me arrodillé a su lado. Más adelante, tras volver yo de otra batalla también estaba tendido muriéndome, como mi padre. Mi hijo estaba arrodillado a mi lado, igual que lo había estado yo junto a mi padre. En respuesta a «¿Qué he aprendido?», recuerdo que entonces pensé eso: *No hemos aprendido nada. Aquí estamos, una generación tras otra, enfrentándonos y muriendo, lo mismo que hará mi hijo.*

En ese momento nos sacaban del estado hipnótico. A falta de una expresión mejor, yo estaba alucinando. A lo largo de unos quince minutos, mi mundo se había trastocado y vuelto del revés. La duda y el miedo se habían convertido en una sensación de desconcierto en el sentido de que no sabía en qué categoría o lugar encuadrar aquello, ni contaba con medio alguno para negarlo, asimilarlo u ocultarlo (habría hecho cualquiera de estas cosas de buen grado). Aunque el doctor Weiss no presionaba para que las experiencias fueran consideradas reales o no, mentalmente yo no tenía duda alguna de que mi vida actual y mi futuro habían resultado alterados. De repente, estuve mucho más preocupado por mi salud mental que por la de los tipos de la terapia angélica.

Por extraño que parezca, aunque esto me sacudía hasta lo más hondo, no hacía flaquear mi creencia en Dios; más bien se iniciaba un proceso de sacar a «Dios» de mí mismo y de mi caja creada en la infancia y reconocer qué significaba de veras la eternidad. Salí a almorzar en el descanso, y mi esposa supo a ciencia cierta que me pasaba algo. En el espacio de tres horas pasé de ser un pensador simple («blanco o negro») a ser en esencia un hombre sin certezas de ninguna clase. Mi sistema de creencias y sus limitaciones se habían hecho añicos. Lo experimentado era verdad, de eso no cabía duda. Mi estado hipnótico era en technicolor y tan real como lo son ahora mis manos. Mis conocimientos previos de la vida nórdica no llegaban a la suela del zapato de lo aprendido en la experiencia. Me llamaba Joar, y sabía que ese era mi nombre. Una vez en casa después del curso, busqué en internet y lo encontré en una página de nombres escandinavos antiguos, y supe que sería ese.

Al día siguiente me encontraba entre dos mundos, y asistí al seminario «¿Y a continuación, qué?», casi como si yo fuera alguien condenado a ser pateado de arriba abajo y resignarme a ello. Efectivamente, la siguiente regresión fue más estrambótica que la primera. Tuve una experiencia cósmica en la que formaba parte de la evolución humana; un sueño que me permitía conectar con todo el universo; y una experiencia compartida con un completo desconocido en que yo alcanzaba a ver los detalles de *su* regresión.

Llevo veinticinco años trabajando con niños clínicamente frágiles y esquizofrénicos crónicos, y su seminario me procuró cierta sensación de tranquilidad con respecto a los desenlaces experimentados por muchos de estos desdichados. Prácticamente lo único que tuvo sentido. Acudí a su curso en busca de créditos para mi formación continua, y me fui con pruebas de una conciencia universal. Y lo más importante de todo: me quedé con una esperanza de la que antes lamentablemente carecía. Creo que si otros pueden experimentar esta esperanza, mejorarán su mundo y su visión personal, como me pasó a mí.

~ *Raymond Wilson*

Doy las gracias a cualesquiera fuerzas universales que conspirasen para meter a Raymond en el curso de cinco días. Es un auténtico regalo: un hombre realista, de buen corazón, que estaba llevando a cabo un trabajo profesional realmente difícil y delicado. Llegó en busca de créditos de formación continua y se fue con créditos de los que le cambian a uno la vida. Él también transformó al grupo.

Aunque la regresión de Raymond era triste y nos enseñaba la inutilidad de la violencia y la guerra, él se llevó consigo un sentimiento de esperanza. Con cada experiencia ulterior a lo largo de la semana, su esperanza se incrementó. Por último, encontró la respuesta a la finalidad de su vida y la conciencia de que existía realmente una visión ampliada de Dios y la eternidad. La vida no es solo una lucha continua y absurda por sobrevivir. Tal como seguirá él contando en historias a lo largo de este libro, en solo una semana Raymond se sintió conectado con el flujo de la existencia, desde el mismo inicio de la vida en la Tierra, a través de los vikingos y otras encarnaciones, hasta la totalidad del cosmos y la eternidad. Se vio y se sintió a sí mismo como parte de la evolución universal que guía el conjunto del proceso. Dejó de sentirse separado o alienado.

Muchas personas vienen a mis talleres con un deseo entusiasta de recordar una vida pasada. Han leído los libros, reconocen el poder curativo de las regresiones y saben que los milagros ocurren. En estos talleres, a menudo dejo claro que quienes se han visto arrastrados por personas significativas o amigos bienintencionados, que no tienen expectativas o siquiera interés en tener regresiones a vidas anteriores, suelen ser los que tienen las más vívidas y convincentes. Raymond, que desde luego albergaba dudas sobre la naturaleza de este trabajo, es un ejemplo que viene al caso. Vino en busca solo de créditos profesionales; de hecho, si no hubiera sido por la sensatez y amabilidad de su esposa, habría abandonado el seminario. Pero se quedó y tuvo numerosas experiencias fuertes y profundamente espirituales.

¿Por qué sucede así? Nuestras expectativas y deseos de revivir una vida pasada a menudo se interponen. Quizás intentamos forzar el proceso y al final, paradójicamente, lo que hacemos es bloquearlo. De todos modos, con la práctica podemos superar cualquier clase de obstáculos. Es importante practicar sin frustraciones ni vínculos con el resultado de una sesión concreta. No digamos «debo tener una regresión», pues esto solo impedirá que se produzca. No hace falta presionarnos así a nosotros mismos.

Solo hemos de aceptar lo que nos venga a la cabeza, estemos meditando, escuchando un CD de hipnosis, participando en una regresión de grupo o trabajando individualmente con un terapeuta. Está en funcionamiento un proceso y una sabiduría. Como hemos leído ya, da igual el nombre de este proceso, el Tao, el camino, el destino o lo que sea. Lo que sí importa es que confiamos en que nos guiará dondequiera que tengamos que ir.

Tomémonos nuestro tiempo y tengamos paciencia. Quizá no recordemos inmediatamente una vida anterior pero a lo mejor tenemos una experiencia con médium, quizá recibiendo un mensaje del otro lado. Acaso tengamos una curación física, una remisión de un síntoma perturbador. Cada vez que practicamos, aprendemos a relajarnos y a liberarnos del estrés. Estamos ayudando al sistema inmunitario y estamos más sanos. Son beneficios muy terapéuticos para la mente y el cuerpo, y valiosísimos a título propio.

Cuanto más practiquemos sin frustrarnos, más y más hondo llegaremos. Quizá necesitemos semanas o meses, pero las ganancias merecen la pena. Yo tardé tres meses hasta poder recordar una vida pasada. Una de mis pacientes lo intentó durante ocho años hasta lograr una regresión satisfactoria, pero una vez lo hubo hecho, los resultados fueron increíbles. Desde entonces me ha estado diciendo que cada minuto que le condujo a esos recuerdos antiguos ha valido la pena. Si el recuerdo de una vida pasada nos trae curación, o crecimiento espiritual, o una sensación de unidad y paz, ¿no estarán bien empleados ocho años, incluso ocho vidas?

He tenido muchos pacientes o participantes en talleres que, como los autores de esta sección, han sido capaces de curarse emocionalmente solo recordando sus vidas anteriores. Sus historias me han acompañado mucho después de que finalizasen sus regresiones, y a lo largo de este capítulo he intercalado algunas.

Una de estas personas fue Yumiko, en esta vida médica japoamericana, que recordaba una vida pasada como chica pobre en Londres, Inglaterra, varios siglos atrás. En la existencia anterior, ella era la mayor de seis hermanos, y a los diez años ya estaba trabajando duro con la familia. Sin un padre presente en su vida y con una madre que solía estar fuera trabajando, Yumiko tuvo que criar a sus hermanos a la vez que se ocupaba de otros niños pequeños y bebés. Se acordaba de su vestido, y de cómo olía al no poder lavarlo; veía a la gente orinando en la calle; y sobre todo recordaba la falta de jabón. Tenía que lavar solo con agua: pero sin jabón la ropa nunca quedaba del todo limpia.

Se vio obligada a trabajar de criada en una casa grande y señorial. Esa familia sí tenía jabón. Al final, como la «madam» la trataba muy mal, se escapó. No tardó mucho en morir a temprana edad de hambre, inanición y enfermedad; y Yumiko flotó por encima de todo y abandonó los recuerdos de vidas pasadas.

El siguiente recuerdo de Yumiko correspondía a su infancia en la vida actual, en la que era la mayor de tres hermanos. Rememoró un incidente en el que a su hermano se le había caído el pañal, que ella luego tuvo que lavar. ¡Pero esta vez tenía jabón! Lo que pensó fue: «Esto es fácil.» De hecho, estaba sonriendo mientras revivía ese momento y pensaba en todas las cosas que podía hacer ahora —leer, dibujar— que no pudo hacer jamás en la otra vida debido a su extrema pobreza.

Todavía en el estado hipnótico, explicó al grupo que había aprendido a ser feliz con las cosas pequeñas, como una pastilla de jabón. Así nos lo dijo a todos: «Agradeced y valorad lo que tenéis, no lo que no tenéis.»

La historia de Yumiko nos enseña que no debemos dar nada por sentado y hemos de sentirnos agradecidos, por poco que sea lo que tengamos. Si necesitamos poco pero lo valoramos todo, seremos mucho más felices. Como dijo Lao Tsé hace más de dos mil años: «Quien sabe contentarse es rico.»

Tras recordar dos vidas anteriores en las que murió sola, ahora Tong, en su vida actual, aprecia de veras la bendición de estar rodeada de familiares y amigos afectuosos. Ahí va su historia.

VIDAS DE SOLEDAD

Durante mi estancia en su curso de cinco días, experimenté varias regresiones. En dos de ellas, me morí muy sola. En la primera, era una maestra que daba clases en una escuela primaria de un pueblo primitivo y pobre. Era una mujer soltera que vivía sola. Al parecer no intimaba con mis alumnos. Fallecí de manera fortuita en la montaña, donde unos perros salvajes me mordieron el estómago. Nadie se enteró de mi muerte.

En la segunda regresión, yo era una reportera y de nuevo una mujer sola. Trabajaba con ahínco y con cierta agresividad, pero también me morí en soledad, esta vez en un accidente de tren. Mientras los demás, muertos o heridos, eran recogidos por sus familias, yo seguía tirada a un lado. No acudió nadie a buscarme; nadie reclamó mi cadáver.

En ambos casos, yo era una persona fría y reservada; razón por la cual estaba sola en esas vidas, y también en el momento de morir. Pero en la vida actual decidí ser asistenta social. Acercarme a la gente y ofrecer ayuda. Adopté dos niñas, no solo para formar mi propia familia, sino también para ayudar, de forma realmente intensiva, a esas dos pequeñas. He aprendido a dar y a relacionarme con los demás, aunque a veces he debido forcejear con ello. También me siento muy feliz con todas las personas cercanas. Sé que, en esta vida, no moriré sola, sin nadie a mi alrededor.

~ *Tong*

Las regresiones de Tong demuestran que estas experiencias suelen poner de manifiesto ciertos patrones que iluminan nuestra senda espiritual. Ella necesitaba expresar y recibir amor, y ahora está haciendo precisamente esto. Tong está aprendiendo sus lecciones y averiguando más sobre el amor incondicional. Nunca estamos solos, aunque lo olvidemos. Y su elección de un trabajo social precedió a la regresión. Había escogido por intuición el camino del amor y el servicio a los demás.

No son experiencias exclusivas de Tong. Más adelante las comparte con otros.

. CAMINO DE CASA .

Mis padres se separaron cuando yo tenía seis años y se divorciaron pocos años después. A menudo discutían en mitad de la noche. Un día, me desperté por la mañana y vi que mi madre se había marchado, y a partir de entonces su cama quedó desocupada. Pronto formó otra familia, lo mismo que hizo papá. Pasé una infancia muy sola e inquieta, y también desatendida. Tengo tres hermanas. A menudo nos dejaban solas en casa, sin ningún adulto que se ocupara de nosotras. Como segunda hermana mayor, tenía que cuidar de las pequeñas dándoles comida o cocinando para ellas (más adelante, cuando me desenvolví con la tarea) y encargándome de los quehaceres domésticos cuando mi hermana mayor no estaba en casa. Cuando cursaba primaria, a mi mamá se le olvidaba venir a buscarme. Yo me quedaba en la puerta de la escuela durante horas, esperándola llena de soledad, impotencia e incertidumbre.

Me casé a los veinticinco años, algo que llevaba tiempo deseando hacer. Mi esposo es un compañero mío de la oficina, así que podemos vernos durante las horas de trabajo. Es un hombre amante de la familia, y tras casarnos me dio una gran seguridad. No obstante, aún seguía sintiéndome sola cuando él no estaba conmigo, como cuando trabajaba hasta tarde, acudía a una clase nocturna o se quedaba a tomar una copa con los amigos. Y me preocupaba que no fuera lo bastante maduro para ocuparse de sus tareas o afrontar cualquier desafío de la vida. Este temor me atormentó mucho tiempo de una manera sutil.

También empecé a desear bebés propios con cierto desespero. Creía que entonces alguien me querría, y que si podía llegar a tenerlos yo siempre estaría con los niños. Sin embargo, lo intenté durante más de seis años, y nada. Esto me desesperó más todavía.

En una regresión con el CD del doctor Weiss, volví a una época antigua. En un paisaje remoto y pelado, iba yo camino de casa tras una larga guerra. Era un guerrero con un cuerpo enorme, como Hagrid en los libros de Harry Potter. De aspecto duro y fuerte, sucio y peludo, y portaba un gran martillo como arma. Andando con ímpetu y rapidez, como si golpeara la tierra a cada paso, me dirigía a casa a ver a mi esposa y mi hijo pequeño. Parecía que llevaba mucho tiempo caminando, estaba cansado pero fuerte aún. Había estado solo durante todo el trayecto, con la única compañía de las piedras y algunos arbustos de los campos circundantes. Había andado y andado sin nada ni nadie alrededor.

Cuando vi mi casa, me excité muchísimo y apreté el paso. Abrí la puerta y me encontré con mi mujer en una choza de madera, sentada junto a la cuna de un bebé. En la cuna estaba mi hijo; lo reconocí como mi esposo en esta vida. Se me encendió la luz: estaba muy preocupado por si no era lo bastante fuerte para quedarse solo y proteger a su madre mientras yo estuviera en la guerra y lejos de los dos.

Me desperté de la regresión y comprendí que estar continuamente preocupada por si mi esposo no era lo bastante fuerte o maduro era problema mío, no suyo. En lo sucesivo, dejé de sentirme ansiosa con respecto a él; todavía le doy la lata de vez en cuando, pero no como antes.

En otra regresión que hice durante el curso de hipnoterapia en Omega, Nueva York, no volví a ninguna vida pasada sino a la primerísima vez en esta vida actual en que me sentí sola. Tenía seis años y estaba en China. Transcurría un día de escuela, y el tiempo era cada vez más frío, pues el otoño dejaba paso al invierno. La escuela había acabado, y yo estaba junto a la puerta, aguardando que mamá viniera a buscarme. Esperé y esperé, pero ella no apareció. Al ver que mis compañeros dejaban el aula y sus padres o el autobús escolar venía a recogerlos, me inquieté. Cuando todos los alumnos y los autobuses se hubieron ido, me quedé sola a medida que oscurecía con la llegada de la noche. Permanecí en la calle frente a la puerta, que ya había sido cerrada. Me sentía impotente. Era la primera vez en mi vida que sabía lo que era la soledad.

En la hipnosis, pensé, *¿por qué no intento regresar a casa por mi cuenta?* Estaba solo a quince minutos, a varias manzanas de donde me encontraba; quizá podía recordar el camino. Respiré hondo y eché a andar. Me sentía ansiosa. Estaba asustada pero también un poco contenta por abandonar la oscuridad del rincón junto a la puerta de la escuela. En cuanto di el primer paso y puse rumbo a casa, la escena cambió, y en el trance me vi corriendo por una larga película, compuesta de todas las situaciones en las que yo había experimentado soledad en la vida, y en mis treinta años había habido muchas. Mientras recorría todos esos momentos me estaba haciendo cada vez más mayor, desde los seis años a la edad actual. Era feliz y altiva. Corría como si volara, la falda agitándose al viento.

Volví adonde estaba, la sala del curso de Omega, y comprendí que no era la impotente niña de seis años. Aprendí que podía hacer algo por mí misma y para mí misma, que tengo la suficiente confianza para liberarme de la oscuridad. Durante más de treinta años he estado trabajando y aprendiendo duramente para superar los desafíos de mi vida. Sé que puedo hacer algo por mí misma en vez de esperar y confiar en los demás o sentirme desesperada.

Después de esa regresión, no he vuelto a tener ese sentimiento de soledad. Y, al cabo de los años, he adoptado como hijas a dos bebés. Me di cuenta de que podía hacer algo para ser feliz en lugar de esperar impotente un embarazo. Los cuatro de la familia, y también las abuelitas, estamos contentos y satisfechos con la situación actual. Creo que es la mejor época de mi vida. La más agradable y amorosa, sin duda.

~ *Tong*

Las regresiones permitieron a Tong asumir cierto control de su vida. Identificó los orígenes de sus dudas sobre la madurez de su esposo en vidas pasadas, lo que le permitió liberarse de sus temores y ansiedades.

No todos los traumas inductores de síntomas se hallan en vidas anteriores. La sensación de impotencia de Tong estaba enraizada en su infancia en la vida actual. Al visualizar subconscientemente una serie de escenas de su soledad, adquirió capacidad para controlar y ser valiente. La adopción de las niñas representaba, hasta cierto punto, su decisión consciente de no ser tan miedosa y pasiva, sino activa, optimista y feliz.

Tong, de China, también pone de manifiesto la universalidad de los recuerdos de vidas pasadas y sus grandes posibilidades curativas. Las experiencias de vidas anteriores y de estados posteriores a la muerte son extraordinariamente sistemáticas, con independencia de la cultura o la religión implicadas. Individuos de nacionalidades y tradiciones espirituales absolutamente divergentes son capaces de recordar vidas que sucedieron en todo el planeta. Aprenden las mismas lecciones vitales. Tienen la capacidad de curar en el sentido físico y emocional, arreglar sus relaciones, como hizo Tong, y conseguir más paz y felicidad en su vida. El condicionamiento y la culturización en fases tempranas no influyen en el contenido del recuerdo o la experiencia espiritual de esa existencia anterior. Todos somos alumnos en esta gran escuela de la Tierra. ¿Importa realmente dónde está ubicada nuestra aula?

Evelyn era una mujer afroamericana de cuarenta y tantos años. Sufría una fobia grave al agua y a morir ahogada; aunque no tenía ninguna pista real sobre el origen de este miedo, sin duda le dificultaba la vida. Su esposo había comprado hacía poco una embarcación, lo que solo intensificó los miedos. Él siempre había soñado con tener una barca, y no entendía la magnitud de la fobia de Evelyn. El esposo, que durante la sesión estuvo fuera de mi despacho, se quedó sorprendido al enterarse de que Evelyn ni siquiera tenía traje de baño: ella creía que eso la acercaría peligrosamente al agua. Evelyn también temía que su miedo a ahogarse se extendiera a sus tres hijos, y que eso no les dejara disfrutar del agua y de la nueva embarcación.

La ansiedad de Evelyn era tan acusada que había recorrido medio país para verme. Cada vez que ponía los pies en el agua, me explicaba, tenía la impresión de que unas manos la agarraban y tiraban de ella. Le daba muchísimo miedo estar cerca del agua, pero aún más quedarse sin respiración. Esos temores parecían conectados, aunque no era forzoso que así fuera. Guardé eso en la parte de atrás de su mente.

Cuando le hice la regresión, Evelyn primero volvió a recuerdos de infancia. Recordó que era una niña pequeña y oía un ruido fuerte que la había hecho llorar. Mientras lloraba, no podía respirar, y la invadieron la ansiedad y el pánico. Vio con ella a su tío y su tía, que estaban aterrados. La pequeña Evelyn se notaba confusa: sabía que sus tíos se sentían alarmados, percibía su tensión, pero a esa corta edad no sabía qué estaba pasando.

A continuación, Evelyn experimentó una vida anterior que había tenido lugar hacía varios siglos, en la que era un chico africano de doce o trece años, que, junto a otros de su pueblo, había sido capturado por traficantes de esclavos. En esa vida, su madre era una autoridad espiritual del pueblo, seguramente en posesión de poderes especiales y capacidades curativas, pero ni siquiera ella pudo impedir la tragedia de que se llevaran a esos jóvenes del pueblo.

En esa misma vida, Evelyn recordó al muchacho sujeto por dos hombres blancos con una bota en el cuello. Los hombres hablaban una lengua extraña. Ella entonces fue «bautizada», o limpiada, en una larga bañera con un espejo cerca. La bañera estaba llena de agua, en la que metieron al chico a la fuerza. Cuando el agua le llegaba a la cara, se asfixiaba, tenía arcadas y no podía respirar. Era realmente espantoso. Este bautismo se producía antes de abandonar África, lo cual acaso ayude a especificar qué culturas tenían esa costumbre, pues había otras que no imponían ningún bautismo hasta que los esclavos llegaban al nuevo país.

El siguiente recuerdo fue una evocación vívida del mismo chico, ahora con unos veinte años, que no conocía las reglas de esos extraños hombres blancos, y simplemente había dicho algo intrascendente a una mujer blanca. De pronto lo agarraron, le ataron las manos a la espalda, lo colocaron en un tajo y lo decapitaron. Evelyn alcanzaba a ver cerca la imagen del rostro de la madre del joven; al parecer, la madre había muerto un tiempo antes. Ella hablaba con él y le transmitía una sensación de paz profunda. Gracias a eso, el muchacho se tranquilizó. Después, pudo ver su cabeza y su torso separados. Pero él —su alma— estaba bien. Evelyn advirtió claramente el desdén y la actitud distante en la cara de las mujeres y los hombres blancos que miraban. Les daba igual. «Qué brutalidad», dijo Evelyn. «¿Cómo puede la gente hacer estas cosas?»

La conciencia del chico ascendió a las nubes. Se sentía libre, fuerte y tranquilo, y podía respirar. Su último pensamiento antes de la decapitación había sido este: *Nunca más seré capaz de respirar*. Al final de la sesión, tras flotar por encima del cadáver del chico, viendo el rostro de la madre y percibiendo esa paz, Evelyn me dijo que se sentía como si estuviera brincando, mucho más libre, ligera y feliz.

Antes de que concluyera la sesión, Evelyn tuvo otro recuerdo de su vida actual, un recuerdo de la primera infancia con su hermano mayor. Él la obligaba a deslizarse por un tobogán acuático, y ella recordaba su boca llena de agua y que respiraba con dificultad. Esto confirmaba de nuevo que el miedo no era al agua sino a no ser capaz de respirar.

Una vez acabada la sesión, Evelyn llamó a su madre, quien ratificó que, cuando su hija tenía unos seis meses de edad, había llorado tanto que se había vuelto azul. No sabiendo qué hacer, la madre se asustó muchísimo y corrió hasta la casa de la tía con Evelyn en brazos. Allí la calmaron, y la respiración se normalizó a medida que desaparecía el color azulado. Estaban todos empapados en sudor: en esta sesión de regresión, la energía, la intensidad y los detalles y emociones visuales fueron muy profundos.

Al cabo de pocos días de la sesión, Evelyn fue capaz de caminar en una piscina llevando puesto un traje de baño —el primero que tenía en muchos años—, sin ansiedad ninguna. Sabía que no había nada que temer. El miedo se originaba en un tiempo muy anterior; no correspondía al presente ni al futuro.

La fobia de Evelyn se curó prácticamente en una sola sesión. Recordar sin más los traumas de su infancia y su vida pasada bastó para poder liberarse de los síntomas. Disminuyó su miedo al agua y empezó a respirar mucho mejor.

Cuando nos desembarazamos de los aspectos negativos del pasado y contemplamos el futuro sin preocupaciones, nos liberamos de las limitaciones del tiempo. Vivimos plenamente en la belleza y la libertad del momento presente.

En su anterior vida de muchacho vendido como esclavo, Evelyn experimentó directamente los fatales efectos de la desigualdad y los prejuicios raciales. Gabriella, la protagonista del siguiente caso, también aprendió lecciones importantes sobre el mismo asunto.

. ACEPTACIÓN DE LA IGUALDAD .

Cuando conocí a Gabriella, no pude menos que advertir los brillos. Me llamaron la atención las joyas, el bolso con lentejuelas y los brillantes zapatos con tiras, pues la mayoría de los médicos con los que suelo hablar no llevan esas cosas. Era una mujer blanca bien vestida con una piel clara impecable, largo pelo rubio y ojos azulísimos y una personalidad llena de vida. Todo en ella era chispeante. Estaba entusiasmada con el inicio de la sesión; se le notaba en los ojos.

Hablamos brevemente de por qué había acudido a la sesión sobre vidas pasadas. Ella quería entender la ansiedad ante los exámenes y pruebas que la había atormentado toda su vida. Solía prepararse sobradamente para pruebas importantes en la universidad e incluso para oposiciones, pero cuando llegaba el momento, la ansiedad aparecía siempre. El segundo problema era que, como hija única, sentía que continuamente debía luchar para ser la mejor. Aunque le entusiasmaba la idea de dedicarse a la medicina, sufría la presión adicional de destacar en su disciplina elegida.

Gabriella hizo una regresión fácil a una vida anterior, pero se sobresaltó al acabar en el cuerpo de una niña afroamericana en medio de un campo de algodón. Mientras hablaba conmigo, el tono de su voz pasó a ser el de la pequeña. Lo que le sorprendió no fue el color de la piel, sino los harapos mugrientos y raídos que vestía, y que los zapatos estaban demasiado viejos y gastados para siquiera cubrirle los pies. Iba sucia, pues había estado todo el día en el caluroso campo de algodón. Llevaba trenzas, pero tenía el pelo crespo y fatalmente desaliñado. Gabriella se echó a llorar al ver el estado del cuerpo en el que ella se encontraba.

Alzó la vista y se vio a sí misma de pie al lado de una señora enorme negra como el carbón, ambas del mismo color. Sonrió, reconfortada ante la visión de las gruesas mejillas y la tranquila sonrisa de su mamá. La mamá miró a su hija, la llamó «Sugar» e hizo unos comentarios sobre el calor mientras seguía recogiendo algodón. Gabriella reconoció de pronto que, en la vida presente, esa mujer era su abuela paterna, a quien estaba muy unida.

Era a mediados del siglo XIX en Jamestown, Virginia. Sugar y su mamá, y otros como ellas, vivían en una de las muchas chozas situadas en la parte de atrás de la gran casa del dueño de la plantación y su familia. La mamá trabajaba todo el día en los campos de algodón. Sugar no sabía dónde estaba su padre, que nunca había sido una presencia importante. A ella no le gustaba vivir allí. «Mamá me protege de los blancos, que son mezquinos y me escupen. No todos son así. Los hombres blancos... creen ser mejores, pero no lo son. Me ignoran y faltan al respeto a mi madre, pero no al padre o la madre de Lily.»

Lily Williams era la hija pequeña de los dueños de la plantación. Tenía el pelo rubio dorado, los ojos azules y la piel clara. Su color preferido era el azul, así que su madre le ponía vestidos azules con cintas a juego en el pelo. Ella y Sugar eran de la misma edad. Lily lucía ropa bonita y de colores vivos, no sucia como la de los niños de las casuchas. Sugar anhelaba llevar ropa limpia y de colores alegres, vivir en la casa grande y ser aceptada como Lily y sus padres.

La señora Anna, madre de Lily, era amable con Sugar. Dejaba que las dos jugaran juntas en el río. Saltaban de la cuerda al agua y a veces se agarraban de las manos, como hacen las niñas. Sin embargo, Sugar sabía muy bien que no debía hacer esto cuando había cerca otros blancos. «Nos gustan las mismas cosas», decía Sugar, llorando de nuevo. «Solo que soy oscura. La piel oscura quiere decir que yo no soy igual. Los padres de Lily no me hacen sentir mal. "Procura que los demás no se enteren", dicen.»

Las niñas crecieron, y Sugar vio a Lily ir a la escuela, vestida con sus bonitos vestidos y los libros en la mano. Quería ir con ella, pero debía aceptar que jamás le sería permitida tal cosa.

La casa era un conjunto colonial de ladrillo edificado en un amplio terreno. Contenía el suntuoso y lujoso mobiliario frecuente en las casas de las familias ricas de la época. Lily vivía con su madre, su padre y los esclavos que se ocupaban del lugar. La señora Anna era una buena persona, de aspecto sencillo y salud delicada. Sugar siempre le cayó bien. El corpulento padre de Lily, Don Williams, llevaba el cabello grueso y plateado recogido en una coleta. Acaudalado como era, poseía la plantación y los esclavos que allí vivían. Sugar lo veía desde la puerta mosquitera, sentado a la mesa, comiendo. Ella no podía entrar, pero esperaba allí pacientemente a que Lily saliera. Como su esposa, el señor Don era amable con Sugar. Dejaba que las niñas jugasen juntas e incluso les enseñaba a leer.

Los problemas de salud de la señora Anna no tardaron mucho en llevársela a la tumba. Poco después, el señor Don se casó con una mujer estricta, auténticamente sureña, que no creía en la mezcla de razas y prohibió que las niñas jugaran juntas o leyeran (Gabriella identificó a la madrastra con su madre de la vida actual). Sugar creció sabiendo qué era ser ignorada, pasar inadvertida, no existir. La enfurecía ser tratada así solo por el color de la piel, pero sabía cuál era su sitio, era consciente de los problemas que tendría si hablaba. Quería crecer para ser alguien, para distinguirse, para vivir en la casa grande... para ser aceptada. Aprender a leer resultaría valiosísimo para ella.

El señor Don y Lily la educaron en secreto. Sugar echaba de menos a la señora Anna, tan cariñosa con ella. Las clases se hacían en voz baja para que no se enterase la madrastra. A Sugar le encantaba aprender y luego informaba de todo a su mamá, que le decía lo orgullosa que estaba de que su hija fuera tan lista y que ya supiera leer. Sugar era una chica llena de vida que estaba aprendiendo a defenderse sola, a valorar lo que era ser vista y escuchada.

Los tiempos cambiaron, y ella cambió a su vez. Sintió el poder de ser escuchada cuando ella y otras chicas y mujeres participaron en una manifestación. «Lo que está bien está bien, lo que está mal está mal», gritaba, ya sin miedo de opinar libremente. «Las mujeres merecen ser escuchadas. Serán escuchadas.»

El señor Don concedió a Sugar la libertad, y su educación en la plantación facilitó su admisión en la Facultad de Medicina. Fue una de las primeras médicas negras del estado de Virginia y abrió un consultorio en la cercana Washington D.C. Tenía una casa como «la de ellos» y la ropa bonita que siempre había deseado. Sus puertas estaban abiertas para todo aquel que necesitara tratamiento, pudiera pagar o no. Para ella todos eran iguales. La igualdad era tan importante para ella como para mi paciente, Gabriella, que siempre había luchado por eso mismo en su consultorio: igualdad, al margen del género o del color de la piel.

Sugar se casó con un agricultor sin demasiada cultura. A ella le daba igual; él le gustaba. Criaron tres hijos. Sugar vivió una larga vida practicando la medicina y defendiendo los derechos de las personas hasta su muerte a los ochenta y seis años. Aunque no estaba preparada para concluir esta vida, su cuerpo se agotó sin más.

Cuando Sugar pasó a la luz fue recibida por mucha gente, incluida su mamá, que se ofreció a consolarla. Su guía le explicó que ella había hecho aquello para lo que había nacido, es decir, defender la justicia y los derechos de las personas. Había predicado con el ejemplo que las mujeres podían ser y hacer lo mismo que cualquiera, con independencia del dinero o la raza. Su crecimiento se debía a haber vivido en los dos lados y a saber qué se sentía al ser discriminado por el color de la piel. No había permitido que la discriminación la frenara, pues había llegado a ser una mujer negra educada en una sociedad en la que pocas mujeres blancas trabajaban como médicas. Y en su vida actual como Gabriella sigue ayudando a la gente. Sus pacientes notan su coraje y se sienten seguros cuando ella les escucha mientras otros se los quitan rápido de encima debido a la piel oscura. Esto está contribuyendo a eliminar los efectos residuales del racismo.

El guía de Gabriella reveló que ya era hora de liberarse de las críticas en la vida presente. Para el alma se trataba de una lección de «no juzgar», aunque seguía estando ahí la sensación de ser juzgada y de tener que demostrar siempre su valía. Esto creaba la ansiedad añadida ante los exámenes: así se sintió también Sugar la primera vez que se sentó en un aula de la Facultad de Medicina.

El guía ofreció a Gabriella una rápida visión de otra vida en la que era rica y vivía en un castillo irlandés, donde había muchas personas de todas las razas. Tenía la piel pálida y lucía cosas hermosas, y en su reino trataba a los demás como sus iguales. Para ella era importante que los trabajadores de su reino supieran que no eran ciudadanos de segunda categoría, que el color de la piel no establecía diferencia alguna. Esa mujer era inflexible en cuanto a la justicia y la igualdad. Se mostró el contraste a Gabriella para que supiera que todas sus vidas pasadas, aun cuando se centraran en el tema de la libertad y la igualdad, no incluían las mismas penurias que había afrontado como Sugar. Su alma había vivido ambos extremos, y ahora ella podía alcanzar el equilibrio con la abstención de juzgar.

Después de la sesión, Gabriella estaba eufórica. Hablaba de la fuerte conexión que tenía con las plantaciones de algodón, lo que iba más allá de un interés pasajero. Como muchacha que viviera en el sur en esta vida actual, su corazón clamaba por las personas de las plantaciones cercanas a su casa. Pero esta vez había nacido en una familia con medios económicos capaz de proporcionarle una educación de primer orden, ropa bonita y todas las comodidades materiales de las que no gozó en la vida como Sugar. A Gabriella le encantaba la ropa y las joyas, pero nunca juzgaba a quien no pudiera permitírselas. Incluso siendo niña y en la universidad, y desde luego como médica, había defendido la igualdad cuando veía que se marginaba o trataba injustamente a las minorías.

Gabriella y su familia (cuyos miembros formaban parte de la vida de Sugar) tienen una afinidad especial por Williamsburg, Virginia, que visitan con regularidad; se da el caso de que, además, Gabriella y su esposo, así como los padres de ella, se comprometieron allí. Curiosamente, su abuela en esta vida, que era su madre en la vida en la plantación, siempre la ha llamado por el sobrenombre, Sugar.

Ahora la ansiedad de Gabriella ante los exámenes y pruebas es diferente, pues sabe que está preparada y que los nervios no aparecen por no saberse el material: tienen que ver con estar en una sala con otros compañeros y no sentir el juicio sentido en otro tiempo solo por el color de su piel. Saber esto le ha permitido «interrumpir» la ansiedad de tal modo que puede generar tranquilidad alrededor, lo que reduce enormemente el impacto que aquella tuviera en el pasado.

~ *Bryn Blankinship*

Todos somos iguales. Hemos sido de todas las razas, todas las religiones, todos los colores, ambos sexos y muchas nacionalidades, porque hemos de aprender de todos lados. Dejar el cuerpo atrás al morir significa que dejamos atrás el color de la piel, el género y los rasgos identificatorios. Somos almas, y las almas no poseen estas características externas y pasajeras. Si todo el mundo captara este concepto, el racismo desaparecería al instante.

No hay un alma más importante que otra.

Por desgracia, ni siquiera los niños inocentes están exentos de discriminaciones y prejuicios. Siendo niña, a Sugar se le prohibió asistir a la escuela y jugar con su amiga. Donna, autora de la historia siguiente, recordó una vida anterior como niña en un campo de concentración. ¿Cuántas vidas hacen falta para aprender las lecciones del amor?

. CONEXIONES INFANTILES .

Durante una regresión en su crucero de 2011, usted nos condujo a un recuerdo de infancia. Mientras nos explicaba qué iba a hacer, yo pensé que recuperaría un recuerdo de cuando una de mis hermanas pequeñas volvió a casa desde el hospital. Pero no lo hice. Adonde me remonté realmente fue a una época en la que tenía cuatro años, cuando a Debra, otra hermana mía, y a mí nos operaron de las amígdalas. Estábamos en el hospital y nos durmieron con gas. Al cabo de unos días de comer helados y gelatinas, nos dieron el alta. Para salir, nos tenían que sacar en silla de ruedas. Yo lloré diciendo que no quería. Mi madre intentó sentarme en una diciéndome que cuando llegáramos a casa me daría unas palmadas en el trasero. Recibí los azotes, claro.

Nos dijo usted que nos trasladáramos a la vida que podía ayudarnos con la memoria infantil. Me sentía gris... todo era gris. No veía nada. Me sentía encerrada y lejos de todo. Contaba ocho años. Alguien dijo que nos mirásemos los pies y viéramos qué tipo de zapatos calzábamos. Yo no llevaba; iba descalza. Estaban empujándome en una silla de ruedas hacia la muerte en una cámara de gas. Cuando usted me preguntó si reconocía a alguien de esta vida, no vi ojos, solo la parte de atrás de muchas cabezas, y lloré.

Era una niña muy activa, por eso siempre tenía la duda de por qué la silla de ruedas de mi infancia me asustaba tanto. Gracias por ayudarme a saber qué sucedió. Sus seminarios me gustaron mucho, y en cada sesión fui capaz de hacer una regresión. Esto me ha cambiado. Ahora comprendo mejor mis decisiones y mi camino.

~ *Donna Offterdinger*

Todos hemos llevado a cuestas miedos, fobias, talentos, afinidades y relaciones procedentes de vidas pasadas. En el caso de Donna, no había ninguna explicación racional para su ataque de pánico o su reacción ante la silla de ruedas cuando tenía cuatro años. Siempre se había preguntado el porqué de tanto miedo. Su reacción no cuadraba. En cuanto se hubo entendido el vínculo de su vida anterior con la silla de la cámara de gas, la conducta adquirió sentido. La fobia se desvaneció... y no volverá jamás.

Gail, con una vida pasada un tanto semejante a la de Donna, exhibía graves síntomas de insomnio que se resistían a toda clase de tratamientos.

Una vez en la regresión, se vio a sí misma como una niña en un campo de concentración. Antes de llevársela allí, los nazis, armados de ametralladoras, habían irrumpido en su casa mientras ella dormía. Se despertó asustada y alarmada, y vio que los nazis mataban a sus padres a tiros. Ella había encontrado la muerte en el campo de concentración siendo una joven adolescente. Gail había estado al servicio de sus captores «mordiéndose la lengua» por obligación, pero cuando se dirigió a la muerte lo hizo con dignidad, sin revelar miedo alguno.

Poco después de recordar esta vida traumática, sus dificultades para dormir desaparecieron para no volver. Su insomnio se resolvió porque supo que el súbito y aterrador despertar a causa de los soldados alemanes correspondía a su vida anterior, no a la actual.

La causa inicial o fundamental del problema llegó a la conciencia: la herida de la vida anterior había sanado. Ahora Gail puede decir lo que piensa —ser sincera— sin tener que morderse la lengua o contenerse por miedo a las consecuencias. Esto pertenece igualmente al pasado. Ahora es libre.

La autora de la siguiente historia tuvo que aprender asimismo lecciones importantes sobre contenerse y hacer frente a quienes detentan el poder. También ella, antaño esclava, es ahora libre.

. SUPERACIÓN DE LA ESCLAVITUD .

¿Cómo voy a ser esa?, me dije. La mujer que estaba observando era alguien a quien jamás reconocería como yo misma. Estaba cadavérica y arrugada. Llevaba puesta una túnica de arpillera, sujeta a su cuerpo espectral con una cuerda en la cintura. En contraste con su lamentable pobreza, lucía un valioso anillo de oro con una piedra de color azul intenso en forma de luna, del tamaño de una moneda de cinco centavos. Al principio había sido una joven bonita y pelirroja. Solo una vida durísima y el aislamiento habían podido originar tal cambio.

Le encantaba montar a caballo por el campo y los jardines. Como su madre había fallecido y su padre no podía ocuparse de ella, cabalgaba libre —demasiado libre—. No sabía nada de las bandas de hombres que vagaban por ahí resueltos a todo. El déspota de la ciudad, también joven, ordenó que la secuestrasen. El caballo sufrió una muerte cruel. El mundo de ella cambió para siempre de la noche a la mañana.

El secuestrador había sido David, un hombre influyente. Tras fecundarla, organizó una ceremonia de boda oficiada por el clero local. Otros hombres se congregaron alrededor de la pareja para ser testigos e impedir que los espectadores pudieran inmiscuirse.

Le quitaron el bebé al nacer. Fue encarcelada hasta tener tan mala salud y ser tan poco deseada que nadie quería su compañía, y a partir de entonces sufrió golpes y amenazas. Su vida de sometimiento a David estaba simbolizada por el anillo de la piedra azul: todos aquellos relacionados con él tenían que llevarlo.

Se convirtió en su repartidora. Ella transportaba artículos valiosos, pero había llegado a ser una marginada tal que nadie interfería en sus entregas. Era como si fuera leprosa. La gente de la ciudad siempre la ridiculizaba o se burlaba de su pobreza y su esclavitud. Ella se alegraba de que la dejaran sola en su choza, en las lindes de las propiedades de David: esto le permitía olvidarse por momentos de la degradación social y, aún peor, de las continuas amenazas de agresión física. Aunque su choza apenas protegía su hoguera de los fríos vientos y la niebla, el fuego era un lujo muy valorado por su famélico cuerpo.

La más difícil de sus tareas era ir a recoger de manos de David las mercancías que debía repartir. Se veía obligada a pasar junto a corrales que albergaban criaturas que eran torturadas. Las veía sufrir palizas y dolorosas amputaciones. Lo peor de todo era ver el sufrimiento, pero no tener ya los sentimientos de empatía que la empujarían a liberarlas. Su propio sufrimiento la había deshumanizado hasta alcanzar un estado de existencia embotada.

Tras entrar en los aposentos del déspota, ella mostraba su anillo de la piedra azul. Acto seguido, se arrodillaba a la espera de burlas e improperios. Era algo habitual e inevitable. Pero los insultos y horrores ya no le afectaban. Su vida era realmente la de una víctima. No había opciones ni salidas, a menos que se dispusiera a defenderse, lo que equivalía a la muerte.

En los últimos instantes de su vida, la vi en cuclillas delante de un fuego en la choza, el primero en muchos días. Observé y percibí que sus riñones y otros órganos habían comenzado a apagarse debido a la inanición. Se cayó junto a la hoguera y dejó de latirle el corazón. Fue una manera de morir conmovedora, ingrata, invisible.

Al abandonar ese cuerpo, pude ver la esclavización mental a la que había estado sometida. Yo creía que era mejor trabajar en lo más vil que luchar. Pero aprendí que luchar y morir habría sido mejor que vivir esclavizada. Además, obedecer al déspota había contribuido a su afianzamiento en el poder. Si luchaba, yo no tenía nada que perder. Iba a morir de todas formas.

Los personajes familiares de esa vida y de mi presente eran mi madre, que murió cuando yo tenía diecinueve años y entraba en el mundo de los adultos, y mi padre, que durante casi toda mi infancia estuvo alejado y distante desde el punto de vista emocional. El déspota era mi segundo marido, responsable de los malos tratos emocionales y físicos sufridos por mi hija y yo los seis meses que vivimos con él.

Las lecciones que aprendí en esa vida fueron que ser joven y bonita está bien. Pero las personas jóvenes necesitan apoyo, guía y acaso protección cuando se enfrentan al mundo adulto. Aprendí que es mejor luchar que vivir en régimen de esclavitud. La docilidad es una muerte lenta.

Las cosas que he traído a esta vida son una empatía y un amor profundo por los animales y todos los marginados de la sociedad. Pasé veinticinco años de mi vida ocupándome de niños discapacitados y víctimas de abusos. He traído un vínculo sólido y protector con mi única hija. Valoro la opción de abandonar situaciones esclavizadoras y ejercer la compasión con todos, sabiendo que estamos determinados por nuestras experiencias, tanto pasadas como presentes.

~ *Alice*

Las deudas acumuladas en la vida anterior de Alice serán una obligación para David y sus adláteres. Abusar, torturar, humillar o matar animales y seres humanos crea karma que ha de resolverse. Tendrán que compensar a Alice y a los demás. Nuestras lecciones son de compasión y amabilidad, no de odio y violencia. En realidad, somos seres espirituales.

Nunca es demasiado tarde para reorientarse uno mismo en su camino espiritual o predestinado y aprender estas lecciones de nuevo. El lugar donde estemos ahora es solo un momento, y el futuro es multifacético y cambiante y está en proceso de desarrollo, como nosotros. Al margen de cómo hayamos actuado en el pasado, cada momento supone otra oportunidad para tratarnos mutuamente con atención y consideración. Incluso David, en la cúspide de su dominio tiránico, habría podido decidir volverse una persona más amable, abrir el corazón, ser más comprensivo, elegir el amor. Se trata de cosas que conocemos muy bien pero que no siempre ponemos en práctica. Alguien que obra movido por el ego o exclusivamente a partir del intelecto puede alejarse mucho de su camino, pero no le ocurre eso a quien actúa conforme a su corazón, pues este siempre le impide desviarse. Hemos de escuchar a la intuición, pues no es más que el corazón abierto funcionando a tope. Hemos de escoger el camino del afecto; así no nos extraviaremos nunca.

Las vidas más difíciles suelen procurar la oportunidad de un crecimiento espiritual acelerado. Estas vidas no suponen automáticamente un karma negativo procedente del pasado. Quizás escogimos la vida difícil para poder hacer más progresos. La existencia de Alice como repartidora fue muy dura y pesada, pero asimiló un saber valiosísimo y, en su actual encarnación, está manifestando empatía, compasión y atención afectuosa en grado sumo. Las flores más hermosas con frecuencia surgen de semillas escondidas y alimentadas por el barro húmedo y frío.

Durante un reciente taller de cinco días, una asistente llamada Stacy me explicó que su respiración era cada vez más fatigosa, aun cuando no había experimentado todavía ningún recuerdo de infancia ni de vidas pasadas. Según ella, quizá se debía al polen y otros antígenos que hubiera en el aire, pues el cálido principio de verano del valle del Hudson en Nueva York, donde se realizaba el taller intensivo, rebosaba de hierba, flores y árboles en plena floración. También habló de su historial de asma. Me dio la impresión de que quizás intervenían otros factores, por lo que decidí hacerle una regresión delante del grupo. Un voluntario sostuvo un micrófono junto a la boca de Stacy para que todos oyeran cualquier palabra que pronunciase ella durante la regresión. Otro asistente, una cirujana de Alabama, estaba encorvada hacia delante cuando empecé el proceso hipnótico. En ese momento, yo no sabía que quien sostenía el micro —elegido al azar—, sentado a la derecha de Stacy, era terapeuta del habla y experta en afecciones respiratorias.

El primer recuerdo fue el de asfixiarse con un trozo de manzana cuando era pequeña. Se alarmó, pero su madre reaccionó dándole «bolitas de pan» para ayudar a bajarle la manzana al estómago. Esto no sirvió de gran ayuda, y tal vez incluso empeoró las cosas. La niña no podía respirar y cada vez estaba más asustada. Finalmente, la madre la puso boca abajo cogiéndola por los tobillos y le golpeó la espalda con fuerza hasta sacarle el trozo de manzana. Pregunté a Stacy cómo se había sentido justo antes de que la manzana apareciera en su garganta.

«Muerta de miedo», respondió.

Esta frase fue la conexión que utilicé para desvelar su vida anterior. «¿Cuándo estuviste "muerta de miedo" antes?», pregunté. La respuesta fue rápida.

Ella era un chico de once años que se había caído a un lago desde un bote de remos. Las corrientes lo separaban del bote y lo llevaban cada vez más lejos de la orilla. Acabó tan fatigado que ya no pudo nadar más. No había cerca nadie que pudiera oír sus gritos de auxilio. Se ahogó, jadeando y tragándose el agua del lago.

La respiración de Stacy era áspera y rápida, pero cuando la conciencia del muchacho flotó por encima de su cuerpo, el lago y las nubes, cambió por completo. Ahora era capaz de inhalar a fondo, sin dificultad ninguna. Cuando la desperté, su respiración permanecía relajada, y así siguió incluso cuando el público le formuló preguntas sobre sus experiencias, la de la niña que se asfixiaba y la del niño que se ahogaba. Stacy tenía una sensación clarísima de que sus problemas respiratorios no volverían a producirse.

La terapeuta del habla que sostenía el micro también advirtió los sorprendentes cambios. Según ella, la respiración clavicular se había vuelto más diafragmática. El cirujano estuvo de acuerdo.

Los episodios de vidas pasadas aclaran fobias y afecciones del presente. En cuanto los evocamos, no nos sentimos «muertos de miedo» nunca más en situaciones similares.

A continuación, la historia de Renata refuerza más si cabe este concepto.

. DEL MIEDO A LA SATISFACCIÓN .

Tuve recuerdos de una vida anterior a una edad temprana, y comprendí por instinto que no era prudente hablar de esas experiencias con nadie.

Nací en Italia en 1952. Vivía en una ciudad costera. Mi madre solía llevarme a una playa a la que se llegaba tras cruzar una extraña construcción de hormigón. Teníamos que subir unas escaleras estrechas, recorrer una especie de gran pasillo elevado, y bajar a la playa por el otro lado. Ambos lados del pasillo tenían un pretil, sobre el cual había alambre de espino para impedir que la gente llegara ahí desde construcciones industriales situadas a un nivel muy inferior. Yo era muy pequeña y no soy capaz de dar una descripción precisa del lugar. Parecía una planta eléctrica. Años después pregunté a mi madre cuándo fue demolida, y ella me dijo que en 1954, es decir que cuando la vi yo contaba solo dos años.

Cada vez que pasábamos por allí, tenía sensaciones extrañas. Me sentía muy agitada, aunque al mismo tiempo, de tan intensa y cautivadora que era la emoción, estaba de algún modo impaciente por ir. En verano, el calor era tremendo, pues el sol daba directamente en el hormigón. Al llegar, me pasaba por la cabeza una especie de película: imágenes de una mujer y un hombre corriendo hacia la playa, ella delante, él detrás a corta distancia. La mujer vestía colores oscuros y tenía el cabello largo y rizado. Yo sabía que se dirigían a la orilla, huyendo de algo, y que corrían grave peligro. No me explico cómo una niña de menos de dos años podía saber esto: yo era esa mujer, y el lugar estaba situado en el norte de África.

También tenía sueños recurrentes; mejor dicho, pesadillas. En una había un mar gris y una ola que de repente se alzaba y me sumergía. Unas veces yo estaba en la playa, otras cerca del muelle de hormigón, pero la sensación era de pánico total, y entonces me despertaba. Cuando era adolescente, aún estuvieron repitiéndose las pesadillas, en las que poco a poco aparecían más detalles: el paisaje de una playa inhóspita, hombres de uniforme oscuro persiguiéndonos con armas, mi compañero y yo adentrándonos en el agua. Yo nadaba para protegerme de las balas, pero las olas eran cada vez más altas y me presionaban la cabeza contra el fondo del muelle hasta que no quedaba espacio para respirar y me ahogaba.

Con la ropa tenía un problema curioso. Mi madre me había arreglado muchas de mis prendas, no solo porque había estudiado costura, sino también porque yo necesitaba cremalleras largas de las que carecían los vestidos de confección. Si llevaba un jersey, ella tenía que ayudarme a ponérmelo por la cabeza, manteniendo el cuello lejos de la cara. Una vez fui a la modista, y a mi madre se le olvidó explicarle el problema. Cuando la señora me pasó el vestido por la cabeza, me alarmé y me puse a llorar y a mover desesperada los brazos, incapaz de respirar.

En verano solía ir a la costa, y aunque había aprendido a nadar, siempre me sentía recelosa cuando estaba tendida en la arena, pues tenía el miedo ilógico de que de pronto una ola se levantara y me sumergiera. Por esa razón, jamás me ponía de espaldas al mar. En una ocasión, cuando contaba unos dieciocho años, estaba tumbada más cerca del mar de lo habitual, y una ola muy larga alcanzó la toalla de un amigo. Ellos se rieron; yo estaba paralizada de terror.

A los diecinueve años me matriculé en la universidad. Un día, en el descanso para almorzar, me encontraba en la biblioteca principal de la facultad. Corría el mes de noviembre y el tiempo era excepcionalmente templado, por lo que las ventanas estaban abiertas. Las mesas eran muy grandes, con una superficie negra cubierta por una placa de vidrio que reflejaba las imágenes. De pronto, con la cabeza en otra parte y adormecida por el suave murmullo de los ventiladores del fondo, mirando mis notas y libros en la mesa, vislumbré el reflejo de mi cara —pero ya no era mi cara, al menos no una que yo conociera—. Era yo, pero también otra persona. Allí estaba, otra vez, esa mujer joven de veintitantos o treinta y pocos, con el cabello largo y rizado y los ojos oscuros. La habitación era distinta, mucho más pequeña y con un gran ventilador dando vueltas. Hablaba conmigo un amable policía francés. Nos explicaba que debíamos huir porque la Gestapo había descubierto nuestros nombres. Luego vi una escena retrospectiva de la playa, nuestro miedo y nuestra muerte. Fue una experiencia dura que me cogió del todo por sorpresa.

Después de eso, a principios de septiembre fui a visitar a una amiga a la costa. En esa ocasión, por algún motivo no quise quitarme la ropa y echamos a andar por la playa, junto al agua, charlando y riendo. En esa parte de Italia, el mar es poco profundo, y la larga playa está dividida, de trecho en trecho, por diminutas construcciones de rocas, una suerte de miniespigones. Yo caminaba bromeando con mi amiga. Acababa de llegar de unos congresos donde había presentado dos trabajos y le explicaba lo contenta que estaba por lo bien que habían sido aceptados. Me sentía ligera y llena de entusiasmo. Entonces llegamos a una de esas construcciones rocosas que, para sortearlas, nos obligaban a meternos en el agua de modo que esta nos cubría los tobillos o las canillas. Al alcanzar el punto más alejado del espigón, mi cuerpo dejó de funcionar. Yo ya no lo controlaba, y mi cabeza rebosaba un pánico silencioso. No podía avanzar; estaba atascada y era incapaz de hablar. Más adelante, mi amiga me dijo que me había puesto blanca con un fantasma. Se me acercó y me llevó lentamente de vuelta a una roca cercana, donde me senté un rato. Las primeras palabras que alcancé a decir fueron: «Así que todo es verdad.» Como es de suponer, ella no entendió nada, y tuve que explicárselo.

Llevaba yo años intentando descartar la idea de la reencarnación y pretendiendo que lo sucedido en el pasado no era nada importante ni tenía un significado específico. Esa experiencia me impactó. A mi juicio, lo que la provocó fue el hecho de ir yo completamente vestida y no en traje de baño. Las rocas, aunque se adentraban solo un par de metros en el agua, bastaban para recordar a un espigón más grande y aterrador. La experiencia fue tan intensa e inesperada que de súbito recuperé mis viejos libros sobre la reencarnación, compré más y volví a leer.

Estas experiencias han formado y dirigido toda mi vida en un sentido u otro. He dedicado mis investigaciones personales y académicas a las cuestiones de la reencarnación, el simbolismo y los viajes al otro mundo. Mi propio doctorado se basó en el estudio de un viaje medieval al más allá, y me puse a leer libros sobre regresión hipnótica y probé técnicas con algunos amigos de ideas afines. Me saqué el título de hipnoterapeuta y estudié técnicas más avanzadas que pueden aplicarse en regresiones a vidas pasadas, y llevo ya unos años dirigiendo un consultorio privado de hipnoterapia en Londres. Aunque me ocupo de toda clase de problemas que la hipnoterapia puede ayudar a resolver, me satisface decir que las regresiones a vidas anteriores se cuentan entre las técnicas más comunes que utilizo con mis pacientes.

~ *Renata Bartoli*

Esos recuerdos, tan sólidos y persistentes, empujaron a Renata a dedicar su trabajo y su vida a ayudar a otros mediante las regresiones a vidas pasadas. Ella sabía que sus experiencias eran reales. Percibía vívidamente el miedo y la parálisis que ciertos traumas de existencias anteriores pueden originar en el presente, y en la actualidad está ayudando a mucha gente a superar y eliminar síntomas similares.

No todas las regresiones son fruto de técnicas hipnóticas, por supuesto. Renata experimentó imágenes y escenas retrospectivas cuando se hallaba cerca o dentro del agua, mediante sueños recurrentes o incluso en la biblioteca de la facultad, al observar aquella cara correspondiente a una vida anterior. Su mente subconsciente estaba procurándole la información y las herramientas que la curarían en el presente y, además, la conducirían hacia el trabajo del alma. Renata tuvo el buen tino y el coraje para reaccionar ante los requerimientos de su mente.

Yo también, igual que Renata, debí superar viejos sistemas de creencias, cierto escepticismo y el condicionamiento del cerebro izquierdo para dedicar mi labor y mi vida a ayudar a las personas. Encontrar este camino ha supuesto para mí una suerte y una bendición.

En la última historia de este capítulo, Judith también se describía como una «persona escéptica y de cerebro izquierdo». Pero, pese a sus dudas, seguía siendo curiosa y abierta de mente, y en un taller fue capaz de tener una experiencia maravillosamente intuitiva y curativa. Este incidente la ayudó no solo a eliminar un síntoma físico que llevaba tiempo fastidiándola, sino también a alcanzar un mayor conocimiento emocional que le ha cambiado la vida para siempre.

. NO HACE FALTA JUZGAR .

Me considero una persona ante todo escéptica y centrada en el cerebro izquierdo. Tengo formación como científica y veterinaria y llevaba ejerciendo más de once años cuando asistí a mi primer seminario con Brian Weiss. Una amiga mía y yo habíamos leído *Muchas vidas, muchos maestros*, y nos hacía tanta ilusión que viniera a Fort Lauderdale que sacamos las entradas con nueve meses de anticipación y estuvimos contando los días que faltaban. A las dos nos impresionaba que un médico tan cualificado y de tanto prestigio hubiera hecho este increíble descubrimiento; aparte de eso, sabíamos que había sido objeto de burla y desprecio por parte de sus compañeros científicos y médicos al proponer esa técnica «mística» para resolver rápidamente dolores misteriosos, fobias complicadas o traumas.

Poco después de leer varios de sus libros, pedí los CD del doctor Weiss. Una noche, mientras escuchaba *A través del tiempo*, tuve una visión totalmente inesperada y vívida de una mujer que se miraba en un espejo de marco dorado. Su cara era larga y delgada, blanca y de aspecto europeo, y tuve la impresión de que el estilo de la ropa y del peinado correspondían al siglo XVIII. El cabello rizado y pelirrojo le perfilaba el rostro. En el siguiente flash, «mi» mano estaba recorriendo una pared curva, una especie de torre, y entonces supe que me encontraba en un jardín de diseño formal. Salí del trance totalmente asombrada por haber tenido una experiencia así, pues nunca recuerdo siquiera los sueños.

El día en que por fin di comienzo el seminario, me reuní a primera hora con mi amiga y su esposo en el centro de convenciones. Nos entusiasmaba la idea de conocer en persona al doctor Weiss. Teníamos unas magníficas localidades en la segunda fila. Nos hizo gracia la gran cantidad de personas que habían traído consigo mantas, almohadas y esteras de yoga (al final, el acierto fue suyo). Durante la primera regresión matutina, sucedió algo inaudito. Al principio, en esa vida anterior no vi nada significativo. Cuando se formularon preguntas sobre la escena de la muerte, sentí la hoja de la guillotina y observé una cabeza que rodaba hacia una multitud aborrecible. La cabeza se paró, y experimenté en primera persona (como si fuera yo la cabeza) a una mujer de treinta y tantos años, con el pelo oscuro, inclinándose sobre la cabeza, mofándose e insultándola a gritos. Mientras estaba sumida en la escena, oí un mensaje totalmente aparte de mis pensamientos: «Ya sabes lo que es que te juzguen.» Desperté del trance, y advertí que había desaparecido por completo el dolor crónico de cuello que sufría desde hacía cuatro largos años. Con miedo a creérmelo, giré el cuello una y otra vez, lo doblé de todas las maneras: nada de dolor.

Tras el descanso, escogimos a una persona que no conocíamos personalmente para intercambiarnos artículos personales. Yo elegí a una mujer sentada cerca: ella cogió mi móvil, yo cogí su anillo. Durante este ejercicio, el doctor Weiss nos dijo que no cribáramos las imágenes que nos llegaran. Mi única visión nítida era la de la ventanilla triangular de una pequeña lancha motora, la del lateral del parabrisas. Tuve la escueta impresión de un lago, con montañas y bosques en un segundo plano. Salimos del trance, y le expliqué lo que había experimentado. Ella escuchó y dijo que en realidad aquello le resultaba ajeno, pero su tía (que había venido del norte de visita y estaba a unos cuatro asientos de nosotras) vivía en un lago rodeado de bosques y montañas y además tenía una pequeña lancha.

A continuación, mi compañera me contó que, casi en el mismo momento en que hubo entrado en trance, notó un olor embriagador a jabón de la cara: no desagradable, pero sí muy fuerte. Dijo también que veía un ave blanca planeando por arriba. Su tía la oyó por casualidad y señaló que ella había tenido exactamente la misma experiencia: un olor a jabón de la cara tan fuerte que durante el ejercicio estuvo todo el rato olisqueando a la gente de alrededor para averiguar de dónde procedía. También vio un ave blanca flotando y revoloteando, y oyó el siguiente mensaje: «No hace falta juzgar.»

Agitada por todas esas cosas increíbles que no le habían pasado nunca a una persona como yo, estudiosa y a menudo poco imaginativa, aproveché la oportunidad para levantarme y hablar a los asistentes sobre esa experiencia. También les expliqué qué significaba, lo que desvelaré enseguida. Tras sentarme, las dos mujeres de delante se volvieron y dijeron que ambas habían olido el fuerte olor a jabón y habían escuchado una y otra vez ese mensaje: «Libérate, libérate.» El olor que yo había asociado siempre a mi abuela paterna, fallecida unos años antes, era su jabón de cara Dove.

Una semana antes del seminario, había estado yo pensando mucho en mi vida y las cosas que quería cambiar. Uno de mis muchos defectos es juzgar a los demás con demasiada severidad, sin tener en cuenta hechos y basándome en una información muy limitada. Creo que esto proviene de mi encantadora pero sentenciosa familia del medio oeste, que en la mesa nos aleccionaba sobre la vida hablándonos de los problemas de drogas o embarazos de niños de otras familias. Siempre decían lo mismo: «Menos mal que vosotros nunca seréis así. Tenemos unos niños estupendos.» Pretendían decirnos que nos alejásemos de las drogas y de las relaciones prematrimoniales, pero eso tenía la consecuencia no buscada de que fuéramos más críticos y sentenciosos, pues poco se hablaba sobre la compasión que merecía la persona que caía en las drogas o sobre las circunstancias que la habían llevado por ese camino.

También había estado pensando en mi estupenda y cariñosa abuela paterna, Sally, que estuvo sola los últimos años de su vida tras cuidar a mi abuelo, fallecido a causa del Alzheimer. Vivía en una casa grande y no recibía muchas visitas. Yo iba una vez al año a hacer investigación genealógica en la pequeña ciudad de Mount Olive, Illinois, que había sido fundada por la familia de mi padre y que tenía mucha historia recogida en viejos recortes de periódicos. Cada mañana, salía yo de la casa a toda prisa para trabajar cuanto fuera posible antes de que cerrara la biblioteca. Recuerdo con claridad una vez que mi abuela, triste y tímida, me dijo: «Por supuesto no vas a pasarte la mañana con una vieja como yo.» Yo la abracé y le dije que debía ir porque era el último día que la biblioteca estaría abierta, pero que la vería por la noche. Siempre he lamentado esta decisión. Habría podido aprender tantísimo sobre la historia de mi familia de boca de mi abuela..., y me sabe mal que ella creyera que yo no la quería. Sé que mi abuela utilizó el seminario para decirme que me liberara, y que alguien estaba dándome una buena lección sobre no juzgar a los demás.

Desde el seminario, mi vida ha cambiado de manera espectacular. Tengo una historia genial que contar, pero lo más importante es el interés que suscita en un tema del que muchas personas no son siquiera conscientes. La terapia basada en vidas anteriores ha hecho que piense en los demás de otra forma, me ha convertido en una persona más afectuosa, ha eliminado mi espantoso dolor en el cuello, y me ha proporcionado los instrumentos para ayudar a los otros y enseñarles que la lección más importante que podemos aprender en la Tierra es cómo amarnos unos a otros sin condiciones.

~ Judith Oliver

Juzgar a los otros y juzgarse uno mismo son acciones negativas e incluso perjudiciales, que a menudo se traducen en gran pesar y desasosiego. A la larga Judith aprendió la lección suprema, la del amor incondicional. Seguimos encarnándonos para aprender esta gran verdad en todas sus manifestaciones.

En el relato de Judith vemos muchas cosas. Puede que una persona posea formación científica, sea lógica y escéptica, y aun así tenga intensas experiencias de esas que le cambian a uno la vida. Solo hay que ser mentalmente receptivo.

La conciencia no termina con la muerte del cuerpo físico. Judith no estaba en su cabeza cortada en la escena de la guillotina; su conciencia rondaba por encima y alrededor, observando a las personas próximas a ella y las acciones de la mujer del cabello oscuro. Recibió instrucciones individuales incluso cuando percibió a la multitud y su odio. La lección sobre juzgar a los demás y permitir uno mismo ser juzgado trascendía las diferentes vidas. Como dividendo adicional, recordemos que el trauma de la guillotina curó a Judith en el acto el dolor crónico de cuello en la vida actual.

A lo largo del tiempo, nos encontraremos una y otra vez con nuestros seres queridos, o bien en el otro lado, o bien aquí, en el estado físico. La abuela de Judith parecía estar presente, con el aroma de su jabón percibido por muchas personas en el taller, lo que le recordó a Judith su amor y la lección de liberarse de los juicios y las culpas. Al final, lo único verdadero es el amor.

5

Curación de enfermedades y síntomas físicos

Tener experiencias de vidas pasadas suele permitir a las personas desembarazarse de algo más que de sus temores. También pueden desaparecer las dolencias o los síntomas físicos. Los hechos de esta clase confirman nuevamente el concepto de vidas pasadas, pues la imaginación y la fantasía no curan las enfermedades crónicas.

Las curaciones físicas pueden ser rápidas y espectaculares, lo que permite a los pacientes abrir de par en par las puertas de la cárcel de sus discapacidades y dejar atrás las afecciones debilitantes que han estado robándole alegría a su vida. Vuelven a estar sanos, a tener movilidad, a ser libres. Y un cuerpo más sano destina más energía, tiempo y oportunidades a realizar las tareas encomendadas.

El cuerpo y la mente están interconectados. Lo que cura a uno suele curar a la otra. El estrés puede provocar dolencias tanto físicas como emocionales. Recordemos que el trauma o episodio de una vida anterior que ha dado lugar a un síntoma físico en la vida actual es con mucha frecuencia el remedio. Una conciencia espiritual más profunda acompaña inevitablemente a la curación física. Si una herida corporal en una vida pasada ha originado un síntoma similar en el cuerpo actual, la conciencia conectiva, o alma, ha de ser el puente entre ambas. Y nosotros somos esta conciencia conectiva, que se mantiene a lo largo de los años para volver a expresarse en forma física.

El alma propiamente dicha nunca resulta dañada, toda vez que su naturaleza es espiritual y eterna. Sin embargo, el dolor y la discapacidad de las dolencias físicas pueden producir gran sufrimiento y dificultar el avance del alma durante la encarnación. La terapia de regresión a vidas pasadas puede ayudar a la gente a librarse del dolor, a respirar de nuevo con normalidad, a recuperar la energía y la función físicas dañadas o perdidas, y a curar su corazón y otros órganos.

He aquí algunos casos fascinantes de personas que fueron capaces de recobrar la salud gracias al recuerdo de las causas —y otros orígenes— de sus síntomas actuales en vidas pasadas.

. INSIGNIA DE HONOR .

La primera regresión que dirigí en mi vida resultó muy significativa. Tuvo lugar en Omega, en el verano de 2006. El paciente era una atractiva mujer de treinta y pocos años, de largo pelo rubio y ojos azules. Ella me había estado buscando: dijo que me estaría muy agradecida si yo le hacía una regresión. Tras dejarle claro que «nada de promesas», accedí a hacerlo aquella misma tarde. Ella se tendió sobre unos cojines, y la regresión se realizó en el suelo de la gran sala de reuniones. Había allí otras personas, practicando, llevando a cabo o recibiendo regresiones. El ambiente era, por decir poco, ruidoso.

La mujer estaba soltera, pero mantenía desde hacía tiempo una relación con su novio. Había leído *Muchas vidas, muchos maestros*, aunque no sabía qué esperar en lo concerniente a la regresión. Yo tampoco. La vida en Nueva York parecía irle bastante bien. Sí tenía una queja de orden físico: un dolor de espalda que llevaba padeciendo casi toda su vida. Nunca se hizo un diagnóstico preciso de la causa del dolor. Anoté esto pensando que podía ser importante para la regresión.

Aunque yo no conocía a Brian y Carole, ni había estudiado con ellos, sí tenía conocimientos básicos de cómo realizaban las regresiones. Había leído todos los libros de Brian y escuchado varios de sus CD. Aún tenía que leer el texto que me habían dado en la clase para seguir el curso, orientar y responder como es debido. Pero no estaba nervioso. Quizá porque ya llevaba tiempo ejerciendo de psicoterapeuta. Cabría decir que me adapté a la regresión como un pato al agua; llegó a ser para mí algo totalmente natural. Y el proceso me gustaba.

Al ahondar en el asunto de la mujer, comencé a ver signos de que ella ya había profundizado mucho. Tenía relajados todos los músculos de la cara, y los del cuerpo también parecían estarlo. Enseguida tuvo un bonito recuerdo de un cumpleaños cuando era niña. Se acordó de la fiesta, de los amigos que habían acudido y de los regalos recibidos. No lograba transmitir lo jóvenes y atractivos que eran sus padres. Hice que se demorase ahí, que lo absorbiera todo, por así decirlo, y luego empecé a llevarla hacia atrás en el tiempo, a otra vida y otro recuerdo importante que la estaba esperando.

Sus ojos comenzaron a ir rápidamente de un lado a otro bajo los párpados: una señal de que veía cosas. Se vio a sí misma en una zona boscosa. Bajó la vista y advirtió que calzaba mocasines y portaba un arco. Le colgaba a la espalda un carcaj de flechas, y vestía un taparrabos de piel de ciervo. Era un guapo y joven indio americano que estaba cazando. La mujer se puso a mezclar expresiones sobre la belleza de los bosques con manifestaciones de inquietud por el hecho de estar allí. Se sentía nerviosa, pues aquello no era seguro. Le pregunté la razón, y respondió que había dos tribus luchando por los derechos del territorio de caza, y que debido al enfrentamiento numerosos pieles rojas de ambas tribus habían caído muertos en esos bosques.

La mujer divisó un ciervo y ya estaba a punto de lanzarle una flecha cuando de repente notó que otra flecha se le clavaba en la espalda. Cayó al suelo. Se la había arrojado un indio de la otra tribu. Petrificada de miedo y con un dolor insoportable, pensaba que el otro se acercaría. Su nivel de angustia y dolor percibido era palpable, tanto que llevé a cabo mi primera técnica de «flotar por encima». Y surtió efecto. Cuando ella empezó a flotar y observar la escena desde arriba, se tranquilizó considerablemente y procedió a describir lo que pasaba abajo.

El indio que le había lanzado la flecha estaba acercándose con un tomahawk para matarla. Aunque ahora ella no sentía dolor y reflejaba una cierta distancia respecto a lo que estaba viendo, su respiración aún era un tanto entrecortada, y su rostro iba mostrando cada vez más miedo a medida que el indio se aproximaba.

«Va a rematarme con el hacha», gritó. Con gran asombro suyo, cuando el otro se disponía a golpearla, cambió de opinión y deslizó el arma en la vaina. Se agachó, la alzó y se la echó al hombro. «Me lleva a su pueblo, quizá para torturarme o liquidarme allí. Tal vez quiere mofarse de mí, darme un castigo ejemplar o retenerme como rehén», dijo ella.

El atacante transportó al piel roja herido a su pueblo, descrito como un círculo de unos veinte tipis con una gran zona común en el centro. Luego lo llevó al hechicero de la tribu. Mientras este arrancaba la flecha con cuidado y aplicaba cierto emplasto de hierbas a la herida, apareció el jefe. No estaba contento.

«¿Por qué has traído a este piel roja a nuestro pueblo? Debías dejar que se muriera en el bosque como ejemplo para quienes nos quitan las tierras de caza», soltó el jefe con tono airado.

El joven guerrero replicó que habían vivido mucho tiempo en paz con esos mismos indios, y que no debían matar a sus hermanos por las tierras de caza. Dijo que él ya no lo haría más y que aquello debía terminar.

Furioso, el jefe pidió al hechicero que acabara con el piel roja herido. «Yo no mato a mis hermanos, los curo», dijo el hechicero mientras procedía a tapar y envolver la herida. «Este guerrero tiene razón. No hemos de matar a nuestros hermanos, sino hacer las paces con ellos.»

Desplacé a la mujer hacia el siguiente suceso importante.

«Han pasado algunos días, y ya estoy lo bastante bien para andar. Varios pieles rojas me acompañan a mi pueblo, en la orilla del río», explicó ella. El grupo fue bien recibido, y el guerrero herido explicó lo sucedido y el motivo de que estuvieran allí juntos: llegar a un acuerdo de paz entre las tribus.

El jefe de esa tribu se mostró visiblemente emocionado y agradecido por el regreso de su guerrero sano y salvo. «Sí, es cierto», dijo. «Durante mucho tiempo, han muerto demasiados de nuestros guerreros por este territorio de caza. En el pasado lo compartimos. Volveremos a compartirlo. Fumaremos la pipa de la paz y no pelearemos nunca más contra nuestros hermanos.»

Se concretó el acuerdo, cesaron las muertes, y la tierra fue de todos. El indio herido se recuperó por completo y vivió una larga vida, durante la cual fue un tanto reverenciado como el instrumento de la paz alcanzada. Falleció tranquilo, rodeado de su familia y sus amigos.

Pedí a la mujer que identificara las lecciones de esa vida.

Ella parecía derramar lágrimas de alegría. «Habíamos vivido mucho tiempo como hermanos en ese lugar, ayudándonos unos a otros y compartiendo nuestra vida de múltiples maneras. Matar a nuestros hermanos estaba mal. El único camino es el del amor. En esa vida, fui un instrumento de paz. Puedo contar que viví una bella lección. Creo que en esta vida actual he estado llevando mi espalda herida como una insignia de honor. En algún lugar profundo recordaba esa existencia y ese honor, y estaba desconcertada.»

«¿Desconcertada en qué sentido?», le pregunté en voz alta.

«El punto de mi espalda que me duele en esta vida es el mismo donde se clavó la flecha tiempo atrás. Estaba orgullosa de la herida y no quería desprenderme de ella. La lucía como un símbolo de coraje y honor, pues llevó la paz a las dos tribus», explicó. Le caían gruesos lagrimones por las mejillas.

Le pregunté si había aprendido la lección, si podía sentirse orgullosa de haber ayudado a las tribus pero al mismo tiempo deshacerse ahora del dolor, pues en esta vida ya no le servía de nada. Sí, contestó. Estaba preparada.

«Pues entonces, adelante, encuentre un sitio para dejar el

dolor y aléjese. Ya no lo necesita», le indiqué. «Era algo de lo que sentirse orgulloso, pero ya ha cumplido su objetivo. Suéltelo. Líbrese de la insignia.»

Sin dejar de llorar, la mujer explicó que dejaba la insignia en un tocón del bosque, cerca de donde había recibido el flechazo, y se alejaba.

A continuación la hice salir del estado de trance, le concedí algún tiempo para que volviera a adaptarse a la sala, y le pregunté cómo se sentía. Exhaló un fuerte suspiro y dijo que se sentía más ligera, aliviada y muy tranquila. Acto seguido, con un curioso tono de sobrecogimiento, añadió: «Ya no hay dolor en la espalda. Nada en absoluto. Da la sensación de que realmente me he desembarazado de ese símbolo de honor. ¡Ya no duele!»

Yo también estaba asombrado. «Sí, ya no lo necesita. Se ha dado cuenta de su origen y se la librado de él. Magnífico», dije yo, «fenomenal». Esa primera semana en Omega realicé otras siete regresiones, pero ninguna tan significativa y memorable como esa primera.

~ *Michael Brown*

Michael es un terapeuta empático y de talento, y en su primera regresión hizo una labor excelente. Siempre subrayo la importancia de la «revisión de vida» porque establece una perspectiva para la vida entera al tiempo que identifica conexiones con la existencia actual. En este caso, la curación física del dolor de espalda crónico de la mujer fue inmediata tan pronto se hubo descubierto la relación causal con la herida de la flecha. Este patrón de curación de dolores, trastornos psicosomáticos y otros síntomas y dolencias de orden psíquico es ya un clásico que solemos encontrarnos en las regresiones a vidas pasadas.

La lección vital de preferir la paz y la compasión a la guerra y la violencia es a la vez habitual e importante. Estamos aquí para aprender sobre amor, bondad y cooperación. Hemos de renunciar al odio y los prejuicios y superar nuestros miedos. No me sorprendería si, en otro sueño o recuerdo de vida anterior, la paciente de Michael descubriera que el guerrero que decidió salvarle la vida en esa época antigua es alguien de su vida presente. El vínculo kármico entre ambos es considerable. Estos vínculos nos ayudan a establecer conexiones de almas gemelas.

Las culturas indígenas poseían a menudo una gran sabiduría intuitiva. Entendían acerca del equilibrio y la armonía, la moderación y la sencillez, sobre cuidar de la naturaleza y el planeta. Cazaban para conseguir comida y ropaje, pero sabían muy bien que no debían eliminar especies ni destruir hábitats vivos. Usaban solo lo que necesitaban y no acumulaban en exceso ni de manera obsesiva. Cuando observamos estas culturas con la lente de la terapia de las vidas pasadas —una especie de arqueología de la regresión—, surgen sistemáticamente estos rasgos y valores nobles. Recordar las raíces es provechoso.

En las sociedades indígenas, los chamanes y otros hechiceros utilizaban sustancias naturales para tratar a su gente. A medida que las religiones organizadas fueron adquiriendo poder, estas costumbres curativas resultaron cada vez más peligrosas para sus practicantes. Estamos ante una Inquisición milenaria. A continuación el relato de Valarie ilustra esta larga y sombría pesadilla.

. ENFERMEDAD DE LA INQUISICIÓN .

Por lo general, una llamada del alma se produce de dos maneras posibles. Para unos, es un conocimiento que se convierte en convicción profunda y origina acción. Para otros, se parece más a recibir un golpe en la cabeza o a ser zarandeado hasta que castañetean los dientes, lo que sirve para tomar conciencia de algo. Esto es lo que me pasó a mí cuando leí *Muchas vidas, muchos maestros*.

Totalmente absorta en las fabulosas historias, llegué a la última página, donde me llamó la atención la dirección de Brian. En ese instante, tuve una sensación *déjà vu*: no solo me vi claramente en América aprendiendo con él, sino que experimenté también el profundo conocimiento de que había descubierto la finalidad de mi alma en el trabajo de regresión. De pronto estuve segura de que para eso estaba yo aquí.

No es poca cosa liar el petate, dejar a la familia y aventurarte al otro lado del mundo por tu cuenta, pero no podemos ignorar las llamadas del alma. Aún recuerdo el asombro de algunos de los otros participantes en el curso de Rhinebeck, Nueva York. «¿Vienes de Australia?», exclamaban incrédulos. Aunque había más de cien profesionales de todo el globo, yo era la que venía de más lejos.

Durante el curso de formación, iba yo a experimentar una curación potentísima que me pilló totalmente por sorpresa. Brian estaba dirigiendo regresiones con miembros escogidos del público. Yo anhelaba ser uno de ellos, pero al ser tantos los dispuestos a ofrecernos como voluntarios, él solo podía llevar a cabo un número limitado de demostraciones antes de animarnos a practicar en grupos pequeños.

Si visualizamos a más de un centenar de personas en una sala completamente llena, con pequeñas regresiones de grupo en todas partes, cabe imaginar el nivel de ruido. Me sentía decepcionada por no tener una regresión personal con Brian, y cuando me llegó el turno, recuerdo que, al tenderme en el duro suelo, pensé: *Pero cómo va a funcionar realmente esto con todo este jaleo.* Era plenamente consciente del ruido de fondo cuando una de las mujeres del grupo me guio por el proceso de inducción.

Mi mente vagaba por diferentes partes de la sala, oyendo fragmentos de conversación aquí y allá, cuando de pronto noté una sacudida del cuerpo y que mi cabeza se volvía hacia el lado derecho. Más tarde me enteraría de que en ese momento yo no había movido el cuerpo en absoluto.

Un tanto atónita, me vi mirando la rueda de madera de un carro mientras daba sacudidas por una calle empedrada. Al mismo tiempo que mi mente subconsciente registraba esto, me daba perfecta cuenta de lo que pensaba mi mente consciente: *Ah, por eso traquetea, porque está hecha de un trozo de madera maciza; en aquella época no podían hacerlas redondas del todo.* Era de lo más extraño estar experimentando algo en un nivel y comprendiéndolo en otro, y sin embargo en ese momento daba la impresión de ser la cosa más natural del mundo.

Poco después, noté una incómoda sensación de bloqueo en mis piernas, como si estuvieran atadas o sujetas de algún modo. Más tarde, las mujeres del grupo me explicaron que yo estaba frotándome las piernas una con otra, como si quisiera liberarlas. Aunque en su momento no me di cuenta, luego adquirió todo el sentido.

Por lo visto era la Inquisición, y a mí me llevaban en un carromato de madera para ser quemada en la hoguera acusada de bruja, simplemente por practicar mis artes curativas. Aunque parezca mentira, no estaba asustada, solo enfadada. ¡Cómo se atrevían a castigarme (y a otros como yo) por intentar ayudar a las personas que necesitaban curación! Me frustraba más su estupidez que el acto de violencia propiamente dicho, y era consciente de que esta sensación iba dirigida específicamente a los hombres.

Tengo un vago recuerdo de llamas y montones de rostros burlones. Diez años después, los detalles no son tan nítidos, pero la experiencia es tan vívida como entonces.

El conjunto de la experiencia pareció durar unos minutos; luego supe que había transcurrido casi una hora. La sensación de bloqueo en las piernas se debía efectivamente a que estaban atadas con una cuerda. Lo que me resultó aún más asombroso fue que durante los últimos veinte años había padecido una psoriasis grave, sobre todo en las piernas, en el mismo sitio donde había notado el roce de las cuerdas. De hecho, era algo tan antiestético y me daba tanta vergüenza que siempre llevaba pantalones en vez de vestidos o faldas.

Tras la regresión, la facilitadora, una mujer maravillosa también participante en el curso, me dijo que, según su intuición, mi enojo con los hombres estaba relacionado con los sarpullidos de las piernas. Menos mal que alguien tuvo la suficiente claridad mental para tomar unas fotos que sirvieran como referencia futura. Me emociona ser capaz de adjuntar una foto reciente, tomada unos diez años después, en la que se ve unas piernas curadas casi por completo. El proceso terapéutico comenzó inmediatamente después de la regresión y siguió hasta que desaparecieron los sarpullidos, al cabo de unos seis meses.

Curiosamente, todavía se produce una ligera reaparición cada vez que estoy estresada, lo que me sirve de oportuno recordatorio de que debo deshacerme de cualquier emoción negativa ligada a mi experiencia.

Ahora trabajo como terapeuta de regresiones en Perth, Australia occidental, y observo en mis pacientes episodios parecidos. La idea de Brian de que guardamos las experiencias en nuestras memorias celulares tiene toda la lógica si reflexiono en la curación física y emocional que suele producirse durante la labor de regresión. En cuanto el recuerdo se libera y se hace consciente, parece haber un restablecimiento automático en la mayoría de los casos.

Tuve incluso un caso de curación espontánea de un dolor crónico en el pecho, pese al hecho de que la mujer a la que yo efectuaba la regresión dudaba de que su experiencia fuese real. Más adelante, me escribió para decirme que, hasta el día de hoy, no han vuelto los síntomas.

~ *Valarie Coventry*

He aquí un magnífico relato del poder de la terapia de las regresiones a vidas pasadas. Se puede resumir de forma simple y clara: «En cuanto el recuerdo se libera y se hace consciente, parece haber un restablecimiento automático en la mayoría de los casos.» Quizá la psoriasis sea una enfermedad difícil de curar, pero Valarie fue capaz de realizar esa proeza solo recordando. En su caso, no necesitó medicación, terapia con luz ni ningún otro tratamiento. Cuando utilizamos la regresión a vidas anteriores para tratar enfermedades o síntomas más graves que la psoriasis, se puede seguir con los tratamientos convencionales mientras el paciente está experimentando las regresiones. Esta es la esencia de la medicina complementaria: el uso de modalidades terapéuticas simultáneas. Mientras se logre la curación, da igual cuál sea la técnica más efectiva.

La regresión de Valarie pone de manifiesto otros rasgos de una experiencia clásica y real de vida pasada, además de la remisión de los síntomas. Su sentido de la distorsión del tiempo (una hora equivalía a unos minutos) es señal de haber alcanzado un profundo nivel de relajación y concentración. En este nivel, es posible disolver los miedos y alcanzar la curación física y/o emocional. El ruido ambiental no interfería, pues su mente subconsciente captaba la oportunidad para curar y no hacía caso de las distracciones. Para alcanzar este estado profundo y alterado no nos hace falta una cámara de privación sensorial. Del mismo modo, su mente consciente observaba y hacía comentarios a la vez que experimentaba las escenas de vidas anteriores. Ella entendía lo de la rueda de madera, pero permanecía en el estado altamente focalizado. Es interesante releer y meditar sobre el caso de Valarie, pues revela de veras los matices y la esencia de la terapia de regresión a vidas anteriores.

. ALERGIAS ANTIGUAS .

Todo comenzó cuando estaba yo dando buena cuenta de un plato de sopa ranchera casera en un agradable restaurante del barrio y empecé a notar de repente rinitis y picor en los ojos. Como lo atribuí a haber estado en contacto con un alérgeno, tomé un Benadryl y me fui.

En cuanto llegué a casa, la reacción alérgica se había transformado en una anafilaxis completa, y respiraba con dificultad. Tenía la cara roja e hinchada y se me estaba cerrando la garganta por momentos; empecé a alarmarme. Tuve que ir a urgencias, y para cuando llegué ya sufría un shock anafiláctico profundo y no podía respirar. La enfermera me condujo a la sala de traumas sin preguntarme siquiera el nombre, me inyectó dos intravenosas, llamó a los técnicos para que me aplicaran tratamientos de respiración y me administró epinefrina. Por mi cabecera pasaron toda clase de médicos y enfermeras. Una vez recibidos los primeros cuidados, me sentí bien con cierta rapidez. Era algo alarmante al no saber qué había provocado aquella reacción «cercana a la muerte», pero como enfermera sabía que, debido al tiempo transcurrido, tenía que ser algo que hubiera ingerido.

Al día siguiente, volví al restaurante y hablé personalmente con el chef, que estuvo muy servicial: me entregó unas bolsitas individuales con las especias que utilizaba en la sopa ranchera, que yo llevé al alergólogo para el test de piel, durante el cual tuve una reacción tan violenta al comino que tuvieron que administrarme epinefrina. El alergólogo me dijo que jamás había visto una reacción así a una especia.

El especialista en alergias me derivó a un centro de investigación con la esperanza de que allí descifraran aquella fuerte reacción al comino. Tras una semana de hurgar y pinchar, no supieron determinar la causa exacta. Tampoco habían visto nunca nada igual.

A lo largo de los seis años siguientes, sufrí cinco reacciones anafilácticas en diferentes ciudades y debido a la ingestión de distintos alimentos que, según aseguraban los chefs y camareros, no llevaban comino aunque al final este estaba incluido en la harina o en alguna de las otras especias. Esto se confirmó después de ser ingresada en urgencias. La verdad es que el asunto era grave, y más perturbador aún por el hecho de que el comino puede estar oculto en cualquier especia o comida preparada. Por esa razón empecé a vivir de ensaladas y helados. Entretanto, estaba yo tan resuelta a hacer algo para ayudarme a mí misma que entré en contacto con expertos en nutrición y alergólogos y mandé todos los e-mails que pude. Llegué hasta a pensar que la anafilaxis quizá se producía a raíz de mis implantes en los pechos, y leí un montón sobre la respuesta inmunitaria a la silicona. Hice que me quitaran los implantes, pensando que acaso ayudaría y valdría la pena. Por desgracia, poco después de la operación para quitarlos, experimenté otra reacción anafiláctica a comida que, sin saberlo el chef, contenía comino.

Desesperada por encontrar algún tratamiento alternativo, un día encendí la televisión y vi al doctor Weiss como invitado en el programa de Oprah Winfrey. Mientras hablaba, por alguna extraña razón agucé el oído y escuché. Había algo dirigido precisamente a mí, y en internet busqué información sobre regresiones a vidas pasadas. Compré dos de los libros del doctor y leí más acerca de ese fenómeno. Al cabo de uno o dos años, localicé en Chicago un seminario en el que el doctor Weiss iba a intervenir. Fuimos para allá mi hija y yo, pero las tres sesiones de regresión a vidas anteriores con el doctor a las que asistí fueron en vano.

La última sesión del seminario llevaba por título «Encauzamiento con O'Brien». En aquel momento yo ni siquiera sabía qué significaba «encauzamiento», pero como aún faltaban dos horas para que despegara el avión de vuelta a casa, acudimos a la sesión. Mi hija fue escogida para formularle una pregunta a O'Brien. Inquirió acerca de mis reacciones anafilácticas al comino, y él dijo: «Ah, ya sé, y también es alérgica a otras dos especias.» Mi hija preguntó cómo podríamos tratar eso, y O'Brien explicó que yo necesitaría una regresión porque en dos vidas anteriores yo había sido asesinada, sin querer, por esta especia. Me quedé conmocionada.

En Houston, Tejas, localicé a una mujer que pudo ayudarme con las experiencias de vidas pasadas. En una de ellas, yo estaba embarazada de cinco meses y me daban náuseas. Una vecina intentó ayudarme ofreciéndome cierta especia y agua. Recuerdo que yo llevaba un vestido blanco, la cama era de madera, y la casa era una cabaña de troncos con el suelo sucio. Seguramente transcurría todo allá por el siglo XIX. Yo tenía veinte y pocos años, y en ese momento éramos las dos únicas personas de la casa. La mujer cometió un error y puso demasiado comino en el agua para asentar mi estómago, lo que me causó la muerte. Me sentí tan culpable de haber matado al bebé de mis entrañas que lloré. La regresionista me pidió que encontrara el alma del niño, pero no había manera. Entonces me di cuenta de que en realidad no estaba embarazada como creía. Lo que tenía era un tumor, pero en aquellos tiempos no había pruebas para determinarlo, y como el abdomen era cada vez más grande di por supuesto el embarazo. En cuanto supe que no era culpable de haber acabado con la vida de mi bebé y que se trataba de un tumor, me sentí más tranquila.

Volví con el alergólogo para realizar un test cutáneo complementario para el comino, y dio negativo. Todas las pruebas de piel anteriores habían sido positivas. Me hizo tomar un poco de comida mexicana con comino en su consulta mientras una enfermera asignada me observaba. No hubo reacción alguna. Era asombroso; me sentí vivir de nuevo. De hecho, haber descubierto mi vida anterior me había devuelto la vida presente.

~ *Sandy*

Al no estar demasiado familiarizado con el comino, tras leer la historia de Sandy investigué un poco y me enteré de que es una de las especias más antiguas y más extendidas. Aunque habitualmente se usa en el curry y el chile en polvo, también se encuentra, como bien sabe Sandy, en muchos sitios inesperados: queso, pan, bebidas alcohólicas, fármacos y perfumes.

En el sur de Asia, el té de semillas de comino es un remedio tradicional para la indigestión y los problemas gastrointestinales, y las náuseas matinales del embarazo. La Sandy del siglo XIX, que creía estar embarazada y tenía dolor de estómago, tomó té de comino exactamente por las mismas razones, pero la Sandy del siglo XXI no tenía ni idea de que existieran siquiera esas costumbres.

Hay que confiar en el proceso. Sandy necesitaba efectivamente recordar una vida pasada específica para poner remedio a su grave alergia al comino. Fue a Chicago, pero la terapeuta que al final orquestaría la curación estaba en Houston, Tejas. Para llegar allí, tuvo que encender la televisión y verme en el *Oprah Winfrey Show*. Luego debió viajar a Chicago, probar en tres regresiones de grupo y al final de la semana dejarse caer «casualmente» por la sesión de encauzamiento, donde su hija fuera escogida para formular una pregunta, cuya respuesta confirmó la causalidad ligada a la vida pasada. Fue a Houston y aprendió los detalles específicos; y desapareció la grave alergia, incluida una comprobación directa en el consultorio del médico.

Existe una inteligencia sensata, bondadosa e infinitamente compasiva que nos guía todo el tiempo. Nuestra profunda sabiduría intuitiva puede acceder a ese proceso, distinguir la dirección y establecer contacto con lo divino.

En un recuerdo de vida pasada en Noruega hace varios cientos de años, Margaret se caía de un arado. Nunca había estado allí en su vida actual, pero sabía que se trataba de Noruega. La caída era hacia atrás, sobre los hombros y el cuello, en el lugar donde se encuentran la cabeza y la espalda. Al día siguiente, el dolor en la espalda y el cuello en esta vida, fuerte y discapacitante, había desaparecido.

Natalia recordó una vida anterior en que era una niña en Europa varios siglos atrás, una vida en la que debía ocultar sus capacidades psíquicas, sus destrezas curativas y sus conocimientos sobre hierbas. Los miembros de su familia también se veían obligados a disimular sus facultades, pues si las autoridades los descubrían, su vida corría peligro. Años después, siendo una mujer joven en esa misma vida, denunció sin tapujos la situación y fue quemada en la hoguera, lo que corroboraba el riesgo de darse a conocer públicamente. En una vida pasada conectada, la mataban en el potro de tortura por «bruja», es decir, por curar con hierbas. En su vida actual, el considerable dolor de articulaciones de Natalia mejoró tras estos dos recuerdos.

Recibí un mensaje de una mujer australiana en que decía que llevaba una década sufriendo artritis grave en las manos. Estaba resignada a vivir siempre con ese padecimiento. Tras asistir a mi taller de Brisbane en 2011, le desapareció el dolor por completo. La curación, decía, había sido eficaz y a fondo.

Otra persona que había estado en el mismo taller de Brisbane contó por escrito su propia historia de curación. Como hinduista que era, había aprendido sobre la reencarnación en etapas tempranas de su vida; sin embargo, no sabía que la meditación y la regresión a vidas pasadas podían sanar de veras. Esa mujer padecía asma desde niña y dependía a diario de su inhalador. Un mes después del taller, se había restablecido de su dolencia. Tranquilizar la mente y abrir las puertas del pasado pueden ayudarnos literalmente a respirar mejor.

Quienes evocan episodios de vidas anteriores o tienen experiencias espirituales suelen ser capaces de curar o mejorar mucho el estado de individuos con achaques físicos crónicos, entre ellos artritis, migraña, asma, hemorragia incontrolada, dolor fuerte, problemas de las articulaciones e incluso derrame ocular. Las personas que cuentan las siguientes cuatro historias proceden de ambientes y culturas de lo más divergentes, pero sus experiencias son sorprendentemente parecidas.

. CURACIÓN DE LA MENTE Y EL CUERPO .

He leído todos sus libros, y me han cambiado la vida. Hacia 2003, estaba atravesando yo una crisis de fe debido a diversas cosas que habían pasado. Un día, un compañero de trabajo prestó a mi madre su primer libro diciéndole que acaso le cambiase la vida; y estaba en lo cierto. Lo leímos las dos, y me parece que tanto ella como yo crecimos en todos los aspectos.

En 1998 sufrí un accidente que casi me deja en el sitio. Estuve a punto de perder la pierna izquierda. Durante largo tiempo me pregunté por qué había sucedido. Me veía a mí misma en una vida anterior en la que moría muy joven a causa de un accidente en el que perdía la pierna izquierda. Vivía en una hermosa casa tipo hacienda. Conocía a las personas que me rodeaban: mi mamá era mi hermana mayor, y mi prima la hermana de en medio. Además, mi abuela era nuestra madre. Creo que es por eso por lo que estamos tan unidas y nos tenemos tanto cariño. Vi cómo fue mi muerte, y todos los preparativos para el funeral.

Más adelante, averigüé que lo que había visto era tradicional entre las familias españolas acaudaladas en torno a 1800.

Tras mis reflexiones, comprendí que tener cicatrices profundas a raíz de un accidente en esa vida no era lo peor que le podía pasar a uno. Me ha ayudado a afrontar el dolor hasta un punto en que ya no me molesta.

En otra ocasión, me vi como una dama joven en una casa grande, una especie de castillo. Tenía una hermana que reconocí como mi prima más mayor. Identifiqué a mi papá, mi padre en esta vida. Él era una persona poderosa. Mi matrimonio había sido arreglado con el hombre que en la actualidad es mi esposo.

Me sentía tan feliz como ahora. Al principio no le encontraba mucho sentido; más adelante me dijeron que era la respuesta a una pregunta que me rondaba desde hacía mucho tiempo. Así es: siempre me preguntaba a mí misma si había tomado una buena decisión al casarme. Desde entonces ya no siento esa inseguridad.

Asistí a su taller de Orlando en 2010 con mi mamá y mi prima, que había viajado desde otro país. Ese día tuve la oportunidad de librarme para siempre de un dolor en la cadera izquierda que llevaba meses fastidiándome. Desde entonces, siempre que he podido he practicado las meditaciones, que han contribuido a reducir la artritis de la rodilla izquierda.

~ *Jessica*

La «crisis de fe» de Jessica se ha resuelto gracias a su coraje, su motivación para ayudarse a sí misma y el poder terapéutico de sus regresiones. No solo se ha curado la pierna y la cadera izquierdas, sino que también ha sacado a la luz conexiones con muchos miembros de la familia en vidas pasadas. Sus preguntas privadas fueron respondidas; sus dudas e inseguridades, resueltas.

En el caso de Maria, se solucionaron problemas físicos también mediante las regresiones.

. RECUERDOS DE MIGRAÑAS .

Soy asistenta social y he estado haciendo hipnoterapia y regresiones a vidas pasadas en mi consulta privada desde que asistí a uno de los cursos semanales de Omega en 2001. Me apasiona introducir a las personas en la existencia de la otra vida y en sus almas inmortales. Aparte de sesiones individuales, organizo talleres y dirijo programas en la radio y la televisión locales para que la gente conozca nuestro trabajo. Siempre me valgo de este relato como ejemplo de curación mediante vidas anteriores.

David, de treinta y cinco años, vino a verme como último recurso. Había estado padeciendo migrañas graves desde los veintidós años, cuando se alistó en la Marina. Había intentado en vano tratamientos médicos convencionales. Los dolores de cabeza habían afectado sus estudios, sus trabajos (pues perdía tiempo y a la larga el empleo) y su carrera. Descubrimos tres vidas pasadas en las que había muerto de un golpe en la cabeza.

En la más significativa, se encontraba en la Marina durante la guerra de Cuba. Había estado en un barco en el Caribe, paleando carbón. Contaba veintidós años cuando su compañero le golpeó sin querer en la cabeza con la pala, lo cual lo dejó paralizado y en una silla de ruedas. Fue desembarcado y hasta su muerte aún vivió otro año con una depresión y un dolor insoportables.

Después de la regresión, las migrañas de David mejoraron notablemente hasta volverse más manejables. Las tres áreas de la cabeza donde se producía el dolor correspondían a los tres golpes sufridos en vidas anteriores.

~ *Maria Castillo*

Los dolores de cabeza han atormentado a la humanidad durante milenios. Aunque se han creado medicamentos eficaces, todos provocan efectos secundarios. El recuerdo de vidas pasadas es algo no invasivo que no tiene efectos colaterales negativos. Posibilita que las migrañas experimenten alivio mientras se alcanza sabiduría y percepciones espirituales. David ha sacado un gran provecho de este enfoque.

El doctor K. C. Vyas, que comparte con nosotros la siguiente historia, no realizaba regresiones a vidas pasadas con sus pacientes, como Maria. Lo que sí hacía era utilizar todas las herramientas de su arsenal como cirujano, aquí en el plano físico, para curarlos y luego hacía una consulta a los reinos celestiales. En estos milagros hay muchas cosas que para la medicina moderna no tienen atisbo de explicación.

. ÁNGELES DE LA GUARDA .

Mi hija es psicóloga clínica, de la India pero formada en Estados Unidos. Ha leído sus libros, igual que yo. Una vez me habló de los ángeles de la guarda. En las situaciones difíciles, en la India llamamos a Dios y a otros, como Hanuman ji, Bheru ji o Ganesh ji, para que vengan y nos rescaten. Me gustaría contar una experiencia que tuve yo con esos ángeles.

Estaba efectuando una operación de vesícula biliar. Tras extirparla, se produjo una hemorragia tremenda en el lecho del hígado, donde está pegada la vesícula. En cuestión de un minuto, la paciente perdió quinientos mililitros de sangre. Hice un empaquetado perihepático. Solo disponíamos de una unidad de sangre. No podía saber el origen de la hemorragia, así que empaqueté y recé. Invité a los ángeles de la guarda a ayudar y salvar a la paciente, que fue trasladada a la UVI, donde se controló su situación.

Al cabo de setenta y dos horas, me dispuse a hacerle a la paciente una relaparotomía. Con todas las precauciones, volví a abrir el abdomen y le quité el empaquetado, y entonces se reprodujo la hemorragia. Realicé un nuevo empaquetado y recé para que los ángeles acudieran al rescate.

Con gran sorpresa mía, le hemorragia cesó. La zona quedó totalmente seca, como si no hubiera sangrado jamás. Hoy todavía no conozco la causa. La paciente sobrevivió gracias a los ángeles custodios.

Hubo otro caso en que operé a un hombre ya mayor de una úlcera duodenal sangrante: mediante una laparotomía y una duodenotomía efectué una ligadura en el vaso afectado. Al quinto día, goteaba: por lo general, esto provoca una fístula duodenal con gran pérdida de líquidos y la muerte. Por la noche y a la mañana siguiente, recé al Todopoderoso y le pedí que acudiera y la sellara o pusiera el dedo. Así pasó. Desapareció la fuga, y poco después el paciente fue dado de alta. Hoy sigue con vida.

Las oraciones son escuchadas. El conjunto del universo conspira para lograr el bienestar del paciente.

~ *K. C. Vyas*

La gracia es la intervención de una fuerza divina sabia y bondadosa que baja del cielo a la Tierra para ayudarnos de algún modo. ¿Es esta fuerza lo que llamamos «Dios»? Tal vez todas las energías y apariciones —de personas, animales, plantas, rocas, la forma física que sea— provienen de una fuente suprema, llámese «Dios», «poder superior» o de cualquier otra manera. Así pues, todos nacemos de lo divino, pues lo divino está en cada átomo de nuestro ser. ¿Pueden los ángeles bajar también? Quizá todos los seres superiores son mediadores entre Dios y la Tierra y, asimismo, manifestaciones de la energía original. Si los ángeles son los hijos de Dios, nosotros somos los nietos. Acercarnos a todos y a todo con compasión y preocupación afectuosa equivale a reconocer la divinidad común que compartimos.

Miriam nos expone otro caso excepcional de curación física.

Hace unos cuatro años sufrí un derrame ocular. En esa época, yo iba y venía en coche de mi casa en Stuart, Florida, a la de mi hija en Port St. Lucie. Mi hija es abogada a tiempo completo y acababa de dar a luz a su primer hijo, y a la abuela Miriam le tocaba hacer de canguro. Nos encontrábamos en los juzgados a las ocho de la mañana; ella me entregaba el niño, y yo lo cuidaba todo el día. Era un ritual muy preciado para mí. De todos modos, el estrés que conllevaba conducir por la I-95 tan a menudo evidentemente me afectó al ojo izquierdo, que ya arrastraba una vieja lesión producida treinta años atrás, cuando daba clases en un instituto. Estaba yo cruzando el gimnasio cuando me dio en la cara una pelota de baloncesto. Por aquel entonces sufrí también un accidente de coche que acaso añadió cierto trauma al ojo.

En la I-95 he tenido algunos problemas, pues el derrame ocular me afectaba a la visión de tal manera que el ojo izquierdo veía solo líneas grandes, onduladas, grises y horizontales. Solo veía eso. Cuando pregunté a los médicos al respecto, me dijeron que no se podía hacer nada.

Asistí a su taller del Centro de Convenciones de Tampa. Hicimos un ejercicio que consistía en relajarse y librarse del dolor. Ese domingo por la noche, mientras regresaba desde Tampa a mi casa de Stuart, descubrí que con el ojo izquierdo veía. Ya no tengo trazos ondulados. Desde luego, este ojo no ve igual de bien que el derecho; no obstante, conducir a casa desde Tampa fue pan comido, y no sabía por qué. ¡Ahora sí lo sé!

~ *Miriam*

En mis talleres, ayudo una y otra vez a la gente a alcanzar niveles profundos de paz y concentración. En estas honduras, es posible disolver los temores y las enfermedades. El cuerpo y la mente se relajan en un grado extraordinario. Menudean las curaciones debidas a recuerdos de vidas pasadas, o a la intensificación de la comprensión y la perspectiva. A veces, la eliminación de los síntomas es tan sutil que la persona no es consciente de ello hasta transcurridas unas horas. Miriam llevaba años padeciendo una constante falta de visión en el ojo izquierdo hasta que una tarde, tras un taller en Tampa, volvió a ver.

Se dice que los ojos son las ventanas del alma. Los ojos de una persona pueden rebosar asombro y entusiasmo, considerando cada experiencia como una aventura, viéndolo todo bajo una nueva luz. Son como sus primeros pasos en la Tierra, y les encanta el espectáculo. Los ojos de un alma vieja lo han visto ya todo antes, y constituyen inmensas bibliotecas de tiempo inmemorial. Si miramos los ojos de un bebé recién nacido, vemos que tiene mil años. Su calidez y sabiduría ilimitadas delatan su verdadera edad. Y, con una súbita sacudida eléctrica, los ojos a menudo nos informan rápidamente de que ese desconocido es un alma gemela mientras la mente tarda más en reconocer esta verdad. El «contacto visual» es en realidad contacto de las almas.

Pensemos en cuánto han llegado a ver nuestros ojos a lo largo de las sucesivas encarnaciones: los horrores, la belleza, la dicha. Han visto a medida que el tiempo ha sido recorrido, transmutado, trascendido. Han inspeccionado el terreno de todos los países de cada continente, de las montañas de la luna, del rostro de Dios. Han vislumbrado la iluminación y tal vez, con cada vida sucesiva, aguantan la mirada más y más tiempo. Durante una eternidad han mirado nuestro cuerpo —primero este, ahora ese y luego aquel, de arriba abajo—, sabiendo que no es esto lo que somos. Cuando durante una regresión entramos en el estado hipnótico, cerramos los ojos, y entonces es cuando comenzamos a ver.

Siendo tantas las cosas que hemos mirado en nuestros numerosos regresos a la vida humana, no es de extrañar que las aflicciones de una vida anterior puedan manifestarse en ellos. Miriam recuperó la vista tras participar en un ejercicio de mi taller, como le sucedió a mi hija Amy, cuya historia cierra este capítulo.

. VISIÓN OCULTA .

Como hija de Brian Weiss, he preguntado muchas veces por mis regresiones y si he descubierto todas mis vidas anteriores. A decir verdad, aunque he estado en cientos de talleres de mi padre, rara vez he tenido alguna experiencia. Quizás es porque, para mí, quien está allí es solo papá. O acaso sea porque tengo recuerdos de cuando contaba seis o siete años, sentada sobre los juegos de béisbol de mi hermano mientras mi padre intentaba hipnotizarme para que cloqueara como una gallina. En cualquier caso, he llegado a la conclusión de que, si participo en una de estas regresiones de grupo, no voy a revivir una vida pasada sino que probablemente echaré un relajante sueñecito.

Hace unos años estaba yo trabajando en un hospital de Filadelfia dedicado al tratamiento holístico de pacientes con cáncer de mama. Muchos miembros del personal, algunos de los cuales eran practicantes de *reiki*, habían ido a trabajar a ese hospital por tener en él cabida la medicina alternativa. Huelga decir que, si no estaban ya familiarizados con la labor de mi padre, eran sin duda de esas personas abiertas a la misma. Así pues, en una visita a mí y a mi hermano, mi padre fue tan amable que organizó un curso de formación íntimo para todos los empleados.

El taller con menos posibilidades de que yo experimentara alguna regresión era, sin duda, uno organizado en un escenario profesional donde estaría rodeada de mis compañeros y en especial de mis jefes. Pues bien, allí fue donde pasó. Pero antes de seguir, permítanme retroceder un poco y proporcionarles un pequeño historial médico.

A los veinticinco años pasé un examen ocular rutinario porque quería otro par de gafas y mi graduación necesita un pequeño ajuste cada pocos años. Cuando la optómetra me dijo que sufría cataratas, me quedé perpleja. Siempre había asociado eso a personas —aquí intentaré ser diplomática— con los veinticinco sobradamente cumplidos. Me recomendó que me observaran enseguida. Recuerdo que después me senté en el aparcamiento y llamé a mis padres: «¡Tengo cataratas!»

Vi a varios oftalmólogos, me hicieron numerosas pruebas, e incluso tomaron de mis ojos unas vanguardistas fotografías: tenía cataratas, de hecho varias, y eran congénitas, o sea, había nacido con ellas. Era algo desconcertante: por una razón completamente distinta, de niña me hicieron muchas pruebas oculares, y en ninguna se observaron cataratas. Si hubiera nacido con ellas, se habrían detectado entonces, sin duda, o acaso antes. En cualquier caso, por lo visto cada vez que me examinaban los ojos aparecían más cataratas amén de otros problemas oculares; se me dijo que algunos de los más graves podían incluso traducirse en una pérdida definitiva de visión. Nadie estaba realmente seguro de por qué padecía yo esas afecciones, y todos bromeaban discretamente sobre el hecho de ser su paciente más joven. Empecé a preocuparme. ¿Qué pasaría con mis ojos? ¿Sería todo muy rápido? ¿Y por qué de repente parecía tener los ojos de un anciano?

Cuando ese día mi padre estaba dirigiendo la regresión de grupo en el hospital, pidió a los asistentes que pensaran en un trastorno o síntoma físico concreto y retrocedieran a una vida anterior que lo explicase. Como recientemente habíamos hablado de mi situación, crucé mi mirada con la suya, y sonrió; esa instrucción, aun siendo desde luego significativa para casi todos los presentes, estaba pensada para mí. Con todo, no tenía yo muchas esperanzas de remontarme a una vida pasada o vislumbrar apenas alguna, pues pese a haberlo intentado durante muchos años, jamás lo había conseguido.

Con gran sorpresa mía, de inmediato me vi como un hombre viejo viviendo en la Edad Media, quizás en el siglo XIV. Sabía que me hallaba en los bosques de Alemania o Francia; era difícil saberlo, no porque no se viera con claridad, sino porque vivía en lo profundo de la espesura y las fronteras artificiales eran irrelevantes. Me llamaba «Althrimus» o «Althrymus», aunque nunca he sido capaz de verificar si existía un nombre así. Tenía unos cincuenta o sesenta años, el rostro alargado y ajado, y el pelo blanco. La pequeña choza de piedra en la que habitaba era circular y tenía un tejado de paja: había un solo espacio, excepcionalmente sencillo pero acogedor. (En mi vida actual, en las casitas y habitaciones pequeñas donde otros acaso se sientan encerrados, yo siempre me encuentro a mis anchas.) Me veía aventurándome en el bosque a diario, recogiendo piedras, hierbas y hojas, y luego examinándolas o colocándolas alrededor de la choza. Los vecinos del lugar me llamaban «brujo», aunque yo distaba de ser inteligente y apenas poseía poder especial alguno. A decir verdad, era un poco retrasado. Pero me veían pasar tanto tiempo con objetos naturales que daban por supuesto que los utilizaba para hacer magia. No comprendían; a mí la gente no me interesaba lo más mínimo, menos aún influir en su conducta. Yo no era más brujo que un niño que cogiera gusanos de la tierra. Un término más adecuado habría sido «naturalista».

No iba nunca al pueblo. Vivía solo y me comunicaba poco con otras personas. Mi hogar era el bosque, y allí era feliz. Era un hombre sencillo, y nada me complacía más que estar conmigo mismo, entreteniéndome en el bosque y en casa. Durante la regresión, esto me hizo sonreír, pues reconocí que algunas de esas características, bien que no hasta tal extremo, se conservaban en mi vida actual. Sin embargo, la gente del pueblo, creyendo que no me traía nada bueno entre manos, acudió en masa al bosque con antorchas y quemó todo lo que había alrededor y dentro de mi casa: no solo mis pertenencias, que consistían en poco más que las colecciones de piedras y tarros con rarezas dentro, sino también todo el bosque circundante, aquellos hermosos árboles, aquellos amigos míos. En ese momento yo me hallaba dentro de la choza, por lo que tuve que huir de ellos, correr y abandonar mi casa y mi vida para siempre. No obstante, antes de escapar, el fuego me había dejado irreparablemente ciego. Yo veía al hombre de pie ante mí, bajándose los párpados inferiores para mostrarme los ojos, cubiertos por una película de un blanco lechoso.

Oh, Althrimus, dije para mis adentros, abrumada por la compasión hacia ese hombre, tan triste y apenado. Él era yo, naturalmente, pero contemplado desde la perspectiva del siglo XXI de nuestra alma. Al hombre que era yo entonces lo consumía su dolor psicológico. Le resultaba imposible entender por qué otras personas podían causar a propósito tanta devastación, a él que nunca había tenido contacto con ellas y solo quería que lo dejaran en paz. No mataba literalmente ni una mosca; lo sé bien, pues se pasaba el tiempo buscándolas y haciéndose amigo de ellas. Quizá no fuera capaz de asimilarlo debido a su retraso mental, o tal vez porque es simplemente imposible comprender la brutalidad sin sentido. Por «estúpido» que pudiera parecer *yo* entonces, fueron los vecinos quienes habían actuado con ignorancia. Lo que me entristecía tanto no era haber perdido la casa o la vista, sino saber que esas personas estaban dispuestas a destruir mi vida partiendo de una mal concebida caza de brujas, alguna impresión errónea de que yo practicaba hechicería o magia negra, conceptos que yo ni siquiera entendía. Aunque a la gente le pasan todo el tiempo cosas mucho peores —incluso ahora, en la época actual—, me sentía amargamente furiosa y autocompasiva, y sin duda proclive a asumir el papel de víctima.

Althrimus jamás superó sus sentimientos de pura desesperación. Como arenas movedizas, estos lo envolvieron y se lo tragaron. Mi corazón enlazó con el suyo, y sentí su dolor como si fuera mío: lo era, por supuesto, aunque a la vez no lo era. Me quedé allí sentada, delante de mis compañeros, con los ojos llenos de lágrimas, embargada por la compasión.

Fue en ese momento cuando mi padre preguntó al grupo si se podía captar algún mensaje de la vida que estábamos experimentando. Como respuesta, Althrimus seguía señalando sus inútiles ojos blancos. «La tristeza nubla los ojos», me dijo.

El doble significado del mensaje me llegó al punto. Una catarata es una opacidad del cristalino del ojo. Los ojos de Althrimus habían quedado físicamente empañados debido al fuego; los míos habían quedado físicamente empañados por el hecho de ser Althrimus. Él jamás se libró de esa profunda tristeza, ni siquiera después de morir, ni siquiera tras reencarnarse en el cuerpo que habito yo ahora. Como consecuencia de ello, también yo he permitido que se me nuble la visión de cómo es la Tierra, de si las personas son buenas, de si estoy segura, de si la vida es dolorosa. Desde luego en esta vida habré tenido, como todo el mundo, mi cuota de tristeza, que a veces daba la impresión de que jamás iba a desaparecer. Quizás he estado dejando que esta nube oscura e inabordable siguiera en esta vida ahí delante, ocultándome la visión. Quizá tenía los ojos realmente averiados, aunque no de la manera que yo tenía entendido.

Por significativa que fuera esa conexión en su momento, básicamente la olvidé. Al cabo de unos años, tuve la suerte de concertar una cita en Bascom Palmer, un centro oftalmológico de gran prestigio a nivel nacional. La médica, una famosa especialista en la disciplina, me examinó las cataratas. Esta vez, sin embargo, la descripción fue muy distinta.

«Solo hay una catarata», me dijo, «y no es de ningún modo congénita, sino el resultado de un trauma». Dibujó mi cristalino en un papel y me explicó que algún episodio traumático desconocido me había dañado el ojo. No tenía por qué preocuparme; no iría a más porque se trataba, tal como dijo, de un «suceso que ocurre una vez en la vida». La doctora no tenía ni idea de que esa vida correspondía a la Edad Media. No estaba afectándome a la visión, añadió, y no iba a hacerlo. (En efecto, seis años y medio después de mi primer diagnóstico, fui a hacerme otro examen ocular de ajuste de graduación y me dijeron que ya no tenía cataratas.) Me llamaba la atención haber oído tantas veces que se trataba de algo con lo que yo había nacido; porque el caso es que, tras recordar una vida pasada en la que había quedado ciega en el sentido tanto literal como metafórico, ahora ocurría al revés. Parece imposible, y sin embargo es a la vez perfectamente posible, que el recuerdo de una vida anterior sea responsable de una inversión así.

Cuando unos tres años después de la regresión en el hospital me saqué el título de hipnosis, aprendí a hipnotizarme a mí misma. Un día tuve ganas de comprobar si era capaz, en un trance autoinducido, de volver a visitar a Althrimus y hablar con él. Y eso hice. Nos encontramos en su pequeña choza quemada. Nos sentamos y le puse al día de lo ocurrido en los últimos setecientos años. Le hablé de todo lo que él y yo habíamos hecho. Le expliqué que yo tocaba el arpa, y entonces se le iluminó la cara, pues sabía qué era ese conocido instrumento medieval. Le dije que me gustaba escribir. Althrimus no era lo bastante culto e inteligente para saber siquiera leer, menos aún escribir. Pero estaba radiante, el rostro henchido de orgullo al oír que su yo futuro era una persona instruida. No obstante, quizá la parte más graciosa y difícil llegó cuando le conté que era aficionada a la fotografía. Esto exigió que mi cerebro moderno intentara explicarle qué era una cámara y cómo funcionaba. El concepto fascinó a ese hombre de la Edad Media, cuya expresión iba intensificándose mientras se inclinaba hacia delante para escuchar e imaginar qué sería una foto. En esta vida, pocas cosas me gustan más que estar sola en la naturaleza, tomando fotos de los pájaros y las flores, y a Al le encantaba saber que su amor por los bosques había perdurado y ahora estaba siendo registrado para la posteridad.

Él y yo aún seguimos aprendiendo a ver el mundo con claridad. Ha sido un proceso que ha abarcado siglos y vidas, y que acaso tarde aún en finalizar. Pero me da la impresión de que los dos coincidiríamos en que estamos preparados para quitarnos las nubes de los ojos.

~ *Amy Weiss*

Amy podía iluminar una habitación ya cuando era un bebé. Su luz era suave y relajante, una luz interior, más una linterna de papel que una antorcha encendida. Su luminosidad era compasión delicada, y siempre tendía a acercarse a los animales y la naturaleza. A medida que fue aprendiendo, sus ojos físicos se aclararon. En todo caso, siempre tuvo abiertos los ojos del corazón y, como el águila con su mirada penetrante, podía detectar el engaño y la hipocresía dentro de una persona. El corazón ve lo que los ojos no pueden ver.

Hace casi ochocientos años, el monje zen Dogen Zenji escribió lo siguiente: «Acércate a todas las cosas y a todos los seres con cara bondadosa.» Sus palabras eran entonces juiciosas y atinadas, y lo siguen siendo. Desde el principio de la historia humana, se ha reconocido que la bondad es una virtud suprema. Cuando el corazón se abre y desborda benevolencia, amor y compasión, la humanidad alcanza su potencial máximo.

Althrimus, un hombre sencillo, fue capaz de sentir y expresar bondad hacia todo lo que le rodeaba, los animales y la naturaleza entera. La educación y el intelecto no lo distrajeron. Como un niño, fue capaz de conservar su inocencia innata hasta que la muchedumbre violenta le robó la alegría además de la visión.

Quitar a las personas su dicha y su felicidad es una acción horrenda. Cuidarlas y ayudarlas a alcanzar la paz y el bienestar y a hacer realidad sus sueños es una acción divina.

«Amy» es la esencia espiritual, o el alma, que conecta sus distintas vidas. Ella no es un cuerpo o una mente particular, sino más bien la esencia ininterrumpida y eterna. Es inmortal, como los somos todos. Por eso, al final de su vida, Althrimus no murió realmente. Su cuerpo sí, pero él siguió existiendo, y en el siglo XX se reencarnó en Amy. Reconocernos como alma, no cuerpo, cambia el modo en que percibimos nuestra muerte así como la de los seres queridos, pues estamos reconectándonos siempre, en espíritu y en la Tierra. El capítulo siguiente describe claramente nuestra inmortalidad y pone de manifiesto que la conciencia de eternidad puede reducir la asfixiante presión de la pena.

6

Liberarse de la pena

La pena puede ser devastadora y dolorosa hasta el punto de absorber toda la alegría de la vida, haciendo que el funcionamiento cotidiano sea una carga insoportable. Nos quita literalmente el aliento. Diez años después de la muerte de mi primer hijo, Adam, mientras Catherine recordaba sus vidas pasadas en mi tranquila consulta, aprendí que somos un alma, no solo un cuerpo, que somos eternos y que nos reencontraremos con nuestros seres queridos. Pero cuando murió Adam, yo no sabía nada de eso.

La inesperada muerte de Adam en 1971, cuando contaba veintitrés años, resultó ser una fuerza motriz en mi trabajo. También había llorado la pérdida de mi padre, pero más la de Adam, pues la muerte de un hijo es una aberración en el orden natural de las cosas. A uno se le truncan las esperanzas, se le parte el corazón. El dolor es indescriptible, inconmensurable. Conozco sus honduras de primera mano, así que puedo identificarme del todo con quienes hayan pasado por este proceso. Desde esa época he aprendido sobre la continuidad de la conciencia tras la muerte del cuerpo físico. He aprendido que los seres queridos siguen viviendo, que tan solo están en el otro lado, y que nos encontraremos con ellos una y otra vez. Cuando eliminamos el miedo a la pérdida y la muerte, la pena deja de ser asfixiante.

Estas cinco historias demuestran que la adquisición de sabiduría espiritual puede curar el dolor y restablecer la paz y la calma interior en nuestra vida. Nos recuerdan que el amor no se pierde nunca. Evocar episodios de vidas pasadas, prenatales o de infancia y tener experiencias místicas son solo algunas de las maneras en que se puede alcanzar este conocimiento. Tal vez leer las palabras de este capítulo sea otra.

En cuanto nos desprendemos de la tremenda carga del dolor, nos sentimos más ligeros y más vivos. He pasado por esto y sé cuánto se agradece renacer.

Espero que estas historias infundan nueva vida a todos.

. UNA INMENSA EXPLOSIÓN DE AMOR .

Mi esposo, Richard, y yo tuvimos un matrimonio con mucha tensión y cuatro hijos fabulosos. Cuando él se jubiló como piloto de líneas aéreas, nos mudamos a mi país natal, Sudáfrica, a la pequeña ciudad de McGregor, en la zona rural de la provincia occidental de El Cabo. Allí, rodeados de montañas y la belleza del *veldt*, estaba yo buscando algo que denominaba, en forma grandilocuente pero solo para mis adentros, «el significado de la vida». Descubrí los cinco libros escritos por el doctor Weiss. Los leí y releí con verdadero placer; y se produjo una resonancia inmediata. Ahí estaba: el significado omnibenevolente y omniabarcador que estaba buscando. «Cada vez estás más rara, Lee», decía mi esposo.

Durante unos años vivimos como antes —no felices, pero sacándole a todo el máximo provecho—. En una ocasión, me fui seis semanas a visitar a nuestros hijos y, a mi regreso, vi que Richard había cambiado: también había leído los libros de Brian. Descubrimos encantados que ahora podíamos hablar abiertamente sobre cualquier cosa, y los meses siguientes fueron los más felices de nuestra vida en común. Por primera vez fuimos capaces de decirnos que nos amábamos uno a otro de forma incondicional, e iniciamos juntos los cambios que eran necesarios pero ahora, además, posibles.

En 2002, fuimos a Francia a cuidar la casa de nuestro hijo mayor mientras él y su mujer estaban fuera. La feliz relación continuó y creció. Viajamos a Andorra y en la cena, en ese encantador país bajo los altos Pirineos, hablamos de la dicha absoluta que sentíamos ambos. Richard me dijo: «Lee, si me muero esta noche, todo habrá valido la pena por lo que tenemos ahora.»

Richard falleció dos días después debido a un ataque cardíaco masivo. Estuve con él en la UVI. Sus últimas palabras fueron estas: «Te querré siempre.» Y luego un susurro: «¡Hemos "ganado"!»

Acudieron nuestros dos hijos mayores, y ese domingo de mediados de verano nos apoyamos mutuamente y gritamos nuestra pena, balanceándonos sin decir en todo el día otra cosa que el nombre de Richard. Esa noche, Will salió a pasear el perro al sendero, y James, nuestro segundo hijo, se ofreció a acompañarle. Cuando cruzaban la verja, oí a Will: «Papá me colocó estos postes el año pasado.» Y James se agarró a uno y se quedó allí.

Sola en el patio, yo me mecía y lloraba, di un paso pequeño, arrastrando los pies, y entré en una paz absoluta. Aguanté la respiración para no interrumpirla, pero tuve que coger aire de nuevo. La paz persistía. Jadeando, me susurré a mí misma: «Oh, Richard, si estuvieras aquí y te contara esto, sé lo que dirías: "Vuelves a estar rara, Lee."»

En ese momento, los brazos de Richard me rodearon y me agarraron con fuerza. Oí su voz solo en el oído derecho: «¿Rara? Lee, no te enteras. ¡Es... maravilloso!»

Me convertí en un bloque de hielo. Noté vagamente que regresaban mis hijos; sentí que me hacían girar y me sentaban en una silla junto a la mesa del patio. Mantuve los ojos cerrados y deseé poder contarles lo que había pasado, pero los dos eran muy escépticos y en ese momento lo que menos necesitaban era una madre loca. Así que me limité a cogerles de las manos.

De repente, James se soltó, y cuando le miré la cara vi que estaba rojo y gritaba. «¡No está bien!», decía. «Debo decírtelo. Estoy loco, estoy loco, pero cuando me he quedado junto al poste, he sentido una tranquilidad increíble. He empezado a sentirme culpable, y entonces papá me ha rodeado con los brazos y ha dicho, solo a mi oído derecho: "James, James, todo va bien. Todo es exactamente como tiene que ser."»

Antes de poder decir yo nada, Will alzó los brazos por encima de la cabeza y dijo: «Oh, gracias, Dios mío. ¡Gracias, James! Yo también creía haber enloquecido, y tendría que dejar mi empleo porque no quieren pilotos locos. Me ha pasado lo mismo. Estaba de pie junto a esa valla de ahí y he notado un alivio dichoso y una paz total. Acto seguido, cuando comenzaba a sentirme culpable, me han agarrado los brazos de papá, un verdadero abrazo de los suyos, y me ha dicho al oído izquierdo: "Will, oh, Will, todo es como tiene que ser." Entonces me ha dicho que abriese los ojos y mirase, y yo veía a través de todo, y todo era uno, y ¡todo era amor!»

Entonces sí les revelé cuál había sido mi contacto. Pasamos el resto de la noche en silencio salvo cuando Will y James se dijeron uno a otro: «¡Seguro!»

Nos envolvió la paz a los tres durante los días siguientes, hasta que mi hijo más joven voló conmigo a McGregor y me ayudó a instaurar una rutina. Richard me decía cosas como «es necesario» o «no será por mucho tiempo», pero yo volvía a sentirme angustiada. Tenía una pena tan grande que solo me veía capaz de seguir adelante si llevaba conmigo siempre un libro del doctor Weiss, aunque solo fuera de compras. Expliqué a mi hermana lo sucedido con mis hijos la noche posterior a la muerte de Richard. Ella, que era de una religión fundamentalista, me dijo que yo estaba «invocando al demonio» y me llamó «bruja de Endor»; y a partir de entonces no habló más conmigo ni contestó mis mensajes.

De todos modos, yo estaba decidida a seguir cambiando, a convertirme en la persona que tenía que ser. Llorando casi todo el tiempo, comencé a mostrar una franqueza y una sinceridad absolutas, aprendiendo a ser no solo afectuosa sino también «amor». Solía caminar sola por el *veldt*.

Un domingo por la mañana, saqué a mis cuatros perros a dar uno de esos largos paseos por sitios donde no había nadie. En esos ratos empecé a tener recuerdos nítidos de otra vida de hacía mucho tiempo, que yo consideraba «interrupciones». Intenté alejar esos pensamientos hasta que en uno aparecí yo sentada en una cena con velas, con pétalos de rosa en la mesa. Ocurría en la Edad Media. Me hallaba junto a un hombre mucho mayor, muy culto, a quien no miraba por timidez. Yo tenía dieciséis años y estaba enamorada de él. Bajé la vista a la mesa y vi su mano derecha, una manga gris cayéndole del brazo mientras sus dedos jugueteaban con una nuez, haciéndola rodar exactamente como hacía Richard con las monedas y otros objetos redondos. El corazón me latía acelerado. Quienquiera que fuera ese hombre, era Richard. Reaccioné y recobré la compostura. Los cuatro perros, todavía con las correas, echaron a correr de pronto por una cuesta donde Richard solía esperarme cuando caminábamos juntos por aquí. Los perros se sentaron en semicírculo y menearon la cola, y entonces estuve segura de que, si entraba en ese espacio, encontraría la paz de la presencia de Richard.

Y así fue por un momento. Pero de repente oí a Richard a mi lado decirme con total claridad: «Naciste en el año 1100.» Atónita, me volví hacia atrás arrastrando a mis pobres perros, gritando a cada paso «¡Demuéstralo! ¡Demuéstralo!» sin dejar de correr hasta la casa.

No podía parar la reacción, así que fui inmediatamente a ver a un amigo que, aunque no aceptaba la reencarnación, había sido muy bueno conmigo y conocido bien a Richard. Ese amigo, Manie, tampoco creía que los sueños tuvieran importancia alguna. Lo encontré tumbado en la cama, con un pie apoyado en la rodilla de la otra pierna doblada. Estaba contemplando un jacarandá lleno de flores preciosas. Mientras me acercaba, no pronunció una sola palabra de bienvenida; solo dijo eso: «Lee, he tenido un sueño de lo más alucinante.»

Siguió hablando sin dejar de mirar por la ventana. «He soñado que estaba en un jardín bellísimo. Césped tupido de un verde intenso, y las flores... oh, el aroma de las flores. Caminaba por la hierba y de pronto he visto a Richard que venía hacia mí. Nos hemos parado uno frente a otro. Nos hemos abrazado. Me ha preguntado si podía hacerle un favor. "No faltaba más —he dicho—. Lo que quieras, Richard."

»"Lee vendrá más tarde —ha dicho Richard—. Quiero que le des un mensaje de mi parte."»

Entonces Manie se incorporó en la cama y pidió disculpas. «Lee, el mensaje es solo un galimatías. Pero se lo he prometido a Richard.» Me miró con tristeza. «Ha dicho: "Di a Lee que hace novecientos años yo era un gran delfín."»

Treinta años antes, Richard había sido piloto de caza en el 19.º Escuadrón de la RAF, cuyo emblema era un delfín, algo que le encantó cuando lo supo. Tras ver delfines por primera vez, se había enamorado de ellos. Al enseñarme su enorme English Electric Lightning con su nombre en un lado, Richard señalaba el delfín en la cola y decía con orgullo: «¡Ahora soy un delfín!» Más adelante abandonó la RAF y se incorporó a British Airways; una noche, en la oscuridad, le pregunté si echaba de menos ser un delfín. Entonces hablamos de la amenaza de guerra nuclear, y Richard dijo que, si sobrevivía, me mandaría un mensaje, y desde luego creo que el mensaje era suyo precisamente porque contenía la frase «yo era un gran delfín».

Hasta el momento en que Manie me repitió esas palabras treinta años después, me había olvidado de aquello por completo. Me desmayé por primera vez en mi vida. Cuando recuperé el conocimiento, se lo conté todo a Manie. Y lo más fabuloso fue que él pronto experimentó sus propias regresiones y acabó asumiendo el concepto de la reencarnación.

Yo lo aceptaba todo, pero seguía sintiendo cierta angustia. Mis hijos me preguntaron qué haría si pudiera hacer algo, y yo contesté al instante: «Me gustaría pasar una hora con el doctor Weiss.» Media hora más tarde, me habían reservado un camarote en el barco que, tras zarpar de Nueva York, albergaba un taller de Brian. Fue en la primera sesión, resplandeciente de luz y amor en el escenario, cuando descubrí que la hipnosis era exactamente como planificar un sueño consciente, y acompañada de la voz suave y afectuosa de Brian me trasladé a esa vida anterior en el París medieval. Todo había empezado con ese fantástico romance con el viejo Richard, y terminado cuando, a los dieciocho años, me vi forzada a hacerme monja. Richard se convirtió en monje, y yo fui desconsoladamente desdichada el resto de mi vida. Lo vi en su celda, golpeándose la frente y los brazos contra una pared de piedra hasta sangrar, diciendo mi nombre a voz en grito. Si en esa vida yo hubiera conocido ese pequeño detalle, mis años de sufrimiento como monja habrían sido curativos.

Sin embargo, esa vida era totalmente opuesta a la de ahora. En la Edad Media no tenía ninguna libertad; en mi vida actual soy increíblemente libre. Gracias a la experiencia de esa regresión me sentía exultante. A mi juicio, ese era el cambio colosal que necesitaba: curó el dolor que había sido como vidrio machacado en el estómago y el corazón desde la muerte de Richard. Me sentía dichosa más allá de lo que hubiera podido soñar. Además, recibí una breve carta de mi hermana, que no me hablaba desde hacía años. En ella respondía a la experiencia que yo había tenido con mis hijos tras morir Richard. Escribía lo siguiente: «Esta mañana, en mis tranquilos instantes con el Señor, Él me ha dicho que tú y tu familia habéis vivido una inmensa explosión de amor, y que yo debo mantenerme al margen.» Firmaba «con afecto». Han ido pasando los años, y mi vida ha sido dulce y maravillosamente distinta, desde el mismo momento en que cogí esos libros.

~ *Lee Leach*

Esta historia es tan hermosa y conmovedora que solo puedo instar al lector a leerla de nuevo y a escuchar los mensajes de Richard poniéndose en el lugar de Lee, James o Will. Los mensajes son acertados. Yo digo «hay que confiar en el proceso», y Richard dice «todo es exactamente como tiene que ser», pero se trata de los mismos conceptos. Mientras escribo que no nos morimos nunca, que el alma o la conciencia continúan después de la muerte, Richard se ofrece a demostrarnos esto y añade: «No te enteras. ¡Es... maravilloso!» La regresión de Lee a una vida de novecientos años atrás era solo la confirmación final, y ahora ella era capaz de comprender del todo y sentir la paz perfecta. Su profunda pena había desaparecido.

En la década de 1980, cuando yo dirigía el Departamento de Psiquiatría del Centro Médico Mount Sinai en Miami Beach, solía meditar antes de volver a casa por la noche después de trabajar. Una vez, al iniciar el trayecto en una hermosa noche de principios de invierno, observé una raja perfecta de luna colgando baja en el cielo del oeste. Por las ventanillas abiertas del coche soplaba una brisa marina suavemente perfumada. Tuve una envolvente sensación de paz profunda. En ese instante, se produjo de golpe un cambio en mis percepciones, como cuando se abre una cerradura de combinación al quedar alineadas todas las gachetas. Los objetos sólidos tenían una luz dorada a su alrededor y ya no parecían sólidos. Casi alcanzaba a ver a través de su recién adquirida transparencia. Aumentó la sensación de paz. Yo sabía que todo era perfecto, que no se producían accidentes, que no había nada que temer ni de qué preocuparse. Entonces, una voz suave me susurró algo: «Todo es como tiene que ser. Todo es perfecto tal y como está.»

Entiendo que en el nivel físico las cosas disten mucho de parecer perfectas. Da la impresión de que la violencia, los accidentes, las enfermedades y otros traumas se producen de manera constante, caprichosa e imprevisible. Parece que la vida puede echarse a perder de un momento a otro. Solo en el nivel cósmico es todo perfecto como tiene que ser.

La vida física es como una obra de teatro donde todo el rato hay cambios de guion imprevistos, y en el escenario reina el caos. Cuando los actores desaparecen tras el telón, se acaba el lío. Los actores se quitan la máscara. Recuperan su vida e identidad permanentes, dejan de ser los personajes que encarnan de manera temporal. El cuerpo actual es el personaje de la obra; el alma, el actor imperecedero. En el escenario, los personajes pueden sufrir desgracias atroces, incluso la muerte. Sin embargo, los actores jamás padecen daño alguno.

En el contexto de nuestra propia inmortalidad, en la eternidad que trasciende el tiempo, todo *es* exactamente como tiene que ser.

. UN ABRAZO DE MADRE .

Hace unos años, estaba yo en uno de sus seminarios organizados en un crucero a Alaska. En una sesión, usted dirigió una regresión de grupo en la que nos hizo volver a nuestro nacimiento y revivirlo. Eso hice, y sentí que estaba en el útero y luego el parto, y acto seguido sucedió algo asombroso. Experimenté de nuevo la sensación de ser colocada en los brazos de mi madre por primera vez.

Veamos. Mis padres murieron con una diferencia de cinco meses cuando yo contaba ocho años. Debido a ese trauma, no recordaba nada de mi madre. En esa regresión, usted me devolvió un recuerdo muy especial.

Mientras estaba usted hablando para el grupo, evoqué el pensamiento, *¡vaya!*, *este médico es guapo de veras*, y luego el momento de estar en brazos de mi madre mientras ella me miraba y sonreía. Entonces, usted condujo al grupo a una vida pasada, pero yo pensé: *No puedo dejarla. Llevo cuarenta y tres años sin estar con mi madre, me quedaré aquí a disfrutarlo.* Y eso es exactamente lo que hice hasta que usted trajo al grupo de vuelta de la regresión.

Antes de esta experiencia, yo era una adulta (bastante) centrada, pero desde entonces he llevado en mi corazón un brillo adicional que se ha convertido en una calma y una confianza antes inexistentes. Viene a ser lo mismo que pasa con un niño, dubitativo respecto a sus capacidades, que florece en cuanto su madre le proporciona la seguridad de su amor y su apoyo.

Ayer era el cumpleaños de mi madre; habría cumplido ochenta y cuatro. Aunque no podía llamarla por teléfono, sí me comuniqué con ella a través de un sueño, cuyo mérito atribuyo también a la regresión. La conexión que establecí ese día ha dejado un pequeño ojo de buey abierto al otro lado al que puedo pasar siempre que necesite a mi mamá; mi agradecimiento por este regalo inaudito será eterno.

~ *Patricia Kuptz*

Me siento dichoso por ser capaz de ayudar a la gente a tener estas experiencias. Los recuerdos prenatales y de la primera infancia han sido confirmados una y otra vez por los padres y otras personas. Se trata de evocaciones reales y precisas.

No es difícil recuperar esos primeros recuerdos. Primero ayudo a la persona a alcanzar un nivel profundo de concentración y relajación. Luego retrocedo en el tiempo, hasta la adolescencia, la niñez, la infancia y la fase embrionaria. Cuento al revés, de cinco a uno, mientras en la mente de la persona aparecen una imagen, una escena, un olor o un suceso. Al principio, la imagen quizá se asemeje a una instantánea o una foto, aunque a veces quizá parezca una película. En ocasiones, no hay una imagen sino más bien una sensibilidad, un conocimiento. Si profundizo en el nivel, la escena, a menudo acompañada de sensaciones, emociones y sentimientos, se va aclarando. Hemos llegado, y los fabulosos reencuentros y recuerdos hacen hincapié en que el amor no se acaba nunca, que nuestros seres queridos están vivos en nuestro pasado y también en nuestro futuro.

En aquellas frías aguas de Alaska estaba desvelándose un milagro, aunque en su momento yo no lo sabía. La vida de Patricia cambió para siempre. La pena que había estado arrastrando durante cuarenta y tres años estaba desvaneciéndose. Se abría un portal al otro lado. Atravesar ese portal por primera vez fue curativo para Patricia y, lo que es aún más fantástico, se ha convertido para ella en algo casi innato.

Nuestros seres queridos también cruzan ese portal, aunque quizá no siempre seamos conscientes de ello. Nos visitan, a diario si es preciso, para expresarnos su amor, aliviar nuestras penas, e incluso, como descubrió Jessica en la siguiente historia, abrazarnos y bailar con nosotros una última vez.

. BAILANDO EN EL CAMPO .

Jessica, maestra de treinta y tantos años de pelo rubio, ojos azules y voz suave, condujo durante horas desde el centro de Florida para verme en la consulta. Había tenido dos hijos en cuyo parto se había practicado la cesárea. Se había quedado embarazada por tercera vez, de un niño sano. Había decidido parir a Elliot de forma natural en su casa, pero durante el proceso se reventó el útero, se desprendió la placenta y el bebé sufrió una carencia fatal de oxígeno mientras era trasladado a toda prisa al hospital. Lo conectaron de inmediato a una máquina para mantener las constantes vitales, pero era demasiado tarde. Murió solo diez días después.

Mientras Jessica me contaba su historia, se me hizo un nudo en la garganta. Nadie merece la experiencia de perder un hijo: la mujer sentada frente a mí era tan buena y discreta que yo no podía imaginar por qué iba a pasarle a ella algo tan demoledor. Tampoco podía imaginar la muerte de mi hijo, y menos aún la tremenda sensación de culpa por una decisión mía que pudiera haber influido en ese desenlace. Jessica había leído los libros de mi padre y encontrado en ellos cierto consuelo. Acudía a otro terapeuta que la ayudaba en su proceso de pérdida. Yo estaba impresionada por lo bien que lo estaba afrontando: me parecía un éxito que simplemente se levantara por la mañana, pusiera un pie delante del otro y sobreviviera un día más. Sin lugar a dudas, la apariencia dulce de Jessica ocultaba la dureza del acero. De todos modos, era como si llevara el dolor en el exterior del cuerpo. Yo alcanzaba a verlo, casi podía estirar el brazo y tocarlo. Su infinita profundidad me asustaba: yo era una terapeuta bastante novata, cuando menos en el campo de la hipnosis, y tenía miedo de que el viaje hasta mi consulta hubiera sido para ella una pérdida de tiempo. ¿Qué demonios podía decir o hacer yo para mitigar el sufrimiento de Jessica? ¿Y qué podía causar siquiera una mella en esa clase de dolor?

Jessica describió las dificultades que había tenido con sus

médicos en el parto de sus dos primeros hijos. Su suave voz subió de tono al hablar de la desconfianza hacia ellos, de los errores clínicos cometidos y de cómo, comprensiblemente, esos errores la habían impulsado a escoger un método diferente para traer al mundo a Elliot. Había investigado escrupulosamente las ventajas y los riesgos de un parto vaginal tras dos cesáreas. Había tomado una decisión con total conocimiento de causa, y teniendo en cuenta lo sucedido con los dos primeros nacimientos, no había duda del porqué de su resolución. Cuanto más hablábamos de Elliot, más intentaba yo separarlo de su trauma, pero tuve la sensación de estar ahí con ella como si, aunque los cuerpos estaban hablando, las almas se sostenían juntas por el aire, mirándose una a otra con ojos tristes e incrédulos. *¿Puede la vida llegar a ser tan dolorosa? Y cuando lo es indefectiblemente, ¿cómo superarlo?* Cuando Jessica planteó el hipotético escenario de tener otro hijo, su enojo se disolvió en puro pánico. ¿Qué sería lo correcto? ¿Iba a confiar otra vez en los médicos? ¿Y si cualquier decisión resultaba errónea? Había pensado mucho en su pasado y su futuro, y a todas luces las preguntas sobre ambos le causaban gran aflicción.

Cuando hipnoticé a Jessica y la llevé a una vida anterior, lo primero que vio ella fueron solo colores imprecisos en forma de olas y puntos. «Parecen solo luces», dijo, y durante los diez minutos siguientes no hubo nada más, en efecto, solo luces. *Oh, no*, pensé, juntando literalmente mis manos para rezar mirando al techo, agradecida por que mi paciente tuviera los ojos cerrados. *Ángeles, Dios, quienquiera que esté ahí arriba, tenéis que hacer algo más.* Yo rezaba con cada paciente pidiendo ayuda y energía curativa, pero ese día no fue una solicitud convencional.

De repente, en medio de esas formas lumínicas palpitantes, apareció en la mente de Jessica la imagen de un delantal. *Gracias*, dije al cielo, exhalando un suspiro de alivio. Jessica se veía como una mujer joven en un gran porche, algo que recordaba a *La casa de la pradera*. Estaba apoyada en un poste, sudando a causa del sol estival y el ejercicio físico. El trabajo era duro y estresante, una carga pesada. Jessica notaba la tensión en el cuello y los hombros, debida no solo al trabajo manual sino también a una soledad aplastante. Se daba cuenta de que quería hijos y una familia, pero no los tenía. «Es todo muy duro.» Y suspiró.

Nos desplazamos hacia delante en el tiempo hasta esa noche en que la mujer estaba tendida en la cama, pensando en si cogía o no la Biblia de la mesilla, pero se notaba demasiado cansada para hacer siquiera ese gesto reconfortante. Jessica vio a la mujer sollozar, sentirse a la vez triste, frustrada e inquieta. Tenía una casa grande, pero suponía para ella una tarea abrumadora, y la zona rural en que vivía estaba aislada, excluía la posibilidad de hacer amistades. Los vecinos del lugar la consideraban afortunada; poseía una casa enorme, ese gran porche delantero, una vaca. Sin embargo, ninguno de estos bienes la hacía feliz. Aunque solo tenía veintitantos años, parecía sentirse demasiado cansada y triste para vivir.

Volvimos a avanzar en el tiempo, pero nos encontramos más de lo mismo: la mujer, trabajando con ahínco en el patio, esforzándose tan solo para sobrevivir en esa existencia sombría. Y entonces Jessica vio una niña pequeña que bailaba y jugueteaba en la tierra alrededor de la mujer. «No la ve», dijo, confusa, «pero la niña está bailando, bailando sin parar». Vio también a un hombre: el esposo, de pie a cierta distancia en un lado del porche. Él y la niña estaban unidos a la mujer, la amaban mientras trabajaba, mientras permanecía sentada en el porche y lloraba, pero ella no sabía que estaban allí. Transida de dolor, solo era consciente de su soledad.

¿De dónde procedía ese abatimiento? Para averiguarlo, retrocedimos. Había un accidente, una calesa que se había estrellado tras resbalar un caballo en unas piedras mojadas. El carruaje, que llevaba a la niña y al esposo, había volcado, con lo que ambos habían muerto en el acto. La mujer no iba con ellos; quería ir, lo había planeado, pero por algún motivo en el último momento se quedó en casa. Los amaba mucho y se sintió terriblemente culpable y responsable de sus muertes. «Pero no fue culpa suya. Ni siquiera del caballo. Los accidentes ocurren sin más», dije pensando también en Elliot. Jessica asentía con lágrimas en los ojos, pero no parecía creerme. «Da la impresión de que lamenta no haber estado ahí con ellos», dije en voz baja. «Oh, sí», gimió ella.

La mujer vivió largos y solitarios años. Trabajó durante toda su vida junto al porche, donde su esposo la observaba solo con amor en la mirada, y su hija, dando vueltas ajena a todo, bailaba junto a ella un día tras otro.

Mientras Jessica flotaba más allá de su viejo cuerpo, empezó a menear la cabeza, como si no se creyera lo que había vivido. «¡No tenemos que amargarnos!», dijo. «Ella podía haber hecho mucho bien.» La mujer se había quedado tan inextricablemente empantanada en el dolor y la pérdida, que ya no se recuperó jamás. Pensando en la Jessica de ahora, pregunté: «En todo caso, ¿cómo habría podido recuperarse de esa clase de pérdida?»

«Muy fácil», contestó Jessica, sonriendo, «solo tenía que verlos bailar a su alrededor». La pequeña y el esposo, al aparecer religiosamente cada día en el patio delantero, intentaban decirle que estaban bien, que la querían y que nunca la habían dejado; sin embargo, ella no veía nada. «Lo pasaba mal... pero no tenía por qué. Eran tan, tan felices», dijo Jessica. «Se trataba de amor, ¡de puro amor que manaba de ellos y se detenía justo frente a ella! Y no lo percibía.»

Fue una extraordinaria lección que ayudó a Jessica a mitigar algunos de sus actuales sentimientos de pesar. Por increíble que parezca dado el reciente trauma experimentado con su hijo, su sufrimiento era opcional, innecesario. Solo tenía que ver bailar a la pequeña cerca de ella. Si sabe que Elliot muy probablemente sigue amándola no lejos del aire que respira, no tendrá motivos para volver a sentir ese dolor insoportable.

Al día siguiente, en la sesión que hicimos juntas, Jessica entró y salió de numerosas vidas pasadas. En una, era la hija de una especie de curandero hermético, un alma sabia y avanzada a su tiempo; a la larga, ella tuvo su propia familia pero murió joven, dejando a un niño pequeño al que amaba. Jessica creía que el niño de esa vida era Elliot. «Es como si esta vez nos hubiéramos intercambiado el sitio. Yo le dejé pronto en aquella vida, él me ha dejado pronto en esta. Vaya», dijo, comprendiendo de pronto, «en esta vida él no me castigaba en absoluto. Solo me mostraba cómo era eso de ser abandonado en vez de ser el que se va pronto. Pero el amor no desaparece. Nosotros sí, el amor nunca». Percibía que, en la regresión, Elliot también era su amado padre. «Parecía entenderlo todo», añadió. «Era muy cariñoso. No le molestaba nada. Todo lo hacía con delicadeza y ternura para que la humanidad fuera mejor.»

Las vidas de Jessica con Elliot eran innumerables, antiguas, surgían a lo largo de los años a medida que sus almas se trenzaban una y otra vez para enseñar, aprender, amar. No era casualidad que él hubiera aparecido en la vida actual de ella; estaba intrínsecamente vinculado a Jessica, de quien era una parte, si bien la forma, la relación y las circunstancias variaban siempre. Mientras estaba sentada frente a mí, su rostro cambió por completo. No se apreciaban arrugas de tristeza, ni ojos cansados; solo amor, felicidad, incluso entusiasmo. Por extraño que parezca, ni siquiera parecía ya humana; con su color rubio y su expresión beatífica, era realmente como un ángel, un espíritu dichoso, resplandeciendo con una paz que iba más allá de las palabras. Estaba radiante, y la luz transformaba todas y cada una de sus partes.

Se acababa el tiempo. No creo que Jessica pudiera llegar a ser más feliz, lo que suena un tanto retorcido si tenemos en cuenta la razón por la que había venido a verme. Presenciarlo fue algo increíble. *Trabajas bien*, le dije al cielo. Concluí la sesión llevando mentalmente a Jessica a un tranquilo campo de flores silvestres y haciendo que visualizara a su guía, que se reunía con ella para orientarla sobre cómo podía seguir curándose también tras salir de la consulta. El guía de Jessica, su sabio y bondadoso maestro, era, por supuesto, Elliot. Ella se imaginaba sosteniendo el pequeño cuerpo de bebé, que comenzó a emitir una luz brillante. Elliot abrió los ojos. (Después de la sesión, Jessica se maravillaba de esto. «Nació clínicamente muerto», dijo. «Nunca le vi los ojos.») En la mente de ella, Elliot le daba con la mano en la nariz y le guiñaba el ojo, como si estuviera diciendo «¡te he pillado!», como si todo aquello, esa voltereta que daban juntos por tantas vidas, ese incesante borboteo de muertes y nacimientos sucesivos, no fuera más que una broma cósmica. Aquí, Jessica, como le sucedería a cualquiera, sufría por la pérdida de un bebé sano, el cuerpo y el cerebro súbitamente muertos, pero el propio Elliot no podía tomarlo en serio; lo único que tenía que decir sobre la cuestión era algo como «se acabó mi turno; ¡ahora te toca a ti!». Para Jessica, el bebé Elliot, que ahora estaba dándole palmaditas en la barbilla y haciéndole guiños, era sin duda el adulto y ella el niño; la de él era un alma vieja y afectuosa, realmente un maestro adelantado.

Cuando Jessica lo cogió en brazos, el cuerpo de él comenzó a desaparecer, disolviéndose en la luz brillante cada vez más fuerte, cada vez más intensa, hasta ser él muy grande y estar más allá de los cuerpos, y su luz llenó el campo entero. Las flores silvestres, la hierba y el inmenso cielo azul resplandecían con su luz. El niño era más grande que Jessica, mayor que cualquier cosa imaginable. Hice reflexionar a Jessica de nuevo sobre sus sentimientos de responsabilidad, sabiendo que un alma tan vasta que abarcara el mundo entero jamás podría apagarse debido a una decisión individual, un accidente único. Ella se limitó a reír, como si la propia pregunta que no había dejado de hacerse ya no tuviera sentido. «¿Quién tuvo la culpa de su muerte? Yo, los médicos, nadie. Da igual. Es que da igual.»

A continuación, Jessica se vio embarazada, y enseguida con el bebé sano entre sus brazos en una habitación de hospital. Ese niño no era Elliot, pero estaba realmente con ella, un estallido de luz. «Está irradiando la habitación entera», musitó ella. «Es como si las paredes recibieran rayos de luz. Él es todo, está en todas partes.» Mientras Jessica sostenía al nuevo bebé, Elliot sostenía a Jessica. El hijo besó la cabeza del bebé una y otra vez. No había tristeza ni dolor, solo el amor más puro mientras Elliot velaba protectoramente por ellos. Aunque Jessica no estaba segura de si ella y su esposo querían más hijos, recuerdo que analizó minuciosamente todos los detalles sobre planes, partos y médicos mientras pensaba en lo que pasaría, lo que podía pasar, lo que pasó. Creí que le sería de ayuda saber cómo fue el nacimiento, pero ella sonrió mientras hacía caso omiso de la sugerencia como si fuera del todo irrelevante. «No importa. Son detalles humanos. La respuesta a su pregunta es que tuve una cesárea, pero da igual. Estoy dando el pecho.» Bajó la vista al bebé que tenía en brazos, perfectamente consciente de que Elliot estaba presente en la habitación y en sus vidas. «Estoy dando el pecho.»

Jessica derramó lágrimas de alegría; yo también. Me sentí sobrecogida ante el alma infinita y el amor de Elliot. Nada podía hacerle daño, es decir, a ninguno de nosotros tampoco podía hacernos daño nada. ¿Qué margen hay en el amor para la pena? ¿Qué significa la muerte de una persona cuando podemos volver a estar con ella en nuestra mente, cuando podemos volver a abrazar su cuerpo y ella puede abrazarnos a nosotros, cuando por fin podemos verle unos ojos que jamás vimos con claridad aquí en la Tierra? Nuestros propios ojos siguen cerrados a todo el amor que nos rodea y sufrimos al imaginarnos solos o abandonados, cuando lo único que hemos de hacer es simplemente abrirlos para descubrir que nuestros seres queridos están bailando y bailando con nosotros en el campo hasta el fin de los tiempos.

~ *Amy Weiss*

Amy ha sido meridianamente clara. Ojalá pudiéramos ver a nuestros difuntos mientras bailan a nuestro alrededor, nos siguen amando, nos protegen, nos esperan. Entonces la pena sería mucho menor.

En mi libro *Muchas vidas, muchos maestros*, cambié el nombre del médico que tanto había ayudado a Catherine y que me la había remitido. Él es quien sin saberlo inició todo este proceso, este descubrimiento de vidas pasadas. Lo llamé Edward por razones de confidencialidad. En realidad, se llama Elliot.

Una vez, estando profundamente hipnotizada, Catherine empezó a mover la cabeza de un lado a otro. «Me está mirando... un espíritu», dijo.

«¿A usted?»

«Sí.»

«¿Reconoce el espíritu?»

«No estoy segura... Podría ser Edward.» Edward había muerto el año anterior. Era de veras ubicuo. Parecía estar siempre alrededor de ella.

«¿Qué aspecto tiene?»

«Es solo... solo blanco... como unas luces. No tiene cara, al menos no lo que entendemos por cara, pero sé que es él.»

«¿Está comunicándose con usted?»

«No, está solo mirando.»

«¿Está escuchando lo que yo digo?»

«Sí», susurró. «Pero ahora se ha ido. Solo quería estar seguro de que yo estoy bien.» Pensé en la mitología popular del ángel de la guarda. Desde luego, Edward [Elliot], en el papel de espíritu bondadoso que ronda por ahí velando por el bienestar de ella, daba el perfil del papel angelical.

Todos tenemos a un Elliot, o dos o tres, en nuestra vida.

. APUROS Y ESPERANZA .

Clop, clop, clop. El caballo seguía un paso constante y cauteloso mientras salía de la zona boscosa y entraba en la ciudad. La mujer cabalgaba por la calle principal, llena de tiendas y comercios, saludando a caras conocidas. Lucía una chaqueta y una falda de montar de lana, y llevaba las largas trenzas pegadas a la cabeza. Con su cuerpo excepcionalmente pequeño, parecía una muñeca montada en un pura sangre. La gente de la ciudad le mostraba su respeto al pasar. La mujer era una mensajera experta que llevaba noticias de una ciudad a otra, a menudo atravesando territorios despoblados y peligrosos del sudoeste de Estados Unidos en el siglo XIX.

Le encantaba manejar el semental y correr con él. Se trataba de una amazona pequeña desde cualquier punto de vista, y su queridísimo caballo era mucho más alto. La mujer lo montaba con gran destreza y velocidad por la tierra seca y polvorienta. La gente no la juzgaba por asumir un papel poco convencional, pues su labor era muy valorada y su habilidad muy respetada. De la misma manera, el norte de ella era el trabajo, el cariño a su caballo y la gestión de los peligros que afrontaba.

En uno de sus recorridos, iba a toda marcha por un trecho polvoriento del sudoeste, subía un altozano redondeado y cruzaba entre colinas chatas y agujas de cactus. Esto le exigía cabalgar despacio, anticipándose a cada paso de los cascos. Su paso lento la convertía en una diana fácil para los guerreros apaches, de quienes se sabía que atacaban.

Había hecho este trayecto muchas veces, pero en la última ocasión cinco indios ocultos tras los cactus se abalanzaron sobre ella. Acto seguido, la obligaron a mirar cómo mataban a su caballo con furia y sin sentido. La mujer fue violada una y otra vez por el jefe del grupo, un gigante en comparación con su cuerpo de niña. La cara pintada y el penacho de plumas le daban náuseas. Se sentía asqueada y traumatizada por la absurda muerte del valioso caballo pero no aterrorizada, frustrando así las intenciones del hombre.

La banda de guerreros indios la abandonó a su muerte entre los cactus, pero ella fue capaz de regresar al rancho de su familia. Una vez hubo llegado y recobrado la salud, guardó el vestido de lana, se cortó el pelo, y se sentó en el sillón que daba a las colinas por las que solía cabalgar. Pasó el resto de sus días llorando la muerte de su caballo y de su vida como mensajera.

En el telón de fondo de su existencia había una mano firme que la amaba y la admiraba en secreto. Él se pasó toda la vida velando por ella, aun cuando la mujer no prestaba atención a su presencia ni a su amor. Nunca superó la pérdida de su juventud.

Esa mujer era yo, naturalmente. Traje conmigo a esta vida el amor a los caballos y cierta destreza para montar, y practico una compasión y un respeto constantes por los animales. Traje resistencia para hacer frente a los apuros de esta vida y puedo avanzar con esperanza, algo de lo que fui incapaz cuando era mensajera a caballo. Y lo que es más importante: mientras observaba a la mensajera triste sentada en su sillón, aprendí que tras la tragedia debemos seguir adelante. En el otro lado de las dificultades siempre hay regalos, como el afectuoso mozo de cuadra.

~ *Alice*

El tiempo no se mide en minutos, horas o años, sino en lecciones aprendidas. Alice ha asimilado esta sabiduría. Ha aprendido a superar el poder de la pena para inmovilizar, para congelar el tiempo, y ahora es capaz de progresar. Siempre hay regalos —siempre hay amor— en el otro lado.

Con su tendencia a la violencia y al crimen, los seres humanos provocan en el mundo mucho sufrimiento. Los seres espirituales, conscientes de sus dimensiones superiores, sus vidas múltiples y su karma cósmico, arreglan el mundo nutriendo y protegiendo toda clase de vida.

A medida que evolucionamos pasando de la condición de seres humanos a la de seres espirituales, nos consolamos y curamos mutuamente el dolor en vez de causarlo.

Alice se liberó fácilmente de la tristeza experimentada en su vida anterior como mensajera. Michelle, autora de la historia siguiente, fue capaz de realizar una hazaña parecida. Da igual si la pérdida es nueva o vieja; si somos conscientes de la fortaleza de nuestros lazos y nuestra alma, es posible que su carga se aligere y desaparezca en cuestión de instantes.

Cuando vi delante el mar de caras expectantes, el corazón comenzó a aporrearme el pecho. No había reparado en cuánta gente había hasta llegar al estrado, donde ahora estaba sentada en una silla junto al doctor Brian Weiss. Me aguanté las ganas de mirar hacia mi esposo, pues podía notar que me observaba frunciendo el ceño. Al comprender el alcance de mi compromiso, noté la cara caliente y roja. Estaba a punto de ser hipnotizada delante de cientos de personas que iban a verlo todo.

¿Y si no recuerdo ninguna vida pasada?, pensé. *¿Y si hago el ridículo?* Mientras pensaba esas cosas, los rostros de los antiguos yoes que había visto durante las regresiones de grupo de los dos últimos días empezaron a aparecer en mi imaginación en un vistoso desfile. Me sentí algo más tranquila y acto seguido recorrí con la mirada las caras de los asistentes. Parecían cordiales y agradables; algunos incluso sonrieron afectuosamente cuando mis ojos rozaron los suyos.

El doctor Weiss, que había estado dirigiendo unas palabras al público mientras yo me aclimataba al escenario, se volvió y me habló directamente a mí. Me concentré en sus instrucciones; el balsámico tono de su voz me calmó al instante. *Va a salir todo bien*, me dije para sosegarme. Él sonrió y asintió, como si hubiera oído mis pensamientos y estuviera respondiendo. Me relajé un poco en la silla, preparada para aceptar lo que hubiera de pasar.

Oí al doctor Weiss, cuya voz parecía muy lejana, diciéndome que yo vería una puerta frente a mí. Luego me explicó que en el otro lado de esa puerta me encontraría con un recuerdo de infancia. Le oí hacer la cuenta atrás desde tres, y en mi mente la puerta comenzó abrirse, como él había dicho. Entré mentalmente por ella, ansiosa por descubrir qué habría en el otro lado.

Al meterme en la brillante luz de detrás de la puerta, sentí que necesitaba parpadear pese a tener los ojos firmemente cerrados. Bajé la vista al suelo y vi linóleo con un estampado blanco y amarillo. Había encimeras, armarios y un fregadero sobre el cual se veía una ventana cubierta con unas bonitas cortinas amarillas. La luz que entraba por esa ventana tenía un tono soleado, de media mañana. Al lado del fregadero había una gran nevera de color verde oliva, de la que emanaba una especie de zumbido. El doctor Weiss empezó a preguntarme sobre lo que estaba yo experimentando, y cuando hablé para contestar, me sorprendió advertir que mi voz era mucho más suave y baja que de costumbre.

«Estoy en mi cocina», dije, aunque la estancia me resultaba totalmente desconocida. No era ninguna cocina que recordara, y de pronto caí en la cuenta de que pertenecía a la casa de la que nos habíamos mudado cuando yo tenía tres años.

Tras reparar en eso, me miré el cuerpo y vi que era una niña pequeña sentada en una sillita. Me vi las piernas regordetas y noté el pegajoso asiento de vinilo en la piel. Sin duda esto correspondía a una época muy anterior a mi recuerdo más antiguo, que era de cuando contaba unos cuatro años. Jamás había recordado nada de esos años vividos en la casa donde nací.

«¿Qué está haciendo?», preguntó el doctor Weiss.

«Estoy comiendo compota de manzana en la sillita.» Mi respuesta automática me sorprendió. Casi podía saborear la insípida comida infantil en la boca.

Entones la vi. Estaba sentada en una silla de madera delante de mí, sosteniendo una cucharita en la mano. Su amplia sonrisa hacía que sus altos pómulos parecieran dos manzanas sonrosadas, y sus bellos ojos verdes se arrugaban en las comisuras. *Mamá*, pensé, y empezaron a correr las lágrimas por mis mejillas.

«Mi madre está conmigo», susurré. En cuanto brotaron las palabras de mis labios, noté una incontenible sensación de amor. *¿Era de veras mi madre?* No creo que pudiera recordarla, pero allí estaba, sentada frente a mí. Tenía el corazón tan rebosante de emoción que me sentí a punto de estallar mientras permanecía allí sentada mirándola. La mujer que me diera la vida y me dejara sin ningún recuerdo suyo había muerto hacía mucho tiempo. No obstante, se hallaba delante de mí, haciéndome zalamerías y sonriendo. Era casi como si yo estuviera realmente en aquella cocina y hubiera viajado hacia atrás en el tiempo. Ella era real, y yo estaba ahí.

Me quedé sentada con los ojos cerrados, saboreando la sensación de que ella me cuidara. Estaba conmigo la que no había vivido para ver la mujer en que me había convertido yo, la que había dejado dentro de mí un agujero enorme. La había echado de menos cada día a pesar de no poder siquiera imaginarme el aspecto de su cara. Mientras estaba contemplándola, mi dicha era indescriptible.

Al mirarle el rostro sonriente, notaba lo mucho que me quería, cuánto le había gustado ser madre y lo mucho que disfrutaba estando conmigo. Le oía hablar con una voz suave y relajante, y el sonido de mi nombre al salir de sus labios era el más hermoso que yo hubiera oído jamás. Seguí derramando lágrimas, pues no había nada más salvo ese instante de pura felicidad. Sin embargo, era plenamente consciente de que se trataba solo de un recuerdo. ¡Oh, cuánto la echaba de menos!

A continuación volví a oír la voz del doctor Weiss: ya era hora de dejar atrás la escena. Sentí mucha pena, pero estaba dispuesta a hacer lo que él dijese. Sus delicadas palabras me alentaban y prometían que recordaría esas imágenes. El recuerdo había aflorado tras haber estado enterrado en el subconsciente a gran profundidad y durante mucho tiempo. No me quedaba ninguna duda de que la imagen del rostro de mi madre jamás volvería a desvanecerse.

Me ordenó que volviera a cruzar la puerta que yo había creado en mi mente, y, al hacerlo, la escena de la cocina amarilla desapareció al instante. Me sentía extrañamente efervescente, como si estuviera cargada de energía eléctrica: aunque mi cuerpo era un objeto fláccido y casi inútil en la silla, jamás me había sentido tan absolutamente viva y alerta.

De repente, apareció frente a mí una segunda puerta que se abrió. Tan pronto la hube cruzado, me llegó un fuerte olor, reconocible al punto como el de la brisa marina salada. *Estoy cerca del mar*, pensé, aunque era consciente del hecho de que, físicamente, me encontraba en una sala de reuniones.

Tras recibir la instrucción de bajar la vista, vi unos pies desnudos y sucios. Mi ropa consistía en un saco de arpillera reconvertido en unos improvisados pantalones, atados a la cintura con una cuerda. Notaba el basto material en las piernas. Me miré las manos, y no me lo podía creer. Provistas de gruesos dedos, estaban mugrientas y llenas de callosidades. Pertenecían a un hombre que las utilizaba para realizar un trabajo duro. *¿De quién son estas manos?*, pensé. La respuesta llegó con todas las garantías desde lo más profundo y se extendió por todo mi ser. *Esas manos eran mías.*

Miré alrededor y enseguida vi los barcos. Me encontraba en un muelle de madera que rodeaba una especie de puerto marítimo y estaba descargando pesados barriles de los barcos, recién llegados del Nuevo Mundo. Apareció en mi cabeza el año *1689*, surgido de la nada, al igual que el nombre de la ciudad portuaria: *Barcelona*. Aquellos barriles con los que yo forcejeaba contenían ron importado de América. El trabajo era físicamente duro, pero no me importaba demasiado ni sentía la necesidad de quejarme. No era una persona demasiado inteligente y quizá no sabía hacer otra cosa que esa labor extenuante.

Cuando el doctor Weiss me sacó de esa escena, me vi en una pequeña estructura de madera parecida a una cabaña: mi casa, de una sola habitación. Sin duda éramos muy pobres. En un extremo había una chimenea de piedra, sobre cuyo fuego se veía una gran olla negra de metal en la que se cocía algo de olor acre. En el suelo, junto a un rincón, había varios colchones de paja, y encima unas cuantas mantas de aspecto áspero. Enseguida noté varias presencias. Me volví y vi tres niños pequeños de pie, todos cubiertos de harapos. La conexión que sentí con ellos era tan palpable que casi me asfixiaba. No les veía los ojos, y las caras eran borrosas y estaban desenfocadas. No obstante, su familiaridad era innegable, y no me cupo ninguna duda de que eran hijos míos. Amaba con todo mi corazón a aquellas tres pequeñas almas a las que no había visto nunca.

Volví a mirar hacia la chimenea y vi a una mujer de aire agradable con un vestido largo. En la cabeza llevaba una gorra blanca, y estaba ocupada removiendo algo en la olla del fuego. Era mi esposa. Mientras la miraba, se me hizo en la garganta un nudo de añoranza y amor. Ella se volvió, y me sobresalté por momentos al ver que, a diferencia de los niños, los detalles de su rostro eran muy nítidos. Miré fijamente aquellos ojos de mujer, y el reconocimiento me envolvió al punto.

Era mi madre.

Casi sin dar crédito, la miré en mi imaginación. Tenía los mismos ojos e incluso las mismas mejillas sonrosadas que en esta vida. Pero, más que su aspecto, podía captar su energía. Esa amada esposa mía era la misma mujer que me había parido en esta vida. Lo sabía en lo más hondo de mi ser. Mientras la contemplaba, notaba lo mucho que nos queríamos el uno al otro. Empecé a ver escenas de nuestra vida juntos, pasando sucesivamente al tiempo que pintaban un bello cuadro de una relación basada en la adoración mutua. Ella me recibía cada noche con una cálida sonrisa y un abrazo tras mi largo día de trabajo duro. Aunque éramos pobres, y aquello era una interminable lucha por sobrevivir, vivíamos muy felices. Ella aceptaba nuestra vida sencilla con todas sus dificultades. *Esto es el amor verdadero*, pensé. Tuve un breve pensamiento, comprendí de súbito que, en comparación, mi matrimonio actual era bastante mediocre. *Esto es lo que quiero*, me dije mientras me deleitaba en el amor perfecto, equilibrado y espiritual que tenía con esa mujer.

Encontrar amor verdadero es lo más importante que podemos hacer en la vida. Y cuando lo encontramos, hemos de darlo a cambio. La idea flotaba en mi cabeza, en una corriente que evocaba una canción. *¿Acabo de pensar esto?*, me pregunté, pues había sido un mensaje mucho más atinado de lo que yo me creía capaz de elaborar.

Tras avanzar unos años en el tiempo, me vi en la misma casa. Estaba de pie en aquel sucio suelo mientras se me clavaba una tristeza asfixiante como un cuchillo romo. Mi esposa yacía en uno de los colchones de paja del rincón, cubierta por una basta manta. Estaba muy enferma. Tenía la piel de un tono grisáceo, y su tos me sobresaltó hasta convertirse en una espiral descendente de pena y angustia. Hice todo lo posible para ayudarla, pero nuestra extrema pobreza excluía una verdadera atención médica. Ella iba a morir. Al captar eso, mi creciente espiral de pesar se ensombreció cuando reparé en lo furioso que estaba. Me veía arrastrado a un sufrimiento abrumador distinto de cualquier otra cosa que hubiera conocido. Mi rabia se mezcló con una tristeza inimaginable que luego fluyó fuera de mí, dejando atrás una desolación entumecida.

Estaba yo sentado en una silla, con la mirada perdida, encogido dentro de mis sombrías emociones. Mis tres hijos estaban ahí, acurrucados en el rincón. Alcanzaba a notar su miedo mientras se agarraban unos a otros y miraban a su madre moribunda. Sin hacer nada por consolar de ningún modo a mis hijos aún pequeños ni atenderlos en lo que, sin duda, era una experiencia dolorosa y aterradora, permanecí en mi asiento.

Al verme ahí sentado sin hacer caso de mis niños, empecé a sentirme disgustado por el modo en que abordaba el problema. *¿Por qué no los abrazo?*, me preguntaba recordando lo mucho que los amaba. *Esto no está bien; ellos me necesitan.* Miré sus rostros y me sentí avergonzado. Volví a mirar el rincón donde se hallaba mi esposa, y vi que había muerto. Sus ojos miraban sin vida desde su cuerpo gris. No me moví de la silla para acercarme a ella ni consolar a los niños, que ahora estaban llorando. En lugar de ello, me limité a quedarme sentado mirando al vacío, como si el que estuviera sin vida fuera mi cuerpo, no el de mi amada esposa.

En mi mente comenzaron a flotar imágenes que reflejaban los años inmediatamente posteriores a su muerte. Me volví amargado y retraído, estaba siempre abatido y solo. Perdí mi alegría y mi amor por la vida, y jamás recuperé esa parte de mí mismo. Mi trabajo, que antes me había dado igual, era ahora una pesadez. Me pasaba las noches sentado en la silla, con la mirada extraviada. Sentía una increíble soledad pese al hecho de tener todavía tres hijos que necesitaban más que nunca a alguien que se ocupara de ellos. *Qué egoísta soy*, pensé, mientras me invadía una sensación de remordimiento. Los amaba. ¿Por qué los desatendía?

Avancé hasta el último día de esa vida e inmediatamente noté una presión aplastante en el pecho. La sensación era tan intensa que tuve que recordarme dónde estaba, que era imposible que algo estuviera realmente aplastándome. Parecía tan real que hube de luchar contra el pánico que comenzaba a apoderarse de mí. Costaba respirar, y el pecho me subía y bajaba con gran esfuerzo. El aire olía de nuevo a mar; estaba otra vez en los muelles donde trabajaba. No estaba muy claro qué sucedía. De repente, me sentí más ligero. Aspiré, y el oxígeno me llenó los pulmones con mucha más facilidad. Había desaparecido la sensación de pesadez en el pecho, y entonces vi lo que pasaba, pues a mi alrededor ya no estaba oscuro. Yo estaba flotando por encima del cuerpo de ese hombre que había sido yo. Él yacía sin vida en el suelo, con algunos de aquellos barriles sobre el tronco. Le habían caído encima fortuitamente desde el barco; su pecho había quedado aplastado.

Me sentí liviano como el aire mientras rondaba por encima de esa atroz escena de mi muerte. Me aturdía el contraste entre la pesadez sentida antes en ese cuerpo y la ingravidez total experimentada ahora. Era como si yo estuviera hecho de nada, aunque sabía que todavía era prácticamente lo que soy. Mi cuerpo roto yacía inútil y abandonado, pero aún existía. Empecé a ascender, sintiéndome fantástico y libre, experimentando una euforia que no había conocido jamás.

Apareció una luz brillante a lo lejos; estaba delante de mí pero más alta, en unas nubes que empezaban a diluirse y formar niebla. Dentro de esas nubes neblinosas, los colores eran de todos los tonos imaginables, y tan intensos que sin duda no podían ser percibidos por los ojos humanos. Me sentía arrastrado hacia esa luz brillantísima, y mientras la contemplaba me inundó una tremenda sensación de sosiego. A medida que me acercaba a la luz, iba aumentando la intensidad de un extraño zumbido, que vibraba a través de todo mi ser. Esa vibración eléctrica me devoraba, parecía que yo estaba siendo recargado. No parecía haber un borde desde el que comenzara la luz: esta simplemente iba creciendo poco a poco hasta fundirse conmigo. Es como si yo fuera la luz pese a percibir mi identidad y la ubicación de mis límites. Volvía a estar en casa, en el lugar al que pertenecía, totalmente en paz.

Y entonces la vi. Estaba allí de pie, mirándome expectante con su sonrisa afectuosa y sus mejillas sonrosadas. Mi madre, que había sido mi esposa, estaba esperándome. Tras verla, sentí un amor incontenible distinto de cualquier cosa de la que yo me creyera capaz fuera de esa luz. Ella no dijo nada, solo me dio un abrazo envolvente a la vez que mi nada se disolvía completamente en la suya. No teníamos forma humana para evitar nuestra conexión total, y nuestro amor puro pasaba directamente de uno a otro. Yo estaba lleno de ella, y ella de mí.

En ese estado de dicha absoluta, oí al doctor Weiss formular una pregunta: «¿Qué lección aprendida en esa vida es importante para la vida actual?»

No tuve que pensar la respuesta, pues volvió una ola de remordimiento por mis acciones cuando era aquel hombre. «Las personas mueren, esto es parte de la vida», contesté. «Uno no puede dejar que la pérdida le impida vivir la existencia con plenitud. Mis hijos me necesitaban, pero yo no era capaz de superar mi dolor para estar con ellos. Es importante lamentar las pérdidas, pero después hemos de aceptarlas y seguir adelante.»

Una vez acabada la última frase, quedó clara la relación con mi vida actual. En 1977, había perdido a mi madre a causa del linfoma de Hodgkin y había pasado apenada la mayor parte de mi época de formación. Fue especialmente difícil en los últimos años, después de que yo misma fuera madre. Sentía su pérdida como algo constante e inexorable.

En ese momento estuve preparada para dejar a un lado la pena y seguir adelante con mi vida. Estaba totalmente segura de que volvería a verla, y de que el amor mutuo que nos profesábamos no moriría jamás. Noté que desaparecía la pesadumbre, y entonces admití que siempre la echaría de menos, pero también que ya era hora de liberarse de ella. Jamás me había sentido tan libre mientras se me llenaban los ojos de lágrimas. Mi profunda tristeza había sido sustituida por un consuelo reconfortante. Había experimentado de primera mano que ella sigue existiendo... y siempre existirá.

Cuando abandoné el estado hipnótico, respiré hondo y abrí los ojos poco a poco. Parpadeé para enfocar de nuevo la estancia en la que me hallaba físicamente, y de inmediato advertí que había cambiado algo. Delante de mí estaban los cientos de caras de antes que habían presenciado la increíble experiencia; pero ahora parecía emanar de ellas un resplandor suave y etéreo. Esos resplandores se mostraban en diversos colores y matices, extendiéndose el perímetro más lejos de unos que de otros. Escrutando la audiencia, sentía un cosquilleo de la cabeza a los pies mientras contemplaba esa visión soberbia, de ensueño. *Auras*. No había visto en mi vida nada tan hermoso como aquellas personas, y sintiéndome aún ligera y llena de vigor, absorbí cada una con sobrecogimiento.

~ *Michelle Brock*

En su bella y exhaustiva descripción de los ciclos de la vida, la muerte y otra vez la vida, Michelle confirma y certifica la lección de Alice y la misma sabiduría percibida por la paciente de Amy, Jessica, que decía: «¡No tenemos que amargarnos! Ella podía haber hecho mucho bien.» «Tras la tragedia debemos seguir adelante. En el otro lado de las dificultades siempre hay regalos», decía Alicia. Michelle sabía muy bien que era «importante asumir las pérdidas, pero después hemos de aceptarlas y seguir adelante». Todas veían y sentían la parálisis que el dolor puede provocar; todas veían y sentían el dolor y el desperdicio que esta parálisis puede originar.

Michelle creía no tener recuerdos de su madre. Sin embargo, en cuestión de minutos, e incluso en la posición potencialmente incómoda de hallarse frente a un montón de observadores, recordó vívidamente escenas detalladas. Y los recuerdos no eran solo visuales. Notó el asiento de vinilo, saboreó la insípida compota de manzana, oyó la suave voz de su madre y acabó abrumada por la emoción. En un instante se superaron las décadas de separación de su madre, y la pena y la soledad jamás volvieron a ser tan intensas.

Podemos recordarlo todo. Igual que Michelle, albergamos una gran profusión de recuerdos en el cerrado cofre del tesoro de la mente subconsciente. Los hemos olvidado... no perdido. Siempre los podemos recuperar. Para abrir el cofre y ver de nuevo las escenas e imágenes de nuestros seres queridos cuando eran jóvenes y sanos, solo nos hace falta la llave. Y la llave es esta técnica de regresión, tan sencilla y segura. Y luego podremos ver otra vez sus caras sonrientes, sentir sus brazos alrededor, oler su perfume y disfrutar de su estima.

Además, podemos acceder a una vida pasada concreta tan a menudo como lo deseemos o necesitemos, igual que ocurre con cualquier recuerdo consciente. Quizá la primera vez no sea posible extraer todos los conocimientos y lecciones de esa vida experimentada en una regresión. Podemos volver atrás y recobrar más detalles o explorar esa existencia a niveles más profundos. Un recuerdo no tiene fecha de caducidad.

En todo caso, nuestros seres queridos no son solo recuerdos. Su alma sobrevive a la muerte del cuerpo físico. Además de la maravillosa reunión en el otro lado, cuando su madre la esperaba en la luz, Michelle se ha reencontrado dos veces con el alma de su progenitora. A los seres queridos no los perdemos nunca.

Me acuerdo de lo oído y experimentado muchas veces con mis pacientes. Tanto si el mensaje se oye en un sueño en el que aparece el ser querido fallecido, en una meditación o durante una regresión, como si solo nos lo susurran al oído —como hizo Richard con Lee y los chicos—, es extraordinariamente claro y sistemático: «No llores tanto por mí. Sigo aquí, estoy siempre contigo, y te querré siempre.»

7

Intuición y otras capacidades psíquicas

Contamos con muchas más capacidades intuitivas de las que conocemos o utilizamos. El conocimiento y la sabiduría susceptibles de ser adquiridos partiendo de estas facultades sin explotar son enormes; al mismo tiempo, reflejan las increíbles percepciones a las que podemos llegar mediante recuerdos de vidas pasadas.

En mi libro *Los mensajes de los sabios*, explico un ejercicio que llevo años incluyendo en mis talleres. Se denomina «psicometría», y ha dado lugar a muchos momentos asombrosos y maravillosos, algunos de los cuales se describen en este capítulo.

En este ejercicio experimental, que suelo realizar por parejas, los participantes intercambian pequeños objetos de su propiedad. Puede ser un anillo, un reloj, una pulsera, unas llaves, un relicario o cualquier otra cosa. Tiene que ser un objeto de contacto y que lleve principalmente su propietario.

Empiezo la experiencia haciendo un breve ejercicio de relajación que ayuda a los participantes a concentrarse y a poner la mente en blanco. Mientras permanecen en un estado de relajación y con los ojos cerrados, cada uno toma en sus manos el objeto de su compañero. Les pido que sean conscientes de cualquier pensamiento, sensación, impresión o sentimiento que les llegue.

Las impresiones pueden ser psicológicas (sentimientos, estados de ánimo o emociones), físicas (sensaciones corporales), psíquicas (visiones, mensajes, pensamientos, escenas de la infancia o de vidas anteriores) o espirituales (mensajes o imágenes de otras dimensiones).

Tras unos cinco minutos, les pido que intercambien con su pareja todos los aspectos de la experiencia. Es muy importante compartir todos los pensamientos, las sensaciones y las presiones, por tontos o raros que parezcan, pues estos suelen ser los «éxitos» más precisos y potentes. Es frecuente que la verificación de una de esas impresiones extrañas sea inmediata y muy significativa.

No sé si es la energía del objeto que se toma lo que facilita la transferencia intuitiva de información o la concentración mental relajada, pero lo cierto es que se produce un despertar y una confirmación del poder intuitivo que todos poseemos.

El ejercicio no conlleva riesgos, es sencillo, instructivo y muy entretenido.

También es posible obtener información sobre nuestras vidas pasadas y las dimensiones espirituales partiendo de otras percepciones intuitivas así como de sueños mediante la meditación o incluso de manera espontánea, como en experiencias *déjà vu*. La calidad y el detalle de esas percepciones psíquicas son semejantes a los observados en regresiones a vidas pasadas. Por ejemplo, el siguiente relato de un encuentro psicométrico suscita muchos de los mismos sentimientos y mensajes experimentados por Lee tras la muerte de Richard en la maravillosa historia del capítulo anterior. Ambas historias comparten la presencia poderosa e inmediata de un ser querido recientemente fallecido que trae consuelo desde el otro lado. Da igual si la vía a ese otro lado se establece por medio de regresiones al pasado, mediante psicometría o espontáneamente a través de otros canales intuitivos. Todos estos caminos conducen al mismo sitio, la misma conciencia. Siempre somos amados. Nunca estamos solos.

. LA CASA DEL LAGO .

Dicen que es mejor empezar por el principio. Mi primera experiencia con el hecho de que «estamos todos conectados», como dice Brian, se produjo el primer día de un curso de una semana organizado en el verano de 2006. Brian estaba explicando el proceso de la psicometría a una clase de unas 130 personas. Yo no había tenido ninguna exposición previa, y francamente no me creía capaz de hacerlo. Escuché a Brian decir que, cuando sostuviéramos un objeto personal de un compañero de la clase, quizá comenzaran a formarse imágenes en nuestra mente. La tarea, decía él, consistía tan solo en posibilitar eso, advertir de qué imágenes se trataba y abstenerse de juzgarlas. Y después compartirlas, naturalmente.

La persona que había a mi lado era una mujer atractiva, vestida de manera informal, de cincuenta y tantos años. Intercambiamos comentarios sobre lo interesante y a la vez extraño que parecía aquello, y cada uno expresó la esperanza de que el otro no se sintiera decepcionado, pues no habíamos hecho eso antes. Nos dimos mutuamente los relojes de pulsera tras lo cual se atenuaron las luces y comenzó el ejercicio. La verdad es que yo no esperaba «pasar» ese pequeño test de mis capacidades psíquicas, pero recordé lo dicho por Brian acerca de advertir lo experimentado sin juicios ni cuestionamientos.

Mientras sostenía el reloj de la mujer, la primera imagen que vi fue la de una casa preciosa en la orilla de un lago, rodeada de pinos altos. El techo y los costados estaban cubiertos de bellos listones de cedro. Junto al agua había una pequeña canoa verde con una pala dentro. Al lado, también sobre la arena, un viejo bote con un par de remos. En el porche se veía una bicicleta de diez marchas, y al lado un hoyo para fogatas hecho de piedras grandes, donde ardía un buen fuego. Vi un tren elevado y rápido en una ciudad importante, y luego otra vez la casa del lago, con un disco volador azul en el porche y el mismo fuego de leña en el hoyo. Sentí que me penetraba una inmensa sensación de paz, amor y felicidad, aunque no sabía por qué ni de dónde venía. Se encendieron las luces, y Brian nos pidió que lo compartiéramos todo con el compañero, por poco sentido que pareciera tener.

Empecé a revelar las imágenes que había visto, y mi compañera se puso a llorar. Me callé, pero ella insistió en que continuara. Cuando hube terminado, le pregunté qué significaba aquello para ella. Sin dejar de llorar, procedió a contar su historia.

La mujer y su pareja de muchos años habían compartido un amor profundo y espiritual. Él era su mejor amigo. Había muerto recientemente a causa de una forma fulminante y agresiva de cáncer. Tras saberlo en enero, había vivido solo unos cuantos meses. Ella todavía estaba muy apenada. Poseían una casa en un lago del nordeste. Les encantaba ir allí juntos siempre que podían, para relajarse, rejuvenecerse y recuperarse de su estresante y ajetreado trabajo. Un sitio pequeño y bonito en un bello paisaje, con listones de cedro en el techo y los lados. En la orilla del agua había una canoa verde de uso habitual y un bote de remos. Les gustaba andar por ahí y lanzar un disco volador azul. La bicicleta de diez marchas del porche era de él, y siempre estaba ahí. A él le encantaba montar en bici siempre que podía, en el campo como en la ciudad, donde vivía y trabajaba. Cogía el tren elevado casi cada día para ir a trabajar. En el exterior, junto a la casa del lago, había un hogar grande y hermoso. Solían sentarse bajo las estrellas, contemplando el fuego, hablando.

Ella había quedado encargada de todo lo relativo al entierro; él solo había pedido la incineración inmediata. Su muerte había dejado a su compañera desconsolada y paralizada. La mujer por fin había empezado a reunir la fuerza necesaria para organizar un funeral adecuado en honor del hombre al que había amado tanto. Había mandado cientos de invitaciones, pues él tenía familia y amigos por todo el mundo. En el anverso de la invitación había una gran foto de un hermoso fuego de leña que ardía en el hoyo de las fogatas.

Ahora era *yo* el que estaba asombrado y abrumado. Expliqué la sensación de paz, amor y felicidad que había sentido y me había envuelto mientras sostenía su reloj. Sin dejar de llorar, la mujer dijo no tener dudas de que esas imágenes y sensaciones me las había transmitido su compañero. Ella lo percibía allí en la sala, con nosotros, y ahora sabía que aún estaba a su lado, que la amaba, y que estaba en paz y era feliz. También captó el mensaje de que él quería de ella que sintiera el mismo amor, la misma paz y la misma felicidad. Ahora por fin había sentido todo esto y podía comenzar a concluir su proceso de duelo y seguir adelante con su vida. Ella y yo, dos desconocidos totalmente aleatorios, estábamos sentados juntos en un curso. Al cabo de unos instantes, había tenido lugar entre nosotros una experiencia profundamente personal, conmovedora y purificadora desde el punto de vista espiritual.

~ *Michael Brown*

Michael es un terapeuta estupendo, no un médium ni un vidente famoso. De hecho, él tenía muy poca confianza en sus habilidades psíquicas y, tal como explicó, esperaba que su compañera no se sintiera decepcionada.

En realidad, todos somos videntes o médiums. Todos tenemos increíbles facultades extrasensoriales que el ego y la mente lógica nos ocultan. Con mi permiso para dejar que su don intuitivo surgiera de las sombras del cerebro izquierdo, en cuestión de segundos Michael estuvo describiendo un detallado panorama visual y emocional. Llegó a ver cuántos remos había, la canoa verde y el viejo bote.

Aquella cálida tarde de verano, su visión intuitiva alivió mucho a la mujer. Michael es modesto y minimizará su contribución, pero ese día cambió la vida de su compañera. La ayudó a dejar atrás la desesperación y a iniciar su curación, permitiéndole sentir el amor, la paz y la dicha que su amante tanto quería compartir con ella.

Jacqueline, autora de la siguiente historia, también participó en un ejercicio de psicometría con alguien desconocido, y fue capaz, asimismo, de transmitir y recibir mensajes que ayudaron a aliviar el sufrimiento.

. LOS TRES CERDITOS .

Hace unos años asistí a uno de sus talleres en el Instituto Omega. Usted nos pidió que intercambiásemos un objeto personal con un desconocido, cosa que hice con la mujer sentada frente a mí. Ella me dio el collar que llevaba, y yo le di mi anillo. Mientras permanecíamos sentadas con los ojos cerrados, usted nos guio hacia una meditación y nos dijo que no descartásemos ninguna imagen que apareciera en nuestra cabeza, con independencia de lo disparatada que pareciera.

Habló primero ella. Yo había estado llevando la alianza de boda de mi nuera, el anillo que di a esa desconocida. Mi nuera había sido asesinada tres años atrás, estando embarazada de ocho meses. La desconocida describió con precisión su cabello rubio y la vio de pie en una cocina de color rojo que daba a una masa de agua mientras observaba a una pareja jugando en el muelle. Tenía un afectuoso mensaje para mi hijo, el amor de su niñez, quien, junto con su nueva esposa, había acabado de comprar una casa junto al lago que tenía una cocina pintada de rojo.

Me quedé, como poco, estupefacta. Ni que decir tiene que, tras recibir una visión tan gráfica de una desconocida, me daba vergüenza contarle lo que había visto yo. Con tono de disculpa, le confesé que la única imagen que había destellado en mi mente había sido la de los tres cerditos bailando un zapateado en mi campo visual. Intentaba apartarlos, pero cada vez que lo hacía ellos regresaban, negándose a ser rechazados. Por si esto fuera poco, estaban bailando justo al lado de una piscina.

La desconocida se puso a llorar. Me había dado un relicario que contenía un mechón de pelo de su padre, fallecido en fecha reciente. A lo largo de los años había pasado muchas horas en la casa del padre, paseando junto a la piscina que a él tanto le gustaba. Lo más curioso es que, en el jardín contiguo a la piscina, había una estatua de los tres cerditos en pose de baile, con bastón y sombrero de copa.

Las dos estábamos conmocionadas. Si usted no nos hubiera dicho que compartiéramos cualquier imagen, por rara que fuera, yo jamás habría hablado de los ridículos cerditos. Ambas estuvimos de acuerdo: no se trataba de ninguna coincidencia sino de verdadera comunicación. Aunque no lo entendíamos, no podíamos menos que creerlo.

~ *Jacqueline*

Los detalles exactos confirmatorios de las escenas e imágenes compartidas por Jacqueline y su compañera, una completa desconocida, le dejan a uno pasmado. La información recibida de la otra, quizá con ayuda del objeto sostenido en la mano, ¿cómo podía ser tan clara y precisa? Va en contra de toda lógica, y sin embargo he sido testigo de resultados parecidos un montón de veces.

Somos capaces de utilizar canales que trascienden los habituales cinco sentidos. Estamos diseñados para conectar entre nosotros en niveles mucho más profundos y detallados de lo que cabría imaginar. Ni siquiera la elección de pareja fue realmente fortuita. Todo forma parte de un proceso que nos impulsa a lo largo de nuestro camino espiritual.

Cada uno de nosotros puede estar conectado con presencias afectuosas del otro lado —las dimensiones celestiales— y ser reconfortado por ellas. Una desconocida describe a la asesinada nuera de Jacqueline, de pie en la casa de un lago que no había conocido en vida. La nuera no es vengativa, no está atormentada, ni siquiera se siente celosa. Tiene mensajes de afecto para el amigo de infancia con quien más adelante se casó. Parece estar alrededor de Jacqueline, haciéndole saber que se encuentra bien y que está transmitiéndole amor.

Llevo más de veintitrés años dirigiendo este ejercicio psicométrico, y nunca había oído ninguna mención de los tres cerditos del famoso cuento como la de Jacqueline. Ella los describió a su compañera, que tal vez necesitaba oír esto más que ninguna otra persona del planeta. El padre había colocado una escultura de los tres cerditos en el jardín adyacente a la piscina. ¿Alguien más ha hecho esto? Y acababa de morir. Qué mejor mensaje para ser transmitido a su afligida hija a través de una verdadera desconocida.

Nunca perdemos a los seres queridos. Siempre están con nosotros, siempre alrededor. No tienen el cuerpo físico, y los echamos muchísimo de menos, pero siguen ahí, abrazándonos con su energía afectuosa.

El esposo de Shirley le comunicó que estaba con ella mandándole no solo mensajes, sino también regalos extraordinarios desde el otro lado. A continuación, nos cuenta su historia.

. ARREGLO FLORAL .

En los cruceros en que estuve con el doctor psiquiatra Brian Weiss y un famoso vidente, tuve un montón de experiencias extraordinarias, pero quizá la más destacada fue aquella en la que recibí flores desde el otro lado.

Estábamos en Tahití. Era la primera semana de octubre de 1999, y los seminarios ya se acercaban a su fin. En una sesión de tarde con el doctor Weiss, se nos invitó a escoger un compañero al que no conociéramos, con quien intercambiaríamos temporalmente un objeto personal. Aunque a mí no me pasó gran cosa, mi compañera se animó y empezó a describir a mi esposo, fallecido recientemente. Fue bastante precisa a la hora de hablar de un abrigo de *tweed* poco común por el que era muy célebre en el norte de Ontario. Esto fue para mí una primicia que me dejó impresionada, por lo que le supliqué que no llamara la atención sobre nosotras. Se trataba de un error, y esta clase de episodios enseguida despiertan el interés de la gente.

Al día siguiente, el último en Bora Bora, tomé una pequeña embarcación y fui en busca de una flor para mi pelo. En la isla había pocas tiendas, pero en un escaparate vi un precioso hibisco que intenté comprar. La anciana dependienta no hablaba inglés ni francés, pero se puso a rellenar las aberturas de un gran sombrero de paja con flores de un color rosa similar. Traté de detenerla, insistiendo en que solo quería una, pero no me hizo caso. Entonces entró una joven polinesia, a quien expliqué el problema. «Es usted la que se equivoca», dijo. «Este sombrero es un regalo.» El último bote estaba a punto de salir, solo pude dar un abrazo a cada una y marcharme a toda prisa. Después, otros me dijeron que el sombrero parecía iluminado.

Iba a comenzar el último seminario. En un estado de ánimo meditabundo, enseguida me puse alerta cuando el médium pronunció mi nombre y dijo que un hombre de frac y con sombrero de copa quería bailar conmigo. Tenía que ser mi esposo, lo sabía. Cuando nos casamos, poníamos discos en la biblioteca y bailábamos. Me transmitió mensajes de gratitud por haber respondido a todas las elocuentes cartas de pesar y comentó de pasada que yo había puesto un marco nuevo a su foto y la había cambiado de sitio. Todo era cierto. Luego dijo que me encantaban las flores y que me enviaría algunas con cariño.

«Y aquí están, a tu lado, en tu sombrero. ¡Son magníficas!», dijo alguien del grupo. ¿Cómo diablos —o acaso fue cosa del diablo— recibió el mensaje la mujer polinesia?

Una semana después, fui invitada, junto a otras señoras, a una fiesta en Neiman-Marcus para la presentación de una nueva línea de cristal. Nos dieron a cada una un ladrillo de arcilla con utensilios para sacar un regalo encerrado en un cristal. Mi regalo era una pequeña y rosada flor de hibisco.

~ *Shirley*

El difunto esposo de Shirley persistía en recordarle su gratitud y su amor. El abrigo de *tweed* precedió a varios regalos de flores, tanto reales como de cristal. Las de verdad parecían estar iluminadas. Será cosa del amor.

Ciertos mensajes espirituales pueden ir más allá de los sentidos habituales y ser captados de muchas maneras. No requieren palabras ni lenguaje. La anciana polinesia no hablaba inglés ni francés, pero percibió el impulso y lo transformó en un obsequio floral. Quizás en Bora Bora fuera algo normal, pero a nosotros nos parece un milagro.

Como nos recuerda la autora de la siguiente historia, «todo es posible».

. CURACIÓN Y FELICIDAD .

Hace poco fui a verle a un seminario en Boston. Nunca había estado en algo así. Había leído todos sus libros y me interesaba el tema de las vidas pasadas y la terapia de regresión. Solo he tenido una regresión hasta ahora, en ese seminario, y aunque se trató solo de una experiencia breve, fue al mismo tiempo de veras inaudita.

A los asistentes nos dijeron que intercambiásemos algún objeto de propiedad personal con la persona que estuviera sentada al lado. Le di a mi vecina el collar. A continuación, debíamos cerrar los ojos y seguir sus instrucciones para intentar «ver algo» de la vida del otro. Una vez terminado el proceso, le conté a mi vecina lo que había visto e imaginado mientras sostenía su objeto y le escuchaba a usted. Y resulta que fui muy precisa a la hora de hablar de ciertas cosas que pasaban entonces en su vida, lo que le hizo reconsiderar algunas por las que se había decidido.

Le llegó luego a ella el turno de explicar qué había visto de mi vida. Comenzó a hablarme de un niño rubio que estaba jugando y haciendo «cosas de chicos» al otro lado de un río. El niño parecía feliz y le sonrió. También agitaba una flor blanca. Entonces me tocó suavemente el brazo y dijo: «Debo decírtelo. No estaba segura de si debía o no porque no parece tener sentido, pero siento que debo hacerlo. El niño me dijo que te dijera que está bien. Es feliz. No estés triste por él.» Empecé a derramar lágrimas pero intenté contenerlas frente a esa mujer a la que no conocía. Me limité a darle las gracias y me marché.

Lloré porque siendo joven había tenido un aborto. Yo no quería, pero mis padres y mi novio me presionaron. En su momento estaba convencida, y todavía lo estoy, de que el bebé era un niño. Desde que pasó, me he sentido culpable de eso. Pienso a menudo en el niño que debía haber tenido.

Esta experiencia me ha ayudado a saber que el bebé es feliz, que juega y hace «cosas de chicos», lo cual me tranquiliza en el sentido de que yo también puedo alcanzar la felicidad. ¿Por qué, si no, habría sentido esa desconocida la necesidad apremiante de contarme lo que le había dicho el niño? ¿Por qué, habiendo tantas personas en el seminario, estaba sentada yo junto a ella? Lógicamente, no cabe posibilidad alguna de que ella supiera nada al respecto; muy pocas personas lo saben. Dicho esto, creo que cualquier cosa es posible. Por fin me siento mucho mejor acerca de cosas que no puedo cambiar.

~ *T. H.*

Acarreamos mucho dolor y pesar innecesarios, pero podemos deshacernos de esta carga mediante el conocimiento. La compañera de T., para ella una desconocida, no se imaginó al niño; lo vio con claridad y sintió una presión, una urgencia, para transmitir su mensaje.

El río separa nuestro mundo físico del otro lado. Es un símbolo antiguo, importante en la mitología griega y en muchas otras culturas y religiones. El concepto de la otra orilla se encuentra en el budista Sutra del Corazón y numerosos textos espirituales del mundo entero. Su compañera no vio el río por casualidad.

El alma no puede sufrir daño, sea por la muerte o por un aborto. El alma está evolucionando y creciendo en el otro lado. Así, el hijo de T. llegó a Boston a decirle que no sufriera más porque él era feliz, estaba bien. El niño está hablándonos a todos, pues todos hemos perdido o perderemos a seres queridos. Y cuando nos visitan tras haber muerto —en sueños, ensoñaciones, meditaciones, mediante desconocidos o de cualquier otra forma—, su mensaje será semejante al transmitido a T.: «No estés triste. Estoy bien. Soy feliz. Siempre estaremos juntos.»

. «CEREBRO» .

Aterrizar en el aeropuerto internacional de Islandia en mi viaje a Tel Aviv, donde vivo, era la escala perfecta de unas vacaciones fabulosas. Acababa de participar en su taller a bordo de un lujoso crucero desde Fort Lauderdale a las islas del Caribe.

Mientras deambulaba por el aeropuerto, vi una tienda en cuyo escaparate se veían estatuillas con forma de cabeza humana. Estaban hechas de vidrio transparente de colores intensos. Me acerqué, cogí una del todo diáfana, pero la devolví de inmediato a su sitio, pues parecía de veras la calavera de un muerto. En su lugar cogí otra figura de un color verde brillante y la careta plateada. Era obra de un escultor sueco, un artista de Estocolmo. Aproveché al vuelo la oportunidad de comprarla. En la parte posterior de la cabeza había una sombra azul que parecía un cerebro humano. Resulta que el artista la llamaba «Cerebro», y recomendaba a la gente que la utilizara en la vida cotidiana para reducir el estrés.

Un año después, volví a participar en otro de sus talleres en un crucero, que esta vez se iniciaba en Puerto Rico. En una sesión de meditación, oí el sonido de un taladro detrás de la cabeza, pero en aquel momento no supe qué significaba.

Volví a casa, y al cabo de dos meses fui sometido a una inesperada operación quirúrgica para extirparme un tumor cerebral.

Tras un largo permiso por enfermedad, abandoné mi estatus judicial e incluso dejé de trabajar como abogada. Ahora hago cosas que me gustan: ver a mis nietas, escribir relatos cortos y pintar. Por otra parte, nunca he dejado de pensar en esa profunda experiencia mística que tuve con mi cerebro y con el «Cerebro».

~ *Aviva Shalem*

Lo que consideramos accidentes, coincidencias y sucesos aleatorios en realidad no son tales. Aviva comenzó a recibir alertas subconscientes, señales o premoniciones sobre su tumor cerebral más de un año antes del diagnóstico y la operación. Al principio, cogió la estatuilla equivocada, pero su intuición, quizá potenciada por las experiencias en los talleres y sin duda por el ejercicio de psicometría, enseguida la empujó a rechazarla y elegir «Cerebro». El sonido del taladro en la meditación del año siguiente fue otra señal. Todo acabó bien, y su vida posquirúrgica es mucho más tranquila y menos estresante, como pretendía el escultor sueco.

Al seleccionar el objeto, sostenerlo en las manos y captar su energía y sus mensajes únicos, Aviva estaba llevando a cabo su propio ejercicio psicométrico personal. Todos podemos hacer esto con los millones de objetos que nos rodean, y también con las personas que conocemos. Podemos imaginar cómo se expandiría el mundo si nos permitiéramos ser conscientes de la fabulosa energía de que se compone cada cosa individual. Por fin comprenderíamos la magnitud del amor y la sabiduría que nos rodea en todo momento.

Incluso los desconocidos pueden procurarnos increíbles percepciones y mensajes personales, como descubrió un día Lori, autora de la siguiente historia, en uno de nuestros talleres.

. ¡LLAMA A TU MADRE! .

Mientras asistía a su seminario de fin de semana en el Instituto Omega, observé a una mujer que parecía, por así decirlo, muy poco interesada en el tema de la reencarnación. De su asombrosa capacidad para dormir ese día durante buena parte de la clase, saqué la conclusión de que tenía una absoluta falta de interés en todo lo que Omega pudiera ofrecerle.

Aproximadamente en mitad del día, cada uno escogía un compañero desconocido y meditaba mientras sostenía un objeto personal suyo. La tarea consistía en recordar cada imagen y pensamiento que nos llegara entretanto, y luego contarlo y compartirlo con el otro.

Cuando la gente comenzó a elegir parejas, el desinterés de la mujer no pasó desapercibido. Nadie quería asociarse con ella. Decidí proponerle que fuera mi compañera, en parte para que no estuviera sola, y en parte para impresionarla con mi intuición y demostrarle así que aquel era un acontecimiento que valía la pena.

Sostuve su objeto, me concentré con todas mis fuerzas, y me llegaron abundantes imágenes: un perrito blanco, una piscina rodeada por una valla, un toldo en el porche trasero que daba a la piscina, la sensación de que hacía mucho calor, y lo que parecía ser un mensaje del perro de que todo iba bien.

Terminamos la meditación, y yo estaba tan entusiasmada que quise ser la primera. Mientras recitaba de un tirón la lista de elementos visuales, la mujer se limitaba a decir: «Emmm, no... Ummm, una piscina, no... vivo en el Bronx. Calor, no. He vivido allí toda la vida... Un perro, blanco, no.»

Algo decepcionada por esa incapacidad para conectar con ninguno de mis detalles aparentemente perspicaces, me recliné para oír lo que había recibido ella de mi objeto. La verdad es que no esperaba gran cosa, pues mi compañera había estado dormida durante casi toda la clase. ¡Pues fíjate, estaba equivocada!

Con su marcado acento neoyorquino, procedió a contarme mi vida entera. Empezó diciendo «llama a tu madre», y luego pasó a hablarme de dos casas con las que mi madre no sabía muy bien qué hacer, un aborto espontáneo de mi madre que incluía al espíritu de un niño que permanecía conmigo (era la segunda vez que me decían eso) y mucho más. Resultó ser todo verdad; lo sé porque lo primero que hice después fue, como es lógico, llamar a mi madre.

Tras hablar con ella, estaba tan agitada que me moría de ganas de contarle a todo el mundo lo que había pasado. Cuando usted me pidió que le explicara mi experiencia, me quedé otra vez aturdida. Lo que yo había captado parecía proceder de una mascota muerta hacía poco y estar dirigido a un miembro del público de la primera fila. Todos los detalles parecían encajar en su vida; también otros habían recibido el mensaje de su querido perro.

Esta maravillosa experiencia me enseñó mucho sobre lo conectados que estamos, y que no debemos preocuparnos por el futuro ni pensar demasiado en el pasado, sino vivir todos y cada uno de los momentos al máximo. Y mientras lo estamos haciendo, acordémonos siempre de «¡llamar a mamá!».

~ *Lori Bogedin*

Es por eso por lo que no debemos juzgar un libro por la cubierta; es más, no debemos juzgar en absoluto. Lori fue amable al elegir pareja, y luego se vio recompensada por una serie precisa de importantes mensajes, que culminaron en el espíritu del pequeño.

La proyección es el acto de atribuir nuestros pensamientos, sensaciones o juicios a otros, lo que suele crear distorsiones de la realidad. Quizá las cosas no sean lo que parecen ni como suponemos. Por ejemplo, tal vez la compañera de Lori se dormía porque estaba cansada, no por falta de interés. A lo mejor era la segunda o la tercera vez que hacía el curso y, como ya conocía la parte teórica de la charla, volvía solo para los ejercicios prácticos.

Estamos conectados con muchas más personas de las que hay en nuestra proximidad inmediata, como en el caso de la compañera de Lori, quien había recibido información precisa de una persona de otra parte de la sala, alguien que acababa de perder un perrito blanco. Volvíamos a tener el mismo mensaje de después de la muerte: todo va bien. Los animales también tienen alma.

Lori sintió la paz profunda, el flujo, la sabiduría infalible de que todo es como tiene que ser. Sabiendo esto, podía vivir en el momento presente, donde reside la felicidad, en vez de vivir en el futuro o en el pasado. Todos debemos hacer como Lori y vivir en el momento. En mi libro *Solo el amor es real: el amor es la respuesta a todo*, ahondo en este concepto.

El filósofo y monje budista vietnamita Thich Nhat Hanh escribe sobre disfrutar de una buena taza de té. Para disfrutar del té, debemos ser totalmente conscientes del presente. Solo conscientes del presente pueden las manos sentir la agradable calidez de la taza. Solo en el presente podemos disfrutar del aroma, saborear el dulzor, apreciar la exquisitez. Si estamos cavilando sobre el pasado o preocupados por el futuro, nos perderemos completamente la experiencia de gozar de una taza de té. Bajaremos la vista a la taza, y el té ya no estará.

La vida es igual. Si no estamos presentes del todo, miraremos alrededor, y ya no estará. Nos habremos perdido la sensación, el aroma, la exquisitez y la belleza de la vida. Será como si nos pasara a toda velocidad.

El pasado ha concluido. Aprendamos de él y soltémoslo. El futuro ni siquiera está aquí todavía. Planifiquémoslo, pero no perdamos tiempo preocupándonos por él. Preocuparse no sirve para nada. Cuando dejamos de reflexionar sobre lo que ya ha sucedido, cuando dejamos de preocuparnos por lo que acaso no suceda nunca, estamos en el momento presente. Entonces empezamos a experimentar dicha en la vida.

Hemos de tomarnos nuestro tiempo para disfrutar del té —y de la vida—. Es muy sencillo, pero a la vez no es fácil. Debemos librarnos de la inquietud y el miedo. El miedo es una emoción tóxica y debilitante que nos quita alegría, que sustituye por ansiedad, estrés y terror. En vez de ello, hemos de ser conscientes de la dulzura que trae cada día consigo. La vida rebosa belleza exquisita. Empapémonos de ella.

Como Lori, también yo he observado que estar en el Instituto Omega, o en cualquier taller de varios días, me deja en un estado alterado, un estado en el que vivo realmente el momento presente y percibo la interconexión de todos los seres. Sé que mi conciencia no se halla en su modalidad normal: pasa de la perspectiva cotidiana a la «otra». Esta perspectiva se caracteriza por cierta sensación de distanciamiento afectuoso, de intemporalidad, de juzgar menos y observar más, de profunda paz interior.

El filósofo y místico Krishnamurti, un hombre fabulosamente sabio, escribió en una ocasión que podemos poner la mesa para esta conciencia alterada pero no así hacer aparecer al invitado. En otras palabras, somos capaces de crear las condiciones para ello, pero quizá debamos aguardar. En los cursos de Omega, mi mujer Carole y yo solemos terminar la semana o el fin de semana con esa sensación tan sublime. Ambos sabemos que no durará, pero siempre estamos pendientes de cuánto tiempo persiste. A menudo vamos desde Rhinebeck, donde está Omega, a los aeropuertos de Nueva York, y luego allí ocurre algo —gente gritando, mala educación— que nos devuelve a la conciencia habitual. La transición es muy brusca, y aunque somos muy conscientes de ella, es igualmente difícil regresar. De todos modos, la última vez que estuvimos en ese nivel elevado todo sucedió con mucha rapidez.

Carole y yo habíamos salido de Omega en coche, y al cabo de treinta minutos nos detuvimos en un súper debido a una fuerte tormenta. Ella entró mientras yo aparcaba por allí cerca, dejando un montón de sitios vacíos delante y detrás. Aunque no había nadie alrededor, sin darme cuenta seguramente había ocupado la plaza que quería otra persona. Bajo la torrencial lluvia, y mientras Carole estaba dentro del súper y yo esperaba en el vehículo con las ventanillas cerradas, un hombre de mi edad que llevaba solo una camiseta empezó a dar vueltas alrededor chillándome. Al principio yo no entendía nada, hasta que al final le oí decir: «Ha cogido mi sitio. Quiero este sitio.»

Me pareció algo incongruente. Aún me sentía distanciado y lleno de paz, pero ahora esto comenzaba a disminuir. Mientras él estaba al otro lado de la ventanilla, advertí que llevaba al cuello un medallón de la Virgen María. Me pareció de veras extraño —e incluso inapropiado— que un hombre con un medallón de la Virgen estuviera gritando, vociferando y actuando con aquella agresividad. La Virgen María es un símbolo de bondad, de ayuda a las personas con los brazos de la gracia. Ese hombre la llevaba justo al lado del corazón, pero se comportaba de una manera totalmente contradictoria.

Yo sabía que él podía dañar el coche o romper una ventanilla; despotricando así, era capaz de todo. De repente se produjo el cambio. Quizá se activaron la ansiedad, la alarma o el miedo, que me obligaron a volver a la conciencia habitual. Dije algo parecido a esto: «Lo siento. No me he dado cuenta de que estaba usted ahí. Mi esposa está en el súper, y la estoy esperando. Ella sabe que estoy aquí, por lo que si me muevo, quizá le cueste encontrarme. Pido disculpas.» Tras eso, se marchó. No sé exactamente qué tenía él en la cabeza, pero el caso es que desapareció.

Salió Carole, y nos fuimos. Le expliqué la historia, lo que también la hizo recuperar la conciencia normal.

Se nos ha ocurrido que quienes meditan habitualmente o alcanzan la trascendencia deben hacer frente a ese problema. ¿Cómo se relaciona uno con las preocupaciones rutinarias mientras se encuentra en ese hermoso espacio? ¿Cómo conserva un estado de paz, amor y compasión sin dar pie a que los demás le manipulen o se aprovechen de él? Es una tarea difícil. Pueden ser de ayuda la meditación, la contemplación, la introspección e incluso la lectura de un libro espiritual. Lo que he observado a lo largo de los años es que algún recordatorio del estado también ayuda a volver al mismo. Solo hemos de acordarnos de las sensaciones que provocaba. ¿Cómo era la respiración? ¿Qué había en el campo de las percepciones? ¿Qué cambios fisiológicos notamos en su momento?

También me siento de forma parecida cuando estoy despertando de un sueño especialmente curioso. Sé que no debo comer ni leer el periódico enseguida, sino solo permanecer en ese estado, pues en dicha modalidad perceptual soy consciente de muchas más cosas. Es a la vez la sensación de ser intuitivo, de saber cosas a un nivel más profundo, de comprender. No obstante, cuando voy camino del trabajo, contemplo el tráfico o participo en alguna acción semejante, suele ser necesario regresar a la conciencia normal de vigilia.

Es importante recordar que cada paso es sagrado, cada respiración es divina. Si conservamos esta mentalidad alerta, se producirá un cambio en la conciencia. Tendremos una sensación de paz absoluta. Hacerlo es saludable, para el cuerpo y para la mente. Somos seres espirituales, y este es nuestro estado natural. Para arreglárnoslas mejor en el mundo físico, conviene considerar que el «otro» estado es el normal y que la modalidad «cotidiana» es algo temporal.

En realidad, no conocemos la manera exacta en que un objeto sostenido en la mano facilita la transmisión de hechos y detalles privados en el ejercicio de psicometría. Puede que haya una transferencia de energía, pues muchas personas cuentan que el objeto se nota templado o se calienta mientras lo sujetan. En varias culturas antiguas se ha descrito una fuerza vital que otorga poderes a todos los seres vivos y a toda la realidad, fuerza que contiene una sabiduría y una inteligencia que trascienden las palabras. Ha recibido los nombres de *chi* (o *ki*, o *qi*), *prana*, el Tao, la fuente, etcétera. El arte del feng shui ha intentado describir su flujo. Tal vez este inenarrable mar de energía subyace a la totalidad de la existencia y es responsable de la transferencia de percepciones y conocimientos intuitivos.

Me he preguntado a menudo sobre la naturaleza del campo de energía incognoscible. Por ejemplo, ¿cómo es que posee sabiduría y otras cualidades de tipo humano? ¿Cómo se relacionan los objetos físicos con el campo? ¿Cómo surgimos de él y a la larga volvemos a él? ¿Cómo se modulan sus vibraciones o frecuencias?

Quizás esta energía etérea, omnisciente e indefinible vibra al máximo ritmo posible, y a medida que se apaga la frecuencia empieza a adoptar una forma: al principio una especie de gas tenue, inmaterial. Al condensarse, el delicado gas se convierte en un líquido pulcro y de flujo suave, todavía sin límites rígidos. La forma sólida o física, que toma aspecto exterior a medida que el líquido va condensándose, sí tiene esos límites y en comparación con las otras formas está relativamente circunscrita. Los objetos que damos a los compañeros durante el ejercicio psicométrico son ejemplos de eso. Y también nosotros lo somos. No obstante, la energía básica es la misma, toda deriva de lo etéreo. Al final, simplemente volvemos a la forma divina, idílica, que es nuestro origen. No hay nacimiento ni muerte; solo transformación.

Al principio de mi carrera, a veces me preguntaba por qué en mi consulta no me encontraba con el fenómeno de los fantasmas, las entidades dobles o los espíritus negativos. Otros han escrito libros enteros sobre curación de posesiones demoníacas en desventurados anfitriones. Y aunque yo reconocía que, desde el punto de vista clínico, la mayoría de los «casos» eran realmente proyecciones de impulsos no deseados o incómodos de los pacientes, quizá no todos eran estrictamente psicológicos. Sea como fuere, nunca me he encontrado realmente con casos de espíritus malignos. Dos reuniones posteriores, una con varios *rinpoches* tibetanos y otra con un maestro taoísta, me ayudaron a entender por qué.

En 1994, tuve la oportunidad de sentarme junto a unos *rinpoches* tibetanos en la Universidad de Michigan. En una animada discusión sobre la reencarnación, les pregunté por qué no había tenido nunca un solo paciente con un espíritu maligno dentro.

Los *rinpoches* se echaron a reír. ¿Mi pregunta era demasiado simplista?

«No», dijo un lama valiéndose de un intérprete. «La energía de usted no lo permite estando tan cerca.» Rieron otra vez. Entendí que la pregunta no era ingenua. El problema es que yo nunca había relacionado eso con los campos de energía. Existía cierta fuerza repelente que impedía a esos espíritus interaccionar conmigo.

En la primavera de 2010 todavía no me había encontrado personalmente con ningún caso así. En esa época, estando yo de viaje por China tuve audiencia con un destacado maestro taoísta en las verdes y suaves estribaciones de las afueras de Xi'an. Estaban también presentes varios eruditos taoístas de universidades cercanas. Hablamos durante una hora de muchos temas. Al final le hice la misma pregunta planteada dieciséis años antes a los *rinpoches* tibetanos, que de nuevo fue recibida con risas. Y de nuevo la respuesta fue la misma. Esta vez hicieron falta dos intérpretes, uno para pasar del dialecto regional al mandarín, y otro para pasar del mandarín al inglés, aunque estoy seguro de que prácticamente no hubo distorsión.

«Esa energía sería demasiado incómoda en la energía de usted. Esa energía no podría fluir allí. No podría ocurrir.»

En mi campo de energía no hay nada excepcional. Medito a menudo, lo cual puede elevar la vibración. De todos modos, esta práctica es libre y universal, y está disponible con carácter general. La respuesta de los lamas y el maestro taoísta no era específica para mí; es aplicable a todos. Las manifestaciones o los espíritus «malvados» pueden ser igual de molestos en todos los campos de energía. Lo importante es que, al llegar a dominar nuestras lecciones espirituales, nos volvemos incompatibles con esa clase de energía. Así es como podemos expulsar a nuestros demonios.

Además de la meditación, otro modo de elevar la vibración es llenando el corazón y la mente de bondad, serenidad y paz. Imagino que estas cualidades son muy importantes en el proceso de perfeccionamiento del campo energético. Si incorporar estos principios y prácticas a la vida cotidiana nos libera de aflicción en cualquiera de sus formas, bendita sea.

Los comentarios de los monjes y los expertos reflejan la aceptación de la idea de los espíritus negativos, pero de la discusión con ellos saco la impresión de que «ignorante» sería una palabra más adecuada que «maligno» o «malvado». En realidad, no hay nada maléfico. Ciertos espíritus ignorantes acaso parezcan sombríos, pero están simplemente en un nivel atrasado («in albis», literalmente «a oscuras»). Son como los niños de primaria en el patio, un poco salvajes y traviesos, quizá tiren del pelo a las niñas... pero no son malvados. Los niños de primaria son cualitativamente como los alumnos universitarios. La única diferencia es su nivel de conocimientos y su madurez. Los niños son pequeños e ignorantes, pero con el tiempo llegarán a la universidad.

8

Único en su género

Es difícil clasificar ciertas historias porque hablan de conceptos nuevos o raros, de física moderna o universos paralelos, de vidas futuras o incluso de girar psíquicamente bebés que vienen de nalgas antes del parto. Los casos de este capítulo se encuadran en esta categoría y ofrecen percepciones fascinantes de nuestra naturaleza más profunda y de las características del alma. Durante un breve tiempo, somos seres eternos y multidimensionales en este cuerpo físico para aprender importantes lecciones espirituales. Ya lo dijo el místico jesuita Teilhard de Chardin: «No somos seres humanos con una experiencia espiritual. Somos seres espirituales con una experiencia humana.»

Los seres espirituales no están sometidos a los habituales límites del tiempo, el espacio o el cuerpo físico. Esto parece una libertad extraordinaria, pero de hecho es nuestro estado natural. Es lo que somos; simplemente lo olvidamos.

Permitamos a las historias de este capítulo que nos lo recuerden.

. PROGRESIÓN HACIA EL FUTURO .

La mía fue una experiencia personalmente emotiva que tuvo lugar en 2007, mientras seguía el curso organizado por usted en Omega, en una reveladora sesión práctica que resultó ser una progresión, no la regresión pretendida.

Asistí a la terapia de regresión a vidas pasadas porque quería ampliar mi arsenal terapéutico. Tengo una consulta privada complementaria que ofrece intervenciones basadas en técnicas pertenecientes al campo de la psicología de la energía. Junto a mis estudios académicos en el campo general de la psicología, también me he pasado los últimos veinte años estudiando gran parte de la bibliografía metafísica sobre curación y bienestar, en especial *The Seth Material*, de Jane Roberts. Usted me informó de que se había acordado de ese libro gracias a una pregunta mía sobre la posibilidad de «recordar» una vida simultánea. En 2006, mi estudio de material relacionado con un cierto porcentaje de pacientes que no respondían a diversos enfoques fue lo que me indujo a creer que podía haber implicadas otras vidas de esos individuos.

La sesión práctica comenzó con la tarea de formar parejas con alguien desconocido. A mí me tocó una mujer americana con la que practicaría la terapia de inducción rápida. Primero fui yo el profesional, y ella pareció responder bien a la inducción. Procedí a guiarla por un recuerdo de vida anterior con cierto detalle, en el que era un pionero en la conquista del Oeste americano.

Cuando nos intercambiamos el papel, yo también me mostré receptivo a la inducción rápida, y ella guio mi mente por una serie de puertas que conducían a vidas pasadas. Crucé una puerta que era una cortina de cuentas de arriba abajo, que con los años se hicieron muy populares para ahorrar espacio en cocinas y sitios así. En el otro lado fui recibido por dos seres físicamente entrelazados: las cabezas estaban pegadas por las mejillas, las frentes eran más altas y anchas de lo habitual, y sus ojos azules de cristal eran también algo mayores que los humanos normales, pero no tanto como las representaciones en caras de extraterrestres comunes en ilustraciones de ciencia ficción. Sus cuerpos parecían fusionarse en una forma trenzada, en la que los miembros eran apenas perceptibles y las piernas desaparecían en una brizna de material que se estrechaba.

Percibí una energía afectuosa y benéfica que salía de su ser y venía hacia mí. Supe que eran mis guías. Más adelante me sentí atraído por el término cada vez más usado —«ángeles de la guarda»—, aunque no me gusta el tono religioso que lleva aparejado. No tenía ni idea de adónde pretendían llevarme cuando cada uno me agarró de una mano antes de volar al espacio, dejando la Tierra atrás.

Tras un viaje por las estrellas aparentemente corto, al final comenzamos a acercarnos a otro mundo, un planeta con una atmósfera, un globo blanco y azul similar a la Tierra que habíamos abandonado. Empezamos revoloteando por encima de ese mundo extraño, a cierta altura en la estratosfera. Aún me cogían de la mano, pero notaba que me animaban a soltarme y a dejarme caer por las nubes de abajo. Esto no me hacía mucha gracia, pero también advertí que estaban tranquilizándome en el sentido de que mis temores enseguida desaparecerían si confiaba en mí mismo y en ellos. Lo que necesitaba ver estaba en la superficie del planeta de abajo.

Conseguí desasirme e inicié un lento descenso entre las nubes a modo de planeador. Pronto se dejó ver la tierra de abajo: una alfombra verde de vegetación sin duda en una zona de clima templado, y luego señales de gestión del paisaje, perfilándose campos y setos. Me vi en el acto en un campo, un pasto que parecía suavemente inclinado hacia un río, aunque este no era visible. Me hallaba de pie en el terreno aluvial. Mientras absorbía el bello escenario y observaba que el sol daba en varios tramos de pradera tras atravesar las nubes, fui consciente de alguien de pie cerca de mí. Era un individuo alto, de pelo plateado, con un aire de distinción en el semblante. Llevaba un atuendo de algodón de tonos pastel que parecía ligero y apropiado para la cálida temperatura.

¡Era yo! Aunque era más viejo, no había duda. Me vi a mí mismo volverme y mirar por encima del hombro izquierdo, hacia la colina, a un edificio situado a unos doscientos metros. Se trataba de un *château*, una construcción de tres plantas de tamaño considerable, enclavada entre los árboles. Supe que era un lugar de aprendizaje, un retiro o santuario. Supe, asimismo, que estábamos en Francia, que corría el año 2037, y que el «yo» que estaba delante de mí era profesor en el establecimiento educativo de la colina. Era una escena de mi futuro, y yo era un maestro en clara sintonía consigo mismo y su papel.

Huelga decir que mi compañera estaba realmente asombrada mientras yo le explicaba mis sensaciones sobre la experiencia y mi certeza de que había avanzado hacia la edad de ochenta y cuatro años. Lo que me habían mostrado mis «ángeles de la guarda» era algo que yo nunca había contemplado de forma consciente. Yo nunca me había planteado dedicarme a la enseñanza; si acaso, era una profesión que yo siempre había rechazado al ser un trabajo duro con poca recompensa.

Al año siguiente, en regresiones a vidas pasadas con pacientes y conmigo mismo, ello sumado a más estudios de fuentes de información metafísicas contemporáneas, acabé comprendiendo cuál era mi intención y mi finalidad verdaderas en la vida: enseñar. Experimenté una epifanía que mis guías espirituales, más o menos un año antes, me habían mostrado como resultado probable. ¿Qué iba yo a enseñar? Enseguida tuve la respuesta: enseñaría a los demás lo que he aprendido sobre la naturaleza del ser gracias a mis diversos estudios a lo largo de los últimos veinticinco años de mi vida. Hacer por los otros lo que había hecho por mí mismo: integrar conocimiento de la ciencia, la metafísica, la filosofía y la espiritualidad en una guía sólida y práctica sobre el descubrimiento de los objetivos personales en esta vida actual. Ahora sé que este conocimiento es la clave para vivir una vida plena y valiosa. Es conocimiento que se halla implícito en el cambio de conciencia que está experimentando actualmente la humanidad.

~ *Chris Johnson*

La terapia de regresión supone llevar al paciente a cierto momento del pasado, tanto en esta vida como en otra anterior o en algún punto intermedio. Por su parte, la terapia de progresión desplaza al paciente hacia delante en el tiempo y, como ilustra la historia de Chris, puede ser igualmente terapéutica. Es un tema sobre el que he escrito y que he documentado ampliamente en mi libro anterior, *Muchos cuerpos, una misma alma*.

Existen muchos futuros posibles, los personales amén de los globales. Nuestras decisiones individuales y colectivas ayudarán a determinar cuáles se hacen realidad, si bien muchos de ellos quizá progresen simultáneamente en otras dimensiones.

Sin embargo, parece que uno cuenta con más probabilidades de acontecer. Aquí, los guías espirituales de Chris le permiten vislumbrar aquel en el que se sentirá más feliz y realizado. Tras ver su «mejor» resultado, Chris puede ahora conectar los puntos y alcanzar ese objetivo. Sus decisiones en el presente pueden realmente llevarle al futuro que más desea.

Curiosamente, Chris viaja en el espacio y «por las estrellas» para llegar a la Francia de 2037. Esta Tierra futura no parece estar aquí físicamente del todo. Tal vez representa otra dimensión o realidad relacionada con la Tierra de la época actual, sin ser exactamente la misma. Si aguardamos con paciencia que el tiempo se despliegue, nos la encontraremos. Pero si podemos salirnos del cuerpo y viajar por el espacio, quizá nos la encontremos mucho antes. Recorremos la ruta rápida hacia el mañana, agarramos el proyecto original del tiempo y volvemos al presente con este valiosísimo mapa. Si conocemos el plan y el objetivo, podemos escoger conscientemente el viaje a nuestro futuro óptimo.

Aunque no veamos con claridad el futuro óptimo, hemos de confiar igualmente en que la sabiduría intuitiva nos guiará hasta allí. No debemos dejar que los temores y las dudas nos nublen la visión y oscurezcan el camino. Hemos de escuchar al corazón.

Las ubicaciones geográficas de las próximas vidas no son importantes. El factor crítico es la calidad. Si progresamos hacia vidas llenas de bondad y conocimiento, terminaremos inevitablemente en la dimensión adecuada.

En su historia, Chris menciona la posibilidad de recordar una vida concurrente, correspondiente al mismo período que la actual. ¿Cómo sería una regresión que incluyese vidas casi simultáneas? La historia de Donna nos da un posible ejemplo.

De mis recuerdos de vidas pasadas, uno de los favoritos y más impactantes es una trilogía. Me aparecieron tres vidas consecutivas muy conmovedoras y reveladoras de que un individuo crece a partir de sus experiencias.

En la primera escena, me veo luciendo el uniforme verde de un soldado alemán de las SS. Tres compañeros y yo nos hallamos de pie junto a nuestro vehículo militar, parado en el arcén de una aislada carretera rural de Alemania. Estamos fumando, hablando y riendo mientras redactamos un informe sobre nuestra misión cumplida. Hace frío, y alcanzo a ver el vapor blanco que nos sale de la boca al espirar. A nuestra derecha hay tierras de cultivo rodeadas por una valla de madera, unas cuantas vacas, preciosas casas de labranza y los Alpes al fondo. A la izquierda, al otro lado de la carretera, se ve un pinar, intacto e inmaculado —si no fuera por el campamento de judíos que acabamos de arrasar con nuestros rifles y ametralladoras—. Un granjero localizó el campamento por la noche y avisó a las «autoridades». Nos enviaron a investigar y nos encontramos con un grupo de familias judías, hombres y mujeres de todas las edades y muchos niños. Los eliminamos a todos y luego registramos sus pertenencias por si había algo de valor que pudiera interesarnos.

En el instante siguiente, la escena cambia. Ahora soy una mujer polaca judía algo corpulenta, de pie en un dormitorio de mujeres de un campo de concentración. Delante tengo a mi hijo de cinco años. Hace frío, y el niño lleva un jersey toscamente tejido, remangado en las muñecas, que le cuelga hasta las rodillas. El pelo rubio y lacio le cae sobre los ojos; no le iría mal un poco de champú. A nuestra espalda se oye un fuerte estrépito, y las puertas del dormitorio se abren de golpe. Los guardias del campamento irrumpen bruscamente gritando *Alle der kinder aus* («todos los niños afuera»), y empujan a los pequeños con las culatas de los rifles. Las madres gritan; los niños lloran y se aferran a sus madres. Cuando un guardia se acerca a mi hijo, el pequeño se vuelve y se agarra a la estructura de madera que sirve de cama. Me estalla el corazón de dolor y horror mientras veo que lo empujan junto a los otros niños. Se los llevan a todos.

Entonces la escena vuelve a cambiar. Esta vez soy un oficial alemán. Llevo un uniforme marrón y calzo unas pesadas botas de cuero. Estoy en una oficina vacía; alcanzo a oír mis pasos resonando alrededor mientras camino hacia un escritorio del centro de la estancia, de techos altos y débilmente iluminada por una luz gris que entra por la única ventana. Busco en los cajones de la mesa un sello con el que marcar los documentos que llevo en el bolsillo interior de la chaqueta. Los papeles han de servir para ayudar a escapar a algunos judíos. Miro atrás todo el rato para asegurarme de que no me descubren. Intuyo que más adelante soy detenido y fusilado por un pelotón de ejecución, pero no antes de que un montón de judíos hayan huido gracias a mí.

~ Donna West

En cuanto abandonamos el cuerpo físico, nos llevamos al otro lado el conocimiento, la sabiduría y los frutos de nuestra experiencia en la Tierra. Hemos de afrontar las consecuencias de nuestros pensamientos y obras en esta estancia temporal en el planeta físico. Las acciones buenas y generosas son recibidas con gran alegría, pues habremos aprendido y llegado a dominar las lecciones que teníamos encomendadas. En cambio, a los actos negativos, violentos y crueles les corresponde consternación. Sentimos el dolor de aquellos a quienes hemos hecho daño. A un nivel muy profundo comprendemos que este no es el camino espiritual. En vidas futuras, hemos de reparar el daño con amor y compasión a las personas perjudicadas. Si nos reconciliamos y les compensamos, se produce una gran curación. Este resarcimiento no es una manera de castigar en el otro lado: es solo aprender que debemos asumir las consecuencias de nuestras acciones.

En el primer recuerdo de la trilogía, la conducta de Donna hizo daño a otros. Como madre en el campo de concentración, supo qué se sentía al ser víctima de una conducta así. La tercera vida le ofreció la oportunidad de volver a ser un soldado alemán, que sin embargo esta vez se comporta con amor para salvar la vida de otros, a costa incluso de la propia. Después ya no hubo más escenas; no hacían falta. Donna no solo aprendió acerca del amor y la compasión, sino que los encarnó a la perfección. La lección fue completa.

El recuerdo de Donna de tres vidas simultáneas no es exagerado. Probablemente refleja los recuerdos compartidos de su grupo de almas. La autora Jane Roberts, autora de los libros de Seth a los que alude Chris en la primera historia de este capítulo, describe la capacidad de las almas para dividirse y experimentar vidas concurrentes. Las almas no están sometidas a las limitaciones del cuerpo físico. Estamos conectados en el nivel anímico y podemos compartir todas las experiencias. Los conceptos de los registros Akashicos, un conocimiento de todas las cosas, y el inconsciente colectivo, idea similar propuesta por el psicoanalista Carl Jung, reflejan esta potencialidad. Quizá somos emanaciones o chispas del Uno. Tal vez descendemos todos de una energía invisible, omniabarcadora. O acaso, como dijo Catherine hace tiempo y yo recogí en *Muchas vidas, muchos maestros*, «hay muchos dioses, pues Dios está en cada uno de nosotros».

La mente consciente, del cerebro izquierdo, a menudo dificulta nuestras experiencias al interrumpir un encuentro espiritual con preguntas y conjeturas demasiado intelectuales. Nos dice que somos nuestro cuerpo, que el tiempo es lineal, que existimos solo en la dimensión física. Sin embargo, cuando nos quedamos dormidos y soñamos, la mente consciente afloja la mano, se relaja y es liberada, y el subconsciente asume el control, como en la hipnosis. Por esta razón, los sueños suelen ser los escenarios donde se ponen de manifiesto percepciones místicas y recuerdos de vidas anteriores, como descubrió la autora de la siguiente historia.

. VUELO NOCTURNO .

Hace unos seis años, fui con una amiga a uno de sus talleres de fin de semana. Escuché y participé en todas las charlas y sesiones de hipnoterapia y, aunque no obtuve resultados personales, me sorprendí ante lo experimentado por otros asistentes. Estaba algo frustrada, pero también fascinada.

Nos alojábamos en una pensión cercana. La última noche, mientras dormía, tuve un sueño lúcido que no olvidaré jamás. Con un incremento de las vibraciones, salí por la ventana de la habitación y me vi «volando» por un valle verde y exuberante con casas esparcidas al azar. Sabía que era un pueblo antiguo, pero no dónde estaba. Los tejados eran de paja. Tuve una profunda impresión de que estaba observando un lugar en el que había vivido. Luego regresé a la cama, nuevamente por la ventana, y volví a tener la misma experiencia.

El recuerdo no me abandonó debido a la intensidad de las vibraciones. A la mañana siguiente, comprendí que seguramente había experimentado un episodio de vida pasada, pero por mi cuenta mientras dormía, no en las sesiones. Por tanto, a mí la hipnoterapia me había «funcionado», pero durante las sesiones activas seguramente me había resistido a ella.

A menudo me pregunto dónde estaba aquel pequeño pueblo. Me gustaría volver.

~ *Victoria*

En los sueños pueden aparecer fragmentos de recuerdos de vidas pasadas. Se trata de recuerdos reales, no de metáforas o símbolos freudianos. La experiencia de Victoria fue de este tipo, aparte de que también incorporaba elementos de los sueños voladores o extracorporales y de los sueños lúcidos. Las regresiones diurnas, que a ella no le iban especialmente bien, quizás ayudaron a crear el marco para que se produjeran a posteriori. He observado con frecuencia este efecto demorado, en que la experiencia de regresión tiene lugar después de la sesión, sea en un sueño, espontáneamente en una sensación *déjà vu* o de cualquier otra forma. La mente se ha vuelto receptiva; luego sigue la memoria. La paciencia y la práctica facilitan el proceso.

Si estuviera haciéndole una regresión a Victoria en mi consulta, su sueño sería la entrada que utilizaría yo para recordar esa vida con los tejados de paja.

Lo importante es la experiencia, no el método usado para alcanzarla.

Como ilustración de estos aspectos, solo un día después de haber llevado a cabo un taller de un día en Nueva York recibí mensajes similares y simultáneos de dos participantes que no se conocían. Una decía que no había tenido recuerdos de vidas pasadas en la sesión y que de hecho se había quedado dormida, como en los talleres anteriores a los que había asistido o cada vez que escuchaba uno de mis CD. A la mañana siguiente, decidió poner los CD consecutivamente y volvió a quedarse dormida. Pero esta vez se fue despertando de manera intermitente y vio no una sino varias vidas. En el CD, sugiero a los oyentes que visualicen sus vidas anteriores como un collar de perlas. Esa mujer no había logrado visualizar nunca nada en sus numerosos intentos de regresión, pero de repente vio con claridad su «collar infantil hecho con cuentas distintas». Fue un avance asombroso, escribió; y no puedo menos que estar de acuerdo.

La otra participante había asistido igualmente al taller y no había tenido recuerdos de vidas anteriores, pero también había conservado la paciencia. Esa noche tuvo una serie de sueños. «Tras despertarme», contaba, «entendí perfectamente lo que debía hacer en mi vida. Era increíble verlo tan claro. Supongo que encuentro con más facilidad la vía de comunicación en el estado de sueño. Ahora tengo habilidades para interpretarlos». Participar en las meditaciones durante los talleres de día quizá pareciera infructuoso al principio, pero esa misma noche tuvo sueños que aclararon todos sus objetivos en la vida. ¡Vaya regalo más fabuloso!

En la siguiente historia, Horace expone otro método potencial para llegar al conocimiento conceptual. Animo a todos a participar físicamente si es posible en el ejercicio descrito, pues ello proporciona una comprensión intuitiva de cómo puede producirse la reencarnación en el universo multidimensional.

. LLANEROS .

Soy físico teórico, doctorado en Yale en 1968. Hacia la época en que estaba leyendo su libro *Muchas vidas, muchos maestros*, también leía diversos trabajos de física teórica acerca de grandes dimensiones superiores. En la actualidad, algunos físicos están buscando pruebas de dichas dimensiones. Por ejemplo, se plantean verificar la existencia de una cuarta dimensión extraespacial viendo si, a distancias muy pequeñas, las fuerzas gravitatorias cambian según una ley de relación exponencial inversa al cubo y no según una ley de relación exponencial inversa al cuadrado. Es todavía una conjetura, pero puede tener su importancia en la labor de dotar a la reencarnación de un mecanismo físicamente intuitivo.

Para explicar lo que quiero decir, hago mías las ideas del autor del siglo XIX A. Abbott, que escribió *Planilandia: una novela de muchas dimensiones*, libro en el que se describe la situación hipotética de que fuéramos seres bidimensionales y, como tales, experimentáramos una extraña tercera dimensión adicional. Partiendo de este punto de vista, veamos el modelo de una mano. Cogemos la mano y colocamos las yemas de los dedos en una superficie plana (una superficie plana lo bastante grande sería un «universo de llaneros» [*flatlanders*, de *Flatland*, título original de *Planilandia...*]). Supongamos ahora que las puntas de los dedos representan la manifestación física de un grupo de llaneros. Sus interacciones corresponderán al acercamiento de unas puntas a otras en ese mundo (una superficie plana). Imagino el alma de cada llanero como la totalidad del dedo. Para un llanero, el dedo equivaldría a una manifestación tridimensional superior de su yo «físico» bidimensional.

¿Qué pasa cuando muere el llanero físico bidimensional?

Levantamos el dedo de la superficie plana y dejamos atrás la manifestación bidimensional del alma tridimensional. A medida que transcurre el tiempo, el mismo dedo (alma) se arquea hacia el plano y se coloca en otra posición. El alma (tercera dimensión) acaba reencarnada en otro cuerpo de llanero bidimensional. Los numerosos dedos de la mano tridimensional llegan a ser como las numerosas almas que parecen relacionadas entre sí desde una vida bidimensional a la siguiente.

He observado que esta demostración da a las personas una sensación intuitiva mucho más clara sobre cómo puede producirse la reencarnación. También propone una posible explicación física acerca de cómo funcionan la percepción extrasensorial, la videncia, la precognición y toda la serie de fenómenos paranormales. Lo único que debe hacer ahora el físico es encontrar pruebas experimentales de esta hipotética «tercera dimensión espacial» (o cuarta para nosotros, claro).

~ *Horace Crater*

Tenemos aquí un interesante modelo de los posibles mecanismos de lo paranormal, y de cómo un día la física quizá sea capaz de explicar el misterio de la reencarnación y el viaje del alma.

Los físicos se han convertido en los místicos de nuestra época al salvar las distancias entre la ciencia y los milagros. Recuerdo las palabras del gran físico Albert Einstein: «Un ser humano es parte de un todo, llamado por nosotros universo, una parte limitada en el tiempo y el espacio. Se experimenta a sí mismo, en sus pensamientos y sentimientos, como algo separado del resto... algo así como una ilusión óptica de la conciencia. Esta falsa ilusión es para nosotros como una prisión que nos restringe a nuestros deseos personales y al afecto que profesamos a las pocas personas que nos rodean. Nuestra tarea debe ser el liberarnos de esta cárcel ampliando nuestro círculo de compasión para abarcar a todas las criaturas vivas y la naturaleza en conjunto en toda su belleza.»

Para captar nuestra naturaleza divina, podemos utilizar principios científicos, por ejemplo los de la física y la química, como hace Horace con elocuencia. Por ejemplo, en mis talleres me valgo a menudo de una metáfora de cubitos de hielo para explicar la naturaleza humana y la relación del cuerpo con la mente y el alma.

Supongamos que unos cubitos flotando en agua fría tuvieran conciencia. Habría discusiones entre los cubitos de una bandeja y los de otra: «Nuestros bordes son más afilados que los vuestros», o «somos más claros y simétricos que vosotros», etcétera. A la larga, estas discusiones desembocarían en peleas y al final en la guerra, y tendríamos el equivalente de la vida aquí en la Tierra. No obstante, sabemos que si calentamos el agua, se fundirán todos los cubitos. Todos los cubitos de todas las bandejas serán lo mismo: agua.

El agua ha sido siempre una metáfora del espíritu. Los cubitos jamás tuvieron una existencia independiente. Se originaron en el agua y desaparecieron en ella a causa del calor. La esencia del cubo de hielo era realmente la molécula H_2O vibrando con una frecuencia más lenta. Si se añade calor, la frecuencia aumenta, y los cubitos se funden. Su existencia fue una ilusión desde el principio. Todo el rato hubo simplemente moléculas de H_2O, solo agua.

¿Qué pasa si seguimos calentando el agua? A la larga, incluso esta desaparece. Todo es vapor, invisible... pero no está vacío. La molécula de H_2O sigue ahí, aunque ahora vibrando con una frecuencia muy elevada. Llega a ser vapor solo mediante una transformación de la molécula. Lo sabemos porque, si condensamos o enfriamos el vapor, tenemos agua otra vez. Si seguimos enfriando el agua y volvemos a poner las bandejas en la nevera, al cabo del rato vuelve a haber cubitos de hielo. Este es el ciclo.

Ahora imaginemos que seguimos calentando ese vapor; en este caso, una vez más, con energía calorífica. Cuando la molécula de H_2O se divide, obtenemos partículas subatómicas, cuásares, quarks y otros elementos afines. Así, más allá del vapor hay otros estados que cada vez nos cuesta más describir mediante palabras o pensamientos humanos.

Y esto refleja nuestra naturaleza. Aquí, en estos cuerpos terrenales, somos como cubitos de hielo: sólidos, pesados, con la frecuencia de vibración más baja. ¿Qué pasa si algo nos calienta?

En nuestro caso, se lleva a cabo no con la energía del calor sino con la del amor. Esto es lo que eleva la vibración: la presencia de amor incondicional y la capacidad de abrir el corazón; vivir con empatía, compasión, bondad y altruismo; y ayudar a los demás a alcanzar su potencial.

El equivalente de los cubitos de hielo que se funden en el agua sería la transformación nuevamente en espíritu. Nuestra verdadera naturaleza es la de seres espirituales. Si seguimos aumentando la vibración, ¿cuál es el equivalente del vapor? Bueno, será cualquier cosa que exista más allá del espíritu. Luego está todo aquello que existe más allá de eso... y más allá de eso. Así pues, en este sentido somos como los cubitos de hielo. Tenemos muchas dimensiones, todas ellas conectadas por la frecuencia vibratoria.

Podemos hablar de la existencia de Dios y los planos superiores, pero no disponemos de las palabras o el conocimiento para su comprensión absoluta. Hay una razón que explica la dificultad de responder a la pregunta «¿por qué Dios llegó a crear la Tierra, con qué finalidad?». No sabemos qué pasa en esas esferas equivalentes a las partículas subatómicas de la analogía del hielo. Lo que sí sabemos es que estamos aquí, y que somos la manifestación física de esta energía máxima. Nuestra energía es amor —no la molécula H_2O, sino amor.

En este sentido, no tenemos todas las respuestas. A menudo digo a la gente «no lo sé», porque realmente no sé qué decir ante algunas de estas difíciles cuestiones. No obstante, lo que sí sé es que somos seres espirituales cuya esencia básica se compone de amor, empatía, bondad, compasión y altruismo. Estas son las reacciones y actitudes que aumentan la vibración, elevan la conciencia y nos permiten regresar a ese hogar donde todas las cosas son una y están conectadas.

En una ocasión, sentado en una silla del estrado, estaba explicando a una audiencia la metáfora de los cubitos de hielo, el agua y el vapor. De pronto caí en la cuenta de que estar en la silla se relacionaba con la idea de los cubitos. Aquí en la Tierra, la silla era sólida para mí. Confiaba en que aguantaría mi peso, tomaba asiento, me ponía en pie, volvía a sentarme. Sin embargo, en otro nivel, era consciente de que la silla se componía de moléculas: unas que constituían el tejido, otras la madera, etcétera. También podíamos separar estas moléculas en sus energías constituyentes. Así, aunque la silla era sólida y soportaba mi peso, también se componía de un conjunto de moléculas, átomos, núcleos, partículas subatómicas e incluso otras más pequeñas —y al final, energía, naturalmente—. Es increíble: un objeto que podía tocar y en el que podía sentarme era en realidad pura energía. Utilizado de forma completa y eficiente, probablemente haría funcionar el planeta.

También nos parecemos a esta silla: somos físicos, pero también mera energía. Así, cuando decimos que no somos seres humanos con una experiencia espiritual sino seres espirituales con una experiencia humana, esas cosas están pasando realmente al mismo tiempo. En el cuerpo hay solo una proporción muy pequeña de nosotros. La conciencia no está limitada por el cerebro o el cuerpo, sino que los supera. Prácticamente como ocurre con los cubitos de hielo, el agua, el vapor y los estados situados más allá del vapor, existimos simultáneamente en los ámbitos material y espiritual, en los que hay más allá, y también en los reinos lumínicos y otros que no podemos siquiera concebir.

Pensemos en todos los sistemas solares, los sistemas estelares, las galaxias y los universos que, según los cosmólogos, están creándose continuamente. Son ilimitados, de una magnitud que escapa a nuestra comprensión, si bien constituyen solo el principio. Existen asimismo dimensiones no físicas, de carácter energético, que desafían a la imaginación. Es algo que desconcierta de veras y nos recuerda la idea de que somos humanos pero también energía.

Estamos ante una visión de nuestra naturaleza y de la naturaleza de Dios. Cuando pensamos en estos términos, vemos que hubo de existir algo antes que todo lo demás: algo sin causa, sin precedentes. Cuando tenemos una silla o un cubito de hielo, hay una causa, un precedente. Estaba la molécula de agua, o el agua existente antes de que la congeláramos. La silla existía en forma de árboles y plantas antes de transformarse en mueble, y esos árboles y plantas existían en su propia forma precursora, acaso como semillas. Pero hay algo que no tiene precursor, que ha existido siempre, que nos resulta incomprensible, que no se formó nunca, que jamás desaparece: todas las demás cosas son solo distintos estados de energía, como la silla o el cubito.

En ciertas culturas antiguas, algunas personas lo llaman el Tao. Nosotros decimos lo mismo con «hay que confiar en el proceso», lo cual significa seguir el Tao, el camino, la corriente. Las palabras no importan; es el concepto de una inteligencia sabia y bondadosa que ha existido antes de la Creación, que existirá siempre, y de la que proviene todo lo demás: los cubitos de hielo, el agua y el vapor; la silla; nuestros cuerpos; nuestra naturaleza espiritual; y todo aquello que se encuentre más allá. Se trata de algo sabio, oculto y total e incondicionalmente bondadoso que constituye el fundamento de todas las cosas creadas.

Si entendemos esto, somos capaces de liberarnos de las cosas carentes de importancia: fama, éxito, reconocimiento, dinero, objetos. No nos llevamos nada de esto con nosotros. Lo que sí nos llevamos son las lecciones aprendidas y asimiladas, amén del corazón abierto. Da igual que ahora no comprendamos del todo estas cosas. En sus recovecos más profundos, el corazón sabe. Y si seguimos el corazón y la intuición, regresamos a casa.

Los conceptos de la reencarnación y de la regresión a vidas pasadas están relacionados con muchas ramas de la ciencia, no solo la física. En la siguiente historia, Susie analiza cómo ha aplicado todo esto en el campo de la anatomía y la fisiología.

. HIPNOSIS Y EMBARAZO .

Soy reflexóloga especialista en sesiones anteriores y posteriores al embarazo, y mi viaje al Instituto Omega para el curso de 2010 se debió en parte al deseo de averiguar más sobre el niño nonato.

Uno de los temas más fascinantes que analizamos fue el

modo de hacer regresiones al interior del útero. Yo lo hice, y me pareció que sentir las emociones de una persona tan pequeña era no solo muy interesante, sino también conmovedor.

A lo largo de los últimos meses, desde que terminó el curso, he visto a diez mujeres con su bebé en posición de nalgas. Llevaban embarazadas entre treinta y cinco y treinta ocho semanas y estaban impacientes por intentar lo que fuera para darle la vuelta al niño. Mientras trabajaba con sus pies, les proponía una visualización que había creado yo para ayudarles a conectar con el niño no nacido. En ella, entran mentalmente de puntillas en el útero, donde hablan con el bebé, lo tranquilizan diciéndole que todo va bien y, lo más importante, le dicen que mamá le quiere. Las mujeres suelen permanecer ahí unos minutos y luego las hago volver, acabo el trabajo con sus pies, y las despierto si se han quedado dormidas. Con gran asombro mío, aquellos diez bebés se volvieron y nacieron en la posición normal.

Sé que hablamos solo de una pequeña proporción de mujeres, pero hasta ahora el éxito ha sido total. El otro hecho interesante al respecto es que una abrumadora mayoría de las mujeres habían experimentado un aborto espontáneo antes de este embarazo. Si llevara puesto mi sombrero espiritual, diría que esas mujeres no habían resuelto satisfactoriamente el trauma del aborto y que en el cuerpo había aún emociones encerradas, de las que, por desgracia, el bebé se daba cuenta.

~ *Susie Gower*

¿Se trata de sucesos extraordinarios, o es que todavía no entendemos la ciencia y la fisiología subyacentes a los bebés que se giran desde la posición de nalgas? Sí sé que la comunicación entre la madre y el niño es verdadera y profunda, incluso durante el período prenatal. Susie está ayudando a confirmar estos vínculos a múltiples niveles en el útero: estos milagros diminutos.

Aunque la mente no comprenda del todo los episodios descritos en las historias de este libro, es esencial que la mantengamos receptiva y curiosa para que se produzcan la experiencia y el aprendizaje, como pone de manifiesto el relato siguiente.

. ABANDONO DEL ESCEPTICISMO .

En abril de 2011, estuve en su seminario de Sidney, para lo cual cogí el autobús desde Canberra la noche anterior. No lo tenía muy claro, pues había empezado a albergar dudas sobre si todo ese rollo New Age iba en serio o no. Pensaba ir solo a la sesión matutina, ver qué tal, y por la tarde, si no quedaba convencida, dar una vuelta por Darling Harbour.

Pese al escepticismo inicial, en todo caso, tenía la esperanza de llegar a ser capaz de reducir o eliminar la fobia a llevar ropa ajustada y librarme de las sensaciones claustrofóbicas derivadas, sensaciones que se traducían en ataques de pánico que afectaban a mi trabajo y mi vida cotidiana.

Durante el segundo ejercicio del seminario, la persona sentada al lado cogió mi anillo de boda y notó la presencia de un tren que cruzaba a duras penas una ciudad oscura, neblinosa y sucia. Tras atravesar un túnel, el tren llegaba a un maravilloso paisaje verde con bellos parajes y vistas. Y, más sorprendente aún, esa persona se dio cuenta de la tensión en mi pecho y de que me costaba respirar. Así es precisamente cómo me siento con mi ropa claustrofóbica.

Aunque no puedo decir que viera enseguida una gran diferencia, pues llevaba ropa holgada, me sentí muy contenta por no haberme ido a la hora del almuerzo. Mientras volvía a casa en el autobús, estuve pensando en los ejercicios en los que había participado. Esa noche tuve uno de los mejores sueños de mi vida. Sin despertarme en mitad de la noche con preocupaciones sobre el trabajo. Sin problemas para dormirme.

~ *Cherelle*

En la psique de Cherelle estaban produciéndose cambios. Hacía años que no dormía tan bien. Para los insomnes, esto es de suma importancia. Tener dudas es perfecto siempre y cuando esas dudas no nos impidan abrir la mente ni experimentar. Intentemos no caer atrapados en razonamientos demasiado cerebrales sobre lo que estamos descubriendo. No dejemos de leer al respecto, no dejemos de aprender, no dejemos de crecer solo porque tenemos una objeción intelectual. Quizás haya una respuesta a la pregunta, aunque no la hayamos descubierto todavía. No permitamos que las opiniones y los juicios irreflexivos de otros influyan en nuestras acciones sinceras y nuestra naturaleza compasiva.

La doctora Helen Wambach, psicóloga muy escéptica ante la idea de las vidas pasadas, en la década de 1960 llevó a cabo una investigación científica a gran escala sobre la cuestión. Inició su serie de experimentos con la intención de refutar la teoría de la reencarnación, pero sus resultados tuvieron el efecto contrario: observó que una abrumadora mayoría de detalles evocados en regresiones concordaban con datos y registros históricos. Tras publicar sus hallazgos en libros como *Vida antes de la vida: ¿Hay vida antes de nacer?* o *Reliving Past Lives*, la antigua escéptica llegó a la conclusión siguiente: «No creo en la reencarnación... sé que es verdad.»

Nuestros achaques en las vidas pasadas y en la presente abarcan un amplio espectro: van desde síntomas suaves como la claustrofobia o el insomnio a depresiones graves y pensamientos suicidas. La siguiente historia ilustra una cuestión que surge a menudo hacia un extremo del espectro: ¿Cuáles son las consecuencias del suicidio?

. COMPRENSIÓN DEL SUICIDIO .

En muchas de mis vidas me he suicidado, y en esta, no iba a ser menos —ironías del karma—, se suicidó un hermano mío. También, bastante antes de ser terapeuta, he disuadido a varios amigos de intentarlo y he trabajado con numerosos pacientes suicidas.

~ *Gregg Unterberger*

Aunque sí hablé brevemente del suicidio en un capítulo anterior, he seleccionado este fragmento de una de las historias de Gregg porque plantea varias cuestiones adicionales. Gregg se quitó la vida en varias de sus encarnaciones. Con el tiempo, acabó reconociendo que interrumpir las clases tan pronto no era bueno para su educación aquí en esta escuela terrenal. Había aprendido una parte de la lección. Sin embargo, para entender y sentir de verdad el modo en que sus decisiones afectaban a sus seres queridos en esas vidas, tuvo que experimentarlo directamente con la muerte de su propio hermano. Ahora se encontraba en el extremo receptor de la acción. La inoportuna muerte del hermano no era un castigo kármico por haberse suicidado él en el pasado, y, aun siendo sin duda un suceso duro y doloroso, proporcionó a Gregg una nueva perspectiva con la cual entender el impacto y los efectos del suicidio. Tras haber aprendido de ambos lados, Gregg estuvo por fin en condiciones de integrar su conocimiento y hacer uso del mismo para ayudar a los demás.

No podemos hacer daño al alma. Después de un suicidio satisfactorio, la conciencia se despierta en el otro lado solo para descubrir que está intacta y debe regresar a este plano terrenal para afrontar y asimilar las mismas lecciones de las que intentó escapar. «Entonces, no era esa la solución», razona. «Debía haberme quedado; tenía que haber tomado otra decisión.» Con frecuencia se verá frente a circunstancias similares a las que acaso propiciaron de entrada la decisión, y habrá de encontrar otro modo de enfrentarse a ellas sin dañar el cuerpo físico, el gran regalo que procura al alma tantas oportunidades para evolucionar y crecer. Hay que aprender las lecciones con independencia de las vidas que hagan falta.

Gregg las ha aprendido y se ha convertido en un socorrista de los desesperados. Ha adquirido una percepción y una empatía especiales para ayudar a los que se plantean el suicidio, quienes harán bien en escucharle.

Unas formas de suicidio tienen menos consecuencias que otras. Desde el punto de vista kármico, suicidarse no es lo mismo para una persona de noventa años con un dolor sin cura, permanente y discapacitante, o para alguien aquejado de una enfermedad mental grave (pues el responsable de la decisión sería la propia enfermedad), que para un hombre de negocios de cuarenta años implicado en cierto escándalo financiero. De todos modos, he observado un elemento común en las personas que se quitan la vida, así como en los individuos que mueren siendo niños: su alma regresa a la Tierra más deprisa, pues aún queda mucho que aprender.

Creo que aprendemos hasta los últimos instantes de la vida física. Por eso, el suicidio nunca forma parte del plan del alma. La vida siempre tiene algo más que enseñarnos. Como alumnos de esta escuela terrenal, unos estamos en primer curso, otros en sexto, o en el instituto, pero al final todos nos graduaremos con la formación suficiente y dejaremos la escuela atrás. Luego hay otras escuelas, niveles o dimensiones superiores donde continuamos nuestra progresión espiritual. Pero hasta que no nos graduamos *todos* no lo hace nadie, pues somos todos uno. Quizá volvamos voluntariamente a ayudar a evolucionar a otras personas, animales u otros seres sensibles. O tal vez echemos una mano desde el otro lado sin encarnarnos en cuerpos físicos y sigamos trabajando allí para ayudar a esas otras almas con las que llevamos eones conectados.

No debe preocuparnos cuántos milenios hacen falta para completar las clases. Si estamos progresando para ser más amables y afectuosos y menos violentos y egoístas, es que vamos bien encaminados. La dirección es más importante que la velocidad. Da igual si esta es la primera vida o la última, o si nos esperan muchas más. El fin es lo único que importa.

El acto de matar o dañar el cuerpo no se limita al yo, por supuesto. La historia rebosa de ejemplos de cómo hemos generado ignorancia, odio y violencia al hacernos daño unos a otros. En todo caso, proporcionan un importante legado de lecciones valiosísimas de las que aprender, como ilustra a las mil maravillas la siguiente historia.

. EL ESCENARIO ORIENTAL .

Asistí por primera vez a su taller a finales de los noventa en la Feria del Libro Judío, y otra vez hace unos años en St. Louis. Desde la infancia había visto «imágenes» de lo que parecían episodios de diferentes períodos. Tanto leyendo y escuchando en las clases de historia como viendo películas, a veces experimentaba de forma muy dramática los sucesos descritos, como si yo estuviera de veras allí, viendo, oyendo, oliendo y sintiendo aquellas cosas a mi alrededor. Una experiencia concreta de vida pasada terminó trágicamente en la Segunda Guerra Mundial, en el escenario oriental, y ha sido para mí muy perturbadora hasta hace unos años.

A modo de introducción, debo señalar el hecho presente de que, aun sin haber sido educada como judía, descendía de europeos, indios americanos y algunos linajes judíos. Del judaísmo sabía poco o nada. A mediados de la década de los noventa, empecé a sentirme atraída inevitablemente por el judaísmo: me metí de lleno en la comunidad judía y me habitué a asistir a la sinagoga. También inicié un curso de dos años sobre lengua y civilización judías organizado por la Universidad Hebrea y me puse a estudiar el idioma hebreo. En esa época, acudí a un terapeuta al que pedí que me hipnotizara para averiguar más cosas sobre lo que parecían ser recuerdos.

A partir de ese momento comencé a hacer dibujos de lo que recordaba. Me sorprendió advertir que parecían fragmentos de una historia que era posible ordenar conforme a mi edad en cada recuerdo. Por difícil que fuera, fui rememorando cada vez más y anotando detalles. He aquí mi historia.

En esa vida, nací a finales de la década de 1920 en Europa oriental, cerca de Praga, en una interesante familia de buenas personas. Había un hermano casi dos años mayor que yo y una hermana que me llevaba algo más de tres. Mi madre estaba emparentada con la familia gobernante en Polonia; mi padre era agente de la resistencia judía en lo que es ahora Israel. Como ambos intentaban informar de hechos que propiciaran la paz en Europa, se produjo una atracción natural. Cabría decir, supongo, que en esa época no deberían haber celebrado un matrimonio interreligioso. Pero como contaba mi padre, mi abuelo judío sonrió y suspiró al enterarse de las intenciones de su hijo con la futura novia. Mientras viajábamos por Europa, a menudo recorriendo ciudades inestables donde estaba escribiéndose la historia, nuestro relato refiere que mi padre era un viajante que vendía artículos de cocina. Pero yo nunca vi ollas ni sartenes, solo un maletín de piel lleno de papeles con montones de palabras mecanografiadas.

Aún en esa vida, contando unos dos años de edad, visité una casa de labranza en el sur de Polonia, con vistas a un valle orientado al norte. Me desperté de un sueñecito en una alfombra del suelo y, al oír el grito apagado de un bebé, fui a la ventana y me metí a gatas en una caja de madera. Vi a mi madre y a una prima joven recoger la ropa tendida de una cuerda dispuesta como una telaraña. Alcanzaba a oír el repiqueteo de hojas de álamo temblón y de pino en el extremo cercano del estrecho claro. Hacía mucho viento. Me fijé en el cesto con la ropa amontonándose, y me preocupó que el bebé pudiera estar ahí. Intenté gritar, pero el aire se me llevaba el aliento. Miré hacia el valle y vi nubes amenazantes que venían en la dirección equivocada. Se apreciaba un vago olor a miedo que no indicaba nada bueno. Entonces no lo sabía, pero era una pista de lo que iba a pasar. (Creo que sensaciones como las de alegría, miedo, enfado, etcétera, están molecularmente presentes en el aire y se dejan ver ante los niños pequeños, quienes son muy conscientes del peligro o la seguridad.)

A principios de la década de 1930, siendo solo una niña que visitaba a mis abuelos judíos cerca de una ciudad de Europa central, hubo un invierno especialmente crudo. Yo quería con locura a mi abuelo paterno. Era muy sabio y cariñoso, y hablaba varias lenguas. Estábamos cruzando una calle cubierta de hielo y nieve, y vi un árbol frutal. Contaba yo unos tres años, y mientras pasábamos bajo el frío pasadizo abovedado, le pregunté si el árbol viviría. Parecía fuera de lugar allí, en medio de una ciudad alta y fría. «Así será si Dios quiere», dijo. Por el pasadizo sopló un viento cortante que me hizo sentir miedo.

Para mis abuelos era una época dura. Cada vez que los visitaba, mi madre les llevaba comida, es decir, los productos pequeños que pudiera llevar consigo, sobre todo ahumados de la granja de su hermana. En una ocasión, se dejó «por casualidad» una bonita bufanda rusa finamente tejida para la abuela. La abuela se llamaba Lisa, pero una vez, en una visita, oí por casualidad a mi abuelo decirle una noche, en un tono suave y afectuoso: «Leah, suéltate el pelo.»

Durante un tiempo, mi madre estuvo metiéndonos a los tres niños en el tren para ir a visitar a mi padre, que solía estar de viaje de negocios por diferentes ciudades de Europa. Él siempre estaba contento de verla. Pero, a medida que las cosas se fueron poniendo feas, ella solo me llevaba a mí, quizás un poco como medida de protección. Una vez nos encontramos en el noroeste de Europa —Berlín, quizá— con un corpulento hombre de negocios. Como no teníamos niñera, yo debía ir siempre y cuando fuera buena. Casi siempre me portaba bien, menos cuando tomaba el pelo a mi hermano. A él y a mi hermana los quería mucho. Pronunciaba mal a propósito el nombre de Peter diciendo *Pater*, que significa «padre», pues él siempre intentaba imitar a nuestro padre. Salvo para mi madre, todos teníamos nombres diferentes, sobre todo para ocultar la ascendencia judía. Yo era Anna Shoshanna, que significa Anna Rose. A veces yo decía «Anna ssh-Anna», y me sonaba como Anna-«gramo» (una pequeña medida de mí). Los juegos de palabras me encantaban.

Pasé ciertas temporadas en una zona residencial cercana a Praga, donde estaba la familia de mi madre. Recuerdo las puertas de los coches, que se abrían hacia atrás, y los apestosos humos de los tubos de escape. Una vez, en la granja, estaba mirando unos pollos de colores que picoteaban en el camino, alcé la vista y vi el enorme y amistoso caballo familiar, acercándose con un hombre anciano que llevaba ropa de trabajo e iba sentado en la calesa. Fue una buena época. Fue una época de cosas nuevas y viejas, con coches y carruajes tirados por caballos. La ropa era preciosa. La gente empezaba a recuperarse de la Primera Guerra Mundial.

Por la noche, no obstante, mis parientes se reunían y escuchaban noticias de la radio. Estaban todos atribulados; no hablaba nadie. Unos permanecían sentados, inclinados hacia delante; otros, de pie con los brazos cruzados. Mi tía favorita llevaba un bonito vestido con flores estampadas. Recuerdo algunos de los anuncios, la hermosa música que ponían a veces, y los pitidos cuando se sintonizaba el dial.

Por entonces, cuando contaba unos ocho años, asistí a la escuela en Ámsterdam. Pero un día nos fuimos de la ciudad a toda prisa, primero bordeando el canal con ayuda de pequeñas cámaras de aire durante una noche sin luna, y luego en una embarcación a motor. Me dormí bajo una lona y no recuerdo que atracáramos en muelle alguno. En cierto sitio, mi madre se acercó a un soldado joven y le preguntó si podía viajar conmigo por la carretera. «No, *madam*», respondió el soldado. Ella preguntó entonces cuándo sería posible; «a eso de las cuatro y media de la tarde», dijo él. Supongo que el soldado quiso parecer importante y entendido. Era así como mi madre obtenía información sobre convoyes, sus tamaños y horarios. No obstante, el viento abrió el abrigo del hombre y dejó ver un bulto en los pantalones, y así ella comenzó a entender que no podía viajar sin papá, que estuvo de acuerdo, sobre todo por otras cosas de las que se enteraba.

A veces había una normalidad tranquila. En una ocasión, la familia fue a una reserva natural en el nordeste de Polonia. En cierto lugar se interrumpía la hilera de árboles, y después crecían hierbas y líquenes. En esa zona había una casita redonda construida con piedras de granito gris. Se veía una entrada, una pequeña ventana y una mirilla. Según papá, pertenecía a la época de las invasiones normandas. Hacía buen tiempo, y dormimos allí. Tanto mejor para trabajar un poco, de modo que nos hicimos con algunos palos y ramas de abeto y fabricamos un tejado que nos protegería de la noche y el rocío matutino. Una mañana, me desperté temprano y fui al frío lago, donde había un muelle de madera; al llegar vi a un búho blanco que se sobresaltó y revoloteó brevemente en el aire justo delante de mí. El búho me recordó a Adolf Hitler de pie en su automóvil descapotable, mirando a todo el mundo. Yo estaba en ese episodio del coche, en el extremo de la multitud pero en una posición elevada para ver mejor. Otra vez, yo era la niña rubia a la que el señor Hitler daba un ramo de rosas tras detener la caravana de vehículos. Me pregunté qué habría pensado si hubiera sabido que la pequeña rubia de pelo rizado tenía sangre judía.

Pasó algo antes, cuando yo tenía unos cuatro años; a última hora, mis padres decidieron ir a un restaurante fino con baile y orquesta. ¡No había niñera! Por tanto, tuve que ir. Estábamos sentados en el restaurante, cerca de la parte de atrás del suelo elevado y cerca también del señor Hitler, que iba acompañado por sus invitados alemanes. Aplaudía de una forma extraña: las palmas cerca de los dedos, con los que daba los aplausos. Hitler estaba sudando, haciendo bobadas y riendo, sin duda pasándoselo bien. No me gustaba. Parecía malo.

Una tranquila mañana se produjo una señal sombría en forma de joven montado en una bicicleta de cartero que traía una carta. Mi hermano fue a abrir, dio una moneda al chico y entregó la carta a mi madre, que iba en bata. Se sentó y la abrió; algo no marchaba bien. Era de un amigo de mi abuelo judío. Escribía que, como el abuelo no se había presentado a jugar a las damas, fue a informarse. Ya sabía que el abuelo no tenía pelos en la lengua al hablar y escribir contra la anexión de Austria por parte de Hitler, y que, tras llegar los nazis, se habían llevado a mi abuela en un camión para interrogarla. Descubrió que el abuelo se había ahorcado; acto seguido, con ayuda de otros del piso, lo bajaron al suelo. Después de leer esa carta, mi madre no volvió a ser la misma. ¿Era de veras un suicidio o era algo que se hacía pasar por suicidio? No lo sé.

Una de las siguientes cosas que recuerdo es que papá consiguió un empleo cerca de un *altenhaus*, una hostería de carretera, en el norte de Polonia. Era cocinero y camarero, y nuestra familia ayudaba a servir las mesas. Estábamos atendiendo a unos oficiales que cenaban tras su reunión. Mi padre me daba instrucciones: «Si alguien está vaciando el vaso, o quiere alguna cosa, ve enseguida.» Me sentía enfadada y percibía que aquellos hombres eran malos y peligrosos; fue la única vez que tuve un arrebato y que mi padre me reprendió. «¡Que lo hagan ellos mismos!», solté. Mi padre se inclinó a mi espalda y me susurró con severidad al oído: «¿Quieres que nos maten a todos?» Así que, tras ese incidente, serví a los clientes con la máxima deferencia.

Cuando bajé a la cocina de atrás por las escaleras, había nieve en el suelo. Oí algunos sonidos apagados procedentes del otro lado del edificio. Fui a ver. Dos soldados jóvenes estaban propinando crueles puntapiés a mi hermano, tirado en la nieve. Un tercer soldado estaba apoyado en la pared, fumando una colilla. Los otros dos le daban en las costillas, la cara y la espalda. Mi hermano no se defendía. La sangre oscurecía la nieve; se apreciaba un marcado contraste con la de las ramas de los pinos, testigos mudos mientras yo retrocedía horrorizada. Tropecé con los escalones de madera y me hice daño en el hombro derecho. Desde ese día me dolió siempre la espalda: el brazo me había quedado un tanto afectado, y cada vez que estaba cansada aparecía una tos debido al frecuente dolor.

Dejamos de trabajar en el *altenhaus*. Mi padre intentaba mantener la familia unida, y tanto él como mi madre procuraban ayudar a evitar la guerra. Sin embargo, Alemania se apoderó de Polonia pese a los esfuerzos de muchas personas. Fuimos a una ciudad con controles, donde nos alojamos en una casa provisional tipo barracón para viajeros asiduos. Al mando estaba un coronel, un hombre amable que observaba las cosas sin demasiada atención. También él se encontraba atrapado en una maraña de acontecimientos que se desplegaban con demasiada rapidez.

Una noche nos marchamos, deslizándonos por el campo a escondidas y con celeridad, siguiendo las raíces de la orilla del río. El agua estaba demasiado fría para mí. Un hombre se ofreció para llevarme a cuestas; mientras yo estaba sobre su espalda gozando del calor y el transporte, él juntó mis muñecas de niña por delante, tanteando cuidadosamente con la otra mano. Se acercaban unos soldados por la carretera, así que nos quedamos inmóviles; podíamos oír claramente a los perros ladrar y gruñir, pero los soldados no les hicieron caso pensando que los animales estaban reaccionando ante un tejón o algún animal de río. Probablemente no quisieron aventurarse en el bosque a oscuras y siguieron su camino.

Cuando nos pareció que era seguro, reanudamos el viaje. Tras llegar al nordeste de Polonia o al oeste de Rusia en un vagón de ganado de puertas abiertas que se balanceaba de un lado a otro con un monótono traqueteo a través de montañas y serpenteantes arroyos, trabajamos como familia en un lugar donde se iban a construir instalaciones para infraestructuras junto a un río. Tan pronto nos hubimos subido a un camión de transporte, empezó a nevar con intensidad. Cada camión de la caravana avanzaba siguiendo las marcas de neumáticos dejadas por otros camiones. Se oía continuamente el fuerte rugido del motor, que esperábamos que siguiera rugiendo para no quedarnos atascados en el invierno del norte.

Al llegar, los hombres y las mujeres fuimos alojados en barracones aparte. El nuestro tenía un hornillo en un extremo y el orinal junto a la puerta de entrada. Un día, durante el deshielo de la primavera, mi hermana, que a la sazón tenía unos quince años, llegó toda despeinada. Había estado limpiando el remolque de un oficial. Mis padres habían estado siempre en sintonía, pero esta vez discutieron abiertamente sobre si quedarnos en algún lugar de Europa, o siquiera seguir luchando por la causa. La conclusión fue que intentaríamos irnos en ferrocarril, hacia el sur y luego al este, a Rusia o China. Nos pusimos nuestras mejores ropas, cogimos solo una pequeña maleta con comida, y nos encaminamos a la estación, un edificio contiguo a las vías. Mi hermano llevaba puesto un sombrero para disimular la cicatriz que le había quedado en la cara a consecuencia de la paliza sufrida en el *altenhaus*. Yo lamentaba lo que le había pasado y sentía mucha pena por él. Los cinco parecíamos ir «endomingados».

El jefe de estación tenía los labios tan finos que parecían esbozar una sonrisa y los ojos oscuros. No me fiaba de él, pero sabía que era nuestra última esperanza. Solo podíamos conseguir transporte en un vagón de ganado, aunque tenía un poco de paja blanda. Recuerdo que volví a ver las familiares montañas verdeazuladas. El balanceo y el traqueteo combinados del tren eran relajantes. Me quedé dormida hacia la noche siendo vagamente consciente de las arrancadas y las paradas, de vagones que se enganchaban y se desenganchaban. Pero daba la impresión de que algo fallaba. Cuando desperté, otras personas del tren habían acabado en nuestro vagón. Tenían la expresión ausente. El sol se colaba entre los listones del lado equivocado. Nos habían engañado.

En vez de ir al sur y luego al este, habíamos ido al sur, más al sur, y después al norte y al oeste, con destino a un campo de detención. Cuando nos bajamos, había pasadizos para el ganado junto a las vías, que tuvimos que recorrer para llegar hasta un oficial, cuya mano se movía de vez en cuando en dirección a ciertas personas, aunque ya estaba prácticamente decidido quién iría adónde. Mi hermana fue por un lado con otras niñas por un pasadizo que conducía a un camión a punto de partir. Mi padre y mi hermano fueron por otro lado hasta un patio abierto, sin hierba, rodeado de alambre de espino. Y mi madre y yo seguimos aún otro camino. No volví a ver nunca más a mi padre ni a mis hermanos.

Mi madre y yo nos instalamos en barracones con otras mujeres. Llevábamos ropa civil. No recuerdo nada parecido a tatuajes. Sí recuerdo que, un día, un sargento alto y gordo entró e hizo una señal a las mujeres, a mi madre. Allí, enfrente de todas nosotras, ella tuvo que tumbarse en el suelo mientras él la montaba. Ni siquiera se quitó el abrigo. Yo tenía casi trece años, y noté que se me ponía la cara roja a medida que el enfado se convertía en rabia. ¡Mi madre jamás querría yacer con un cerdo así! Tuve ganas de saltar sobre su espalda y empezar a golpearle, pero ella me hizo un gesto disuasorio con la mano plana.

Cada vez me cuesta más recordar. Me encerraron en un sótano pintado, desnuda. Hacía frío, pero fui capaz de acostumbrarme. No me daban comida ni agua. A veces se abría de repente una ventanilla de la puerta; una mujer me miraba y luego cerraba de golpe. Las tuberías estaban pintadas, todas de color hueso o amarillo pálido. Del techo colgaba una bombilla solitaria. Creo que perdí la capacidad para distinguir los colores. En una ventana alta había barrotes que formaban cruces pequeñas. Intenté recordarlo todo, en especial la familia a la que amaba. Pensaba en ella una y otra vez. No sé cuánto tiempo estuve allí. Perdí la conciencia.

Después estuve en algo parecido a una mesa con ruedas de acero inmaculado. Me examinaban unas personas vestidas con bata blanca de laboratorio. Estaba a punto de morir pero aún débilmente consciente. Había dolor, muchísimo dolor. Creo que me miraron el hígado o cualquier órgano cercano y después me suturaron.

La otra cosa que supe fue que volvía a estar en los barracones con mi madre. Me encontraba tendida con mi cabeza en su regazo. No veía muy bien, alcanzaba a distinguir a otras mujeres a su alrededor. Una amiga permanecía de pie a corta distancia. «No tengas miedo de morir», me dijo mi madre. Pero yo quería vivir. Para acelerar mi muerte, ella me negaba comida y agua. Su amiga la consolaba.

A la mañana siguiente, algo después de las diez, me desperté encima de un montón de cadáveres. El rocío de la mañana me había reanimado un poco, y me di cuenta de que un hombre sucio me manoseaba. Entonces fui consciente de dos cosas: estar viajando espiritualmente entre hermosas nubes hacia una luz afectuosa; y, en un sentido más prosaico, ser incinerada y luego ser arrojada con las cenizas de otros a una fosa común. Tras esto, solo existieron para mí una belleza y un amor inenarrables.

Al cabo del tiempo, traté de regresar a la vida terrenal en dos ocasiones: en una no se completó el período de gestación y en otra nací sorda y morí a edad temprana en la cuna. Por último, nací en esta vida, en la que recuerdo muchos detalles de aquella vida anterior. Creo que después de la Segunda Guerra Mundial no había suficientes hogares judíos donde nacieran almas judías, por lo que Dios nos envió al más cercano posible; para mí, fue uno en el que tendría el aliciente de rememorar otras vidas pasadas, sobre todo la de la Segunda Guerra Mundial y poco a poco asimilar aquellos trágicos sucesos.

Decidí reencarnarme para intentar causar un impacto positivo para siempre y hacer realidad la vida que habría vivido. En esta vida, he recibido un premio del gobernador y dos premios comunitarios por mi trabajo de asistencia social a los pobres, y he sido distinguida con otros reconocimientos, también en el campo de la enseñanza. Los trastornos de los recuerdos de la Segunda Guerra Mundial se terminaron cuando, en esta vida, decidí formar parte de la comunidad judía, convertirme en judía de manera oficial. Solo entonces me sentí bien, pues en la continuación de esta vida he acabado siendo lo que tenía que ser.

Si contemplo mi vida pasada, me maravillo de haber sido capaz de presenciar episodios clave del drama de la Segunda Guerra Mundial. Y aunque he buscado en muchos sitios, no entiendo por qué no he podido encontrar fotografías de mi familia, pues a menudo participamos y fuimos testigos de importantes acontecimientos. Un día estaba yo viendo en la televisión el canal de Historia; el programa se titulaba *Espías de Gedeón*. Destelló fugazmente una imagen de agentes de la Segunda Guerra Mundial, liberados recientemente por el Mossad (servicios secretos de Israel). En segundo plano estaba el hombre que había sido mi padre. Había trabajado como agente y espía. Por eso no había podido yo encontrar, hasta entonces, fotos históricas: como espías que eran, ¡mis padres no querían ser fotografiados! Se quedaban casi siempre detrás de las cámaras. Según el programa, el Mossad mostraba imágenes de sus agentes solo si estaban muertos todos los demás miembros de su familia.

Tras enterarme por fin de que todos los integrantes de mi familia habían fallecido, fui capaz de seguir adelante. Tenía otra sensación de libertad respecto del pasado. Pensé que, durante mucho tiempo en esta vida, vería las cosas a través de los ojos de mi hermana de la vida anterior, pues ella había sobrevivido a sus desafíos. Después de la guerra viajó por Europa y vivió algunas temporadas en París. De pronto, un año, el sentido de sí misma quedó interrumpido. Tras ver las fotos del Mossad, se produjo una segunda clausura, pues comprendí que todas las personas que había conocido y a las que había querido habían muerto y seguido adelante.

Ahora continúo evocando muchas otras vidas por numerosas razones: saber más sobre diferentes cosas, adquirir sabiduría y conocimiento, pero sobre todo saber acerca de Dios y el amor. Una persona puede sobrevivir a lo peor y curarse si es consciente de amar y ser amada. Conservo la belleza, la bondad y el amor. Son imperecederos.

~ *Kaaran Bowden*

La bella y conmovedora historia de Kaaran refleja los horrores del odio y la esperanza del amor. El proceso de llevar paz al planeta requerirá paciencia y coraje. Cuesta superar la ignorancia. De todos modos, esta es la tarea del alma iluminada, y en el camino hacia este objetivo contaremos con mucha ayuda.

Como señalé en el capítulo anterior, en la dimensión física la vida está llena de dolor y sufrimiento. No podemos evitar el hecho de que un día nuestro cuerpo y el de los seres queridos llegarán a su final, debido a enfermedad, accidente o cualquier otro motivo. No obstante, el dolor adicional provocado por la ignorancia y las acciones violentas de ciertas personas es evitable. En la medida en que haya cada vez más personas conscientes de su naturaleza superior y de la verdadera finalidad de su vida en la Tierra, los crímenes, las guerras y otros actos opcionales de crueldad disminuirán y a la larga desaparecerán. Hemos llegado a un punto de la evolución del alma en que podemos poner fin a todos los prejuicios, todo el odio, toda la violencia y todas las guerras. Las personas como Kaaran dedican su vida a este objetivo. Eso mismo hemos de hacer todos.

Los seres espirituales eligen el camino espiritual, no el violento.

9

Relaciones eternas

Volvemos otra vez con nuestros seres queridos, con quienes nos reencontramos en innumerables vidas. El cuerpo cambia de una encarnación a otra, pero el alma es invariable. Cuando reconocemos al otro como una de nuestras queridas almas gemelas, se esfuma el abismo separador. Nos sentimos tranquilizados y confortados. Desaparecen la soledad y la desesperación.

Aprendemos a través de nuestras relaciones, que nos ofrecen oportunidades para dar y recibir amor y practicar la paciencia, la compasión y la caridad. También existen pruebas que nos aportan *feedback* sobre si estamos aprendiendo o no estas y otras lecciones. ¿Somos pacientes y afectuosos unos con otros o nos sentimos temerosos y frustrados? Nuestras relaciones dan las respuestas y marcan el camino del crecimiento espiritual.

Las historias siguientes ilustran los pródigos tesoros contenidos en nuestras relaciones y demuestran que podemos hacernos con ellos para acelerar el progreso. En tal caso, nos curamos nosotros y curamos también a los seres queridos y a todas las almas de la Tierra.

Ver y valorar el alma de otros con quienes estamos relacionados es un estado superior de conciencia. Ver solo sus características externas brinda una perspectiva limitada e incompleta. Su personalidad actual, igual que su actual cuerpo físico, es una manifestación temporal. Han tenido muchos cuerpos y personalidades, pero únicamente un alma perpetua, una esencia espiritual continua. Si vemos esta esencia, veremos a la verdadera persona.

Estamos relacionados con todos los demás seres. Las relaciones pueden ser breves, como con el camarero del restaurante, el dependiente de una tienda o cualquier otro conductor en la carretera. Cada uno de ellos tiene muchas vidas y, por tanto, corresponde a muchos personajes. Cada uno ha pasado la infancia, la niñez y la adolescencia en su cuerpo actual. Han traído todos los elementos de vidas pasadas y de la vida presente al momento actual, el momento de su relación con nosotros. Si podemos entender y calibrar la belleza y la profundidad de su alma, todas sus experiencias espirituales e históricas, nuestra relación con ellos será mucho más valiosa y satisfactoria. Estaremos en contacto con su alma.

. CAMINO DE ESPINAS .

Varias regresiones experimentadas en su taller de fin de semana en 2002 en Los Ángeles me ayudaron a resolver un desengaño con el que llevaba lidiando mucho tiempo. Vi tres episodios distintos, todos con el mismo hombre, un hombre que en esta vida me había dicho esto: «No he sentido nunca por nadie lo que siento por ti. Jamás en la vida me he sentido tan a gusto y atraído por ninguna otra persona. Pero has de entender que el mero hecho de ser almas gemelas no quiere decir que vayamos a casarnos, porque no será así.»

«Me parece muy bien», había replicado yo, «siempre y cuando comprendas que no volveré contigo». En su momento no estaba segura de por qué lo dije, pero sabía que hablaba en serio.

Ese fin de semana especial tuve tres regresiones a las vidas que vivimos juntos. En una, éramos alumnos de un druida y establecíamos una «unión de manos». Pero él huyó del matrimonio al morir el druida. En otra yo era su hermano pequeño. Cuando marchamos a la guerra, él había prometido a nuestros padres que cuidaría de mí. Al entrar en la ciudad y ser atacados por soldados enemigos, abandonó la refriega y me dejó solo —un chico joven y asustado— junto a las puertas. Yo era el primero en morir debido a dos flechas, una me atravesaba la garganta y la otra el pecho. En la tercera vida, yo volvía a ser alumna de un druida y él un guerrero que marchó a la guerra con mi padre; por mi parte, yo iba al bosquecillo a aprender los secretos de los árboles. A mi regreso, las puertas habían sido destruidas, la ciudad había sido reducida a cenizas, y las cuadrigas de mi padre y mi amante estaban fuera de las murallas. Toda mi gente había muerto. Cogí los caballos de las cuadrigas y cabalgué hasta la ciudad más próxima en busca de refugio.

Habían sido tres vidas en las que le vi repetir el mismo patrón: me amaba mucho pero siempre incumplía una promesa y me abandonaba. Esta vida no había sido diferente, y supe que había vuelto con él por última vez.

En la última regresión, estaba yo sentada en una cama en mi jardín, e intentaba conseguir que él me cogiera la mano. La miraba e iniciaba el gesto de alcanzarla; era su deseo. Pero, al final, gritaba y escapaba a los arbustos espinosos, y provisto de una guadaña se abría camino mientras iba haciéndose cortes y arañazos.

Yo estaba sentada en la cama con mi guía, un ser de otro lugar a quien pregunté por qué mi amante quería pasar entre las espinas cuando yo le ofrecía una salida. «Solo puedes tomar decisiones por ti misma», me dijo el guía. «Puedes ayudar a otros a encontrar su camino, pero ellos deciden si aceptan tu ayuda o no. Por mucha razón que tengas, no puedes obligarles a que te hagan caso. La decisión de tomar el camino dispuesto para ellos es solo suya. Si tienen demasiado miedo, seguirán otra ruta a la fuerza cuando les parezca. No puedes hacer nada al respecto salvo lamentar su pérdida y la tuya.»

Anegada en lágrimas, bajé la vista y vi una chispa dentro de mí. «¿Estoy embarazada?», pregunté. «Solo aquí, no en tu mundo», contestó el guía. No entendí que eso fuera posible, y él lo explicó: «Lo que ves dentro de ti está aguardando a nacer, pero no es un hijo tuyo y de un hombre; es lo que puedes ser tú si no te apartas de tu camino. Eres *tú* quien está a la espera de nacer. Es decisión tuya acoger al niño y verlo florecer y crecer, o dejarlo morir mientras también te abres camino como sea entre las zarzas. Únicamente tú puedes tomar esta decisión, como solo tu amado puede tomar la suya.»

Preferí dejarlo florecer y crecer. Y aunque el camino que he seguido parece a veces más duro que atravesar zarzas y espinas, sé que he tomado la decisión correcta. Aún me siento perdida, aún olvido y aún necesito una mano que me ayude a levantarme si me caigo, pero prefiero aceptar estas manos a andar por ahí con una armadura sin dejar entrar a nadie. Tanto Brian como Carole y otras muchas personas que he conocido en los talleres y cursos me han echado una mano, como espero haber hecho también yo. Esto ha enriquecido mi vida; ojalá haya yo mejorado la suya en la misma medida. Todos vamos juntos por la vida.

~ *Faith Susan*

Faith ha escogido el camino del coraje. El destino nos conduce a los momentos de las decisiones, pero entonces el libre albedrío selecciona el camino a seguir. Su amante no escogió con el mismo coraje ni la misma sensatez.

Antes de nacer, nuestra alma planifica la trayectoria de la vida que se avecina: quiénes serán las personas significativas en esa vida y cuándo las conoceremos; quiénes decidiremos que sean nuestros padres; si nos dedicaremos a la docencia, al arte o a otra cosa. El destino nos coloca en las circunstancias concretas; dicta que nos encontremos con cierta persona, en un determinado momento y acaso en un determinado lugar. Suele situar en nuestro camino a personas con las que hemos vivido en una vida anterior. Hay un karma colectivo. Pueden ser incluso almas gemelas que nos empujan hacia un mayor crecimiento espiritual.

En cuanto las conocemos, hacemos uso del libre albedrío: ¿Nos quedamos? ¿Nos vamos? ¿Cruzamos por las espinas y las zarzamoras o aceptamos la mano tendida que pretende ayudarnos? Podemos decidir que las amamos, que sean amigas nuestras, trabajar con ellas, casarnos con ellas. O rechazarlas con el argumento de que su aspecto no nos gusta, de que tienen una religión distinta, de que viven en la zona equivocada del mundo. Esas son las opciones y así es como aprendemos. Todo forma parte de un plan magistral para el crecimiento del alma.

La acción de tomar esas decisiones pone de relieve alternativas futuras: el futuro con esas personas, el futuro sin ellas, etcétera. Ahí es donde interaccionan el destino y el libre albedrío, y es entonces cuando las cosas se ponen interesantes.

Ciertas almas avanzadas señalan e iluminan el camino, pero no deciden por nosotros. En última instancia, el camino es un viaje interior que debemos hacer solos. La regresión final de Faith era una metáfora acerca de elegir con sensatez. Su guía espiritual expuso una convincente explicación del proceso. Tras leer la historia de Faith, me acordé al instante de los mensajes de los Maestros que me llegaron a través de Catherine, la paciente descrita en *Muchas vidas, muchos maestros*. Ni siquiera los Maestros pueden tomar estas decisiones por nosotros. Hemos de aprender a subir los peldaños espirituales por nuestra cuenta. Hemos de tener fe.

. PRISIONERO DE GUERRA .

«Sé que ya llega», dijo jadeando, con el horror pintado en la cara. «Ahora está más cerca. Oigo las explosiones.» Tenía la mandíbula rígida, la respiración rápida, la cara desencajada. «El problema es que no veo nada. No veo por encima de las zanjas.» Se le tensaba la voz; estaba cada vez más agitado, más aterrado. Sabía que debía actuar deprisa antes de que la experiencia lo aplastara.

«Volvamos a una época anterior, más feliz», dije yo con voz suave, «cuando aún no habían comenzado estas explosiones».

John respiró hondo y exhaló, y su sombrío semblante se desvaneció cuando se puso cómodo en la silla. Aunque su cuerpo estaba en mi consultorio de psicoterapia del siglo XXI en Austin, Tejas, su mente se hallaba en un estado inhabitual de conciencia, en algún lugar de Baviera casi cien años atrás, experimentando una vida pasada.

Mucho antes de ser terapeuta ya me fascinaba el concepto de la reencarnación. Siendo niño, solía preguntarme quién habría sido yo en otra vida. De adulto descubrí la obra del doctor Brian Weiss gracias a su superventas *Muchas vidas, muchos maestros*. Al formarme directamente bajo su supervisión, el doctor Weiss me pareció muy distinto de muchos otros supuestos maestros espirituales o directores de talleres. Él rechazaba el carácter sensacionalista que algunos daban a su trabajo y no tenía miedo de hablar sobre los límites de la terapia de regresión o de recordarle a la gente que las regresiones propiamente dichas no «demostraban», desde el punto de vista científico, la existencia de la reencarnación. No obstante, se mantenía firme en su idea de que la terapia de regresión podía ser profundamente sanadora.

¿Por qué va a querer alguien una regresión a una vida anterior? A mis clientes no les basta recordar que en la Edad Media eran campesinos. Para que la regresión cure hace falta no solo comprender las raíces de un patrón negativo o una cuestión recurrente, que a menudo abarca muchas vidas, sino también alcanzar una liberación emocional para que la claridad se interiorice por completo.

Como científico destacado, John tenía curiosidad por la reencarnación, pero había acudido a mí para una regresión concretamente porque le había costado mucho conectar con los demás. Contaba sesenta y tantos años, estaba perdiendo pelo, y tenía un bigote entrecano y una mirada penetrante. Su esposa le decía que a veces podía ser frío y ausente, y sus hijos adultos estaban distanciados de él. La interacción inicial de John conmigo había sido respetuosa y cortés, pero no exactamente cálida.

Este tío no llegará nunca a relaciones públicas de Wal-Mart, pensé para mis adentros, mientras John anunciaba de modo cortante sus dudas respecto a la posibilidad de ser hipnotizado. He efectuado regresiones con miles de personas, a nivel individual y grupal, muchas de las cuales insistían en lo mismo. Aunque creo efectivamente que no es posible hipnotizar a nadie contra su voluntad, he llegado a la conclusión de que la inmensa mayoría de las personas pueden ser hipnotizadas, en cierta medida, si disponemos de tiempo suficiente y un profesional cualificado. Calculo que más del 90 por ciento de mis pacientes de regresión llegan, en su primer intento, a un nivel lo bastante profundo para experimentar algunos recuerdos de vidas anteriores.

Teniendo esto presente, di una serie de pasos para inducir hipnosis en John de manera lenta y suave, recordándole todo el rato que podía salir tranquilamente de ese estado en el momento que quisiera. Siguiendo mis instrucciones, fue pasando a niveles cada vez más profundos. Al cabo de unos treinta minutos de haberle provocado el estado de trance, le propuse dirigirse a los episodios que dieron lugar a ese retraimiento emocional crónico. El subconsciente lo condujo a una experiencia en la Primera Guerra Mundial, cuando era soldado raso del ejército alemán, en el infierno de las trincheras. Me preocupaba que ese incidente pudiera ser confuso o inicialmente abrumador, de ahí mis instrucciones de volver a un período anterior para ser capaz de darle a esa experiencia bélica la dimensión apropiada.

Siguiendo mi sugerencia, John se describió a sí mismo en una edad anterior de esa misma encarnación, cuando era un adolescente con seis hermanos en una familia de clase media que vivía en una granja agrícola. Allí se enamoraba de una atractiva doncella del pueblo llamada Helga, y se veía yendo a la casa de labranza de ella a cortejarla. «La verdad es que apenas la conozco. Nos hemos besado una o dos veces mientras la acompañaba a su casa desde la iglesia.» Mostró una amplia sonrisa. «Pero creo que estoy enamorado y quiero casarme con ella. Es de buena familia: gente trabajadora, la sal de la tierra, como yo.» John se alistó como voluntario en el ejército, para «servir a la patria» y porque era su única posibilidad de conseguir suficiente dinero para casarse con Helga.

Con gran sorpresa mía, John contó historias alegres sobre la vida en el cuartel. La camaradería de sus compañeros y su sargento le levantó el ánimo. «Unos son listos, otros estúpidos, pero todos hombres buenos. Muchos son agricultores, como yo. Y comemos caliente una vez al día», añadió sonriendo con asombro. Al parecer, lo habían tratado mejor de lo que esperaba.

John siguió con sus historias de caminatas interminables. «Es cansado, pero la verdad es que no hay para tanto. Puedes reposar primero un pie y luego el otro», dijo, haciendo una broma sin duda habitual de la época con alegría forzada. «El problema es que no puedes tumbarte y descansar. Has de seguir la marcha. Tienes que, *tienes* que...» Tragó saliva con dificultad, reprimiendo el dolor y la fatiga, genio y figura del buen soldado. Con una risita brusca, se sacudió de encima la intensidad del momento. «Los hombres bromeamos sobre eso y seguimos adelante.»

Bajo mi dirección, John avanzó hasta su llegada a las trincheras, donde comenzó la insoportable espera de la guerra. «Sabemos que está al llegar», dijo con tono inquietante, «pero no sabemos cuándo. Aguardamos durante días».

Le pregunté cómo pasaba el tiempo. «Reímos y hacemos bromas», contestó con una sonrisa desganada. «Pero nunca hablamos de familias o novias. Sería demasiado doloroso, demasiado personal. Creo que tenemos miedo de que si pensamos demasiado sobre ello, podríamos llegar a desertar.»

John se animó en el acto. «Ya está aquí», dijo con los ojos de un lado a otro bajo los párpados cerrados. «Está aquí, ya tenemos el humo y los fogonazos, y no puedo ver nada.» Se le había acelerado la respiración. «¡Oh, Dios mío! Oh, Dios, estamos disparando en la oscuridad, ni sabemos siquiera qué estamos haciendo, y... y...» Se le fue apagando la voz, ahora llena de emoción.

Le recordé que se trataba de recuerdos cuya observación en la hipnosis no podía hacerle daño físico. En mi consulta estaba seguro.

«No pasa nada», dijo. «Ya está. No he sentido dolor.»

Hizo una larga pausa con el rostro impenetrable. «Estoy mirando el campo de batalla. Habré dejado el cuerpo atrás. Hay cadáveres por todas partes. Solo veo mi pierna.»

De pronto entendí qué quería decir con eso. No es que solo viera su pierna... es que su pierna era todo lo que *quedaba*. Cuando el dolor llegó a ser palpable, frunció el ceño. «Es muy triste. Eran buenos tipos, el jefe era bueno.» A John se le tensó la cara, la respiración se le hizo fatigosa. Le brotó una lágrima. «Pero, si todo el mundo es tan bueno, ¿cómo puede pasar esto?» Se le quebraba la voz. «¿Cómo puede pasar esto?»

Permanecí sentado en silencio durante varios minutos, permitiendo simplemente esa liberación emocional purificadora. Al cabo del rato, John exhaló un suspiro.

«Se ve luz a lo lejos, en el horizonte.» Miré a John; su rostro parecía bañado de un tenue resplandor. «Ahora está tranquilo, no hay humo, ni explosiones», dijo con añoranza. «Creo que es el sol. No, un momento.» Estaba confuso. «No, es algo más brillante que el sol. Está disipándose todo el humo.»

«Se ve a sí mismo yendo hacia la luz», susurré. La expresión de John se suavizó, el horror de la carnicería iba menguando mientras él se observaba flotando en una luz fuerte, sagrada. Estaba estableciendo contacto con algo eterno. Se le dibujó en la cara una sonrisa dulce, sosegada, los ojos húmedos de unas lágrimas diferentes.

Le pregunté qué había aprendido de esa vida.

«En esa vida, yo era leal y trabajador, como lo soy en la vida presente. Veía la falta de sentido de la guerra, pero al parecer también la veía inevitable.» Esto explicaría tanto los años felices en esta vida dedicados al trabajo voluntario para «cambiar alguna cosa» como el hecho de que abandonara los estudios y se alistara para ir al Vietnam, pues, tal como decía él mismo, «iban a reclutarme de todos modos».

Lo más importante es que John vio, en ambas vidas, que había reprimido sus sentimientos y evitado los sentimientos de los demás. «Aprendí a no sentir, a no preguntar por nada demasiado personal sobre mis camaradas. En las trincheras, preguntar era de mala educación, doloroso», dijo con los ojos otra vez llenos de lágrimas. «Pero ahora no. ¡*Tengo* que preguntar a mis hijos y mi esposa cómo les va!» Se quedaba sin voz debido al pesar. «No son soldados... son personas y quieren hablarme de sus sentimientos, y yo quiero saber... *quiero saber... quiero saber.*»

Posé suavemente la mano en su hombro durante unos minutos mientras él sollozaba, y me di cuenta de que John estaba alcanzando la claridad en una sola sesión de tres horas que en la terapia tradicional habría requerido meses. Había reconocido que su sistema habitual de evitar los sentimientos incómodos, algo apropiado con sus camaradas en la guerra, no funcionaba con su familia. Hasta la regresión a su vida pasada, el eco de una vida anterior había impulsado inconscientemente a John a no hablar de sus sentimientos.

Como terapeuta, reconozco que la terapia de regresión a vidas pasadas no es una bala mágica que resuelve espectacularmente todos los problemas de la vida en una única sesión. De todos modos, tras haber efectuado regresiones a miles de personas en talleres de todo el país, he descubierto el enorme potencial curativo de los recuerdos de vidas anteriores que abarcan toda la gama posible, de lo traumático a lo dichoso. Una mujer evoca que su esposo fue amante suyo en otra vida y se ha reencontrado con ella ahora, conocimiento que da un vigor renovado a su matrimonio. Una artista a tiempo parcial dedicada a su oficio recuerda una vida en la que era una pintora de grandes cualidades. Un hombre con una fobia de treinta años a los médicos rememora sus orígenes en una vida tribal en que un hechicero no consiguió sanarlo. Todas las experiencias son distintas. Todas curan.

~ *Gregg Unterberger*

Me complace en especial que Gregg ayudara y animara a John a revisar la vida pasada y sus lecciones, así como a entender las conexiones con su vida actual. John había estado tratando a su familia y sus amigos como si fueran soldados, aunque sin duda en esta vida no lo eran. En esta clase de examen, el terapeuta guía al paciente para extraer y comprender los temas y lecciones importantes de la vida recién recordada. Si en el recuerdo de esa vida anterior el paciente experimenta la muerte de su cuerpo, es consciente de estar flotando por encima de ese cuerpo y entrar en un estado espiritual, sereno, lleno de luz. Es entonces cuando el terapeuta empieza a dirigir la revisión de esa vida, formulando preguntas como «¿cuáles fueron las lecciones de esta vida recién terminada?». Tras ser identificadas las lecciones, la pregunta del terapeuta puede ser esta: «¿Qué relación tienen estas lecciones con la vida actual, con el momento presente?» Reconocer estas conexiones suele ser un componente clave del proceso de curación; para la curación no basta simplemente con revivir la vida pasada, sino que también hemos de comprender y relacionar esa vida con la actual.

Un terapeuta suele dirigir esa clase de revisión vital con el paciente durante una sesión de regresión a vidas pasadas. Sin embargo, se produce otro tipo de revisión con carácter general cuando nos morimos y la conciencia abandona el cuerpo físico al final de cada vida. Esto no se lleva a cabo con un terapeuta sino con los guías espirituales u otros seres sabios; no es una revisión clínica sino kármica. Mientras nos reabastecemos de esa hermosa luz, nuestra conciencia es dirigida hacia el análisis de los resultados de nuestras acciones mientras estábamos en el plano físico. Vemos a las personas a las que hemos hecho daño y sentimos sus reacciones emocionales, enormemente amplificadas. Del mismo modo, notamos las emociones, de nuevo intensificadas, de aquellos a quienes hemos ayudado y amado. De esta manera, examinamos todas nuestras relaciones, y experimentamos a fondo todo el enojo, el daño y la desesperación que hemos provocado, aunque también la gratitud, el reconocimiento, el afecto y la esperanza que hemos suscitado. Esta revisión vital no se hace con intención de castigar ni culpar. Si entendemos de veras el resultado de nuestra conducta, aprendemos la importancia de la compasión y la bondad.

Como terapeuta en la historia que acabamos de leer, Gregg hace una demostración del primer tipo de revisión; como paciente en la historia que vamos a leer enseguida, del segundo tipo. Nuestra alma, esté aquí o en el otro lado, goza de infinitas oportunidades para crecer y aprender.

Así pues, muchos de nosotros, como John, hemos muerto una y otra vez en combate. Nacemos, caemos muertos en otra guerra y nos reencarnamos para volver a luchar y a morir. En algún momento nos daremos cuenta de que estamos aquí para aprender y amar. Cada vez que matamos a otra persona, matamos también una parte de nosotros mismos. Ser violento, odiar y matar está mal. No hemos aprendido la lección; tenemos que repetir curso. En un nivel más profundo, no es posible que nos maten de verdad porque somos conciencia, somos alma. Sin embargo, en esta dimensión física podemos morir desde el punto de vista corpóreo y hemos de poner fin a la violencia. Ya es hora de actuar como los seres espirituales que de verdad somos.

· UNA EXPLORACIÓN DE EMPATÍA ·

Hice el curso con Brian en 1999, en Mount Madonna. Fui un feliz conejillo de Indias en el escenario mientras él supervisaba a un terapeuta que me inducía una regresión a una vida como monje francés en el siglo XVII. En esa vida había tenido algunas experiencias místicas, pero las había ocultado por miedo a lo que pudieran decir los demás. Había establecido cierta relación con otro monje (que en mi actual encarnación era mi primera esposa), al que conté en secreto mis experiencias de Dios como alguien que nunca condenaba ni castigaba a nadie. Mi compañero monje se mostró de acuerdo pero se negó a «sacarlo a la luz» conmigo. Con todo, sintiéndome reforzado por su amistad, me enfrenté furioso con el padre Francesco, abad del monasterio, que me abofeteó por blasfemo y me echó de la orden, dispuso mi excomunión y me expulsó de la iglesia. El monje que había sido amigo mío se quedó mudo, paralizado, y permaneció dentro de la iglesia, viéndome partir mientras las campanas tocaban a muerto. (Esto acaso explique, en parte, por qué mi ex esposa siempre tenía miedo de que yo la abandonase.) Desconsolado, con lágrimas en los ojos y sin esperanzas subí a una montaña cercana, notando cada vez más frío, y morí solo, congelado en la nieve, un suicidio de facto.

En un giro interesante, hice espontáneamente una revisión parcial al final de esa sesión en escena, en la que vi diversas decisiones alternativas que podía haber tomado y lo distinta que habría podido ser la vida si hubiera tomado dichas decisiones. Habría podido dirigirme al padre Francesco con un tono más amable y provocar en el monasterio, si no una revolución, sí una evolución que se centrara más en la misericordia y el amor de Dios y menos en el infierno y el pecado. Este enfoque habría llevado a más personas a la Iglesia y aliviado a muchos de los pobres, quienes creían con frecuencia que su pobreza era un castigo de Dios por sus pecados.

En una regresión posterior, revisé a propósito la vida del padre Francesco. Tenía curiosidad por saber si, bajo hipnosis, alguien podía ayudarme a revivir la experiencia de *otro*, y un compañero lo hizo de forma satisfactoria. Primero vi a Francesco siendo niño golpeado hasta sangrar por su propio padre, y a continuación experimenté su tormento emocional directamente cuando se retorcía y gritaba. Su padre creía literalmente que podía pegar a su hijo con total impunidad, para expulsarle los demonios mediante el dolor. Sentí una tremenda compasión por mi antiguo enemigo. Pobre Francesco, era comprensible: pensó siempre que era un pecador y que su celestial padre estaba enojado con razón. Hacía a los otros lo que le habían hecho a él. Nuestros respectivos espíritus se encontraron, y, con lágrimas en los ojos, perdoné al padre Francisco mientras él me pedía disculpas diciendo que no sabía lo que hacía.

El padre Francisco volvió a mi actual encarnación como Frank, supervisor de asesoramiento, un mentor mucho más sano. Y yo volví a él como ferviente alumno suyo durante muchos años en esta vida. Antes de tener el recuerdo de esa vida pasada, una de las cosas por las que me había enfrentado con

Frank era que, a mi juicio, no me ofrecía suficiente respaldo emocional. Él contestó que a mí era imposible enseñarme nada. Los dos teníamos razón, y mucho antes del recuerdo me mostré más abierto a sus enseñanzas al tiempo que él se comportaba conmigo de manera más delicada y compasiva. Me cambió la vida en un sentido literal. De hecho, hicimos su curso juntos.

~ *Gregg Unterberger*

En esta escuela de la Tierra son muchas las lecciones que podemos aprender, demasiadas para una vida sola. Lecciones de compasión, esperanza, fe, no violencia, tolerancia, caridad, empatía, ausencia de prejuicios, etcétera, que acaso requieran muchísimas vidas. Se nos dan innumerables oportunidades para pagar nuestras deudas con los demás y restablecer las relaciones con ellos. Gregg y su supervisor fueron capaces de hacer ambas cosas. También nosotros podemos lograr una curación similar, incluso en las parejas y sociedades más difíciles. El amor y el perdón, potenciados con la comprensión y la paciencia, lo resuelven todo.

Si escogemos este camino de paciencia y bondad, obtendremos bendiciones increíbles. No elegimos dicho camino por esta razón, pues la recompensa está en el proceso. Las bendiciones llegan igualmente. Mediante la empatía y la percepción, Gregg y Frank pudieron reencontrarse y prosperar. Su relación alcanzó una octava espiritual superior.

Ser consciente significa ver desde una perspectiva más completa. Gregg nos da un ejemplo claro de cómo esto puede curar cuando él es capaz de ver las palizas que Francesco tuvo que sufrir de pequeño. Entonces Gregg pudo comprender la conexión con la conducta y los valores de Francesco como adulto. Gracias a esta comprensión, Gregg se desprendió de sus juicios y perdonó a Francesco. Como beneficio añadido, se intensificó la relación de Gregg y Frank, la actual encarnación de Francesco.

Como ya hemos visto antes con respecto al tema de la terapia de regresión, nuestro futuro no está grabado en piedra, no es un camino fijo e inalterable que se extiende hacia delante en el tiempo. Es un sistema de posibilidades y probabilidades, con algunos resultados más susceptibles de producirse que otros. Un resultado potencial, el futuro probable, es el más factible, pero desde luego no está garantizado. Cuando Gregg describe las opciones alternativas se hace eco de esos conceptos futuristas. Si en el siglo XVII hubiera elegido el planteamiento más amable y menos polémico, su vida habría sido radicalmente distinta. Sus vidas futuras, incluyendo su actual encarnación como Gregg, también se habrían visto alteradas y mejoradas. Su relación con Frank habría empezado en un nivel más sólido e incluso más sano. En última instancia, el tiempo que se tarde carece de importancia, pues siempre se hacen progresos. Y a cada paso que damos, va aclarándose el camino espiritual.

La historia de Cynthia, que también analiza la importancia de la relación estudiante-enseñanza, procura otro emotivo relato del carácter eterno del amor.

. REGRESO DE UN ALMA GEMELA .

Tuve el privilegio de estar en uno de sus seminarios en verano de 2010. Para entonces yo había leído todos sus libros publicados y tenía interés en compartir experiencias con quienes tuvieran el sistema de creencias que había llegado a ser el mío como consecuencia de esas lecturas. En este sistema de creencias se incluía la vida como ciclo interminable de evolución con aquellos a quienes amamos, los que más pueden enseñarnos.

Tengo sesenta y un años, pero cuando me acercaba a la treintena comencé a tener un sueño recurrente, en el que me hallaba en el Vesubio siendo una joven de unos diecinueve años enamorada de un habitante de la ciudad con quien no podía relacionarme debido a ciertas prohibiciones culturales. Cuando la tierra tembló y empezó a fluir la lava, busqué refugio cerca del agua, bajo cubierto. Entró un hombre corriendo en la misma cueva: era mi amado. Sin decir nada, me abrazó con fuerza, y yo supe que también me amaba, aunque no estaba permitido. El sueño acaba aquí, sin dolor ni experiencia de la muerte, solo el conocimiento profundo de que el amor que yo había sentido en mi corazón era correspondido.

He tenido este mismo sueño de vez en cuando durante más de treinta años. Cuando me hube iniciado en su obra, la intensidad y la agudeza emocional del sueño, amén de su naturaleza repetitiva, me permitieron comprender que podía haber sido una experiencia de vida real en mi memoria del alma. Tras leer más acerca de su trabajo, ensamblé los hechos aplicables a mi vida presente.

A los catorce años, fui enviada a un colegio privado religioso, donde recibí las enseñanzas de un hombre cuya voz identifiqué con un relámpago. Nos hicimos amigos, y yo fui alumna suya durante cuatro años de secundaria. Proseguí mis estudios y me mantuve en contacto con él. Me casé con otro hombre, y mi antiguo profesor visitó a nuestra familia a lo largo de unos doce años mientras gozó de buena salud. Durante esas visitas, mi esposo, mi hija y yo agasajábamos a sus amigos y a él y les ofrecíamos una casa donde alojarse. En una de las visitas, mi esposo y yo descubrimos que nuestra hija había nacido exactamente cincuenta años después que mi profesor.

Siempre había habido una atracción lejana por ese hombre, si bien cuando yo era joven no lo entendía ni sabía qué hacer con ese viejo recuerdo. Su voz era inconfundible. Tras estudiar con usted y presenciar otras historias, le hablé de toda esta experiencia, y le conté que creía haberle conocido en una época anterior. Poco después de mi revelación, se puso muy enfermo. Acudí en su ayuda; llamé a miembros de su familia y verifiqué la asistencia médica. Ahora la medicación lo mantiene en equilibrio, y valora lo que yo he llegado a ser para él: amiga, mentora y abogada defensora. En nuestro reencuentro, soy *yo* quien tiene el papel de maestro. En mi mente no hay la menor duda de que volvemos a estar aquí para ayudarnos uno a otro a ser dichosos y mejorar.

Mirando el canal de Historia, también he descubierto que

viví en Herculaneum, una pequeña ciudad cercana a Pompeya gravemente afectada por la erupción del Vesubio. Hace poco se han descubierto cerca del puerto varios cuerpos de personas que intentaron refugiarse allí pensando que era un lugar seguro. Al mirar los mapas de la región y ver los restos y dónde han sido hallados, mi alma sabe que es ahí adonde huí y donde me encontré con ese hombre adorable al que he amado durante siglos.

En su seminario, conté la misma historia en estado de hipnosis. En la actualidad, ese hombre y yo disfrutamos de una relación maravillosa. Hablamos varias veces a la semana. Le encanta saber de los progresos de mi hija, y él y mi esposo se tienen el máximo respeto mutuo. Al saber que tenemos toda la eternidad por delante, siento júbilo y paz.

~ *Cynthia*

El poder de un volcán dista muchísimo del poder de un alma gemela. El amor de las almas gemelas no siempre es romántico. Es eterno e incondicional, trasciende el tiempo y el espacio, pero puede ser el amor de un padre y un hijo, de los amigos, los hermanos, los abuelos, los primos, cualquier forma platónica de amor. Quizás el alma gemela es un profesor universitario a cuyas clases asistimos, cuyo conocimiento y pasión por la asignatura influye en nuestra trayectoria profesional. En cuanto terminamos el curso, cada uno sigue su camino; nuestro trabajo conjunto en esta vida se ha completado.

Más que una sola alma gemela, tenemos familias de almas con las que estamos continuamente conectados. A veces solo por unos instantes, aunque este breve período puede cambiarle a uno totalmente la vida. Tanto da que estemos juntos diez minutos, diez meses o diez años; lo importante son las lecciones que se aprenden, las indicaciones y los recordatorios que aparecen en estos encuentros. Hay cierta familiaridad, cierta profundidad de conocimiento. Nos relacionamos según una determinada vibración que no cabría esperar de un tiempo tan corto. Las almas gemelas se juntan una y otra vez para interaccionar. Tienen un karma o destino conjunto.

Satisface ver que la relación entre las almas de Cynthia y su profesor fuera tan apreciada por toda la familia y estuviera desprovista de celos, temores o resentimientos.

El amor incondicional no pide nada a cambio. Este amor puro jamás genera dependencias ni deudas. Tan solo existe. Como energía absoluta que es, no se acaba nunca. Conecta al instante vidas separadas por siglos y promete que todos los seres queridos estarán entrelazados por toda la eternidad.

Veamos cómo Carla, autora de la siguiente historia, tradujo este concepto en acción cuando tendió la mano a su hermana con un amor que sobrevivió tanto al tiempo como a la tensión.

. LAZOS ENTRE HERMANAS .

Hace unos años tuve el privilegio de verle en el Instituto Omega de Nueva York. Era al final del día, y usted tuvo tiempo de efectuar una regresión a la infancia, a la que con mucho gusto me ofrecí como voluntaria. Lo de subir al escenario y exponerme ante los demás me generaba dudas, pero sabía que estaba en buenas manos y confiaba en usted. También sentía curiosidad por lo que revelaría el experimento.

No tardé mucho en recordar algo. Contaba unos cuatro años y llevaba de la mano a mi hermanita de dos, a la que ayudaba a bajar las escaleras la mañana de la Pascua. Estábamos muy agitadas. Recuerdo la sensación de la alfombra bajo mis pies, del pijama. Llegamos abajo y nos encontramos con un montón de cestas de Pascua esperándonos... ¡y un pollito! Me preocupaba que uno de los perros pudiera comerse el pollito, pero la verdad es que fue un recuerdo agradable.

Mientras salía de la hipnosis, me emocioné y me puse a llorar. El público me preguntaba por qué estaba disgustada tras haber tenido un recuerdo tan bonito. La verdad es que, en esa época, la misma hermana y yo estábamos peleadas y no nos hablábamos. Y lo único que recuerdo es ese amor inocente y genuino que sentía yo por ella. Echaba de menos el vínculo estrecho que habíamos compartido en la mayoría de nuestras vidas.

Lo más importante que saqué de todo el proceso es que solo el amor es real. Así pues, una vez finalizado el seminario de fin de semana, llamé a mi hermana y le expliqué la experiencia. Lloramos al teléfono y nos echamos a reír; y luego nos preguntamos una a otra: «¿Qué fue del pollito?» Gracias a la sesión con usted, mi hermana y yo volvimos a estar juntas. En la actualidad todavía conservamos el vínculo afectivo. Asistimos juntas a otro seminario e hicimos regresión grupal, y ahí nos dimos cuenta de que hemos compartido muchas vidas en muchas relaciones diferentes.

Siempre recordaré con cariño esa regresión que hice ese día delante del público. Cambió mi vida para siempre.

~ *Carla White*

El breve relato de Carla sobre su recuerdo de infancia transmite un mensaje potente. El amor no se acaba nunca, jamás se para. Su energía es absoluta, eterna. Un episodio inocente de las hermanas de cuatro y dos años le recordó a Carla la inmediatez y la importancia de los lazos del amor. En comparación, la enemistad temporal parecía algo insignificante. Tras una llamada telefónica, se restableció enseguida la relación. El enfado y la pena quedaron perdonados.

La lección es aplicable a todos. Dejamos que muchos malentendidos, peleas y discusiones nos priven de la dicha de las interacciones afectuosas que tenemos con personas importantes en nuestra vida. Se interponen el ego y el orgullo. ¿Tendremos el valor de coger el teléfono y curar nuestras relaciones, como hizo Carla?

El amor supera a todo lo demás.

. EL PUB BRITÁNICO .

Mi esposo y yo nos hallábamos en la conferencia «Perder el miedo» de Nueva York. Tras la segunda regresión, despertamos y nos preguntamos uno a otro qué habíamos visto. Yo mencioné que estaba en un pub.

«¿Un pub británico de comienzos del siglo XIX?», dijo él. Sí. En un abrir y cerrar de ojos, él se encontró frente a un pub británico del siglo XIX, pero le era imposible entrar; solo podía mirar por las ventanas. Describió la decoración y el mobiliario. No había gente.

El pub era exactamente igual que el de mi regresión, pero en el mío había una camarera de barra (quizá también prostituta), y él me había estrangulado. Ahora estamos divorciándonos, pero no debido a esa regresión.

Ese verano, estaba yo leyendo uno de los libros del doctor Weiss en un partido de béisbol, y un amigo me preguntó al respecto. Le hablé de la regresión y de haber sido asesinada en el pub. Él emitió un grito ahogado y me recordó que mi esposo y yo teníamos una casa victoriana de 1887 en Connecticut, y que la única habitación que él había querido rediseñar era el «bar». Por alguna extraña razón, yo jamás había relacionado ambas cosas, pero mi amigo estaba totalmente en lo cierto. Mi esposo había redecorado toda la estancia con el estilo de un pub británico, ¡con mostrador de caoba y sala de dardos y todo!

~ *Bonnie*

La evocación simultánea de las mismas escenas de vida anterior es una confirmación del recuerdo. También lo es la recreación subconsciente del escenario real. Sin embargo, esta vez no había violencia. Se han hecho muchos progresos.

Las relaciones entre almas no siempre son pacíficas y armoniosas. Incluso las almas gemelas pueden resultar tóxicas si una no está tan desarrollada o evolucionada como la otra. La descripción que hace Bonnie de su vida pasada pone de manifiesto este concepto; la historia siguiente nos proporciona otro ejemplo.

. CONFIANZA Y ENGAÑO .

En 2009, hice un curso de una semana con el doctor Weiss en Nueva York, y ahora trabajo en Australia utilizando la regresión a vidas pasadas. El método me encanta, y mi sueño es que llegue a estar al alcance de las personas corrientes con problemas que podrían resolverse con facilidad, lo que las liberaría de un lastre que les impide avanzar.

En Sídney, Australia, durante un curso facilitador que organicé el año siguiente, conocí a una mujer maravillosa. Su caso puede aumentar la conciencia sobre por qué tantas mujeres luchan por quedarse embarazadas o son mal vistas si deciden no tener hijos.

Charlotte fue la primera persona en aceptar una regresión delante de la clase. Su experiencia comenzó al verse de pie en una calzada de adoquines, con muchas tiendas alrededor. Era una niña «mugrienta» de unos once años de edad que llevaba un vestido y un delantal sucios. La acción se producía en la Inglaterra de 1845. Le dije que fuera a su casa, pero no podía... su casa era la calle.

Charlotte no detectaba padres. Retrocedió aún más en el tiempo, hasta los cinco años, cuando sus progenitores perdieron la vida en un accidente, razón por la que era huérfana. El orfanato era frío y solitario. Allí tenía una amiga, una niña de unos cuatro años llamada Sally, en quien reconocía a su mejor amiga en la vida actual. Las niñas cuidaban una de la otra.

La regresión avanzó, y Charlotte se vio con diecinueve años y afirmó estar enamorada de un hombre que identificaba como su ex esposo en la vida actual. Embarazada de un hijo suyo, era muy feliz y creía que él la amaba de veras.

La invadió al punto una tristeza increíble y se puso a llorar. «¡Se llevó a mi hijo! Se llevó a mi hijo», decía. Solo era capaz de repetir esas palabras una y otra vez sin dejar de sollozar. El hombre al que había querido era adinerado y estaba casado, y su mujer era estéril, por lo que engañó a Charlotte y luego le quitó un niño lozano.

La encaminé hacia la época en que volvió a ver a su hijo. Avanzó con facilidad y lo vio ya convertido en un hombre de veintiún años, guapo e impecablemente vestido, saliendo de lo que parecía ser un edificio oficial, con grandes columnas en la entrada. Al verlo, se quedó sin aliento. Era tan apuesto que se sintió orgullosa. Después vio al padre y, como cabía esperar, a la esposa andando al lado. Como le daba vergüenza su aspecto, Charlotte no quiso hablar con él, pero le satisfizo saber que gozaba de una vida que ella no habría podido darle jamás.

Tras desplazarse hasta el último día de su existencia, Charlotte se vio vieja por el aspecto pero no por la edad. Murió en la calle, donde había vivido. Su lección de esa vida era que no había que confiar tanto en la gente.

En su realidad presente, Charlotte no tiene hijos. También me dijo que esa misma noche había llamado a su mejor amiga (la Sally del orfanato), que vivía en el Reino Unido, para contarle la historia. Con gran sorpresa para ella, cuando estaba describiendo la parte en que le habían quitado el bebé, su amiga había dicho: «Eso es porque su mujer no podía tener hijos.»

«¿Por qué dices esto?», le había dicho Charlotte.

«No lo sé», había contestado su amiga. «Y sin embargo lo supe sin más.»

~ *Toni Reilly*

El miedo de volver a perder un hijo, de esta manera o de cualquier otra, puede desembocar en la decisión consciente o subconsciente de no quedarse embarazada. ¿Estaba Charlotte cancelando una deuda kármica de una encarnación anterior? No lo sabemos. Pero su amante en esa vida y la esposa —si estaba al corriente del plan— sí tendrán desde luego una deuda con ella en vidas futuras. No podemos eludir las deudas y obligaciones.

Hemos de compensar a las personas a quienes hemos perjudicado en existencias anteriores. Cuando lo hacemos, y cuando practicamos la bondad y la compasión hacia todos los demás seres, avanzamos con rapidez por el camino espiritual. Aumenta la vibración.

En la vida de Charlotte del siglo XIX hubo muchas oportunidades para que se expresara el amor y la empatía. En esa vida, su amante habría podido ser mucho más generoso y bondadoso. El orfanato habría podido respaldar y cuidar más, y no ser tan «frío y solitario». La sociedad habría podido ser más caritativa, y así esa mujer confiada no habría tenido que vivir y morir en la calle. Solo Sally parecía ser comprensiva y considerada.

El mundo actual no ha cambiado tanto. La buena voluntad, el altruismo y la bondad deben llegar a ser virtudes más universales y extenderse a todos los individuos. Cuando ocurra esto, Charlotte y el resto de nosotros seremos capaces de confiar sin temor en la humanidad en un nivel mucho más profundo.

Charlotte y su amante fueron presentados en diversas reuniones para que resolvieran su karma y se trataran uno a otro como deben hacerlo los seres espirituales. Judi, autora de la siguiente historia, gozó asimismo de numerosas ocasiones para desarrollar una relación con su alma gemela. Se ha encontrado con Patrick muchísimas veces en su vida presente, y se encontrará con él muchísimas más.

. OJALÁ ESTUVIERAS AQUÍ .

En la época de la escuela secundaria, estaba un día sentada en los escalones de mi porche en Springfield, y un chico del barrio pasó por la calle con un amigo, Patrick, que se acercó inmediatamente, se sentó a mi lado y se puso a hablar. Era muy guapo y parecía estar realmente a gusto conmigo. Recuerdo que le pregunté el nombre y no le entendí. Le pedí que lo deletreara, y lo hizo colocando un apóstrofe que para mí no tenía sentido. Por lo que recuerdo, era «P'draig». Inquirí por la vocal, y él se limitó a sonreír.

El otro se acercó y dijo que los padres de Patrick venían a buscarlo. Patrick no quería irse, pero no podía quedarse porque ya había tenido problemas antes con su padre. Más adelante me enteré de que este le había dado una paliza.

Una vez se hubo ido, pregunté a una vecina sobre el nombre de Patrick, y ella me dijo que él no era de este país, que su padre tenía una conducta problemática, y que quizás habría que mandarlo de nuevo al lugar de donde procedía. Por lo que recuerdo, la paliza había sido tan fuerte que incluso había acudido la policía. Sentí pena por Patrick, y esa noche, al acostarme, recé para que estuviera bien. Que yo supiera, era la primera vez que rezaba por alguien.

Cuando iba al instituto, había un chico que cada día pasaba por la tienda donde yo trabajaba y se ponía a hablar conmigo. Aparecía como por arte de magia. Le pregunté cómo se llamaba. «Pat», dijo. Explicó que era de Irlanda. Yo le preguntaba cuánto rato llevaba ahí detrás de mí, y él se limitaba a sonreír. Con el paso de los meses nos hicimos buenos amigos hasta que me dijo que no podría pasar más por la tienda. Después de que ese día se fuera, lloré. Se me ocurrió que un día volvería a verlo y que sería mi esposo, y eso me consolaba.

Había más cosas. Por ejemplo, un chico con quien sentía una conexión fuerte y que siempre me decía «hola» después de clase de francés dándome un golpecito al salir del aula; luego teníamos conversaciones deliciosas en un lugar conocido como «el muro». De la época universitaria, recuerdo fines de semana en la costa de Jersey y un club nocturno que yo frecuentaba. En el escenario había un hombre encargado de la luz y el sonido que no dejaba de mirarme; pensé que era guapo, así que le sonreía y saludaba con la mano. Allí siempre parecía que me miraba alguien, por lo que dejé de ir, pero tenía la extraña impresión de que acaso había dejado pasar una oportunidad que me brindaba la vida para conocer al hombre del escenario, y de que para nosotros había algo más. Y una vez mi amigo mencionó a un compañero llamado Patrick que había nacido en Irlanda. Aunque él me aseguraba que no era el muchacho de mis recuerdos, yo fantaseaba con que sí lo era.

Le hice bizcocho de plátano y pastel de calabaza, para que se lo llevara al trabajo y lo compartiera con Patrick. Al final me olvidé de todo y me casé con otro.

Treinta años después de la última vez que viera a Patrick, este entró en contacto conmigo a través de internet y me propuso que quedáramos. En este primer reencuentro no lo reconocí. Me preguntó si le recordaba de veras y me miró a los ojos. Reconocí esos ojos... todo volvía vagamente. Después dijo que debíamos vernos para una cita de verdad. Y cuando lo hicimos, sentí tal conexión que me asusté. Noté claramente que él sería mi esposo, pero tenía miedo porque el hombre de mi última relación me había abandonado. Hablamos, y comprendí que había sido él desde el principio: la época con su padre, «el muro», la clase de francés. Le pregunté por mi amigo, su compañero de trabajo, y resultó que era con Patrick con quien compartía mi comida. También era Patrick el encargado de la luz y el sonido del escenario del club nocturno.

Mi último día con Patrick fue en julio de 2008. Tuvimos una cita maravillosa, pero después ya no pudimos volver a vernos debido a la distancia. La última semana que Patrick y yo hablamos fue justo antes del taller del doctor Weiss. Me pidió que le contara mis experiencias cuando regresara. También mencioné por casualidad que había pedido a los médicos una revisión cardíaca. Esa misma semana, unos minutos antes de mi prueba del corazón, me enteré de que Patrick había muerto: su propio corazón se había parado. Se había caído por la escalera y había sufrido un ataque cardíaco antes de caerse o en el trayecto hasta el último escalón. No pude despedirme de él.

Desde que se murió, Patrick se ha comunicado conmigo. Estas experiencias me demuestran que el amor no muere nunca. Cuando iba a encontrarme con él en la primera cita, había pedido a Dios una señal de que se trataba de la persona adecuada. Entonces vi una estrella fugaz al tiempo que en la radio sonaba «Wish You Were Here» [Ojalá estuvieras aquí], de Pink Floyd. Lo interpreté como una señal y se lo comenté a él. «Solo somos dos almas perdidas nadando en una pecera», dijo, haciéndose eco de un fragmento de la canción.

Después de su fallecimiento, un día pedí a Patrick que estuviera conmigo mientras iba al dentista. «Déjame escuchar la canción otra vez antes de entrar ahí», dije. En cuanto hube aparcado junto a la consulta, empezó a sonar la canción. Se me puso la carne de gallina. Fue maravilloso; él estaba conmigo. Regresé luego a casa, y en el momento en que entraba apareció mi hija con un dibujo que había hecho de Syd Barrett, miembro fundador de Pink Floyd. Nunca le había contado mi historia con Patrick, ni el significado de la canción para nosotros. Al lado del retrato, había escritas estas palabras: «Solo somos dos almas perdidas nadando en una pecera.»

~ *Judi*

Con el amor solemos ser vacilantes. Paramos, dudamos, racionalizamos, nos asustamos, nos marchamos. Sin embargo, el amor no es vacilante con nosotros. Siempre vuelve, lo intenta otra vez, genera nuevas oportunidades. Es persistente.

El amor no muere jamás. Oímos sus canciones siempre que nos paramos a escuchar. Olemos el aroma de nuestros seres queridos incluso después de que hayan muerto. Vemos a sus mensajeros: los pájaros, el cielo, signos de toda clase. Percibimos su tacto. Recibimos sus señales; notamos su presencia.

Como decía Pink Floyd en otra canción y sin duda diría Patrick a Judi: «Siempre estaré aquí. Siempre miraré desde detrás de esos ojos. Es solo una vida. Es solo una vida.»

. EL ALMA DIVIDIDA .

Corre el año 2001 y estoy viviendo con el amor de mi vida. Respiro amor, veo amor, *soy* amor. Me siento yo misma más que nunca. Me noto fuerte, sofisticada y afortunadísima por ser absolutamente completa. Tengo el hijo más asombroso y el hombre más increíble de mi vida. Mi familia está bien. Disfruto de éxito porque me siento invencible. Me he convertido en una pequeña máquina de hacer dinero. No parece que la vida pueda ser más maravillosa. He descubierto los secretos más profundos de mi sexualidad, y todas y cada una de las células de mi cuerpo son sensuales. Soy feliz. Soy amor.

Llega el verano de 2004, y él se va. Tuvo que escoger entre vivir conmigo, construir una vida conmigo y mi hijo aquí en Norteamérica, o volver a su país de origen, en Sudamérica. Yo debo escoger entre dejarlo marchar o conservarlo. Puedo hacer ambas cosas. Los dos sabemos que nuestro amor sigue siendo el mismo, pues no depende del tiempo, pasado ni futuro: solo es.

Pasan los años. No puedo permitirme el lujo de deprimirme, así que resisto. Mis ingresos bajan de forma espectacular. Mis ahorros sirven para pagar las facturas. Estoy enfermando; el sistema inmunitario lucha contra mí. Me siento cada vez más desesperada. Tumbada en la cama, tengo tiempo de pensar y modificar mis prioridades. Dios está conmigo. Regreso a la vida cotidiana, pero no vuelvo a ser la misma. Creía que él se había llevado mi deseo y me había dejado vacía. Mi mente estaba diciéndome que debía cerrar la puerta y olvidarlo, mi corazón ansiaba su contacto y mi alma estaba total e irrevocablemente enamorada de él.

El año pasado empecé a dejar que sus CD me guiaran hacia mis vidas pasadas, que están conectadas con la presente; esto lo entiendo. Lo más increíble que he reconocido en las regresiones es que, durante una vida en torno a 1850, me vi a mí misma en el cuerpo de un hombre al que quiero en esta vida actual. Yo era él, el hombre que en esta vida me hizo sentir completa y perfecta, el hombre que me enseñó a quererme a mí misma y que, gracias a este amor, podría amar el universo.

Yo era él. Soy él.

En esa época, lo vi (¡me vi!) totalmente irresponsable, abandonando a su esposa. Por ignorancia y egoísmo, ninguna otra razón. La esposa era una querida amiga que perdí hace diez años en la vida presente. En aquella vida era afectuosa, guapísima, elegante y divertida, lo mismo que en esta.

Cuando regresé otra vez a esa época en su conferencia de Toronto, la experiencia fue muy vívida. Me vi en el cuerpo de él, sin que me preocupara nada salvo yo misma. Me vi muriendo sola en una estación de ferrocarril. ¿Qué tenía que aprender? A estar sola y a ser responsable. Pero en esa época no lo aprendí. Me siento culpable por haber abandonado a mi esposa, mi amiga; es difícil expresarlo con palabras.

Mientras yo estaba en la regresión, aparecieron mi amiga y mi tío. Ambos están muertos en esta vida, y trataron de consolarme, tranquilizarme. En la conferencia, yo estaba llorando, sintiéndome profundamente culpable; no podía dejar de llorar. «Todo va bien, no importa, vale. Cálmate. Todo va bien.» Esto es lo que me decían.

Estoy aprendiendo mis lecciones, lenta pero segura. En esta vida soy muy responsable. Educo a mi hijo por mi cuenta, y trabajo con ahínco para ofrecerle el mundo. El hombre a quien amo (¡que soy *yo*!) también es responsable ahora, en su país, donde educa a sus propios hijos.

Al final lo entendemos y somos responsables. Y estamos solos. ¿Por qué solos? ¿Somos un alma dividida?

~ *Violet*

Incluso después de su muerte, nuestros seres queridos suelen ayudarnos y guiarnos desde el otro lado, desde las dimensiones espirituales. Violet explica que fue consolada por su amiga y su tío, ambos ya muertos. En el estado de regresión, cuando las habituales barreras mentales están relajadas, estas visitas auxiliadoras de nuestra familia espiritual se perciben con mayor claridad.

La dicha y la felicidad reales y duraderas no pueden depender de otros. Son estados internos. Los amantes pueden irse, el amor no. Es nuestra verdadera naturaleza. Violet está aprendiendo estas difíciles lecciones y encontrando un amor interno que es permanente. Su karma es sentir los efectos de sus decisiones e irresponsabilidad en la existencia que vivió hacia 1850. Se han cambiado las tornas. Su querida amiga, que entonces era la esposa, ya la ha perdonado.

En este recuerdo hay una metáfora. ¿Era ella entonces su amante? ¿O el subconsciente le mostraba las conexiones con la vida presente, las deudas kármicas, y le indicaba las lecciones que debía aprender? Quizá por ser la esposa en la vida pasada, Violet fusionó las dos identidades masculinas en una.

Nuevas regresiones podrán pulir detalles. Pero el verdadero trabajo ya está hecho.

Mark y Kathleen, matrimonio con cuya historia finaliza este capítulo, describen sus viajes en la regresión a vidas pasadas. Sus experiencias les han ayudado a entenderse no solo uno a otro, sino a entender también otras relaciones familiares importantes en un nivel mucho más profundo y empático.

. REGRESIONES DE RIVALIDAD .

Al final de mi adolescencia en esta vida, me desconcertaba el hecho de que mi, por lo demás, afectuosa y seria madre siempre encontrara defectos a mis novias, sobre todo si creía que alguna de esas relaciones podía llegar a algo serio. Yo solía pedirle que diera a las chicas una oportunidad. Con el tiempo llegué a la conclusión de que probablemente las consideraba rivales en competencia por el cariño de su único hijo.

La adolescencia dio paso a la época de veinteañero, y a principios de una estancia de posgrado de un año en Francia como profesor ayudante de inglés, conocí a Kathleen. Los dos éramos profesores en dos institutos distintos de la misma ciudad. Yo venía de Inglaterra y ella de Estados Unidos. Nuestra relación llegó a ser efectivamente seria, nos casamos y decidimos instalarnos en América.

La conclusión del final del primer párrafo solo explica tímidamente las turbulencias provocadas por mi madre de vez en cuando durante los dieciséis años transcurridos desde mi compromiso matrimonial en 1976 hasta su muerte en 1992. Padecimos toda clase de manipulaciones en cartas y llamadas telefónicas, y nuestras visitas a Inglaterra para verla a ella y a otros familiares estuvieron salpicadas de arrebatos de furia, normalmente por razones que estaban claras solo para mi madre. Enseguida nos dimos cuenta de que intentaba abrir una brecha entre nosotros. La única posibilidad que teníamos era la de presentar un frente unido, y eso hicimos. De hecho, mi madre lo advirtió, y aunque a la larga ya no intentó manipular más nuestra relación, los estallidos de cólera no cesaron.

Pasé con mi madre sus dos últimas semanas de vida en el hospital, donde había sido ingresada al hallarse en las últimas fases de un cáncer terminal. Justo antes de llegar yo, una apoplejía causada por la propia enfermedad le quitó la capacidad de hablar, aunque no la de oír y entender. Pese a todo lo ocurrido durante los últimos dieciséis años, me satisfacía poder estar presente en los días finales de su vida. Tras su muerte, Kathleen y yo a menudo rememorábamos la personalidad inestable de mi madre, lamentando que nuestra relación con ella no hubiera sido más pacífica.

Pasaron quince años. Un buen día empezamos a leer los libros del doctor Weiss y a usar sus CD sobre regresión. Ya en la primera sesión me resultó fácil remontarme a vidas anteriores. Uno de mis primeros recuerdos fue el de una vida en la que yo era el administrador de una gran finca de Derbyshire, Inglaterra, en algún período del siglo XIX. Cuál no sería mi sorpresa al caer en la cuenta de que mi esposa en aquella vida era mi madre en esta, y de que Kathleen trabajaba en la finca, seguramente como cocinera o miembro del personal de intendencia, algo que ella ha podido confirmar en sus propias regresiones. Kathleen y yo habíamos sentido entonces una fuerte atracción mutua, pero no habíamos podido ir más allá de una relación platónica, pues yo estaba casado.

Diversas regresiones posteriores a esa vida proporcionaron más información. Creo que la finca era Chatsworth debido a un episodio acontecido en la vida pasada cuando mi esposa (mi madre en la vida actual) y yo estábamos de compras en Buxton, la ciudad grande más próxima a Chatsworth. Estábamos en una tienda cuando entraron Kathleen y otros empleados de la finca. Les saludé y, al volverme hacia mi esposa, vi la misma expresión de fastidio, frustración y desdén que había visto muchas veces en el rostro de mi madre en esta vida, sobre todo después de que Kathleen y yo nos hubiéramos comprometido.

En otra regresión a esa vida, vi la misma mirada en la cara de mi esposa cuando Kathleen pasó por casa para interesarse por mi salud después de que yo sufriera una dolencia respiratoria que a la larga me causaría la muerte. Tras haber ayudado a un granjero de la zona en el nacimiento de unos corderos, me sorprendió una fuerte tormenta a raíz de la cual pillé un resfriado que se convirtió en bronquitis y neumonía. No deja de ser curioso que en esta vida sufrí varias bronquitis siendo niño.

Desde luego tenemos nuestras propias pruebas de que las almas se encarnan efectivamente en grupos. No sabemos si Kathleen, mi madre y yo hemos estado juntos en otras vidas. Antes de iniciar el trabajo de regresión a vidas pasadas, atribuíamos la reacción de mi madre ante nuestra relación y nuestro matrimonio a la posesividad y el deseo de controlar. Las regresiones a esa vida anterior, combinadas con meditación, reflexión y otras actividades espirituales, nos han revelado hasta qué punto las actitudes de mi madre se basaban en el miedo: el miedo a perder a la persona en torno a la cual había construido su realidad. Para nosotros sería fácil decir que no había motivo para temer la pérdida de su leal esposo en esa vida pasada o el amor de su hijo en la vida presente, pero para ella ese miedo era real y se manifestaba tal como ha sido descrito. Ahora somos capaces de considerar sus acciones y reacciones con comprensión compasiva. La vemos como un alma herida, y le deseamos curación y paz interior.

Es fascinante la cantidad de temas y aspectos de vidas pasadas que vuelven a estar presentes en la vida actual. He visitado, en orden cronológico, vidas en que era esposa de un aristócrata indio, senador romano, albañil europeo de la Edad Media, herrero, soldado de caballería monárquico en la Guerra Civil inglesa, intérprete de clavicémbalo de la corte, marinero, administrador de finca, cantante profesional francesa de comedias musicales y alemán joven que viviera en Berlín justo antes y durante la mayor parte de la Segunda Guerra Mundial (la vida anterior a esta). En esta vida me interesan la arquitectura y los edificios, lo mismo que la música. Canto como aficionado en recitales y hace poco he comenzado a tomar clases de piano. Me gusta el mar, y de hecho Kathleen y yo solíamos dar charlas sobre historia marítima a pasajeros de transatlánticos. En dos ocasiones canté canciones de marineros. ¿Y mi profesión en esta vida? Antes de jubilarme, di clases de francés y alemán en la universidad durante treinta y dos años. Aunque tuve que dedicar tiempo y esfuerzo para aprender los dos idiomas, no tuve demasiadas dificultades para alcanzar cierto dominio.

La regresión a vidas pasadas es una valiosa herramienta para el crecimiento personal. Si va acompañada de conexión kármica, puede conducir a un conocimiento espiritual, más profundo, de la realidad. Estamos todos aquí para aprender, curar y ayudar a otras almas a hacer lo mismo. Kathleen y yo nos sentimos enormemente agradecidos por haber sido capaces de cultivar una relación afectuosa que ha sido gratificante, plenamente satisfactoria y, por encima de todo, espiritualmente vigorizadora. Hemos encontrado nuestra brújula, y esta brújula es el amor.

~ *Mark y Kathleen*

Los triángulos amorosos son más complejos y duraderos de lo que parece. La madre y la nuera en la vida actual eran rivales románticas en el siglo XIX, y los celos de esa época fueron transferidos al presente. Aunque las relaciones habían cambiado y la antigua esposa de Mark se había reencarnado en su madre, las inseguridades persistían. La terapia de las vidas pasadas puede curar esas heridas emocionales, y la madre de Mark se habría beneficiado de ello si hubiera tenido la inclinación y la oportunidad de experimentar una regresión a esa vida en Derbyshire.

De las vidas pasadas pueden llegar muchos otros sentimientos y emociones, entre ellos la ira, el amor, el miedo a la pérdida o la separación, las rivalidades, la desconfianza, las preocupaciones por la traición, las afinidades, la sensación de impotencia y la sobreprotección. La relación se arregla cuando se recuerdan y liberan los orígenes de los problemas en vidas anteriores. Después, puede ser totalmente nueva, clara, y estar en el momento presente. Nos hemos desembarazado del viejo equipaje.

Si parece que los problemas de la relación tienen poco sentido dados los factores determinantes de la vida actual y a la vez oponen resistencia a la razón y la corrección, acaso se trate de claves con origen en una o varias vidas pasadas.

Nuestras almas están reencontrándose continuamente para mejorar y evolucionar. Conocer el pasado puede curar el presente e iluminar el futuro.

Mark y Kathleen concluyen su historia y este capítulo con una metáfora maravillosamente oportuna. «Hemos encontrado nuestra brújula», escriben, «y esta brújula es el amor». El amor es, en efecto, el instrumento más exquisito: nos ayuda a desplazarnos por el terreno pedregoso de este plano terrenal y nos guía hacia los cielos, hacia nuestro hogar. Siempre que nos perdemos en el bosque, nos reorienta con un toque suave, y nos conduce de nuevo al camino. Su fuerza es magnética; su sabiduría, infalible. El amor es el mecanismo, la dirección y el destino. Señala el camino y *es* el camino. El amor es nuestra verdadera naturaleza. El amor es nuestro verdadero norte.

10

Lecciones que nos dan los animales

Estamos vinculados a los animales y hemos compartido el planeta con ellos desde el comienzo del período humano. Estamos conectados con todos los seres sensibles; la falsa percepción de separación es lo que alimenta tanto dolor y sufrimiento en el mundo. Los animales también tienen alma, y acaso puedan aprender sus propias lecciones. La vida breve pero fantástica de una mariposa quizá sea una rápida incursión en la experiencia del mundo físico. Y liberar el pasado con la súbita comprensión de que nacimos para volar es experimentar una transformación no solo física, sino también espiritual. La tortuga, con su estancia centenaria en la Tierra, puede encontrarse con una inmensidad de lecciones. Los años van y vienen, enseñando que la vida es efímera y la verdad de que todo pasará. No obstante, los animales también pueden ser los profesores. El colibrí sorbe el néctar de la vida, recordándonos que debemos saborear su dulzor. Los perros suelen encarnar la lealtad y el servicio afectuoso. Si observamos a las minúsculas hormigas trabajando incansables para construir ciudades y civilizaciones asombrosamente complejas, entendemos el poder de la comunidad y la perseverancia. Todos los animales tienen mucho que enseñarnos sobre el amor incondicional, la intuición y el instinto, y sobre vivir la vida sin miedo.

Las mascotas pueden ayudarnos en la transición tras la muerte. Una vez hemos abandonado el cuerpo físico, suelen darnos la bienvenida y consolarnos en el otro lado. También se reencarnan, como bien saben muchos «dueños» de animales de compañía. Pueden volver con nosotros y ayudarnos más de una vez en nuestra vida particular. Y en vidas futuras podemos reencontrarnos con ellos.

Su expresión de amor hacia nosotros no acaba nunca. A veces llegan a sacrificarse por sus dueños. Las personas no suelen hacer esto.

Los animales son seres omnipresentes y afectuosos; si nos extraviamos, nos ayudan a volver al camino espiritual. En este sentido, los pájaros, los caballos y otros animales domésticos tienen algo del arquetipo del perro pastor.

Según un dicho muy conocido, los gatos tienen siete vidas. Pues claro que sí. Igual que todos los demás animales y las personas (y muchísimas más de siete). Vaya regalo poder compartirlas.

. RECUERDOS DE *MAGIC* .

Como comunicadora profesional con animales, siempre me ha impresionado el impacto curativo que la comprensión de nuestras relaciones con los animales puede tener. Uno de mis vínculos más intensos y emocionalmente más complicados es el que he tenido con mi caballo, *Magic*. Estamos muy unidos, pero a lo largo de los años nuestra relación ha planteado problemas inexplicables e irresolubles, pese a haber acudido a muchísimos adiestradores. Un día, en mi granja de caballos de Wisconsin, mientras estaba yo esforzándome por entender la profundidad de mis sentimientos hacia *Magic*, mi espíritu se puso a viajar: primero rememorando esta vida con él, y luego una época antigua en que los indios y los caballos vivían juntos. Estas visiones me ayudaron a comprender mi conflicto actual. Descubrir mi conexión anímica con *Magic* permitió mitigar un dolor que yo ni siquiera sabía que estaba ahí.

Mis emociones respecto a *Magic* se intensificaron durante el verano de 2006. Cuando el calor llegaba a su punto crítico, mi frustración hacía lo propio.

«¡Estoy muy enfadada contigo!», gritaba yo, de pie junto a él mientras las moscas zumbaban a nuestro alrededor, con la fusta agarrada por encima de la cabeza, lista para azotarle la espalda. «¡Te odio! ¡Te odio!»

Apretando la mandíbula, lo que hice fue golpear a *Magic* en el cuello con la palma de la mano. Me tambaleé hacia atrás y me puse rígida mientras se me hacía un nudo en la garganta. No muy convencida, volví la cabeza para mirarlo de frente y vi mi reflejo en lo más profundo de su ojo líquido. Su cuerpo blanco y negro estaba inmóvil, como la fría puerta metálica de al lado, pero la piel le temblaba a través de los tensos músculos del cuello.

Dejé caer la fusta y me desplomé en sollozos en la suciedad del establo. «¿Qué me pasa?», gritaba, asqueada y horrorizada por esa intensa hostilidad hacia un caballo que tanto quería. Escondí la cabeza bajo la sudadera y seguí llorando.

Mientras seguía allí sentada, el familiar olor del caballo que había empapado la tela de la sudadera se convirtió en un leve pero perceptible aroma a salvia dulce. Me incorporé, me quité la sudadera y la sacudí, examinándola en busca de fragmentos de la hierba, pero solo vi lágrimas que habían manchado la tela negra. Con la siguiente aspiración, las ráfagas de fragancia volvieron a llenar los orificios nasales. El aroma a salvia actuaba como conducto al pasado reciente y luego hacia una vida anterior a medida que en mi cabeza empezaban a revelarse imágenes diversas. Cerré los ojos siguiendo ese olor familiar a través del tiempo, hasta la primera vez, seis años atrás, que vi a mi amado y difícil caballo.

Había conocido a *Magic* en un establo en el que yo trabajaba. Su desgarbado cuerpo de tres meses transmitía algo familiar, y al notar que mi corazón daba una sacudida de confirmación, supe que era el elegido. Unas semanas antes, tras pedirle instrucciones sobre un caballo nuevo, mi ángel de la guarda me había hablado de su llegada. Pasó luego a explicarme que tendríamos una intensa conexión. Aunque parezca mentira, los dos sobrevivimos a graves incendios. La imagen de sus patas jóvenes, quemadas por haber corrido a través del heno ardiente, reflejaba la agonía del incendio de mi coche, el día en que un tráiler chocó contra él y quedé atrapada dentro. Al final, mi única escapatoria fue saltar a través de las llamas. Intentaba desesperadamente olvidar ese trauma, pero no me era posible. Nos necesitábamos uno a otro. Con el tiempo, yo le ayudé a curarse las patas, y él me ayudó a curarme profundas heridas emocionales.

Tras estar juntos casi seis años, los dos últimos resultaron casi insoportables debido a la nueva naturaleza inflexible y grosera de *Magic*. No obstante, en los breves momentos de calma él me decía una y otra vez «lo siento» y «perdona». En todo caso, ¿por qué iba un caballo a preocuparse tanto de esos asuntos? Yo no dejaba de asombrarme al sentirme más enojada en su presencia que ante la presencia de ningún otro animal o persona que hubiera conocido.

Una noche, tras ir en kayak con mi amiga Mary, todo empezó a adquirir sentido.

«Está oscureciendo. Mejor sacamos los kayaks del agua», recuerdo que dije, temblando mientras miraba la fría y poco profunda agua de Bad Fish Creek. «No sé por qué siempre que estoy aquí se me pone la piel de gallina. No tiene sentido. Me pasa cada vez, desde hace años.»

Arrastramos los botes por el embarrado terraplén hasta la hierba. Para llevarlas a casa necesitaríamos la camioneta, que estaba aparcada en mi granja de caballos, a poca distancia. La ruta más corta era a través del campo de heno de mi vecino Doug. De todos modos, en vez de partir de inmediato, nos entraron ganas de entretenernos y hablar de nuestros momentos favoritos del día.

De repente, sentí en la espalda una mano grande, fuerte y amable. Me presionaba con suavidad, como si fuera un peregrino que tocara un lugar sagrado. Yo no tenía miedo y estiré la espalda en esa conexión suave y profunda. Será *Dough*, pensaba mi mente racional. Me di la vuelta, pero me devolvió la mirada solo la enlodada orilla del río. No había nadie. Miré frenética a uno y otro lado y parpadeé confusa.

«Mary, un hombre acaba de tocarme la espalda. Te juro que no estoy loca.»

«Lo sé», dijo.

«¿Ah, sí? ¿Y cómo es eso?»

«Acabo de ver a unas veinte personas detrás de ti. Iban vestidas... no, mira», dijo con tono paciente». «Visualízalo con la mente.»

Cerré los ojos y, tras respirar hondo, quise ver quién estaba allí. De inmediato vi a un grupo de indios de pie frente a mí, emanando amor y enviándome telepáticamente estas palabras: «Te amamos. Nos alegra que estés aquí. Por favor, has de saber que te perdonamos. Todo lo malo se ha desvanecido.»

El hombre que me había tocado la espalda parecía sabio, un padre fiable. A su lado, una mujer corpulenta que irradiaba amor me envolvió en un cálido abrazo, y sucesivamente cada persona fue enviando lo que se dejaba sentir como una caricia increíble. «Te mandaremos más visiones para transmitirte toda la comprensión y todo el perdón para ti y para tu caballo», dijeron. Sabía que estaban hablando de *Magic*. Pero seguía sin entender por qué necesitaba yo que me perdonaran, y pensé en lo que *Magic* tendría que ver con ello.

Abrí los ojos y caminé por el campo oscuro con Mary. Me vibraban los huesos dentro del cuerpo mientras me sentía como una semilla que brotara, cambiara y creciera. No estaba segura de estar preparada para esto. Pero las semillas brotaban y crecían pese a todo.

Pasaron varias semanas antes de que durante una meditación profunda surgiera la siguiente visión completa, en la que yo era una india americana con mi bebé y mi esposo.

«¡Eh, quita!», decía yo, y soltaba una risita nerviosa al agarrarme él por la cintura. Yo podía sentir el calor que le irradiaba del tenso cuerpo mientras estaba de pie a mi lado.

«Voy a pillarte, Shayna», bromeó él poniéndose en cuclillas sobre unas pieles de cuero que cubrían el suelo de nuestra casa. Sus grandes ojos resplandecían juguetones, saltaban como flechas entre mi hija y yo.

«No eres más que un osito, Oso Pequeño», solté. «Crees

que por ser tan grande y fuerte deberían llamarte Oso Grande. ¡Qué va! Siempre serás mi osito.» Mientras me metía con él, agarré a Ayasha, la niña, y salí corriendo de la choza a la luz del día.

«Grr», gruñó con las grandes manos convertidas en garras. «¡Ven aquí!» Con Ayasha sujeta en la cintura, corrí entre los árboles hasta el campo. «Allá voy, Shayna. Mejor que corráis, chicas.»

Mientras miraba la suave mata de pelo negro de mi hija, nos pavoneábamos como gatos taimados para escondernos entre nuestra manada de caballos. Al salir al pasto abierto, nos rozó la cara una ráfaga de viento con olor a tierra. Ayasha emitía susurros y lanzaba los brazos al aire excitada ante la visión de los caballos en diferentes tonos de negro, blanco y dorado que se congregaban a nuestro alrededor.

Acurrucadas en medio de la manada, vimos la blanca melena de *Magic*, que buscaba a mi esposo. Acababa de mascullar «¿dónde está papá, Ayasha?» cuando oí «¡buu!», y noté que unas cálidas yemas de dedos me agarraban el hombro. Me volví, y allí estaba él, detrás de nosotras. «¿Cómo has llegado?»

«Ya ves, esposa mía, soy un guerrero rápido.»

Entonces, la velluda nariz blanquinegra de *Magic* me tocó como si quisiera participar en la diversión. Me llevé la mano a la cabeza, pues el animal no había tenido cuidado. Dolía. «Este caballo tuyo es un grosero», dije irritada. «Deberías venderlo a otra tribu.»

«Eso jamás», dijo él. «Tiene fuerza.»

«Demasiada. Un día va a hacer daño a alguien», recordé que dije, y luego la imagen se desvaneció.

Abrí los ojos, y la vida pasada se acabó. De esta breve historia entresaqué que yo había amado a mi esposo y a mi hija. Mi sentido de unidad en la tribu estaba profundamente enraizado en mi conexión con ellos. *Magic* también suponía un desafío en esa vida. Relajé los hombros; sabía que su conducta impertinente conmigo no había empezado en mi vida actual.

Una semana más tarde, me centré en otra escena de esa misma vida anterior, en la que varias personas estaban acongojadas y encorvadas sobre un hombre tendido en la hierba calentada por el sol. Algunas salmodiaban en voz baja mientras esparcían salvia por el aire. En un lado había una mujer robusta engalanada con una falda hecha de piel y abalorios, acarreando a una niña pequeña en la cintura. Cerca de ella, una joven de pelo negro con un sencillo vestido de piel de gamuza estaba arrodillada en el suelo.

El olor a salvia me saturó la nariz con la misma intensidad que ese día en el establo con *Magic*. Me desplacé con cautela por el campo verde para ver mejor. *¿Quiénes son esas personas?* Luego quedó claro que la muchacha arrodillada en el suelo, que lloraba desconsolada, era Shayna. Esta vez yo era testigo de la escena en vez de experimentarla realmente de nuevo.

El sol le daba en el cabello reflejando un halo de arco iris brillantes. La muchacha extendía las manos desde el pecho y volvía a recogerlas, tirándose de la ropa. Miré más allá de ella, el rostro del hombre caído. Era Oso Pequeño. Al ver la hierba manchada de la sangre que le salía de la cabeza, hice una mueca. No respiraba. Aun muerto, la cara le brillaba de bondad. Desparramado alrededor de la cabeza, su largo pelo, enmarañado y pegajoso, cubría una roca. Unas gotitas rojas manchaban la superficie mientras las moscas zumbaban alrededor. Me volví lentamente hacia la izquierda y vi un caballo blanquinegro erguido solemnemente, las riendas colgando de la cabeza. *¿Magic?* La cabeza me daba vueltas. *Oh, Dios mío, ¿estuviste implicado en la muerte de mi esposo? No es de extrañar que esté enfadada contigo.*

Mientras contemplaba a Oso Pequeño, el paisaje se volvió borroso. Al inclinarme y mirar a la mujer directamente a la cara, noté que mi respiración era entrecortada. De repente sentí que me invadían una tristeza y una pena tremendas. Lo que estaba viendo era realmente mi vida. Su demoledora pérdida me abrumaba. Su amor había desaparecido y se sentía totalmente sola.

Shayna cayó sobre sus ancas mientras arrancaba de la tierra matas de hierba. Las exclamaciones de su boca abierta apenas eran audibles cuando miré alrededor en busca de ayuda. No me veía ni me oía nadie. Dejando caer la hierba muerta, ella miraba con expresión ausente, grabado en los ojos el dolor de la pérdida de su joven esposo. Intenté alcanzarla telepáticamente y enviarle varios pensamientos. *Todo va a salir bien. Algún día vas a vivir en una casa en este campo. Lo conseguirás.* Pero no me oía.

La mujer corpulenta llamó a la niña, que se había soltado. «¡Vuelve aquí, Ayasha!» Ajena a la trágica visión, la pequeña se dirigió hacia su madre trastabillando. Shayna se volvió y agarró a su hija por la cintura. Sus manos convulsas pellizcaron la piel desnuda de la niña, por lo que esta se puso a llorar. Miró fijamente a la lloriqueante Ayasha mientras la empujaba al suelo. Shayna miró alrededor, al clan, clavando los ojos en cada uno con la mandíbula apretada. Todos desviaban la vista, mirándose los pies, que restregaban en el suelo. La mujer corpulenta cogió a la quejumbrosa Ayasha y se fue.

Entró corriendo en escena otro grupo de personas atraídas por la conmoción. «¿Qué pasa?», preguntaron al unísono.

Un hombre alto y delgado con trenzas en el pelo dio un paso al frente. «Oso Pequeño montaba a *Magic* rápido y juguetón. Todos mirábamos y lo animábamos. De pronto, *Magic* alzó la cabeza con aire desafiante y resbaló por un pequeño cañón, con lo que ambos dieron en tierra. Oso Pequeño se golpeó con una roca y murió.»

Los recién llegados se acercaron a Oso Pequeño y le presentaron sus respetos. Vi mi yo indígena levantarse del lado del esposo muerto, andar entre la multitud y coger a la niña de brazos de la mujer fornida. En silencio, se alejó con la pequeña apoyada en la cadera. No la siguió nadie.

Shayna cruzó un campo de flores amarillas y se encaminó hacia los bosques. Los altos árboles de gruesa corteza emitían un acre olor a tierra, y el purificador aroma del agua impregnaba el aire. Se deslizaba por la cuesta cubierta de hierba y ramitas, valiéndose de una mano para no caerse mientras con la otra sujetaba a su preciosa hija.

El sonido del agua se volvió atronador. Shayna se metió en un riachuelo de flujo rápido y se sumergió hasta los muslos. Forcejeando contra el agua mientras se internaba en la fuerte corriente, cogió a la niña e introdujo despacio el regordete torso en los remolinos. Aspiró hondo y empujó a su hija por debajo de la superficie del agua. Los brazos de Shayna se quedaron rígidos. Su diminuto cuerpo se tornó fláccido. Shayna se volvió hacia la corriente, sintiendo por última vez la suave piel de la niña, y la soltó, mirando mientras sus sueños y su encantadora pequeña se perdían flotando en los bosques y la oscuridad.

Chillando y tirándose del pelo presa de la pena y la locura, saltó a la orilla, abandonó el bosque corriendo y atravesó el campo en dirección al cuerpo sin vida de su esposo. Los miembros del clan, desconcertados al ver a Shayna sin su amada niña, buscaron desesperados en los respectivos brazos.

«¡No!», gritó alguien. «¡Se llevó a la niña!»

Hunan, hermano menor de Oso Pequeño, la agarró de los brazos y le dijo chillando: «¿Dónde está tu hija?»

Shayna se soltó las manos y le dio una bofetada. Él se abalanzó sobre ella y la tiró al suelo.

Llegó la mujer robusta con los ojos salidos de las órbitas. «¡Que alguien vaya al río!», gritó. Cinco indios atravesaron a la carrera el campo y el bosque. Buscaron consternados entre los árboles derribados en la orilla mientras los sonidos del agua resonaban inquietantes en el paisaje.

«Es demasiado tarde», les chilló Shayna. Fulminó a *Magic* con la mirada y añadió: «Todo lo que amaba está ahora muerto, ¡por culpa de ese caballo blanquinegro!»

En el rostro de la mujer fornida se reflejó la intuición de que la niña estaba efectivamente muerta. «Dejadla en paz», dijo meneando la cabeza. Todos se alejaron de ella con gesto de asco y horror.

Las imágenes se volvieron negras cuando me sentí arrastrada de nuevo a mi vida presente. Sollozando, abrí los ojos. Estaba sentada en mi dormitorio actual, llena de pesar y gratitud, y sabiendo por qué mi «tribu» había vuelto conmigo. No iba a ser fácil, pero sabía que ahora podría curarme de veras.

La vergüenza era un hilo entretejido a lo largo de toda mi vida. Por mucho que lo intentase, no encontraba el origen hasta que *Magic* me condujo por el camino del amor, la paz y el perdón a mí misma.

El amor que nos dan nuestros sabios animales para que podamos liberarnos es increíble. Con la persistencia de mi querido caballo y el suplicante amor de mi familia en esa vida pasada, aprendí que, por graves que sean, todos los errores pueden ser perdonados; aunque sea varias vidas después.

~ *Asia Voight*

En este impactante relato, Asia nos permite vislumbrar el importante papel que desempeñan los animales en la vida de los seres humanos.

Los animales nos enseñan sobre el amor incondicional y a menudo dedican su vida entera a este fin. Su amor no depende de nuestra conducta, es firme y fuerte. No necesitamos ganárnoslo. Se nos da gratis y no se nos quita arbitrariamente. Podemos conocer y sentir este amor en un nivel profundo.

Como ilustra la historia de *Magic*, los animales se reencarnan. Puede que su alma no esté tan individualizada como la de los seres humanos; tal vez su familia o su grupo de almas se mezclen más. Pero esta diferencia no es importante.

La culpa y la vergüenza son emociones negativas que originan molestias y limitaciones en grado sumo. En parte se deben a nuestro convencimiento de no haber estado a la altura de cierto nivel arbitrario de pensamiento y conducta. Nos hemos decepcionado a nosotros mismos por no habernos comportado conforme a un patrón de conducta interiorizado y noble. El fracaso da lugar a enfado, y el enfado se dirige hacia dentro. Y lo que suele venir luego es la depresión y la desesperación.

Todo este proceso es evitable.

El pasado es un maestro excelente, pero en cuanto hemos aprendido la materia ya no hace falta que la estudiemos una y otra vez. Esto solo impide el avance de la educación. Hemos de aprender del pasado y luego desprendernos de él. Todos hemos cometido errores, en nuestra vida actual y a lo largo de las vidas anteriores. La conciencia clara de los errores permite corregirlos y asumir el propósito de no repetirlos. La culpa, la vergüenza y la ira profundas nos empañan la visión y por tanto oscurecen las lecciones, lo que solo conduce a la repetición de los errores. Estas emociones negativas nos dificultan el crecimiento y nos roban la alegría. La conciencia no sentenciosa disuelve la negatividad dañina y nos ayuda a recuperar la compostura.

Magic regresó para enseñar a Asia estas lecciones. Era la puerta a una vida pasada que contenía grandes dosis de tragedia, pérdida, pena y vergüenza. Se pasó la vida entera ayudándole a establecer esta conexión para que ella pudiera comenzar a perdonarse a sí misma. Él lo haría por amor. Pues el amor de nuestras mascotas es infinito. Podemos enojarnos con ellas, gritarles, incluso pegarles, pero ellas aguardan con paciencia a que la lección se vaya desvelando. *Magic* esperó seis años. Habría esperado toda la eternidad.

Los mecanismos mediante los cuales los animales transmiten tales mensajes importantes a los seres humanos pueden adoptar formas diversas. *Magic* facilitó un viaje al pasado de Asia que permitió a esta llegar a un conocimiento transformador. *Ozzie*, el perro protagonista de la siguiente historia, utilizó un enfoque más práctico, por así decirlo. Con su propio método sin pretensiones, logró tanto ratificar la existencia de la otra vida como tranquilizar a la amiga de su dueña en el sentido de que su amado esposo, pese a haber fallecido, nunca se había ido de su lado.

. PRUEBA DE PRESENCIA .

Pedí a mi amiga Hillevi que contara su preciosa historia. Ahí va:

Estaba yo casada con un hombre maravilloso llamado Robert, que falleció. Unos años después de su muerte, visité a mi amiga Mara, que había visto a Robert una vez once años atrás.

Mara y yo vivíamos lejos una de otra, por lo que no teníamos ocasión de vernos a menudo.

Mara se había ofrecido a darme una interpretación. Había asistido a algunos seminarios del doctor Weiss en Florida y había tenido algunas experiencias precisas. Le di el anillo de boda de Robert. Ella se lo puso en un dedo y nos sentamos una frente a otra. Mara estaba de espaldas a la ventana, y yo de espaldas al apartamento. Su perro maltés, *Ozzie*, dormía al lado, en el suelo.

Estábamos las dos en silencio, esperando que Mara recibiera mensajes. Ella me iba dando la información que le llegaba, y en un momento dado yo dije: «Pero ¿cómo sé que Robert está de veras con nosotras?»

De pronto oímos un fuerte estrépito. Me di la vuelta, y en el suelo de baldosas vi una pequeña foto de Robert con marco de madera. Al lado estaba *Ozzie*, cuyo tamaño apenas doblaba el de la fotografía. Lo asombroso era que esa foto había estado antes en el dormitorio, metida entre unas bolsas y una maleta de gran tamaño.

¿Qué impulsó a *Ozzie* a despertarse, levantarse del suelo, dirigirse al dormitorio y llevar la fotografía al salón? Es algo que no había hecho nunca antes ni ha vuelto a hacer.

Fui al dormitorio a echar un vistazo, y las bolsas y la maleta seguían en su sitio. El suelo estaba embaldosado, de modo que si *Ozzie* hubiera arrastrado el marco de madera, lo habríamos oído. En vez de ello, había sujetado el marco con la boca, lo había transportado unos cinco metros, y lo había dejado caer a mi lado. No estoy segura de cómo lo hizo, pero Mara y yo estábamos convencidas de que Robert se encontraba con nosotras, y ayudó a *Ozzie* a llevar la fotografía al salón y dejarla caer con un fuerte ruido. ¡Así es como Robert respondió a mi pregunta!

~ *Mara Gober*

La mente instintiva de los animales no está obstaculizada por las funciones lógicas, analíticas y de pensamiento de la mente y el

cerebro humanos, lo cual los libera para estar más adaptados a co-
municaciones de diversas frecuencias, vibraciones y fuentes. Quizás a Robert le resultó más fácil conectar directamente con *Ozzie*,
que a continuación realizó la compleja tarea de localizar una foto
específica, cogerla de donde estaba y dejarla justo detrás de Hillevi. ¿Cuáles son las probabilidades de que suceda esto?

El psiquiatra Walter Jacobson escribió en su blog acerca de su
experiencia mientras asistía a mi curso semanal en Omega. En una
de las regresiones de grupo, Walter vio mentalmente la imagen de
dos manos ahuecadas. Pero como persona analítica y de cerebro
izquierdo confesa, durante los primeros días del taller se vio incapaz de recordar ninguna vida pasada ni otras imágenes afines.

El cuarto día llamé a Walter al escenario para hacer una demostración de cómo llevar a cabo una regresión en alguien con
dificultades para recordar sus vidas anteriores. Las manos ahuecadas que él había visualizado fueron mi punto de entrada en su
vida pasada. Cuando las personas tienen manos, normalmente tienen pies, así que le dije a Walter que se mirase los suyos. Efectivamente los vio, calzados con sandalias de piel, y advirtió asimismo que se encontraba junto a un río.

¿Qué significaban las manos ahuecadas? Al principio creí que
él habría estado interaccionando con otra persona, pero a medida que fuimos ahondando en la escena nos dimos cuenta de que
su perro moribundo estaba tendido en el suelo a su lado. Walter
había estado cogiendo agua del río y acercándola a la cara de su
querido perro, pues este se hallaba demasiado débil para hacerlo
por su cuenta. El gesto rebosaba compasión, y todos los participantes del taller estaban visiblemente conmovidos por el intenso
amor entre el hombre y el animal. El perro murió poco después,
y Walter, ahora totalmente solo, quedó abrumado por la tristeza.
Le pregunté qué había aprendido de esa vida, y su respuesta fue
sencilla y sentida: «El amor.»

Tras la regresión, a Walter le llegaron más noticias de esa vida
anterior. Escribió lo siguiente al respecto: «La lección de mi regresión a esa vida anterior no tenía que ver solo con el amor sino

también con la dedicación. La dedicación es una parte muy importante de la lección que he venido aquí a aprender. Cuando me preocupo de mi perro, debo hacerlo procurando que sus necesidades estén más satisfechas que las mías. Lo mismo cuando me preocupo de mis caballos: debo estar plenamente presente y entregado, comunicarme y atender en el grado máximo. Y por último, aunque igual de importante, debo consagrarme en mi servicio a los demás, en la expresión de la compasión, la aceptación y el perdón de todos aquellos en cuyo camino me cruzo, y en mis vínculos con quienes son especialmente importantes.»

Esa semana, tras curiosear en la librería de Omega y entrar en el cuarto trastero, Walter bajó la vista y vio una estatua: una réplica exacta de las dos manos ahuecadas que había imaginado. La escultura llevaba por título *Las manos de Dios*.

Hace poco estaba yo leyendo el periódico local, consternado ante las incesantes crónicas de odio y violencia en todas partes del mundo. Personas que eran atacadas brutalmente y acababan muriendo en la calle. Un adolescente tiroteado y asesinado en un crimen de odio solo por el color de su piel. Pero inmediatamente debajo de esta última noticia había un artículo sobre dos gatos, y yo bendije en silencio al periódico por incluir esta maravillosa historia de amor y dedicación.

Una anciana de Florida se había enamorado de dos gatitos de la misma camada y los había adoptado, un macho y una hembra a los que puso los nombres de *Jack* y *Jill*. Con el tiempo, la mujer se mudó a Maine, pero *Jack* huyó justo antes de marcharse ella, de modo que la mujer se vio obligada a irse sin una de sus preciadas mascotas. Una vecina encontró por casualidad el gato extraviado y llamó a la anciana a Maine, solo para enterarse de que había fallecido y que dos meses atrás sus parientes se habían deshecho de *Jill* regalándola a una protectora de animales.

A la vecina la preocupaba que *Jill* estuviera tan sola, así que recorrió todas las sociedades protectoras de Maine. Después de un sinfín de oraciones y de observar minuciosamente centenares de gatos, *Jill* fue localizada. Sin embargo, la vecina no podía pagar los 500 dólares que costaba transportar la gata de nuevo a Florida. Cuando contó su historia a sus compañeros de trabajo del club de campo, estos hicieron causa común —junto a otros que también habían oído la historia— para reunir el dinero. En cuestión solo de un par de días alcanzaron su objetivo, y poco después *Jill* estaba de nuevo en casa, felizmente reunida por fin con su hermano *Jack*.

Tras leer esto, pensé en el recuerdo de las manos tiernamente ahuecadas de Walter, con las que saciaba la sed de su perro moribundo. Los seres humanos somos capaces de manifestar gran compasión y dedicación a nuestras amadas mascotas. Dedicar tanto dinero y energía a reunir dos gatos es una acción noble y sensible. Además, para lograr ese propósito han de participar muchos: no solo la resuelta vecina sino también clientes, miembros y personal del club de campo que echaron una mano. Si las personas se trataran entre sí con la misma compasión atenta con que tratan a las mascotas, los periódicos no irían llenos de noticias sobre atrocidades, sino que en ellos aparecerían historias de caridad, bondad y esperanza. Los seres humanos también son importantes.

Ciertas personas están tan maravillosamente dedicadas a sus animales de compañía que, de hecho, suelen preguntarme si podemos reencarnarnos en animales y si hemos habitado esos cuerpos antes de nuestro cuerpo humano. Sí creo posible, en efecto, que hayamos tenido vidas en forma animal. Puede que simplemente no las recordemos. Durante las regresiones, es más fácil acceder a recuerdos humanos, que serán muy probablemente aquellos en los que tienen su origen diversos traumas y síntomas. En mi trabajo con pacientes, he observado que, en cuanto nos convertimos en seres humanos, solemos permanecer como tales. Aún no me he encontrado con ninguna persona que haya sido enviada de vuelta al reino animal como forma de castigo por ser demasiado violenta u ofensiva en su vida humana. Parece más bien que hay una progresión hasta el nivel humano, en el que, de momento, hemos de aprender nuestras lecciones.

Podemos cambiar de especie y reino si así lo decidimos, pues esto puede ofrecernos una nueva vía para el aprendizaje. Podemos explorar la conciencia de los animales, o la conciencia de las plantas o incluso la conciencia de las nubes, como ponen de manifiesto diversas historias del libro. ¿Por qué vamos a poner límites a la conciencia, o al alma?

. GUÍA .

Omega es un lugar realmente especial, en el que regularmente pasan cosas fabulosas de naturaleza sincrónica. Uno conoce a ciertas personas tal como estaba escrito o recibe mensajes y respuestas que necesita de veras. Aquí las casualidades milagrosas son algo habitual. Cuando se producen, la reacción común es esta: «Vaya, claro. Esto es lo que hacía falta, lo que se deseaba, lo que se esperaba, lo que tenía que ser.» Fui allí cuatro años seguidos a aprender de Brian y Carole, a hacer regresiones a cuantas personas pudiera, y a abrirme y aceptar cualesquiera sincronías milagrosas que se me presentasen.

En agosto de 2006, poco antes de acudir a Omega, había ido a visitar a mi hermano en Tejas. Estando allí, aproveché la ocasión para ver a un amigo, el doctor Jerry Casebolt. Jerry es un gran sanador, un chamán que además resulta ser un quiropráctico experto autorizado para ejercer. Las personas que van a ver a Jerry han de estar preparadas para un tratamiento algo distinto, algo especial. Trabajo con el cuerpo, técnicas respiratorias, masaje shiatsu de tejidos profundos, ciertas técnicas de Rolfing, imágenes guiadas, hipnosis y narración de historias muy pertinentes y conmovedoras que mezclan arquetipos, metáforas, simbolismo y alegorías... estas son las herramientas que Jerry utiliza a la perfección.

Cuando ese verano fui a ver a Jerry, hacía poco que me había roto el tendón de Aquiles izquierdo al caerme de una escalera. Basta con decir que mi gama de movimientos se había reducido considerablemente y el dolor era tremendo. Mientras trabajaba con mi pierna y mi espalda, lo que era atroz, Jerry se puso a hablar conmigo, como de costumbre. Primero me llevó a una relajación corporal total y a una meditación curativa, en la que visualicé una luz blanca sanadora que entraba por la parte superior de mi cabeza, atravesaba todo el cuerpo y salía por los pies. Después me pidió que visualizara un animal que fuera a visitarme para entregarme un mensaje de curación. Al instante vi un inmenso búho cornudo, y así se lo dije a Jerry.

«Bien. Este es tu animal de poder, que está aquí para ayudarte a sanar», dijo Jerry. «¿Cómo se llama?»

«Se llama *Guía*», contesté. A continuación, mientras Jerry seguía trabajando conmigo, a menudo hundiendo el pulgar o el codo en mi cuerpo para deshacer algún nudo, lo que hubo fue una bella visualización de *Guía* en que este me mostraba el camino hacia una conciencia, una percepción, una salud y una integridad mayores. Era algo hermoso, muy potente y real. Lloré.

Al cabo de unas semanas me hallaba por primera vez en el Instituto Omega, tan entusiasmado ante mi experiencia de espiritismo mediante psicometría y mi primera regresión, que después de clase me quedé en el campus, hablando con compañeros y haciendo más regresiones, hasta las nueve y media de la noche.

Estaba muy oscuro, y me sentía agotado y lleno de júbilo mientras me dirigía al aparcamiento para emprender el trayecto de veinte minutos hasta mi hotel en la ciudad. Los acontecimientos del día me habían dejado totalmente agitado, espiritualmente colocado; me encantaba. En un campo de delante del comedor observé una ceremonia preciosa. Un numeroso grupo de mujeres, unas 150, se encontraban de pie en la hierba formando un gran círculo, sosteniendo sendas velas. Me detuve y escuché desde un árbol cercano. Cantaban una canción al unísono, y cuando terminaba cada estribillo, dos nuevas mujeres entraban, se desplazaban en direcciones opuestas y se paraban a abrazar a todas y cada una de las demás. He aquí las palabras que salmodiaban tan maravillosamente: «Querida hermana, querida hermana, debo decírtelo. Me has amado todos estos años, y yo también te amo a ti.» Un sentimiento sencillo y hermoso, así tal cual.

Otra vez camino del aparcamiento, me di cuenta de que mientras andaba estaba cantando la canción. Ese mero hecho me hizo sentir más cerca de los hermanos y hermanas. Era un estribillo poderoso. Comencé a conducir por la boscosa área de alrededor de Omega, y al abandonar el campus pasé junto al círculo de mujeres, que continuaban con su encantadora ceremonia. Aminoré la marcha para mirarlas una vez más y acto seguido me adentré en el bosque profundo. Era una agradable noche de verano, y llevaba la ventanilla bajada. Estaba solo en la oscura carretera, y al tomar una curva cerrada, a unos cinco metros, mirándome fijamente, había el búho más grande y bello que hubiera visto yo jamás.

«Guía», susurré sobrecogido ante el tamaño y la belleza del animal. Este me miró iluminado por los faros durante unos diez segundos, y acto seguido abrió sus inmensas alas y, con un rugiente aleteo se elevó hasta una rama de arce en el mismo borde de la carretera, volvió la cabeza, y clavó en mí sus grandes ojos amarillo-anaranjados.

»Eres tú, Guía», dije mientras me acercaba despacio con el coche. Me detuve a escasa distancia de su árbol, y estuvimos mirándonos fijamente unos segundos.

Guía se soltó sin más de la rama, abrió las inmensas alas de dos metros y planeó hasta otra rama de un árbol situado en el borde del otro lado de la carretera. Una vez asentado ahí, volvió la cabezota y fijó en mí de nuevo sus bellos y luminosos ojos. Esta vez, mientras me aproximaba despacio, el enorme búho se quedó sentado y me observó tranquilamente un largo minuto.

Se me puso la carne de gallina, y entonces supe por instinto que se trataba de Guía. Había venido a verme y a indicarme el camino, a transmitirme un mensaje, a comunicarme cierta sabiduría sagrada. Guía siguió saltando de una rama a otra, cada una en el lado contrario de la carretera, seis veces en total, y yo seguí acercándome a él mientras nos mirábamos a los ojos, una y otra vez. La experiencia fue mística, surrealista y profundamente conmovedora.

Detrás de mí comenzaron a surgir de la negrura las luces de un vehículo, y supe que debía proseguir la marcha, pues quedarme quieto en la calzada ya no era una buena idea. Como si lo hubiera entendido, *Guía* saltó de su rama por última vez, descendió en picado cerca de mi coche como para despedirse, y se alejó majestuoso hacia el bosque oscuro.

Fue una experiencia realmente mágica. Aunque puedan parecerlo, en Omega no hay casualidades. La persona consigue lo que se supone que va a conseguir. Ese día, había efectuado yo mi primera regresión, algo que ansiaba aprender. La persona en cuestión había recordado una vida muy anterior como india americana. Esto había tenido para ella un gran significado personal. Los indios han sabido desde siempre la importancia que tiene la visita de un animal de poder. Y esa misma noche recibí el regalo de una maravillosa visita del mío. *Guía* parecía estar diciendo esto: «Bienvenido. Has descubierto el camino correcto. Ahora síguelo, ayudando a otros de paso, hasta encontrar tu verdadero yo.»

Como dijo a menudo Brian esa semana, «no hay casualidades; estamos todos conectados».

~ *Michael Brown*

Y, como diría Carole, «a veces los milagros ocurren». Si tenemos la mente y el corazón abiertos y afectuosos, encontraremos el camino correcto y el verdadero yo. Habrá numerosos signos que lo iluminen y lo confirmen.

También yo he visto a este grupo de mujeres en el campo. A veces llevan túnicas o vestidos blancos: con las velas blancas alrededor, son una señal maravillosa en la oscuridad de la noche. Su canción es melódica, adictiva. Al oír las palabras «me has amado todos estos años», me vienen a la cabeza los millones de años que han conectado nuestras existencias y encarnaciones. Las miles de hermanas que hemos tenido a lo largo de esas vidas.

Cuando Michael se puso a cantar las sencillas palabras de esta dulce canción, el corazón se le abrió aún más. Sintió una conexión con todos sus hermanos y hermanas, con la totalidad de la familia humana. En ese estado puro y místico, estaba preparado para encontrarse con *Guía* y recibir la confirmación que precisaba acerca del camino elegido.

En la mitología céltica había una diosa que solía adoptar la forma de un búho grande y sabio. Sus ojos omnipotentes le permitían escudriñar en las infinitas honduras del subconsciente humano, del alma. Sus gigantescas alas extendidas concedían curación y compasión a todo aquel que buscase su guía mientras surcaba la noche majestuosa. Habitaba y gobernaba ese lugar celestial donde las almas aguardaban su renacimiento y donde al parecer los poetas aprendían la sabiduría de las estrellas. Era ella quien decidía si a un alma había que darle un nuevo cuerpo o había que enviarla a un ámbito espiritual superior. Símbolo de poder femenino, es la deidad del karma, de los recuerdos de vidas pasadas, de la reencarnación.

Quizá Michael notó la presencia arquetípica de la diosa en ese campo de mujeres alumbrado con velas mientras cantaban a los lazos antiguos de la fraternidad femenina. Acaso la percibiera en *Guía*, el inmenso búho que adornaba su camino una y otra vez, o en las estrellas del cielo en esa agradable noche de verano, donde las almas en reposo anticipaban impacientes una nueva vida. «No hay casualidades», dijo Michael, y está en lo cierto. Tampoco coincidencias. Solo existe el universo que extiende sus afectuosas y angelicales alas de consuelo alrededor de nuestros hombros, guiándonos a cada uno en nuestro camino.

11

Breve y dulce

El trabajo de la terapia de regresión, con sus omnipresentes temas de la enfermedad, la pérdida, la pena y la muerte, a menudo resulta bastante pesado. El humor procura un equilibrio. Las lecciones vitales no se limitan a experiencias difíciles, también las tenemos en momentos más ligeros y desenfadados. Algunos pueden incluso parecer tan frívolos que no les prestamos la atención que merecen. Sin embargo, también pueden enseñarnos mucho y ser terapéuticos a título propio.

Un verano, estaba yo dirigiendo un curso de formación en el Instituto Omega. Las vidas pasadas —y presentes— que estábamos explorando resultaban ser especialmente estresantes, debido a lo cual la semana estaba siendo más emotiva que de costumbre. En los momentos finales del último día, cuando el taller ya concluía, se me acercó una joven con semblante serio. Decidí dedicarle un momento, convencido de que iba a plantearme algo profundo.

En voz baja, me formuló la pregunta que le rondaba por la cabeza.

«¿Sabe usted a quién se parece?»

La pregunta me sorprendió, y respondí que no.

«A E.T.», dijo ella sin el menor atisbo de risa.

«¿Se refiere al extraterrestre?» Creí no haberla entendido.

«Sí, E.T.»

Estaba convencido de que no la había entendido bien. «¿O sea, ese tipo pequeño que iba en bicicleta por la luna?», dije simulando dar pedales.

«¡Exacto!»

Cuando lo recuerdo, lamento no haberle preguntado más detalles. ¿Qué parte de mí le recordaba a E.T.? ¿En qué me parecía yo al pequeño alienígena? Pero en su momento me quedé demasiado perplejo para responder siquiera y me fui.

Quizás ese breve encuentro se produjo para darme una lección de humildad y ego. Tal vez en su metáfora había cierta significación más profunda que aún no me ha sido revelada. O acaso yo solo necesitaba distraerme un poco tras una semana muy intensa.

Sea serio o divertido, este capítulo ilustra el modo en que sucesos aparentemente sencillos pueden contener las semillas de la sabiduría y las verdades profundas. Puede que las historias sean breves, pero sus efectos y repercusiones son máximos.

. LA NIÑA DE SUS OJOS .

Asistí hace poco a su taller del sur de Florida. Nada más empezar, dijo usted que al final firmaría libros, pero aclaró que, por razones de tiempo, sería solo uno por persona y que, en vez de individualizar la dedicatoria, pondría «Con cariño, Brian Weiss».

Estaba sentada entre un público formado por unas novecientas personas y pensando que, en el siguiente descanso, telefonearía a mi hijo para recordarle que debía recoger la perra de nuestro amigo de la residencia canina para que no tuviera que permanecer allí otro día. Me hallaba totalmente absorta en esta idea. Luego recordé lo que decía usted: «Por ejemplo, si me piden que firme para Appolonia...»

La perra de nuestro amigo se llama *Appolonia*, *Apples* [manzanas, pero *apples of one's eye* equivale a «la niña de sus ojos»], para abreviar.

Me encantó.

~ *Margie Samuels*

No hay casualidades ni sucesos completamente aleatorios. Todo tiene una finalidad y una explicación, aunque en su momento no seamos conscientes de ello. Me vino a la cabeza el nombre de Appolonia para poner un ejemplo. Supongo que *Apples* quería realmente abandonar la residencia canina. Algo o alguien grabó este nombre en mi conciencia, lo que se evidenció con claridad. Como consecuencia de ello, *Appolonia* tiene en un libro algo más que una dedicatoria personalizada: tiene una historia completa.

De las manzanas pasamos al apio.

. CLARIVIDENCIA DEL APIO .

Hace unos años asistí a su maravilloso taller de Los Ángeles. En el ejercicio de energía de la tarde, tuve como pareja a Lisa, una mujer sentada delante de mí. Intercambié mi anillo de boda por su reloj. Antes incluso de que usted comenzase a contar, tuve la visión de un delfín, a medias fuera del agua, muy mono y juguetón. Intenté pasarla por alto, pues creía que había llegado demasiado pronto para ser válida; pero el delfín seguía ahí.

Al oír la historia, Lisa esbozó una amplia sonrisa. «¡Es mi animal preferido!», exclamó.

Me sentí complacida y aliviada por haber hecho un buen trabajo.

Esperé a oír lo que ella había visto sobre mí. Parecía confusa y, casi pidiendo disculpas, dijo: «Antes incluso de comenzar, justo delante de mi cara he... visto un... apio, ¡grande, verde y suculento!» Separó bien las manos y dijo: «¡Grande de verdad, en serio!» Sonaba gracioso, pero me sentí un tanto decepcionada. Detestaba el apio y no se me ocurría que pudiera encerrar ningún significado noble ni profundo.

Esa noche llegué a casa a eso de las siete y fui invitada a un enorme y frío vaso de zumo. Mi esposo se había vuelto recientemente un fanático de los zumos y creaba sus propias recetas con frutas y verduras. Empecé a contarle la historia con Lisa, y, cuando le mencioné lo del apio, él se precipitó a la nevera como un loco y regresó con el apio más gordo y hermoso que hubiera visto yo en mi vida. Esa misma tarde, mientras yo hacía el ejercicio psicométrico con Lisa, él había estado en el mercado comprando los ingredientes de los zumos. Y se quedó tan impresionado con su tamaño y su aspecto, que no pudo resistirse a comprar el apio. Llevamos casados veintidós años, y el anillo de boda que había dado a Lisa llevaba grabado el nombre de mi esposo.

Ya no volveré a mirar el apio con los mismos ojos.

~ *Sophia*

La prueba de nuestra increíble naturaleza psíquica y mística no tiene por qué ser siempre de proporciones cósmicas y fabulosas. Una lluvia de meteoros o un eclipse solar tienen la misma importancia que un apio. Solo hemos de saber que somos seres espirituales dotados de capacidades intuitivas que trascienden nuestra comprensión cotidiana. Da igual si lo aprendemos gracias a visiones celestiales o a hortalizas terrenales.

Como pasa en el ámbito de la física subatómica, en el mundo de los fenómenos psíquicos se superan las limitaciones habituales de espacio y tiempo. Somos capaces de conocer hechos que están sucediendo de manera simultánea, aunque estén geográficamente alejados. El esposo de Sophia estaba fijándose en los apios aproximadamente en el mismo momento en que Sophia los estaba viendo «justo delante de su cara» en un taller que tenía lugar a varios kilómetros.

La historia de Sophia también hace hincapié en el tópico de que a veces no reconocemos la importancia de un suceso en el momento en que está produciéndose. A la larga saldrá a la luz su importancia. Sophia estuvo decepcionada por la visión de Lisa hasta la noche, cuando su esposo reconoció la conexión con la compra realizada unas horas antes.

Dave estaba, asimismo, decepcionado con sus percepciones

psíquicas hasta que su pareja psicométrica le reveló lo precisas que eran. He aquí su historia.

. BUSCADORES DE SETAS .

Estuve presente en su taller de Tampa, donde en el intercambio de artículos ocurrió una cosa curiosa. Mi esposa y yo canjeamos pertenencias con personas a las que no conocíamos, y mi pareja resultó ser una mujer china. Ella me dio su pulsera, y durante el ejercicio no dejé de pensar en setas. *Qué tontería*, pensaba. Ella visualizó una escena perfecta de una granja familiar que teníamos en Pensilvania, y a mí solo se me venían a la cabeza imágenes de setas.

Resultó que la mujer era una gran aficionada a las setas. Su suegro, que estaba sentado a su lado, le había regalado un equipo de buscador de setas, ¡y ella estaba muy enfadada consigo misma porque aún no lo había utilizado!

~ *Dave*

Trátese de apio o setas, lo importante es el intercambio de conocimiento, recuerdos y experiencias mediante el flujo de energía. En cuanto bajamos el velo de la mente consciente, permitimos el paso del flujo. Somos conscientes de estar conectados y de conocer mucho unos de otros. Es difícil tener prejuicios o ser violento cuando vemos y sentimos con tanta claridad los vínculos energéticos que nos unen a todos.

En su libro *Mensajes del agua: la belleza oculta del agua*, el doctor Masaru Emoto puso de manifiesto que también las palabras pueden transmitir este flujo energético y, por consiguiente, influir en la estructura molecular del agua. Marylyn y su madre también fueron testigos directos del poder transformador de las palabras y los libros. Su historia, a continuación, explica lo que pasa cuando leemos con nuestros ojos espirituales.

. LEER ENTRE LÍNEAS .

Al final de su vida, mi madre ya no podía leer libros con letra normal sino solo en caracteres grandes. En esa época, yo tenía un ejemplar de *Muchas vidas, muchos maestros* impreso en letra de cuerpo estándar.

Un día, estando las dos sentadas en el sofá, yo estaba terminando de leer ese libro, uno de mis preferidos. Ella lo tomó de mis manos y se puso a pasar páginas. Nunca había hecho antes nada igual. Como yo sabía que la letra era demasiado pequeña para ella, le pregunté si quería que yo se lo leyera.

«No», contestó. «Lo puedo leer por mí misma.»

Yo sabía que ella no podía, pero me quedé allí y la observé leer el libro poco a poco, mirando cada página con atención. Cuando hubo llegado al final, me lo devolvió. Tenía una mirada rebosante de paz. Yo sabía que ella lo había leído simplemente volviendo las páginas. Y tenía la clarísima sensación de que ella sabía que yo lo sabía. Fue un momento de maravillosa conexión entre mi madre y yo.

~ *Marylyn Calabrese*

En los libros existe una energía que suele ir más allá de la letra impresa. A veces, cuando dedico uno de los míos, tengo el pensamiento consciente de poner mi energía junto al nombre. La energía de Marylyn estaba en su libro, y quizá su madre también pudo percibirla.

Sea cual fuere el mecanismo, a continuación tuvo lugar una bella conexión.

Amy escribe sobre otro momento de conexión entre un hijo y un padre: esta vez entre mi hijo Jordan y su propio hijo.

. HÉROES .

Mi hermano Jordan cuenta una historia en que, en una tarde soleada, estaba con el coche cerca de su casa de Filadelfia. Su hijo, Travis, que a la sazón contaba siete años, iba sentado en el asiento de atrás. Estaban saliendo de un concurrido centro comercial que tenía solo un carril de salida y un semáforo en el extremo. Había otros muchos coches esperando para salir; el tráfico era denso; la cola, larga. Mientras aguardaban, Travis miró por la ventanilla y no muy lejos vio a un hombre que recogía dinero con fines benéficos. Preguntó a Jordan qué era aquello, y Jordan, al ver la información que transmitía la camiseta y las señales del hombre, contestó que el dinero era para niños con cáncer.

Travis escuchó, y luego preguntó si podía darle un dólar al hombre.

«Oh, no sé, Trav», dijo Jordan sin mojarse. No se le había ocurrido esa posibilidad; como todos, estaba habituado a ver a diario a personas que pedían dinero por una causa u otra —en la calle, por la televisión, en el correo— y a dar a algunas pero no a todas a medida que se acumulaban las peticiones. ¿Sería de mucha ayuda un dólar? ¿Y adónde iba a parar el dinero, en todo caso? Ni siquiera estaba seguro de llevar encima un dólar suelto, y comprobarlo habría significado desabrocharse el cinturón, meter la mano en el bolsillo, rebuscar y sacarlo todo, con lo que algunas monedas acaso cayeran al suelo. No valía la pena tanto lío. Estando el semáforo en rojo y habiendo tanta gente detrás, seguro que cualquier dilación se habría traducido en bocinazos y gritos. Y efectivamente en ese momento el semáforo se puso verde y ya no se pudo hacer nada. Así que soltó algo como «qué le vamos a hacer» y arrancó sin pensar más en el asunto.

Fue entonces, al abandonar por fin el centro comercial e incorporarse a los complicados seis carriles de tráfico congestionado, cuando Travis dijo: «Pero, papá, podríamos ser héroes.»

Y así, tras la larga espera para llegar a la calle donde estaban ahora, no quedaba otra opción que dar media vuelta e ir al centro comercial, hacer de nuevo todo el recorrido y colocarse otra vez en el semáforo para poder darle al hombre algo de dinero.

Al partir, Jordan vio por el retrovisor a Travis, que agitaba sus pequeños puños en el aire y susurraba: «¡Sí!»

~ *Amy Weiss*

Para ser un héroe no hacen falta grandes acciones ni miles de personas. También sirven actos sencillos de bondad, cuyos resultados irradian hacia fuera, a toda la Tierra y más allá. No podemos quitarle importancia a la caridad y la generosidad. Todo es energía, y la energía de la compasión abarca a todos los demás. Se crea una resonancia, como cuando un repique de campanas envía a la atmósfera una tormenta de hermosas ondas sonoras, como las ondulaciones que llegan a la orilla debido a una piedra arrojada a un estanque. Los actos bondadosos pueden llegar a la orilla del universo de nuestra alma. Y a veces los niños pueden ser nuestros mejores maestros.

El relato de Jordan corresponde a un momento especial en que conducía un coche con su hijo, que iba a enseñarle una lección importante. Tras oírla, no pude menos que pensar en una experiencia mía similar, una generación atrás, cuando Jordan era el niño y yo el padre que conducía. Aquella vez la lección fue para mí.

Como adultos, tendemos a pasar por alto esas hermosas y sabias percepciones del mundo, pero los hijos son el vehículo que nos permite recordarlas. Cuento esta historia en mi libro *A través del tiempo*:

Hace unos años, tras diez horas de atender a pacientes, estaba comenzando a relajarme meditando en una silla abatible de mi consulta. Al cabo de apenas unos minutos, ya en un estado sin pensamientos concretos, oí en el interior de mi cabeza una voz que retumbaba. Era como una trompeta telepática, y me sacudió el cuerpo entero.

«¡Solo ámale!», tronó la voz. Me desperté de golpe. Sabía que el mensaje se refería a Jordan, mi hijo. En esa época, él era un adolescente típicamente rebelde, pero ese día no había pensado en él ni un momento. Quizás inconscientemente estaba lidiando con el modo de hacer frente a su conducta.

Una semana después, a una hora temprana de una mañana oscura, estaba yo acompañando a Jordan en coche a la escuela. Intenté entablar conversación, pero ese día se mostraba conmigo muy monosilábico. Jordan estaba simplemente de mal humor.

Yo sabía que podía enfadarme o quitarle importancia. Recordé el mensaje «¡solo ámale!» y escogí la segunda opción.

«Jordan, solo recuerda que te quiero», dije al dejarlo en la escuela.

Con gran sorpresa mía, él dijo: «Yo también te quiero.»

Fue entonces cuando comprendí que él no estaba enojado ni malhumorado, sino que simplemente no se había despertado del todo. Mi percepción del enfado había sido una falsa impresión.

Seguí conduciendo camino del hospital, que se hallaba a unos cuarenta y cinco minutos. Cuando pasé frente a una iglesia, el sol se elevaba justo por encima de las copas de los árboles, y un jardinero cortaba el césped sin prisas.

De repente noté una sensación de paz y dicha enormes. Me sentía inmensamente seguro y a salvo, y el mundo parecía estar en un orden perfecto. El jardinero, los árboles, todo lo que veía era resplandeciente y luminoso. Casi podía ver a través de las cosas, que tenían un tono dorado transparente. Estaba conectado con todos y con todo: el jardinero, los árboles, la hierba, el cielo, una ardilla que trepaba a un árbol. Había una ausencia total de miedo y ansiedad. El futuro parecía absolutamente claro... perfecto.

Los demás viajeros en la hora punta pensarían que yo era un tipo raro. También por ellos sentí una especie de amor distante, universal. Incluso saludaba y sonreía a los que me adelantaban y se me ponían delante. No entendía por qué esa gente corría tanto. El tiempo parecía detenerse y luego desaparecer. Me sentí increíblemente paciente. Estábamos aquí para aprender y amar. Lo veía con toda claridad. En realidad, lo demás no importa.

Los objetos siguieron conservando su luminosidad y transparencia a medida que iba acercándome al hospital. Lo mismo pasó con el estado de bondad distante y de alegría y paz. O con las sensaciones de paciencia, felicidad e interconexión con todo lo demás.

Este estado permaneció conmigo hasta que inicié mi jornada de trabajo. Esa mañana estuve yo inusualmente intuitivo con mis pacientes, sobre todo con dos nuevos que no había visto antes. Podía percibir luz dentro de las personas y a su alrededor: todas parecían brillar. Estaba experimentando realmente el modo en que todo está conectado en la vida. Supe con certeza que no existía peligro alguno, que no había qué temer. Todo era uno.

La presencia de Jordan esa mañana, con nuestra simple conexión de amor y una lección más complicada sobre suposiciones, había abierto mi corazón, suscitando en mí una experiencia completamente trascendente, que se extendía hasta el cielo y las minúsculas briznas de hierba, y a todo lo que hubiera en medio. Ahora él ya sabía cómo ser un héroe, sin duda.

12

Experiencias místicas y espirituales

Los fenómenos espirituales místicos muestran a las personas una visión del otro lado, del mundo «real». Pueden producirse en la meditación, la oración, la naturaleza, las experiencias cercanas a la muerte, etcétera. De vez en cuando tienen lugar mientras dormimos, en los sueños o en ese período inmediatamente anterior a dormirnos o a despertar, antes del estado consciente. Estos hábitos y patrones que nos llevan a tales momentos trascendentes acaso funcionen bien en una persona pero no tanto en otra. Lo importante es que cada uno encuentre su camino. Ciertas drogas, sean alucinógenas o de otra clase, pueden proporcionar encuentros superficiales con estos niveles superiores, pero no facilitan un conocimiento completo de su naturaleza. Por esta razón, entre otras muchas, no recomiendo el uso de drogas para provocar estos estados.

Las visiones que nos procuran estas experiencias místicas son valiosísimas, pues permiten comprender la verdadera naturaleza de la mente y el ser. Estas percepciones demuestran que seguimos existiendo más allá del cuerpo, del cerebro. Nos ayudan a alcanzar la iluminación. Ponen de manifiesto la belleza y la sabiduría del proceso (o el Tao, el flujo), que siempre está ahí, que siempre tiene razón. Este proceso tal vez está guiado por una presencia divina, que suele ponerse en contacto con nosotros mediante un acto de gracia para empujarnos amablemente hacia nuestro destino y ayudarnos con las lecciones que hemos venido aquí a aprender. Las historias de este capítulo presentan una amplia variedad de experiencias de esta clase, desde las terrenales hasta las claramente sobrenaturales, si bien todos los caminos conducen al mismo sitio: un reconocimiento transformador de la esencia de nuestra alma.

Una característica del episodio místico o espiritual es la sensación de unidad con todo lo que es, de energía que lo conecta todo. Existe un efecto de intemporalidad, de paciencia infinita. A la comprensión de un suceso así le acompaña un incremento de la capacidad de uno para tender la mano y ayudar a los demás sin esperar nada a cambio, y para acercarse a cada persona y cada situación con cortesía, generosidad y tolerancia. Hay paz. Hay felicidad y júbilo. Con frecuencia hay también más facultades intuitivas y un conocimiento de cosas incognoscibles mediante los cinco sentidos, en las que incluimos las de carácter psíquico y curativo. Esto se cumple en todas las tradiciones espirituales importantes.

En cualquier caso, la característica más significativa es el amor. Se trata de un amor incondicional, no romántico ni específico. Nos damos cuenta de que este tipo de amor es imperecedero, eterno, y no está sometido a las leyes de la naturaleza humana ni de la Tierra. No se pierde nunca, es una constante universal. Para ilustrar esto, imaginemos el amor de una madre por su bebé, o el de una persona por su mascota. El bebé y la mascota no necesitan hacer nada para ganarse el amor y la aceptación; lo que hagan el niño y el animal carece de importancia. Es algo más profundo que eso, de mayor calado. No pone condiciones. No conoce límites.

Y nosotros tampoco.

. LA RED DE INDRA .

Una noche, durante un curso profesional al que asistía en el Crossings de Austin, Tejas, tuve un sueño distinto de cualquier otro que hubiera tenido antes o que haya tenido después.

En el sueño, yo era uno de los millones de objetos octogonales en forma de disco, que se desplazaba a la velocidad de la luz entre la superficie de la Tierra y el universo exterior. Tras abandonar la Tierra con información sobre el planeta, nos aproximábamos a una abertura parecida a un vórtice, con forma de embudo, y al entrar iniciábamos un movimiento circular en espiral. Después de atravesar el largo tubo y llegar al universo, nos estirábamos y, una vez fuera por el otro extremo, nos cruzábamos y uníamos a otros en lo que parecía una manta compuesta de millones de nosotros. A continuación, descargábamos la información y luego regresábamos a la Tierra por el vórtice, salíamos por el otro lado y recogíamos más datos. El patrón se repetía una y otra vez.

Desperté de este sueño mientras efectuaba un movimiento manual muy específico, que al final del sueño se me estaba transmitiendo como medio de comunicación con la manta o red sobre la Tierra. Había un movimiento que ligaba mi contenido visual y emocional a la red, y otro para desconectar. Desde entonces he utilizado estos movimientos de las manos para conectar y desconectar de la red con la finalidad de proporcionarle la experiencia humana.

Para mí estaba claro que la red contenía y contiene efectivamente todo el conocimiento del universo, y que lo que yo le aporto es el componente emocional. Por ejemplo, si tengo un pensamiento que me parece desconcertante, conectaré y dejaré que la red sienta esa emoción. Y luego desconectaré.

Al principio solo me conectaba con cosas nuevas, pero pronto reconocí que la red no juzgaba, no evaluaba la bondad o maldad de los pensamientos. Así pues, empecé a comunicar —y sigo haciéndolo— cualquier cosa que me pareciera excepcional, buena o mala, sobre la condición humana.

Bien, debo añadir que trabajo con enfermos mentales graves (sobre todo, esquizofrénicos), y a alguien implicado en las cosas descritas quizá cabría considerarlo un psicótico o alguien con ideas delirantes. De todos modos, el sueño se produjo, la información se recibió, y, sea correcto o no, me siento obligado a hacer lo que el sueño me reveló que debía hacer.

Créanme: estoy escribiendo y negando con la cabeza al mismo tiempo.

A la mañana siguiente de haber tenido el sueño, me desperté y se lo conté a mi esposa. Permítanme aclarar un poco cómo fue todo ese suplicio. ¿Se han zambullido alguna vez en el agua tras saltar desde un acantilado? La primera vez que lo hice, sentí euforia sumada a impotencia absoluta tras abandonar el trampolín. Eso parecían en ese momento los acontecimientos de la semana con el doctor Weiss. Yo había estado en un trampolín totalmente fiable y había botado varias veces; no obstante, tras despegarme por fin de la tabla, ya no hubo vuelta atrás. Las emociones abarcaban todo el espectro, desde el asombro absoluto al horror con todos los matices intermedios imaginables.

Ese día, en un receso, mientras iba a tomar un café rodeé el edificio por detrás, donde me tropecé con Brian y Carole, que también se tomaban su descanso. Carole dijo amablemente que tenían interés en mi experiencia y me pidió que se la contara.

Eso hice, en forma sucinta, pensando que habrían oído ese rollo montones de veces y que lo que para mí era algo extraordinario sería para ellos moneda corriente. No obstante, mostraron sincero interés, y Brian dijo haber leído algo en la historia de la India sobre una red encima del mundo, lo que resultó ser, naturalmente la Red de Indra, cuyas descripciones en internet eran muy parecidas a mi experiencia. Brian también comentó que el proceso de comunicación con la red era un regalo que me había sido concedido. Yo no lo había imaginado así; lo veía más como una obligación. Ahora comprendo que las dos ideas no se excluían mutuamente, y que una obligación puede ser efectivamente un regalo.

El seminario suscitó en mí una empatía inmediata hacia Brian y las emociones que debió de sentir él mientras mantuvo en secreto la información de las regresiones durante los primeros años. Yo tampoco expliqué a mucha gente nada de mis experiencias, sobre todo de la red (hasta ahora, claro). Curiosamente, aquellos a quienes se lo he contado han respondido generalmente con una conciencia que trasciende los límites de la religión organizada occidental, y yo he agradecido su postura. Quiero dejar claro que el seminario y esa experiencia sacudieron mi pequeño bote salvavidas, y ahora sé que necesitaba esa sacudida, por lo que doy aún más las gracias. Me queda mucho camino por recorrer, pero al menos ya no tengo miedo.

~ *Raymond Wilson*

Mientras hace rápidos progresos en su camino espiritual, Raymond está compartiendo los detalles de sus experiencias y, de este modo, ayudando a muchos otros en sus caminos respectivos.

Ese día de Tejas, cuando Carole y yo estábamos descansando un poco en el porche trasero, apareció Raymond en busca de café. Entonces procedió a describir con precisión la imagen y el concepto de la Red de Indra, de la que yo no había oído hablar y sobre la que no había leído nada. Con su estilo serio, pensando en parte que aquello era algo inverosímil, describió un concepto de dos mil quinientos años de antigüedad sobre la interpenetración holográfica y la interconectividad de todas las cosas y todos los seres. Aunque Raymond es una persona tremendamente realista, lo que transmitía se alejaba totalmente de la realidad. En todo caso, no tenía ni idea de que esos antiguos conceptos e imágenes del hinduismo y el budismo estaban siendo confirmados por los hallazgos de la física moderna de las partículas.

La parte «inverosímil» era la capacidad de Raymond para explotar las viejas imágenes con tanta claridad, igual que había sido capaz de ver y dibujar el símbolo shaivita de la regresión de Nikhil a su coronación como príncipe. La *verdadera* parte inverosímil seguramente era mi mirada de asombro al caer en la cuenta de lo que él estaba describiendo con tanta exactitud.

En la conclusión del curso de Tejas, referí algunos de mis recuerdos. Encontré un fragmento de una de las regresiones de Raymond, un recuerdo cósmico consciente. Rememoré que él había sido parte de una «conciencia de *patchwork*» que dominaba la Tierra del pasado o el futuro lejanos. En este *patchwork* no estaba solo; sabía que se hallaba con otros seres espirituales y que todos estaban de algún modo interconectados. Raymond era neutral respecto a las capacidades de este planeta para fomentar el crecimiento de las almas. La Tierra era negra y gélida, pero cuando fue enviado a determinar la textura y la naturaleza de la cobertura, descubrió que no era hielo sólido sino algo más blando, más flexible. Y al saber que esto sí tenía posibilidades para sustentar vida espiritual, él y la conciencia entera estuvieron satisfechos.

A continuación, básicamente atravesó todo el ciclo de la evolución. Primero, fue una especie de ser unicelular; cuando se convirtió en un organismo marino diminuto, como una caracola pero más pequeño, se entusiasmó. Ese organismo extendió sus flagelos, o protuberancias, por encima del nivel del mar. Fue un paso evolutivo sumamente importante, que les emocionó, a él y a la conciencia envolvente. No está claro si esta experiencia fue el comienzo de la evolución en la Tierra o si se produjo en el futuro lejano cuando estaba teniendo lugar una regeneración del planeta.

Raymond envió su propio relato de la experiencia, que aclaraba mis impresiones iniciales:

Cuando comenzó la regresión, empecé a saltar por eones de tiempo y un gran número de vidas. Se movía como un rayo. Se parecía mucho a las películas que se solían pasar en el instituto, con fotogramas destellando al final, cuando la cinta chasqueaba a gran velocidad. La otra comparación sería con una televisión de las de antes, en las que se podía ajustar el control vertical y la pantalla rodaba rápidamente con una barra entre cada escena. Así es como se producía mi regresión.

Yo sabía mentalmente que cada fotograma era una vida y que estaba yendo hacia atrás. La película aminoraba la marcha y se detenía en un mar primordial con oscuridad y vegetación de algas muy enraizada en el lecho marino. Yo era una criatura unicelular con un solo apéndice filiforme, y me encontraba en el tallo de una de esas algas. Noté luz arriba y procuré ascender hacia ella. Tras alcanzar la superficie del agua, alcé el flagelo en el aire, y en ese momento supe con claridad que lo que había acabado de hacer era nuevo y muy importante para el futuro. No conocía la importancia específica; no obstante, parecía estar ligado a la evolución, y había una sensación inequívoca de vida y desarrollo nuevos. Me sentía seguro y totalmente independiente, y no era consciente de que hubiera alrededor otras formas de vida.

Al final de la regresión, no tenía duda alguna de que había estado en la sopa oceánica anterior a la vida humana. Todavía no sé cómo interpretarlo, pero en su momento supe que era importante, y lo sigo manteniendo.

Nuestro cuerpo acaso esté limitado por esta dimensión física, pero con la mente y el alma no ocurre igual. Tanto en el sueño como en la regresión, Raymond se permitió aventurarse más allá de la Tierra, por lo que se concedió literalmente una perspectiva universal de la existencia. Lo mismo le pasó a Marcia, la protagonista de la siguiente historia. Para curar su vida humana, tenía que sacar a la luz sus orígenes decididamente no humanos.

Nuestra alma es inmensa e ilimitada, como las estrellas.

. LA PIEZA QUE FALTA .

Marcia, una elegante y atractiva sudamericana próxima a los cincuenta años, entró en mi consulta una tarde gris de invierno para su primera sesión. Aunque le gustaban los niños, Marcia no había querido tenerlos y quería saber si esto tenía algo que ver con una vida anterior. Además, solía padecer indigestiones para las que seguía tratamiento médico, pero tenía cierta curiosidad por saber si esto también se podía rastrear hasta épocas antiguas. Todo parecía estar relativamente claro, y yo confiaba en que, mediante hipnosis, podríamos explorar los sencillos problemas con que ella había acudido a la sesión.

Estábamos listas para empezar cuando Marcia mencionó

de pronto un sueño recurrente que había tenido, en el que ella era un ser espiritual procedente de un hermoso planeta con tres soles. Siempre dejaba atrás a alguien, alguien que no podía seguirla: no veía quién era y cada vez se despertaba con una pena abrumadora. Marcia hablaba sentada en el sofá, pero no me miraba a mí sino al otro lado de la ventana, a lo lejos. No estaba deprimida en absoluto, pero mientras describía el sueño parecía crecer dentro de ella una tristeza antigua, indescriptible, como una flor de papel que abriera los pétalos. Se apreciaba una añoranza, una nostalgia que era aún más desconcertante y dolorosa porque ella no tenía ni idea de dónde estaba ese hogar. Marcia era una persona afortunada, disfrutaba de la vida y era feliz con un esposo al que quería. Sin embargo, sentía que faltaba una pieza —una cierta paz—. ¿Era una relación con un alma gemela que comenzaba a reconocer? La presencia de esta empezaba a revelársele en fragmentos etéreos, si bien eran —como suele suceder— tan vagos y confusos que solo la dejaban insatisfecha. No recuerdo bien si decía algo sobre no sentir que perteneciera a este mundo o si esto era simplemente obvio partiendo de sus ojos, de la manera en que miraba por la ventana hacia algo que estaba lejos de la consulta, de este planeta.

Le hice la regresión, y Marcia se remontó con facilidad a una vida en que aparecía su deseo de no tener hijos. Como esa vida parecía procurarle las respuestas que estaba buscando, se sintió bastante contenta, así que seguimos adelante. De inmediato y por iniciativa propia, Marcia avanzó hacia otra existencia, en la que ella era un ser espiritual de un hermoso planeta con tres soles. La pedí que se mirase el cuerpo, pero ella enseguida me corrigió: «Los cuerpos no son importantes.» Su pueblo era visitado por un grupo de seres antiguos y muy sabios procedentes de otra tierra, dedicados por completo a la curación y cuyos orígenes proyectaban con los ojos. Marcia se aferró a ellos, absorbiendo su sabiduría y sus conocimientos mientras ellos le enseñaban a curar a otros mediante metales. «Son muy superiores a nosotros. Somos palurdos en comparación con ellos», explicó, haciendo referencia a la gran inteligencia y al amor de los visitantes. Estaban, como decía ella, «trabajando en lo que llegará a ser el cuerpo humano». Marcia, inmersa en el profundo amor y la espiritualidad reflejados en los ojos de esos seres, pensó en abandonar su planeta y convertirse en ser humano. «Mi pueblo es el último de un linaje antiquísimo, y constituye el único grupo de seres capaz de hacer la transición hasta la condición humana», explicó. «Los otros son creadores.» Marcia confiaba mucho en ellos y estaba siempre preparada para la aventura, pero amaba a los suyos y sabía, sin ser consciente de ningún detalle, que la pieza que faltaba era una parte de su vida allí. Le emocionaba sentir su presencia alrededor de nuevo y darse cuenta de que, en ese momento, aún no estaban separados. Se trataba de algo que no podía dejar atrás.

Marcia se sintió de pronto abatida. Tras invadir su planeta, unos guerreros encerraron las esencias de la gente en estatuas e ídolos, lo que causó una destrucción terrible. Se mostró resignada, pero como ahora estaba en posesión de los conocimientos curativos, dijo: «Debo ir a la Tierra. He de ayudar.» Lamentaba que la Tierra, el proyecto de aquellos sanadores exquisitos con los ojos llenos de un amor infinito, no hubiera resultado ser como se suponía. «No iba a ser así. Es muy diferente de lo que yo esperaba que fuera», dijo.

Volví a preguntar a Marcia sobre la entidad que la visitaba en sus sueños. Esta vez no tuvo dudas. «Somos dos de uno. Podemos elegir o bien ser un uno entero, o bien dos de uno. Esto se decide solo por experiencia, no en el sentido humano, sino que es más bien un espejo, algo en lo que podemos vernos la cara. Es parte de mí, pero a la vez está separado de mí.» Exhaló un suspiro. «Era la parte más fuerte. Yo era más bien la soñadora.» *Interesante*, pensé. *Siempre el soñador, así pasen vidas y años luz.*

La voz de Marcia estaba llena de pesar. «¡Vine a la Tierra llevada por un impulso! Solo para ayudar. Y ahora estoy atascada. Estoy separada de esta pieza para siempre. Mi pieza.» Esta no pudo seguirla a la Tierra; Marcia no podía volver a ella. La pena por cualquier separación es intensa, pero una separación eterna era insoportable. Yo estaba acostumbrada a trabajar con pacientes que habían perdido a seres queridos a causa de muerte o enfermedad, de un divorcio o de la distancia. Y por difíciles que fueran esos episodios, algo podíamos hacer al respecto. Pero lo que experimentaba Marcia me tenía desconcertada: la interminable separación del *yo* de uno. Me la imaginé sentada en mi consulta solo una hora antes, mirando por la ventana; ahora quedaba dolorosamente claro qué había estado ella buscando. Insistí en que me diera detalles sobre la pieza: ¿Podía hacer ella algo en esta vida que le ayudara a reconectar con la pieza o a afrontar la separación? «Solo conservar los recuerdos», dijo sin ánimo, revelando que ni ella se lo creía. Aunque Marcia quería desesperadamente un sentido más claro de qué era la otra parte, esta le era esquiva. No solo era incapaz de verla; sin ella, según su descripción, Marcia no sería nunca capaz de verse a sí misma.

Yo no quería de ningún modo terminar la sesión con esta nota a todas luces triste. Así que llevé a Marcia a una de las visualizaciones creativas de mi padre, en la que visitó un templo con cristales. Creí que esto podría ayudarla a aclarar las emociones generadas por la regresión y también a comprender su problema de las indigestiones, por el que ella había preguntado. Esta meditación no requiere que el paciente hable, así que dije a Marcia que hiciese unas cuantas respiraciones profundas y escuchase mi voz. La cara y el cuerpo se le relajaron visiblemente. Hay un momento de la meditación en que un guía o maestro experto acompaña al paciente, que después visualiza una gran pantalla de cine que puede ayudar a iluminar algunos de los orígenes de su afección física. Hice una pausa de varios minutos para que Marcia dedicara tiempo a mirar la pantalla, y aunque no decía nada, se hallaba claramente en un estado profundo, implicada en la visualización. Me recliné en la silla y también respiré hondo varias veces. Había sido un día largo y agotador.

De pronto, y sin previo aviso, todo el ser de Marcia estalló de alegría. Le corrían lágrimas por las mejillas, pero estaba riendo. Me enderecé en la silla de golpe. ¿Qué había pasado?

Reacia a interrumpir una experiencia tan emotiva, aguardé a que se calmaran sus sensaciones, pero estas parecían intensificarse. «¿Qué está experimentando?», pregunté por fin. Era como si yo estuviera hablando no con una paciente sino con una resplandeciente bola de energía.

Marcia tardó un rato en expresar sus sensaciones con palabras comunes y corrientes: «Mi guía —dijo— ¡va a mostrarme! ¡En la pantalla!»

«A mostrarle... ¿las causas de las indigestiones?», inquirí sin entender por qué eso provocaba en ella una reacción tan fuerte pero más que satisfecha por seguir con lo que estuviera sucediendo.

«No, no.» Marcia estaba literalmente saltando de alegría mientras se incorporaba en el asiento abatible. Era como si yo tuviera delante a una persona completamente distinta. Había entrado en la consulta tranquila pero contenta; había caído a plomo en las profundidades de la pena y la tristeza existenciales mientras exploraba el significado de volverse humana; pero ahora irradiaba ondas de felicidad, alzando espontáneamente los brazos, dando la impresión de estar flotando. Era algo diferente de cualquier otra cosa que hubiera visto yo antes: dicha, pura y trascendente, que estallaba dentro y a través de ella. Marcia parecía una niña emocionada por lo que sabía que era inminente, pero al mismo tiempo se hallaba más allá de toda forma física, no era una niña ni una adulta sino solo un alma, preciosa y enorme e imaginada placenteramente por los seres de bellos ojos por quienes ella sentía tanto afecto. Marcia llevó las manos al corazón, como si en ese momento fuera demasiado grande, demasiado profundo, demasiado ilimitado para estar dentro de un simple cuerpo humano, esta cáscara diminuta y temporal. «Va a dejarme ver, solo esta vez, mi yo entero. Va a mostrarme», susurró, «la pieza que falta».

No dije nada más. Era difícil no formular a Marcia preguntas sobre lo que estaba descubriendo, pero reconocí que hacerlo solo habría satisfecho mi curiosidad intelectual e interrumpido su reencuentro gozoso. Para que se produjera la curación, ella no necesitaba describirme lo que estaba pasando, sino solo estar allí, experimentarlo. Muchos años atrás, en otro planeta, Marcia había perdido su pieza. Ese día, en nuestro planeta, la había encontrado. Y eso era lo único que importaba.

~ *Amy Weiss*

La existencia es mucho más asombrosa y milagrosa de lo que cabe imaginar. Continuamente están borboteando y creándose universos nuevos. Las fuerzas y energías nos resultan incomprensibles. Es como si intentáramos oír un silbato para perros y el sonido de las vibraciones se alejara en silencio, fuera de nuestro campo auditivo. Y luego están también los ámbitos no físicos, innumerables, que se extienden hasta el infinito.

Nuestra alma puede sondear estos terrenos. Hemos vivido en el mundo de los tres soles y hemos sido también los seres sabios. Sin embargo, hemos olvidado nuestros orígenes. ¿Cómo entender la intemporalidad, la eternidad? El alma sabe. A todos nos falta una pieza que nos aguarda al final de nuestro viaje espiritual. Está en casa.

Se suele describir la muerte como la acción de cruzar una puerta que conduce a otra dimensión —superior, con muchos niveles—, que es más grande, más brillante y mucho más vibrante. La conciencia deviene expandida y multisensorial. Es algo parecido a pasar de la vieja televisión en blanco y negro a la moderna en color, tridimensional y de alta definición.

De todos modos, la reencarnación no se limita a la Tierra. Las almas asisten a escuelas en todos los universos. Al parecer, las almas de cada universo y cada dimensión son iguales. Las almas son lo que son. No obstante, los cuerpos físicos varían muchísimo pese a la semejanza de las almas que contienen. Tras la muerte, cuando todas las almas entran en esos estados superiores, de niveles múltiples, se ven atraídas al plano o vibración de máxima comodidad para ellas. Ahí es donde volvemos a reunirnos. Tiene lugar un aprendizaje avanzado. Se han iniciado los planes de la reencarnación.

También es ahí donde Marcia quizá se encontró una vez más

con la entidad de su sueño. Aunque la gravedad kármica tira de ellas una vez más hacia distintos mundos cuando llega la hora de reencarnarse, esta separación es solo temporal. Cuando a la larga se liberan del ciclo de renacimientos, ya no vuelven a separarse, las fuerzas de la reencarnación ya no las dividen más.

Como en esencia todo es uno y está conectado, la separación es solo una impresión falsa, desde luego. Todas las almas tienen un origen indescriptible. De todas maneras, la impresión errónea es muy fuerte y antigua, así que si el reencuentro con nuestra alma gemela más íntima, nuestra otra mitad, se demora temporalmente, conviene saber que será algo inevitable —y eterno.

Estos seres de los estados superiores, ¿pueden aparecer ante nosotros mientras adoptamos la forma física? Las dos historias siguientes dan a entender que sí pueden —y en efecto lo hacen.

<hr>

. AYUDA EN CARRETERA .

Sus descubrimientos, sobre los cuales he leído en sus libros y aprendido en un reciente taller de Chicago, están sirviendo para reducir mi miedo a viajar en coche. Como pasajero soy fatal. Si conduzco yo no hay problema, pues asumo el control y puedo tomar precauciones que para algunos son excesivas.

Hay que tener en cuenta que una vez fui arrollado por un camión en la vía rápida a ciento treinta por hora. No me hice nada de milagro. Mi coche quedó para el arrastre; yo no sufrí ni un rasguño. Estoy completamente seguro de que «algo» me sujetó al asiento. Recuerdo que una décima de segundo después bajé la cabeza y dije en voz alta «esto es grave», mientras veía mi cuerpo agitarse de un lado a otro y me preguntaba cómo era que seguía en el asiento. Luego todo acabó, y yo salí bien parado del trance.

Me encontraba en el otro lado de la vía rápida frente al tráfico que venía en dirección contraria cuando mi coche dejó de dar vueltas y se paró. Un hombre se precipitó a mi ventanilla y dijo «ponlo en punto muerto», cosa que hice. Me empujó al carril de emergencia, y un instante después los coches pasaron a toda velocidad por mi lado. Luego él desapareció. No arrancó ningún coche; no había nadie andando por allí cerca. Se había ido sin más.

Sus libros me han permitido enfocar este incidente de otra manera: con menos miedo, por supuesto. Saber que en esta existencia tengo que hacer realidad una lección me ha ayudado a aceptar más el «por qué» de mi vida.

$\sim$ *Robin*

La historia de Robin me recuerda otras muchas, entre ellas la siguiente, de Asia, en la que, en circunstancias de peligro extremo, un ángel o una figura divina aparece y lleva a la persona a un lugar seguro. No tengo muy claro si el «ángel» de Robin era un ser enviado por el cielo o solo una persona normal que acudía en ayuda de otra en situación apurada. ¿Hay realmente alguna diferencia entre los dos casos?

El verdadero momento de impacto para Robin y Asia se produjo no cuando chocaron sus respectivos vehículos, sino cuando se encontraron cara a cara con una verdad espiritual esencial. Siempre estamos protegidos, siempre hay alguien que se ocupa de nosotros, siempre nos hallamos a salvo de peligro. Para comprender esto no hace falta sufrir una crisis. A veces solo se precisa una historia.

. GUIADO DE NUEVO HACIA EL AMOR .

Crecer en una familia cristiana conservadora significaba que las creencias distintas de las de mis padres eran aborrecidas por rutina. El menor pensamiento que pudiera desviarse de la norma familiar creaba dentro de mí un miedo palmario. Siendo la más joven de mi familia, y única niña, sabía y experimentaba cosas totalmente ajenas a la mentalidad cristiana de mis padres. A los tres años, me deleitaba comunicándome con ángeles, animales y espíritus-guía. Ampliando la distancia entre mi mundo espiritual y la herencia cristiana de mis padres estaba mi clara impresión de que teníamos vidas pasadas. Ya muy pronto empecé a mirar a las personas y ver el cambio en su rostro, a veces tan acentuado que tardaba un rato en reconocerlo. En su momento no entendí ese extraño fenómeno y pensé que acaso sería malo o «impío», pues no parecía experimentarlo nadie más. Quizá me pasaba algo. Con miedo a ser defectuosa, deseaba fervientemente saber la verdad, pero no obtuve ninguna respuesta hasta muchos años después, en un accidente que casi resulta fatal.

En el invierno de 1987, un tráiler se estrelló contra mi camioneta, con lo que mi cuerpo de veintitrés años quedó atrapado dentro. Las llamas empezaban a abrasarme. Aterrada, intenté abrir cada puerta, solo para comprobar que estaban dobladas y atrancadas. Estaba asfixiándome y a punto de desmayarme cuando apareció mi ángel de la guarda. Le rodeaba el rostro un pelo castaño y ondulado, y tenía la piel lisa y suave como la túnica granate, gris y azul que lo envolvía. Me guio milagrosamente por una ventanilla abierta a medias y entre las llamas. Sobreviví, más o menos. Con el setenta y dos por ciento del cuerpo quemado junto con «múltiples complicaciones», figuré dos meses en la lista más crítica de ingresados en la UVI. Cada espiración podía ser la última.

De pronto, la alarma de mi respirador empezó a atronar y una multitud de médicos y enfermeras acudió en mi ayuda. «¡Código azul!», gritaban como histéricos. Me estaba muriendo. Mi cuerpo espiritual salió flotando y cruzó una puerta en dirección a un cielo expansivo iluminado por las estrellas. Allí me recibieron una mujer y dos hombres que se llamaban a sí mismos Maestros Ascendidos. Vestidos con ropa de hilo cómoda y de tonos neutros, transmitían sabiduría y bondad. Decían saberlo todo de mí y, como representantes de Dios, estaban ahí para instruirme acerca de mi vida y guiarme de nuevo hacia el amor.

«Tu espiritualidad conectada con la infancia ha caído en

el olvido, y hasta ahora tus años adultos han estado marcados por el miedo», dijo el Maestro Ascendido más viejo. Yo asentí.

«Tenemos enseñanzas para ti respecto a recuperar esa unidad. Te mostraremos tus otras vidas para que te ayuden.»

«Cuando decís "otras vidas", ¿queréis decir vidas pasadas? Fui educada en la religión cristiana», balbucí. «Mi pastor aseguraba que solo hay una vida, y luego el cielo o el infierno.»

«Esto no es verdad.»

Me llevé las manos a la boca y sonreí al tiempo que empezaba a instalarse en mí un conocimiento profundo. «¿Por eso veo que las caras de las personas cambian, y a veces escenas enteras que se desarrollan a su alrededor? ¿Pertenecían esas escenas a sus vidas anteriores?»

«Sí», respondió la mujer.

«¿No me lo inventé?» Solté un largo suspiro. *¡No me pasa nada, no estoy loca!*

En ese momento bajé indiferente la vista a mi cuerpo quemado, sin vida en la cama del hospital. Los médicos y las enfermeras seguían con sus intentos de reanimarme. Habían pasado solo unos minutos, pero daba la impresión de que habían sido horas. Volví a centrar la atención en los Maestros.

«Ya es hora de empezar nuestra lección», dijeron los Maestros Ascendidos. «Enseguida verás y sentirás que vidas semejantes, una vivida con miedo y otra vivida con amor, influyeron muchísimo en ti y en todos aquellos con quienes tenías contacto. Esta experiencia te permitirá abandonar el miedo y acercarte a la elección deliberada del amor, lo que te cambiará la vida.»

El Maestro levantó el brazo trazando un arco, y me rodearon varias pantallas holográficas. «¿Estás preparada para ver tus otras vidas?», preguntó. En una pantalla apareció un hombre, que movía bruscamente sacos de grano en una enorme cámara subterránea. Mientras contaba los sacos, arrastraba la larga túnica por el sucio suelo. Apuntó el número de sacos y frunció la boca. «No es suficiente», dijo meneando la cabeza y golpeando la mesa cercana con el puño.

Un instante después, se abrió la puerta y una joven con el pelo envuelto en una tela se desplomó a sus pies. Se apretó las manos y suplicó: «¡Mi familia pasa hambre! Eres nuestra última esperanza.» Levantó las manos juntas en el aire mientras lloraba y sus ojos buscaban ávidos la cara de él en busca de una respuesta humana.

«No tengo nada para ti. ¡Vete!» El hombre se puso en pie y se echó la túnica atrás. El borde duro de la túnica golpeó el suelo, lo que mandó un fino remolino de polvo al rostro de la joven.

«No, no lo entiendes. Sin tu grano moriremos», imploraba ella, agarrando los bajos de la vestimenta del hombre.

«¡Fuera!» Se la quitó de encima empujándola hacia la pared.

La mujer salió dando traspiés por la puerta, donde la esperaba la familia. Su hijo fue a su encuentro y le rodeó la cintura con los brazos, pero ella lo tiró al suelo de un golpe entre sollozos y gritándole que parase.

Desaparecieron las pantallas. Me di la vuelta indignada y dije: «¡Qué hombre más espantoso! ¿Cómo podía tratarme así?»

Los tres me observaron con una delicada sonrisa y dijeron: «Tú eras el hombre.»

Me perforó el estómago la fuerte sensación de un hierro candente. Intenté tragar saliva. «Bueno... no había comida para ella. Seguramente el grano era para otra persona, o debía replantarlo para la cosecha del año que viene, o...» A la defensiva, seguí farfullando hasta soltar un grito: «¡Tuve que decirle que no!»

«No es que dijeras que no, es que lo dijiste con el corazón cerrado», señalaron con tono amable.

«Oh.» Bajé los hombros de golpe. «Pues creo que no sé decir que no con cariño.»

«La verdad es que sí sabes. Veremos una escena similar de otra vida en la que dijiste que no pero manteniendo un corazón afectuoso.»

Me estremecí y volví a fijarme en las pantallas, donde vi a

otra mujer joven, esta con el cabello hasta la cintura. Entró en la estancia donde había un hombre sentado junto a unos sacos de grano y gritó: «¡Mi familia no tiene nada que comer! ¡Te pido ayuda!» Doblándose ante los pies del hombre, alzó las manos hacia su cara.

Él se agachó y le cogió las manos entre las suyas. «No, lo siento», dijo. Su voz era firme pero suave. «No hay grano para ti o tu familia.» La ayudó amablemente a levantarse y la acompañó a la puerta. Una vez fuera, su hijo pequeño llegó corriendo y ella lo abrazó.

Las pantallas se esfumaron, y dije: «Es posible decir que no con el corazón abierto.»

«Las circunstancias exteriores no han de guiar tu corazón. En vez de ello, permite a tu corazón llevar la batuta en todas las circunstancias.»

«Veo que cuando viví como hombre temible, generé miedo en la mujer, que después transmitió a su familia. En cambio, cuando a la otra mujer le di amor, ella dio amor a los suyos.»

«Exacto. Estamos todos conectados. El bienestar del individuo está entrelazado con el bienestar de todas las cosas. Demos amor o miedo, afectamos a todos y a todo.» Y añadieron: «También nos gustaría que compartieras con los demás lo que has aprendido aquí. Ellos no necesitan tener una experiencia de la muerte o cercana a la muerte para recibir curación espiritual, que está disponible para todo aquel que la desee y la pida. Con instrucciones, cualquiera es capaz de aprender a ver y sentir sus vidas pasadas y extraer conocimiento de las mismas.»

Los Maestros Ascendidos me dijeron que regresarían para enseñarme más, pero que ya me tocaba volver a mi cuerpo. Los médicos me reanimaron. Sentía pesadez y dolor, como si llevara un vestido mojado lleno de agua hirviendo que tuviera atrapado mi frágil cuerpo.

Fueron pasando las semanas, y los Maestros Ascendidos siguieron visitándome y guiándome. Me ayudaron a tener la perseverancia necesaria para recuperarme por completo.

Estas enseñanzas espirituales llegaron a ser un sostén en mi vida. Los Maestros me hicieron ver que todos somos capaces de unirnos con lo divino y curar lo que está roto. Para que nos sea revelada nuestra verdad, no hace falta una experiencia cercana a la muerte. Lo único que necesitamos es encontrar la manera de liberar los miedos y abrir el corazón. En mi caso, fue precisa una llamada de aviso que me salvó por los pelos. A otro quizá le basten estas palabras de los Maestros.

~ *Asia Voight*

Muchas personas que han tenido experiencias cercanas a la muerte llegan a ser más intuitivas, tienen sueños psíquicos y suelen perder el miedo a lo que pasa después de la muerte. Ellas saben.

La inmensa mayoría de nosotros no tendremos ninguna experiencia cercana a la muerte, pero, como señala Asia, podemos aprender las mismas lecciones: mediante meditación, prácticas de contemplación espiritual o regresiones a vidas pasadas. Los métodos serán distintos o más lentos, pero los resultados son los mismos. Vemos y sentimos la interconexión de todos los seres y todas las cosas. Entendemos la necesidad de dar y recibir amor, y en el proceso nos deshacemos de los temores y las dudas. Al comprender nuestra verdadera naturaleza como seres eternos, podemos reducir o incluso eliminar el miedo a la muerte y a morir.

Entre los hermosos y juiciosos pensamientos y enseñanzas de la historia de Asia, una cita de los Maestros me llamó la atención al instante: «Las circunstancias exteriores no han de guiar tu corazón. En vez de ello, permite a tu corazón llevar la batuta en todas las circunstancias.» Cuánta verdad.

Hace más de mil trescientos años, el filósofo chino Huineng escribió lo siguiente: «Cuando estamos libres de ataduras a los objetos externos, la mente está en paz. Nuestra esencia mental es intrínsecamente pura, y nos sentimos perturbados porque nos dejamos llevar por las circunstancias que nos rodean. El que es capaz de mantener la mente impasible, con independencia de las circunstancias, ha alcanzado la iluminación.»

El corazón y la mente pueden transformar todas las circunstancias externas y transmitir amor y paz incluso en las épocas más difíciles. El miedo nos corroe el estómago, el sistema nervioso, la salud. Impone limitaciones al corazón. Pero se sostiene gracias a nuestra dependencia de personas, cosas y coyunturas exteriores. Si estamos satisfechos con el estado interno de la serenidad y la bondad —que es independiente y autosuficiente y no está zarandeado por las vicisitudes de las opiniones y conductas de otras personas o la falsa seguridad de nuestras posesiones—, entonces estamos en paz.

Igual que en el relato de Asia, el de Michael, que viene a continuación, esclarece las experiencias de la muerte y cercanas a la muerte. Sus visiones y emociones tras abandonar el cuerpo físico en su vida anterior concuerdan con muchas otras descripciones de esta naturaleza: nos hablan de un espléndido reconocimiento de uno mismo como ser espiritual en un viaje que dura mucho más que el del cuerpo humano. Inmerso en los horrores de una guerra de otro tiempo, Michael descubrió su esencia pura. Descubrió la paz.

. CABALLEROS DE LUZ .

Como consejero espiritual y regresionista a vidas pasadas durante los últimos siete años, y como consejero de crisis, diagnosticador y psicoterapeuta durante los últimos veinte, he conducido a centenares de personas hasta sus vidas anteriores. Muchas de las sesiones han sido profundamente emotivas y curativas. Pero mi preferida es una en la que el paciente fui yo y el facilitador fue el doctor Weiss. Yo no había pedido la experiencia, y cuando Brain la ofreció fue algo totalmente inesperado, una sorpresa maravillosa. El hecho de estar en el escenario, bajo las luces y delante de tantas personas, intimidaba un poco, pero de ningún modo iba a dejar pasar la oportunidad. Brian y yo habíamos hablado varias veces en privado, sobre todo acerca de nuestro trabajo. No suelo hacer demasiados comentarios al respecto, pero él sabía que yo sufría un dolor crónico en la espalda.

Yo había efectuado regresiones en mucha gente, pero personalmente no había experimentado ninguna. Estaba a la vez emocionado y preocupado. Mi forma de pensar era tan de cerebro izquierdo y tenía tanta base empírica como la de Brian. Debido a ese hecho y al dolor crónico que sufría continuamente, parecía improbable que se me pudiera inducir un trance. Además, sobre las inducciones de Brian lo sabía todo. Sabía adónde intentaría llevarme y cómo y con qué palabras exactas. Cuando subí al escenario, susurré algo a Brian, lejos de los micrófonos: «Por favor, no te desanimes si no puedes llevarme ahí. Si no funciona, habrá sido culpa mía, no tuya.» «A ver qué pasa», dijo Brian mirándome a los ojos, tan tranquilamente como si hubiera dicho «hace un bonito día, ¿verdad?».

Brian no intentó nada parecido ni de lejos a una inducción corriente. Empezó a hablar conmigo sin más, como si estuviéramos sentados en un banco del parque. *¿Cuándo va a hipnotizarme?*, recuerdo que pensé. Las palabras que él decía no eran en absoluto las que yo esperaba. «Cuéntame cosas de tu infancia. ¿Cómo fue?», preguntó. Sentado a su lado en el escenario, con los ojos ligeramente cerrados, tuve un maravilloso recuerdo que casi había olvidado del todo. Solo hablando, Brian fue capaz de transportarme a una bella evocación de mi niñez, de una claridad exagerada.

Mientras él me conducía a una vida pasada, fui consciente de lo extraordinariamente tranquila que estaba ahora la sala. Comencé a sentir una enorme ola de calor que fluía hacia mí desde el silencioso público. En la estancia se apreciaba una fuerte sensación de devoción y buena voluntad cuando me puse a buscar en todas direcciones (con los ojos cerrados) para que apareciera una imagen. Parecía estar creciendo una atmósfera de expectación. Mientras buscaba la imagen, los segundos se convirtieron en minutos; sentía de veras a la gente ahí mismo conmigo, deseándome una experiencia, rezando en grupo para que llegaran las imágenes. Cuando ya estaba a punto de decir «lo siento, Brian, pero no veo nada», vi la cara sucia de un niño de entre doce y catorce años. Percibí inmediatamente —supe, de algún modo— que ese niño era yo. Me hallaba de pie a escasos metros de la sombra de un bosque, hablando con un caballero. Estaba colocándole una brida y una silla en su caballo. La armadura del caballero estaba en el suelo, a mi lado. Junto a la armadura vi una curiosa serie de pequeños escalones, solo tres, con un cabestro atado a la parte de atrás. Era posible llevar esos escalones en la espalda, a modo de mochila.

El calor procedente de la multitud estaba volviéndose cada vez más intenso, y el silencio en la sala era ensordecedor. «Estamos en la Edad Media», dije por fin, y de la gente brotó un sonoro suspiro de alivio. Todos habían estado intentando ayudarnos a Brian y a mí con su atención, sus oraciones y sus intenciones curativas, y ahora comprendían que lo habían conseguido. Yo me veía a mí mismo claramente en una vida de hacía mucho, mucho tiempo.

«Soy un paje joven», expliqué. «Calzo sandalias ordinarias de cuerda, con cuero en las plantas. Mi pelo es lacio, castaño oscuro, y parece que alguien está poniéndome un cuenco sobre la cabeza y corta alrededor. Tengo la cara sucia, y visto lo que parece un burdo saco de arpillera con agujeros para los brazos y las piernas. Llevo una cuerda atada a la cintura. Justo frente al bosque, a la izquierda, se aprecia un gran campo abierto y a unos hombres que se congregan allí. Hay caballeros a caballo, y muchos más a pie, con una variedad de armas y escudos.» Unos simplemente portaban grandes hachas y mazas y garrotes rudimentarios. Otros llevaban consigo espadas y puñales. Y aún otros, largos arcos y ballestas. Se reunían todos en el campo, mezclándose y hablando. Iban llegando miles desde todas direcciones. En la colina de la derecha destacaba un castillo grande y hermoso con altos torreones.

El caballero y yo estábamos unos metros adentrados en la sombra del bosque. Había acabado yo de colocar la brida y la silla en el caballo, y me hallaba de pie en el escalón de arriba, poniéndole al caballero la cota de malla sobre el torso. Se me llenaron los ojos de lágrimas mientras me oía a mí mismo hablar: «Dicen que no volveréis, que vais a morir.»

«¿Quién dice esto?», preguntó.

«Todos. Parece que el ejército contra el que vais a combatir es diez veces superior en número al nuestro, y que vos y la mayoría de los demás moriréis.»

El caballero me habló mirándome fijamente a los ojos: «No temas, pues morir es fácil; lo difícil es vivir. Morir con valor en el campo de batalla con mis amigos es un honor, y es un destino que nos espera, como todos sabemos. Yo no tengo miedo porque sé que el alma vive y sube al cielo al morir el cuerpo. En realidad, no morimos nunca.»

Para entonces yo ya lloraba en silencio mientras me disponía a deslizarle la armadura por la cabeza. Me corrían las lágrimas por las mejillas. «No vayáis. No tenéis por qué ir», susurré. Sin dejar de sollozar, le coloqué el yelmo para cubrirle la cabeza y la cara. Coloqué los escalones junto al caballo, y él los subió despacio y con cuidado; pasó la pierna por encima de la silla y dijo: «Recuerda lo que te he dicho. Si no regreso, nos encontraremos en el cielo.» Tras eso, encaró el caballo hacia el campo cada vez más concurrido, salió de la oscuridad del bosque y se puso al trote.

Brian avanzó en el tiempo y vi a cuatro hombres que entraban en el patio del castillo transportando a un caballero tendido de espaldas, sobre su escudo. Yo no quería creer que fuera él, pero sabía que lo era. Eché a correr tras ellos y llegué en el momento en que dejaban al caballero en el suelo. Le quitaron el yelmo, le palparon el cinturón y cogieron una pequeña bolsa de cuero. Tras abrirla, sacaron un vulgar trozo de papel con una nota escrita. Lo que leyeron en voz alta me dejó a la vez triste y contento: «Para quien encuentre esta nota, mi último deseo es que mi caballo, mi espada y mi armadura, así como todas mis pertenencias personales y mi condición social en esta vida, sean para mi paje.» Yo, por supuesto. Me entristecía pensar que no volvería a verle en esta vida. Valoraba todo lo que había hecho él por mí, pero también empecé a comprender, en ese preciso instante, que podía hacer realidad mi propio futuro. *Sí, los caballeros luchan y los caballeros mueren*, pensé. Estaba llorando desconsolado mientras los hombres me entregaban su espada y se disponían a quitarle la armadura. No había sensación de celebración. Había perdido a mi querido amigo y estaba embargándome un sentido del deber, un deber que no sabía muy bien si sería capaz de cumplir.

Me desplacé hacia delante en el tiempo para ver más aspectos de mi vida como paje, y me vi, ahora más alto y algo más viejo, en el patio del castillo. Lucía una camisa sencilla, larga, sin armadura alguna. Estaba peleando con un hombre mucho más grande y más fuerte que yo, los dos con grandes espadas de madera. Yo trataba de parar sus golpes implacables, pero fallaba irremediablemente. Cada tres o cuatro golpes, el hombre conseguía hundir en mi cuerpo su roma espada. Y cada vez que lo hacía, le oía gritar: «¡Muerto! ¡Estás muerto!» Era una lección de humillación, humildad y paciencia. A él parecía no costarle nada seguir «matándome», una y otra vez, con distintos golpes y mandobles. Las imágenes comenzaron a cambiar deprisa, y en cada una yo era más alto y más ancho de hombros mientras otros hombres me enseñaban a luchar. El miedo, la inquietud y la ansiedad tiraban de mí cada vez que «moría» allí en el patio, mientras tenía la impresión de que, un día no muy lejano, mi adversario no sería amigo mío y las espadas no serían de madera.

Brian me llevó fluidamente otra vez hacia delante en el tiempo, hasta que ya hube crecido del todo y llevaba la cota de malla: un hombre apuesto de veintipocos años. Ahora la armadura encajaba a la perfección. Me hallaba de pie en el patio del castillo, y frente a mí, en los escalones, había un paje que me deslizaba la armadura por la cabeza y el torso. Con lágrimas en los ojos, me suplicaba que no fuera, como había hecho yo con el caballero cuando era paje, y a este le repetí las mismas palabras que había oído tanto tiempo atrás.

Enseguida me vi en una gran explanada abierta. El terreno era llano y polvoriento. Estábamos en lo más reñido de una encarnizada batalla. Iba a caballo, y frente a mí, montado en su propio caballo, había un caballero poderoso, mucho más grande que yo. Sin duda era muy experto, pues descargaba sobre mí golpes despiadados con una espada enorme y maciza. Ahora la pelea era muy intensa y reñida, y yo oía a los hombres blasfemar, gemir, gritar y vociferar. El combate parecía librarse en todas partes, en todos lados: el sonido de metal contra metal, los chillidos asustados de hombres y caballos, el polvo que seguía levantándose. Cada vez que rechazaba otro mandoble me sentía más débil. De repente, a mi izquierda, vi a un hombre alto que se me acercaba andando por detrás. Tuve tiempo suficiente para advertir su presencia en mi campo visual cuando levantaba la espada para golpearme. Con un movimiento rápido y brusco, descargué la mía, que le rajó totalmente el hombro y el brazo izquierdos, y él se desplomó en el suelo.

En ese momento, vi algo asombroso. El hombre al que había cortado el hombro estaba tambaleándose y se acercaba por detrás. Con el último resto de energía que le quedaba, su mano derecha puso la hoja plana en la parte trasera de mi silla, con la punta contra el centro de mi columna, bajo la curvatura trasera de la armadura. Apoyó todo el peso contra la punta, y sentí una sensación abrasadora cuando su espada penetró en mi cuerpo. Impotente, empecé a moverme y agitarme convulsivamente mientras veía la hoja salir por mi vientre. Herido de muerte, me vi tendido en el polvo, con la espada sobresaliendo del abdomen. Allí, a escasos metros, tendido de costado, estaba el hombre que yo había acabado de matar —el hombre que me había acabado de matar a mí—. Alrededor de nosotros se oía la pura locura de la guerra. El ruido de las espadas, los caballos bufando y empinándose de dolor y terror, los hombres heridos desparramados por todas partes. Muchos chillaban, llamaban a sus madres y esposas, blasfemando, gritando, llorando. «Por favor, mátame. Por favor, mátame, te lo suplico.» Curiosamente, yo no sentía dolor ni miedo, solo una calma cálida que me invadía todo el cuerpo. Quizás estaba en estado de shock. Miré al hombre que estaba muriéndose en el suelo justo delante de mí. Estaba en silencio, mirándome mientras yo le miraba a él. Los dos intercambiamos estas últimas miradas sin decir nada, fijos los ojos de uno en los del otro, parpadeando en el polvo, sabiendo que cada uno sería para el otro la última persona que vería jamás en esta vida.

Y entonces fui consciente de una sutil agitación dentro de mí y noté una sensación muy rara pero agradable. Había cerrado los ojos y estaba planeando, flotando por encima de mí mismo, sintiéndome totalmente ingrávido. Bajé la vista y miré no el cuerpo tendido en tierra sino la cosa que surgía de él, lo cual de algún modo mirar hacia abajo y ver el antiguo yo, mi cáscara. Era una luz blanca, brillantísima, tan fuerte que costaba contemplar. Me hallaba a menos de dos metros de altura, y eché una mirada hacia donde había estado mi adversario. También él se había convertido en un cono blanco luminoso que se mantenía inmóvil en el aire justo por encima de su cuerpo.

Con gran alegría, expliqué a Brian que ahora mi adversario y yo éramos dos conos.

«¿Conos?», repitió él.

«Sí, somos como luces blancas con forma de cono.» Los dos empezamos a elevarnos despacio por encima del campo, y pude ver a miles de hombres que todavía luchaban y que la batalla se había extendido casi un kilómetro en cada dirección.

Cuando hubimos ascendido un poco más, comencé a presenciar algo sumamente conmovedor y de veras increíble. En el campo de batalla y alrededor, vi innumerables conos de luz brillante que se elevaban lentamente desde el polvo de todos los rincones. Todos estábamos subiendo, alejándonos cada vez más del conflicto, las almas entretejiéndose en el aire en un movimiento indescriptiblemente bello. Era un contraste apabullante con el horror y el caos de la guerra de abajo.

«¿Hay luces que sean mayores o más brillantes que otras?», inquirió Brian.

«No. Todos somos exactamente iguales.»

«¿Alguna luz va hacia abajo?», se preguntó en voz alta. Advertí su fascinación, su gran interés en lo que yo estaba viendo.

«No. Todos somos iguales y todos estamos ascendiendo», respondí. «Hay lo que parece un embudo gigante que se ha formado en el centro de una nube muy grande, y todos estamos flotando hacia su centro. Me siento de maravilla, como si estuviera nadando en un mar de amor. Jamás me he sentido tan bien en mi vida. Ningún dolor en absoluto. Dentro de mi cuerpo me siento como no me he sentido nunca, totalmente desamarrado, liberado de él. Ni dolor ni inquietud, solo una paz y una dicha inmensas.»

«¿Cuántas luces más están ascendiendo contigo?»

«Centenares», susurré. «Hay muchísimos conos por encima, y muchísimos más que vienen desde abajo.»

Noté que todos comenzábamos a flotar en el embudo, y describí cómo era eso. «El extremo del embudo es grande, pero al entrar se ve un túnel más estrecho y luminoso unido al mismo, en el cual hay una luz blanca intensísima. Estoy aquí con unos treinta conos más, apretados unos contra otros, y nuestra luz es la misma que la del túnel.» Me sentía completamente sobrecogido. Más adelante me enseñaron una foto de ese momento, tomada por alguien del público. En ella yo miraba hacia arriba, algo por encima de mí, la cabeza vuelta hacia atrás y la expresión de estremecimiento total, como ante una revelación.

«Hemos llegado a una gran sala. También es de un blanco increíblemente vivo, pero parece ilimitada... no tiene paredes. Alrededor flotan y revolotean un gran número de bellos conos blancos. Aquí se respira una gran paz, así como la sensación de que nos rodea un amor enorme, infinito. Dos ancianos de aspecto sabio y brillantemente iluminados, con túnicas blancas y largas barbas, han venido en busca de alguien. Se marchan con un grupo de unos treinta conos, cada vez más pequeños hasta desaparecer por la derecha. No sé adónde vamos desde aquí.»

«¿Han venido por ti?», preguntó Brian.

«Aún no, pero tengo paciencia y estoy tranquilo. Somos muchos. Aquí hay mucha quietud, y sé que vendrán por mí cuando llegue mi hora», contesté.

Mientras esperábamos, Brian preguntó: «¿Qué crees que has aprendido de esa vida?»

«Que la guerra y las matanzas son una locura. Que nadie gana y todos pierden. Cada vez que un hombre cae en el campo de batalla, sobrevienen desgracias a su familia y sus seres queridos, quienes sufren profundamente. No hace falta llorar por los hombres que han muerto: están experimentando dicha y amor puro mientras son recibidos en el lugar de reposo. Sin embargo, el dolor, la pena y la gran tristeza que su muerte provoca en los seres queridos y tantos otros es incalculable. Cada vez que muere un hombre, alguien pierde un hijo, un hermano, un esposo, un padre, un tío, un sobrino, un amigo. Su pesar y su aflicción son enormes, y el hueco que queda en su vida no vuelve a llenarse jamás, hasta que nos encontramos de nuevo en el cielo. Entonces podemos desprendernos de esta carga que parecía que no iba a menguar nunca, y podemos ver y abrazar en la paz y la serenidad del lugar de reposo a los seres queridos que han muerto antes que nosotros. El amor es constante, el hilo más importante que recorre el tapiz de todas nuestras vidas. Es lo que da a la existencia su carácter tan sagrado y especial. Compartir el amor y ser amados: no hay nada tan importante ni por asomo.»

Al salir del trance, abrí los ojos y miré a los presentes. Muchos lloraban y sonreían a la vez. Son lágrimas de alegría, pensé. Estaban felices y daban gracias por lo que acababan de presenciar, lo mismo que yo. Jamás habría imaginado que me encontraría con tanta bendición y tanta dicha.

Brian me preguntó si el área de mi espalda donde fui acuchillado era la misma en la que experimentaba el dolor más intenso. Expliqué que era exactamente el mismo sitio. Desde ese día de verano de 2009 tengo bastante menos. Aproximadamente una tercera parte ha desaparecido del todo, y espero que con el tiempo se reduzca aún más.

Ver y sentir con claridad la vida y la muerte hace más de quinientos años es una experiencia realmente asombrosa. Cambias. Los ojos se abren del todo a la verdad de lo que somos. Atravesamos una metamorfosis universal, una y otra vez, hasta aprender nuestras lecciones aquí en la Tierra. Cuando «morimos», la oruga se convierte en mariposa, y flotamos fuera del cuerpo y directamente hacia nuestros seres queridos y nuestro legítimo lugar de descanso, el cielo.

~ *Michael Brown*

La descripción que hace Michael del embudo en el que entraban los caballeros, el túnel conectado y el agrupamiento de cientos de conos de luz nos recuerda a las mil maravillas las imágenes de Raymond en la primera historia de este capítulo: «Nos aproximábamos a una abertura parecida a un vórtice, con forma de embudo... Después de atravesar un largo tubo y llegar al universo, nos... uníamos a otros en lo que parecía una manta compuesta de millones de nosotros.» Y, por supuesto, la descripción de Raymond nos recuerda a las claras un concepto que ha existido desde el siglo II. Voces de todo el planeta y todas las épocas nos hablan reiteradamente de la inmortalidad espiritual que contradice nuestra mortalidad física.

Somos la luz, no sus sombras. Para imaginar esto, pensemos en el sol. Somos tan poderosos y resplandecientes como esa soberbia estrella. En el cuerpo físico, hemos olvidado que somos la luz —el sol—, en vez de lo cual creemos ser solo sus reflejos, las sombras que proyecta. Somos seres exquisitos de luz pura y brillante, nadando en un mar de felicidad. El reconocimiento de que somos luz es, literalmente, iluminación.

Cuando abandonamos el cuerpo, todo está claro. Estamos bañados en una paz constante y absoluta, sin sentirnos ya afligidos por las emociones temporales de la desesperación o del miedo. No hay dolor, solo una sensación de bienestar. Y cuando los ancianos sabios y radiantes de las blancas túnicas y las largas barbas vienen a buscarnos para llevarnos al reencuentro jubiloso con nuestros seres queridos, estamos por fin completamente curados. Volvemos a estar enteros.

Esta paz no tiene por qué ser algo que obtengamos solo cuando nos elevamos del cuerpo y dejamos la Tierra atrás. El planeta también la necesita. Hemos de encontrar la paz dentro de nosotros y en todo el mundo, no solo en el plano individual sino también en el internacional. ¿Y si por fin decidiéramos no librar más guerras? ¿Y si los países colaborasen en vez de competir? ¿Y si, como da a entender la siguiente historia de Bethany, nuestros sistemas y estructuras tuvieran su fundamento y motivación en el amor, no en el poder?

El amor es lo más fuerte que existe.

. KARMA GLOBAL .

Durante una meditación en su curso de julio de 2010, canalicé una pequeña nota sobre dirigentes mundiales y karma grupal.

En el mundo de los espíritus, para los gobiernos hay un plano aparte, donde las mentes ilustres entran y negocian con líderes mundiales fallecidos. Pueden influir en cosas concretas para siempre, pero solo se les permite cambiar lo que sale del corazón. Pueden negociar y susurrar al oído de sus antepasados, y eso les encanta. De esta manera, pueden dar lugar al más extraordinario cambio en el pensamiento. Pueden conversar y trabajar por lograr un resultado pacífico, no basado en el poder sino en el amor, en el equilibrio y en hacer las cosas bien.

Todos los dirigentes mundiales tienen sus guías, pero no suelen escucharlos. Sin embargo, esto está mejorando. Si esos líderes empezaran a hacer regresiones, sería bueno filtrarlas luego para suscitar un cambio masivo, lo que liberaría muchísima energía, karma y curación a una gran escala. Esto es válido incluso en el caso de dictadores considerados crueles y sanguinarios —si comenzaran a efectuar regresiones, a curar y a elevar su vibración, se liberaría toda la situación creada.

Todos los líderes se hallan en una pequeña bolsa unidos por el karma grupal, y tan pronto empiece uno, todos serán liberados en una vibración superior tanto aquí en la Tierra como en el mundo espiritual. En consecuencia, el problema que suponía su energía será liberado pacíficamente y sin egos adicionales.

Si estuviéramos preparados para hacer hipnotismo y regresiones en el tratamiento de los terroristas, eso crearía un cambio de proporciones enormes. Evitaría determinadas situaciones futuras. Es posible hacerles regresiones para llegar a la raíz kármica y luego curarlos. Esto se puede hacer incluso con quienes trabajan para ellos, y así se produciría la curación siguiendo la jerarquía.

Incluso los dirigentes considerados «malvados» han tenido muchos ayudantes espirituales que han intentado liberar energía curativa: este habría sido su camino en la vida, si no hubiese sido otro el escogido.

~ *Bethany*

Los políticos y los líderes del mundo son seres espirituales, desde luego. Lo somos todos. Tenemos los mismos ayudantes y consejeros que ellos, sean guías, Maestros, ángeles, seres sabios o cualquier nombre que pongamos a esas emanaciones de lo divino. No obstante, muchos funcionarios gubernamentales son poco receptivos ante la idea de los ámbitos espirituales. El ego y el orgullo les impiden abrirse a esa posibilidad.

Sin saberlo Bethany, he estado muchos años trabajando con políticos y dirigentes de todo el planeta. Lo hacemos de forma confidencial. El progreso es lento pero constante. Hay esperanza.

Este hecho no se limita a la esfera política; abarca también a muchas otras profesiones lógicas y tradicionalmente ligadas al cerebro izquierdo. En el siguiente relato, una abogada explica cómo superó sus dudas y despertó a su naturaleza superior. «Cuando somos receptivos», escribe, «siempre hay una vía para que el universo muestre su verdad».

Dejemos que sus palabras sean una vía.

. CONCIENCIA EMPAÑADA .

Todos somos seres espirituales que vivimos adoptando una forma humana. En el estado de hipnosis, somos capaces de acceder al yo interior y conocer mejor nuestra verdadera naturaleza. Cabe cuestionarse la validez de las imágenes, las vidas pasadas o las vidas futuras que se revelan. Al principio, yo también tenía dudas. No obstante, si somos abiertos de mente, siempre hay una vía para que el universo muestre su verdad. Este es un paso en mi propio proceso de despertar, que ha cambiado mi vida. El programa de hipnosis del doctor Weiss no solo ha ayudado a curar individuos, sino que también ha abierto un profundo mar de conocimientos sobre el universo, lo cual es beneficioso para la evolución humana en general. Mis propios pacientes de hipnoterapia me han enseñado cosas sobre la coexistencia de dimensiones múltiples, el modo en que los pensamientos crean ciertas realidades e influyen en ellas, la ley del karma, la posibilidad de cambio y la interrelación de todos los seres y acontecimientos. Como decía san Agustín, «los milagros no se producen en contradicción con la naturaleza, sino en contradicción con lo que conocemos de la naturaleza».

Antes de aprender hipnosis en 2005 con el doctor Weiss en el Instituto Omega, pasé por una experiencia increíble en Hong Kong. Movido por la curiosidad, en abril de 2005 tuve mi primera sesión de hipnosis con una vidente llamada Jacqui, recomendada por un amigo mío. Esperaba visualizar algunas vidas pasadas, pero, con gran sorpresa mía, mediante la conciencia me sentí parte de las nubes. No tenía género, sino una forma blanca, transparente.

Cuando Jacqui me preguntó quién era yo, respondí con calma: «Soy una diosa.»

Me preguntó también qué estaba haciendo. «Estoy volando entre las montañas», respondí, «asegurándome de que las plantas tienen luz del sol y lluvia».

«¿Cómo sabe que es una diosa?»

«Estoy elevada en el aire, y veo abajo personas diminutas que me piden ayuda. Unas me hacen reverencias, otras solo rezan. Pero yo solo puedo motivar a otras personas para que las ayuden. No puedo hacerlo directamente, pues esto las asustaría.»

Como abogada jamás se me habría ocurrido que podría decir o experimentar algo así, por lo que mi mente lógica pensó que seguramente había sido un sueño. Jacqui me dijo que no, que era más bien un ejemplo de conciencia dévica.

«¿Qué es la conciencia dévica?», pregunté.

Jacqui irradió una hermosa sonrisa, me miró la parte superior de la cabeza y me abrazó. «De los ángeles. Veo muchos ángeles en su cabeza.»

Más tarde busqué el término en internet. Un artículo que me transmitió ciertas emociones decía que nuestra evolución puede adoptar forma biológica, como pasa con los animales; forma dévica, como pasa con ciertas fuerzas naturales (los vientos, las nubes o la lluvia); o formas procedentes de otras estrellas (almas con sabiduría superior originarias de otros planetas). Estas evoluciones son intercambiables.

Gracias a lo aprendido con el doctor Weiss, llegué a ser consciente de mi verdadero yo y mis capacidades, que he utilizado para ayudar a otros a despertar, a conocer su finalidad en la vida, a curarse mediante el conocimiento de la ley del karma y, por encima de todo, a elevar la conciencia de muchos más. Todo ello es beneficioso para la humanidad.

En una regresión que dirigí yo, una mujer llamada Mei me habló de que estaba en un bosque —«de nuevo en casa»—, donde se sentía de lo más feliz. Le pregunté qué veía.

«Muchos seres de un blanco transparente. Millones. Más pequeños que una rosa. Tienen alas transparentes.»

«¿Es usted uno de ellos?»

«Sí», susurró. «No tengo sexo; soy neutra. Me llamo Arono.»

«¿Es un tipo concreto de árbol o planta?»

«No. Trabajamos en grupo. Si vemos que un árbol necesita energías, le damos energías de manera colectiva. Protegemos la naturaleza.»

Le pregunté si quería transmitir algún mensaje. «Tenemos una vibración superior que procura energías a los árboles y las plantas», contestó. «Constituimos una red de energías de apoyo que se fusiona con la vibración de la Tierra. En esta red no hay competencia, solo cooperación y felicidad. Trabajamos conjuntamente. Nos comunicamos por telepatía. Somos todos transparentes; no hay ocultaciones ni engaños, solo paz y honestidad. Nuestras energías son puras.»

«¿Es usted diferente de las nubes?»

«Podría ser una nube», dijo. «Es solo una forma de pensamiento.»

Le pregunté a Mei si sabía algo sobre el año 2012. «En torno a esa época», respondió, «hay un cambio en la Tierra: cambio climático, cambio energético, vientos, lluvias. Hemos de cooperar. Los seres humanos hemos de cooperar entre nosotros».

Inquirí sobre qué se podía hacer.

«Aprender a mirar el yo interior», dijo. «Mirar al corazón. Ser consciente de uno mismo y cambiar. No hay ley ni contrato escrito. Uno puede manifestarse. Entre diez y veinte años atrás, llegaron a la Tierra muchos Maestros a ayudar. Son seres superiores; la mayoría de los bebés de esta época son seres superiores. Están felices y contentos, y muchos son videntes. Los padres deben aprender de sus bebés. Cuentan con vibraciones especiales desconocidas en esta Tierra y han venido a echar una mano. Los padres viven en un mundo competitivo, pero estos niños no son competitivos. Son capaces de sentir el corazón interior de los adultos. Han venido a despertar nuestras facultades internas.» Y añadió: «Recuerdo que mi misión consiste en entregar un mensaje de la Fuente.»

La llevé hasta la Fuente y le pedí que la describiera.

«Luz dorada», dijo. «Es una sensación de Ser. No veo la vibración. Puede ser grande o pequeña. Es posible "ser" sin un cuerpo físico. La Fuente es el lugar del que procede todo el universo. Es "solo saber", una conciencia, energías en expansión. En lenguaje humano, significa "luz en un espacio". Pero no hay dimensión. Solo existe.»

«¿Qué mensajes tiene para usted?»

«Cuando cambiemos, el mundo cambiará. No tenemos por qué esforzarnos tanto. En cien años, los seres humanos no precisarán formas dévicas. No son muchas las personas capaces de alinearse con las energías de la Fuente. Puedo conservar la vibración original, absorberla, transportarla e influir con ella en los seres humanos. Mis vibraciones afectarán a las vibraciones de mi entorno. Las personas llegan a nosotros porque les atraen nuestras energías. Ellas son precisamente como las nubes; nosotros, un árbol. La gente viene, descansa bajo nuestra sombra y se va. Solo le damos energías. Cuando necesitamos energías, las absorbemos de la Fuente y el resto lo damos al mundo. Esto es lo que significa dar y recibir. Las energías de la Fuente son abundantes. Yo soy la Fuente y parte de ella. Está expandiéndose, lo mismo que yo.

»Ayudar a los demás. Cuando estemos confusos, hemos de ir a la Fuente, restablecer y percibir las energías. Sentirnos más fuertes. Ayudar a los otros a descubrir su verdadero yo, pues no todos son capaces de alinearse con la Fuente. Tener paciencia con los seres humanos. El resentimiento es normal. Hemos de asimilar las emociones del hecho de ser humanos, si bien no debemos acabar atrapados por dichas emociones, pues estamos aquí precisamente para aprender. Elegimos pareja para experimentar el amor. Tenemos que aprender sobre vibraciones y relaciones humanas. Todo forma parte del proceso de aprendizaje.»

Una mañana tuve el capricho de mirar un libro de Sri Aurobindo, yogui y santón indio, que en un capítulo señalaba que «todas las fuerzas naturales son personales». En otras palabras, todas las fuerzas naturales tienen conciencia. Si las reconocemos como seres conscientes afines a nosotros, podemos comunicarnos con ellas. Los científicos no pueden controlar el tiempo atmosférico porque lo tratan como si fuera simplemente un objeto muerto. Los chamanes y las personas que entienden la naturaleza se relacionan con ella de un modo distinto. Personifican las fuerzas, las consideran amigos, y esas conciencias responden de manera favorable. De hecho, muchos niños personifican el sol, la luna, las flores y los árboles, a quienes consideran compañeros benévolos. Quizá todos nacemos con esta clase de intuición y de bondad. Creo que hay muchas personas capaces de influir, con sus creencias, en episodios ambientales, y que una mente colectiva tendrá efectos exponenciales.

En el futuro próximo, van a producirse numerosos desastres naturales cuyo fin será lograr una transformación y una purificación de gran alcance. Si las mentes colectivas creen en estas fuerzas físicas y se comunican con ellas, reduciremos el número de víctimas debidas a tales desastres. En vez de utilizar equipos científicos para combatirlas, podríamos manejarlas simplemente reconociendo su conciencia y tratándolas como amigas. Del conocimiento antiguo y los mensajes canalizados en estado de hipnosis con seres espirituales superiores, he aprendido que solo el amor y la compasión elevarán las vibraciones de las personas y la Tierra y reducirán los efectos de las catástrofes.

El doctor Masaru Emoto, investigador de prestigio internacional sobre la conciencia hídrica, ha demostrado que los pensamientos influyen en la forma de los cristales de agua. Hay pruebas de acción a distancia de los cambios y de que nuestros pensamientos se desplazan y afectan en el acto al campo cuántico. Conocí al doctor Emoto en una conferencia donde bromeó conmigo sobre la posibilidad de influir en los terremotos. Le dije que sería más fácil movilizar primero el viento y la lluvia. Sé que su trabajo es más exhaustivo de lo que se refleja en sus escritos. Algunos científicos han criticado sus investigaciones calificándolas de pseudociencia que no incluye pruebas irrefutables ni tiene en cuenta muchos otros factores.

Quiero formular una pregunta. Cuando los científicos elaboran ciertas proposiciones antes de sus experimentos «controlados», ¿pueden llegar a la conclusión de que hay pruebas absolutas mientras ignoran todos los demás factores que están sucediendo simultáneamente en este universo? Quizá mi formación jurídica me dice lo contrario: la carga de la prueba de un abogado es inferior a la de un científico. No necesitamos una prueba del cien por cien; solo hemos de demostrar «con arreglo a un equilibrio de probabilidades» o «más allá de toda duda razonable». Un corazón dispuesto a aceptar la existencia de ciertos fenómenos sin críticas negativas es un gran salto adelante en la evolución humana.

~ *Lingki*

Si todos somos precipitaciones desde un estado de vibración superior, una Fuente de energía, entonces todos somos seres sensibles y estamos conectados. Lingki está expresando este concepto en sus pensamientos y palabras, de los que se hacen eco las pasmosas revelaciones de la física moderna. En nuestra conciencia y en nuestra condición física esenciales, somos cierto flujo de partículas y ondas, y, cuando cambiamos la polaridad, determinado flujo idéntico de partículas y ondas en el otro extremo del universo acaso esté experimentando una instantánea modificación complementaria de polaridad como reacción a nuestro cambio.

Habitamos un cosmos asombroso en el que, más allá de nuestra mente cotidiana, se producen milagros continuamente.

Los conceptos de religión y espiritualidad pueden coincidir, pero no son sinónimos. La religión puede efectivamente preparar el terreno para grandes actos de amor, caridad y compasión, o quizá sea utilizada para justificar la separación, la violencia o la crueldad. De todos modos, en el núcleo de todas las religiones está el amor. Las siguientes historias ponen de manifiesto que la religión puede ser la vía para alcanzar una mayor sabiduría espiritual.

. DÍA DE EXPIACIÓN .

Una de mis «experiencias» favoritas fue en el Yom Kippur hace unos diez años. No soy judía, pero me parece una de las fiestas religiosas más significativas. Me visualicé de pie en el escenario de un gran auditorio. Frente a los asientos vacíos, me puse a rezar rogando que todos aquellos a quienes hubiera lastimado o perjudicado en cualquier momento de mi existencia acudieran al auditorio y tomaran asiento. Quería una oportunidad para expresarles a todos mi más profundo arrepentimiento. Las localidades empezaron a ocuparse enseguida hasta que la sala estuvo llena en unas tres cuartas partes. Al ver allí a tanta gente me quedé estupefacta y avergonzada.

A continuación, empecé a hablar de mis lamentos, mi búsqueda espiritual y los avances que creía estar haciendo, y pedí perdón a cada uno por cualquier mala acción de la que fuera yo responsable. Les supliqué que, si podían, me perdonasen. Tras haber hablado y haberles dado las gracias por venir, se pusieron todos en pie, se cogieron de las manos y cantaron *Paz en la Tierra*. Cuando se hubo desvanecido la última nota, desaparecieron tan rápida y silenciosamente como habían llegado, dejándome muda de asombro.

~ *Donna West*

Si el arrepentimiento es sentido, y si la acción de perdonar y ser perdonado es sincera, la pizarra queda limpia y el auditorio se vacía. Cuando no haya ganas de lastimar a nadie, habrá por fin paz en la Tierra.

. ÁNGELES Y DEMONIOS .

En noviembre de 2010 estuve en una de sus conferencias. Después de almorzar, volví cansada y con dolor de cabeza. Tenía miedo de quedarme inevitablemente dormida y de que alguien debiera despertarme a causa de mis ronquidos. *Oh, no*, pensé tras acomodarme en el suelo, *voy a quedarme dormida. No he venido a esta conferencia a dar cabezadas*. Con gran disgusto mío, estaba dormitando a ratos, pero conseguí efectivamente ir a algún sitio. Me hallaba en un salón con libros, y oí al doctor Weiss decir algo sobre coger un libro de un estante. Flotó uno hasta mis manos. Lo abrí por una página con un reluciente nombre dorado escrito con letra grande en la parte superior. El nombre era Lucifer. No era el pensamiento más reconfortante, pero estaba demasiado cansada para juzgar o bloquear la información.

En esta vida, fui educada en escuelas católicas desde primaria al instituto. Hacia los nueve años, sentada en el aula, recuerdo que me hablaron de Satán y el infierno. Yo no estaba de acuerdo con la idea de la monja. Fui prudente y no dije lo que pensaba. Sí creía en Dios. Conocía la historia de Jesucristo, pero no podía identificarme con Él, y no iba a la iglesia a menos que mi madre me obligara.

Como adulta soy muy espiritual, pero no religiosa. Creo en Cristo, Dios y los ángeles y me comunico con ellos. He leído partes de la Biblia, cuyas opiniones no comparto forzosamente. He llegado a la conclusión de que en la Biblia se malinterpreta a Lucifer, que simplemente puso las cosas en marcha en una dirección negativa —perspectiva que yo había bloqueado durante años.

Esto es lo que «se me dijo» en la regresión de su taller: Lucifer era lo más cercano a la perfección, pero se le avisó de que no podía volver a la Fuente Primordial debido a la gran separación. Como grupo «entero» de almas, decidimos separarnos de Dios. Lucifer se quedó desconsolado, luego se enojó, y movido por la ira (o la vanidad) intentó hacer daño a Dios haciéndose daño a sí mismo. Fue una pataleta de proporciones bíblicas. Lucifer no fue el Satán malvado representado en la Biblia. No creo que vaya sentado en los hombros de las personas y las tiente para que obren mal, como piensan algunos de mis amigos, sino que todos somos responsables de nuestras acciones; incluso los ángeles.

Debido a la fatiga, ese día solo podía ser testigo de lo que me llegaba. La siguiente escena fue breve y «en alta definición», con colores vivos. Bajé la vista y vi unos pies (¿míos?) blancos, desnudos, de hombre, inmaculados, que andaban sobre una bonita hierba. Alcé los ojos, y allí había una mujer voluptuosa con un cabello rubio, largo y rizado que caminaba hacia mí. *Eva*, pensé. Creo que esa Eva era la de la historia bíblica del Jardín del Edén.

A mi juicio, Adán y Eva eran ángeles. En un relato canalizado a través de mí, aprendí que un cuerpo humano normal no podía sobrevivir al cambio a una dimensión densa como la de la Tierra. Esta es en parte la explicación de que se recurriese a los ángeles, lo cual se aparta de la historia bíblica. El Árbol de la Ciencia era una opción; no estaba prohibida. Era el regalo de Dios para entender lo que *no* es el amor y ayudarnos a comprender mejor lo que *es*. Adán y Eva abandonaron el Edén y fueron a otros lugares movidos por la necesidad. No porque Dios los echara a gritos.

La meditación guiada en su taller me permitió tener no solo algunas visiones de un libro del salón celestial de registros, sino también quizás una regresión a una vida pasada en la que vi a Eva. En una forma u otra, sigue presentándose —y llamándome la atención— información sobre Adán y Eva y ahora Lucifer.

~ *Helen*

En momentos de fatiga, como en los sueños, nuestra conciencia cotidiana de vigilia está menos alerta. No filtra con tanto rigor, lo que permite actuar a la mente subconsciente. Al trascender la formación racional y literal de las escuelas católicas, Helen pudo experimentar un significado más rico y profundo de los personajes, las historias y las leyendas.

A veces, ciertas decisiones poco sensatas o basadas en la ignorancia se interpretan erróneamente como maléficas. Aprendemos y crecemos a partir de nuestras elecciones, sean buenas o malas. Entender el amor en todas sus manifestaciones, incluso valorando lo que no es, parece un regalo divino. Los gritos no.

¿Seríamos capaces de valorar la luz si no conociéramos la oscuridad?

．MENSAJE DE MIGUEL．

A principios de 2002, asistí a un taller de fin de semana en el Centro Espiritual Agape de Los Ángeles. La tarde del viernes, mientras Brian iniciaba su primera regresión, entré al instante en un estado meditativo —¡de cero a cien en un suspiro!—. Recuerdo que me llevé a mí mismo al bosquecillo adonde «voy» cuando medito, y de pronto vi a mi abuelo. Estaba riendo y haciéndome gestos para que fuera con él, así que fui y me encontré en la escalera. «Pero, abuelo», dije, «¡vas por delante de Brian!». Se limitó a reírse y se deslizó por los escalones, y yo lógicamente lo seguí, gritándole todo el rato que esperara. Cuando llegamos abajo, había allí una puerta; él la abrió, me hizo entrar, me sonrió y desapareció.

Soy incapaz de describir los colores que vi al mirar la luz de dentro. No creo que haya una palabra humana que abarque tanta belleza y la serenidad. Yo no sabía nada salvo los nombres de los arcángeles; no había estudiado sobre ellos ni había investigado sus atributos. Sin embargo, de algún modo sabía que estaba en presencia de Miguel. Aún lo veo bajo esa luz anodina y a la vez llena de color. Jamás olvidaré ese momento. Él estaba de pie, con los antebrazos apoyados en la espada y las alas plegadas detrás.

Discreta y reservada como siempre, dije: «Bueno, no es una pose muy angelical.» Él extendió las alas y levantó la espada, la sostuvo en alto un instante, y acto seguido la bajó dirigiéndome una mirada burlona. «¿Mejor así?», oí que decía con una risita. «Mucho mejor», contesté yo.

No tengo ni idea de cuánto tiempo había pasado cuando oí hablar a Brian: «Mira lo que hay alrededor.»

«¿No tienes que enseñarme algo?», dije a Miguel, y recibí una mirada divertida mientras él alzaba un ala para mostrarme a mí misma en un claro del bosque rodeada de animales, sola y feliz mientras me ocupaba de ellos. El ala volvió a su sitio, y de nuevo solo vi a Miguel.

Oí a Brian decir que fuéramos al final de la vida. «¿Y bien?», dije a Miguel. Una vez más se movió el ala y me vi como una mujer muy vieja, con un bastón, caminando por una ciudad del Imperio romano o la antigua Grecia. Sabía que estaba muriéndome, y lo único que quería era llegar al templo. Una vez allí, exhalé un suspiro, me senté en los escalones de mármol y me morí. Fue muy tranquilo, sin dolor alguno. En la hora de mi muerte solo necesitaba estar en el templo; por eso estaba satisfecha.

Pregunté a Miguel si había algo que yo necesitara saber, y dentro de mi cabeza escuché esto: «Estás protegida cuando debes estarlo.» A continuación oí a Brian contar del uno al diez para sacarnos del trance. Jamás he vuelto a sentir lo de aquel momento. Ni había experimentado antes ni he experimentado después esa clase de paz.

~ *Faith Susan*

A mi entender, la espada de Miguel, que representa la sabiduría, pone fin a la ignorancia y el miedo. Sin miedo, somos capaces de abrazar nuestra naturaleza espiritual, desprendiéndonos del ego, la envidia y el orgullo. Sin miedo, podemos amar libremente y practicar la compasión en todo momento. No nos harán daño. No tenemos por qué sufrir.

El abuelo de Faith era el ser familiar, bondadoso, de transición, que la condujo a un estado superior de conciencia. Miguel la recibió en la luz, justo al otro lado de la puerta. Los miedos de ella se desvanecieron; solo había paz.

Cada uno de nosotros está protegido cuando debe estarlo.

Los ángeles, los guías y los dioses pertenecen no solo a la tradición judeocristiana, sino también a muchas de las grandes religiones y culturas del mundo. Durante una regresión de grupo, un participante llamado Keith recordó un momento muy emotivo y espiritual que tuvo lugar siendo él muy joven; mientras hablaba, describía lo que veía en términos infantiles. Era un niño cuando vio en su habitación a dos guías o apariciones —un anciano chino con una larga barba blanca y una especie de figura angelical— que lo llevaron a un lugar mucho menos denso, un lugar «flotante» en el que la gente iba y venía con información y conocimiento. La Tierra estaba en un segundo plano, lejos, y él veía que esas personas llegaban y se marchaban. No lo hacían en su cuerpo físico, sino en el espiritual: el cuerpo energético. Keith miraba mientras eran arrastrados a este planeta mediante vínculos con otras almas.

Mientras volvía a experimentar este recuerdo de infancia, Keith fue capaz de vislumbrar el cuadro en toda su dimensión. Percibió cómo llegaba y se iba de este mundo más denso, y cómo regresaba al lugar «flotante». Venimos a esta escuela a aprender diversas lecciones y luego volvemos a casa. Su relato me recordó otra historia, de un niño y un chino barbudo, que incluyo en mi segundo libro, *A través del tiempo*.

Nacido con defectos cardíacos congénitos, un niño requirió operaciones a corazón abierto cuando contaba tres meses de edad, dos años y medio, y cinco años. Durante esas operaciones, estuvo a punto de morir varias veces, y los médicos creían que no sobreviviría. A la edad de ocho años reveló a su madre que, mientras seguía inconsciente tras una de las operaciones, había recibido en la UVI la visita de «ocho tipos chinos» que le habían transmitido información acerca de su recuperación. El niño señaló que uno de los chinos «tenía una espada que hacía revolear todo el rato». Ese hombre solía cortarse la barba con el filo, pero esta volvía a crecerle casi al instante. El niño describió a los ocho «tipos chinos» con todo detalle.

Al analizar la sorprendente historia del niño, su madre descubrió la representación física y filosófica de los «ocho tipos chinos». Son los Pa Hsien, o los Ocho Inmortales, representaciones taoístas de figuras históricas que han alcanzado la inmortalidad. Como explicaba el hijo, una de ellas es Lu Tung-Pin, el patrono de los barberos, a quien le fue concedida una espada mágica como premio por haber superado diez tentaciones.

El niño afirma que aún le visitan los «ocho tipos chinos», quienes siguen proporcionándole información. Se trata de una experiencia mística directa de verdad y orientación, que él acepta por completo, con regocijo y sin condiciones, y que le procura consuelo en momentos traumáticos y alarmantes. Sin la carga de un referente mental adulto sobre lo que está «bien» o «mal», este niño es capaz de aceptar tanto una fuente directa de orientación como una experiencia directa de espiritualidad. A diferencia de su curiosa y bienintencionada madre, no necesita investigar los hechos.

Otra figura espiritual considerada Inmortal por los taoístas es Guanyin (o Qwan Yin), venerado también por los budistas como la personificación de la misericordia. Fuente por antonomasia del amor infinito e incondicional, honró con su presencia a la autora de la historia que estamos a punto de leer y, debido a ello, le cambió la vida para siempre.

En el sistema de creencias de los budistas chinos, se dice que el estado consciente de sensación de paz con uno mismo es Guanyin. Los principios mismos de bondad y compasión son Guanyin. Sentir, comportarse y pensar con arreglo a estos valores es Guanyin, y la persona que lo hace es Guanyin.

En su estado actual, el mundo podría utilizar más Guanyin.

. LA DIOSA DE LA COMPASIÓN .

A principios de la década de 1990, estuve en Pekín trabajando en hostelería durante tres años. Fue una experiencia fantástica, y aunque vivir allí fue duro, me encantó. Más adelante se presentó la ocasión de trabajar en Nueva Zelanda, y aproveché al vuelo la oportunidad de conocer una nueva cultura.

Tras mi período en China estaba un poco quemada, por lo que decidí que ya era hora de pasar de una actividad inductora de estrés a otra que lo redujera. Tomé la decisión de seguir el consejo de mi guía: aprender hipnosis. Disfruté en todo momento de mis estudios y al final obtuve el título de psicoterapeuta, e integré satisfactoriamente la programación neurolingüística (NLP, por sus siglas en inglés) y la Técnica de Libertad Emocional (EFT, por sus siglas en inglés) en el trabajo que llevaba a cabo en mi clínica de Dunedin.

Una década después, la relación con una de mis almas gemelas tocó a su fin. Tomé la difícil decisión de marcharme. Estaba pasando yo entonces por una situación complicada. Me embargaban las dudas, el miedo y la incertidumbre, y también cuestionaba mi decisión de dejar la relación.

Resolví asistir al curso del doctor Weiss en el Instituto Omega de Rhinebeck, Nueva York. Cada día de esa semana experimentamos dos regresiones a vidas pasadas, una por la mañana y otra por la tarde. Cambié y liberé muchas cosas. Algunas de las regresiones fueron profundas, y una estuvo relacionada directamente con el tiempo que pasé en China. En esa regresión, facilitada por el doctor Weiss, saqué a la luz una vida en la que había sido ayudante y alumna de Qwan Yin, la diosa de la compasión. La conocí de inmediato y reconocí su firma energética. En la regresión, yo estaba abrumada por la alegría de verla, sentir su energía y volver a estar con ella.

Durante la regresión, quedó claro que yo había vivido una experiencia muy pacífica con Qwan Yin y pasado mucho tiempo con ella, estudiando y estando envuelta en su energía. En esa vida, estando tendida yo en mi lecho de muerte, ella vino y estuvo a mi lado. Mientras realizaba la transición de morirme, justo antes de que mi alma abandonase el cuerpo, la diosa me colocó su mano suavemente en medio del pecho. Una energía y una luz dorada se expandieron por todo mi corazón. La sensación era extraordinaria, como si hubiera vuelto a casa. Lloré. Sentía mucho amor y paz. En los últimos momentos de esa vida, me dijo que estaría «siempre conmigo, en mi corazón, durante el resto de mis días y toda la eternidad». Yo estaba embargada de emoción. La de ese día fue una experiencia potentísima que todavía me hace derramar lágrimas. Experimentar de nuevo esa vida también reavivó los sentimientos de mi corazón. Fue muy hermoso. Era como si estuviera flotando en un perfecto estado de ensoñación.

La regresión terminó, y se nos concedió tiempo para integrar. Los conocimientos que adquirí después fueron increíbles. Me dio la impresión que durante toda la vida había estado buscando el compañerismo profundo, la amistad, la comprensión, la bondad y la paz de esa otra existencia. No era un sueño. Ya lo había experimentado en esa vida y ahora tenía pruebas de que esa clase de relación era posible también en mi vida presente.

Ahora tenía sentido esa incapacidad para dejar mi relación con el alma gemela en Nueva Zelanda. Yo todavía deseaba y esperaba que pudiéramos tener una conexión similar a la que había experimentado con Qwan Yin, pero eso no iba a pasar.

También empecé a entender los tres años pasados en China. Me había gustado la gente y su comida, me había sentido en casa, había aprendido la lengua y había disfrutado explorando la parte vieja de Pekín. En esta vida había sido educada como cristiana, aunque con el tiempo algunos aspectos de esa religión fueron significando cada vez menos para mí. Tenía imágenes y estatuas de Qwan Yin por todas partes. La comprensión y la conexión no se había hecho en mi corazón, mi mente y mi alma hasta esa regresión con el doctor Weiss. Tendida en la sala tras la regresión, reflexioné sobre el hecho de que dos de mis mejores amigos de la escuela primaria de North Wales eran gemelos chinos. Todo adquiría sentido, al igual que mi profunda conexión con la diosa Qwan Yin.

Comprendí por qué me había sentido totalmente atraída hacia esa diosa: ella había jurado quedarse en este planeta y no ascender hasta que todos los seres de la Tierra experimentasen piedad en su corazón. Era su misión. Mi trabajo en esta vida conllevaba la combinación de EFT, NLP, hipnosis y otros instrumentos espirituales. Muy pronto supe por instinto, cuando trabajaba con pacientes, que para que se produzca una verdadera curación en un nivel profundo del alma debía haber compasión y perdón; no solo de los otros, sino también del yo.

Ese día, comenzaron a reunirse en mi mente muchos hilos de una manera extraordinaria. Esta experiencia alumbró con una luz nueva, humilde, el tapiz de mi trabajo, mi vida y mi existencia.

Es también interesante que vuelvo a estar en China. Estoy escribiendo esto mientras visito Shanghái. Lo hago dos veces al año, enseñando EFT y otras técnicas espirituales. Voy a emprender un nuevo viaje en el que desarrollaré y organizaré cursos que incorporarán diversas técnicas, entre ellas las regresiones a vidas pasadas, por supuesto. Tengo la clara impresión de que estoy siendo guiada por Qwan Yin, que sin duda está conmigo ahora, en todo momento y para siempre. Le doy las gracias porque sus destrezas y herramientas han sacado a la luz mi vínculo interior con la antigua China, la diosa Qwan Yin, mi viaje y mi trabajo.

~ *Michelle Hardwick*

Qwan Yin tiene muchos nombres y manifestaciones. Como *bodhisattva* (ser en busca de la suprema iluminación) de la compasión, existe en todas las religiones y culturas para ayudarnos a superar el dolor y el sufrimiento en esta dimensión física hasta que alcancemos un estado de paz profunda, amor incondicional e iluminación. Cuando llegue ese momento, puede que nuestras encarnaciones concluyan y nosotros decidamos permanecer en las esferas espirituales. Si imaginamos y sentimos que la energía divina entra en nuestro corazón, como pensaba Michelle de la de Qwan Yin, seremos capaces de asimilar esta bella promesa: «Estaré siempre contigo, hasta el fin de los tiempos.» Es la misma promesa que oyó Michelle: «Estaría siempre conmigo, en mi corazón, durante el resto de mis días y toda la eternidad.»

El amor es para siempre. Nos rodea en todo momento.

Como Michelle, yo he tenido mi propia conexión con China en una vida pasada. En un viaje de hace años, estaba yo un día meditando a una hora temprana con monjes de la zona montañosa de Wu-Tai, en el interior del país. Durante la meditación, apareció una imagen en la que yo era una especie de general, un líder de masas. El recuerdo parecía remontarse a miles de años atrás. Iba yo montado en un caballo blanco, y me hallaba en lo alto de una colina, contemplando un campo inmenso. Desde este mirador elevado, veía el valle de abajo y a toda mi gente, las personas cuya atención, salvaguarda y protección me habían sido encomendadas. Tenía el corazón rebosante de amor y compasión hacia ellas. Me sentía especialmente afortunado por disfrutar de tal posición de responsabilidad y privilegio, y quería que todos los seres individuales de mi campo visual se sintieran como yo, que tuvieran el corazón inundado de bondad, afecto, protección, y la sensación de que todos estamos conectados.

Me veía montado en el caballo y llevando una especie de armadura primitiva, con un peto de barras horizontales de bambú. Recuerdo la sensación de que el caballo también era significativo, y de que él y yo también estábamos conectados. En ese momento, juré llevar ese amor profundo y compasivo que me llenaba el corazón a todos los seres del área entera y más allá. Esto se convirtió en mi objetivo.

Es un juramento que sigo cumpliendo a diario; de él nació este libro, y toda mi obra.

En algunas de mis regresiones y meditaciones tengo meras visiones de vidas pasadas, mientras que otras veces parecen una película, en la que van avanzando acontecimientos desde el pasado al presente y al futuro. Sin embargo, en esta visión —pues no vi la vida entera— el sentimiento era mucho más significativo que los detalles. Lo importante era hacer el juramento, desear que los demás seres se sintiesen igual, y saber que yo haría todo lo que estuviera en mi mano para conseguirlo.

Por mucho que se parezcan, tuve esa experiencia y escribí este relato antes de escuchar la historia de Michelle, que sobre Qwan Yin decía lo siguiente: «Ella había jurado quedarse en ese planeta y no ascender hasta que todos los seres de la Tierra experimentasen piedad en su corazón. Era su misión.» Había sido mi misión también. Quizás en aquel lejano momento en lo alto de la colina, mientras yo miraba a mi gente, Qwan Yin había colocado sus afectuosas manos en mi corazón, como había hecho con Michelle.

Como he mencionado antes, algunas regresiones son eficaces no por los detalles concretos que proporcionan sino por las trascendentes emociones que generan. La mente consciente sabe que eso debe servir para curar, y podemos confiar en que nos conducirá a la experiencia que necesitamos. Cuando le pasó esto a Nathaniel, autor de la siguiente historia, su vida no solo se transformó: comenzó.

. LA NATURALEZA DEL AMOR .

Nada volverá a ser igual después de verle en su taller de San Francisco. No hace mucho me diagnosticaron enfisema terminal y fallo cardíaco congestivo. Ni que decir tiene que soporto un dolor físico constante. Acudí a su sesión esperando descubrir una vida pasada, pero, con gran sorpresa mía, no llegué a ninguna existencia anterior ni a mi infancia, como usted nos había indicado. En vez de ello, me vi abandonando el cuerpo, flotando encima del mismo en un universo rebosante de belleza y amor infinitos. Puedo describirlo solo como una experiencia cercana a la muerte maravillosamente inmortal. Era la primera sensación de paz que conocía desde el diagnóstico, y su recuerdo me permitirá sobrevivir en los difíciles días que tengo por delante.

La muerte no existe. Lo sé porque he estado ahí, en este lugar de amor sin condiciones, y he regresado para contar la historia. Ese día, se abrió para mí el velo que nos separa de ser continuamente conscientes de este amor. Nunca hay nada que temer ni motivo alguno para tener miedo. Solo hay amor, un amor indiscriminado y absolutamente universal.

Contrariamente a lo que siempre había creído, no me aguardaba ningún juicio. El amor no sabe juzgar; abraza, sin condiciones ni limitaciones. Somos juzgados por personas todo el día, pero nunca por Dios, que a mi entender es el origen de este amor.

Mi dolor ha desaparecido. El amor también puede curar. En mi memoria reciente, no había momentos sin dolor. El alivio que experimenté durante la regresión es indescriptible.

¿Sabe usted lo que es el odio? Diez mil kilos sobre la espalda. Cada vez que juzgamos a otros o somos juzgados por otros, se añade otro kilo, hasta que el cuerpo pesa tanto que no podemos movernos. Cuando decimos que nos cae el mundo encima, nos referimos a esto. Sin embargo, nunca me había dado cuenta de la carga que había estado yo arrastrando toda mi vida; había acabado acostumbrado. Ese día del taller desapareció. Me elevé sin querer. No había nada que me sujetara, eso es todo. Para volar ni siquiera tenemos que hacer nada especial: solo abandonar el odio y abrazar el amor. Quizá suene demasiado excelso, pero no puede ser más sencillo ni más instantáneo. La clave de la felicidad y la libertad estuvo en nuestras manos toda la vida. Pero no se nos ocurrió bajar los ojos y ver qué sostenían.

El cuerpo es delicado: duele, envejece, muere. Tener un cuerpo es tener sufrimiento. Y es también importante, pues venimos dentro de él a este planeta para aprender, si bien en el proceso hay grandes y crecientes dolores. En cuanto nos deshacemos del cuerpo, caemos en la cuenta de que somos más de lo que cupiera imaginar.

Cuando supe que mi muerte se acercaba, tuve miedo de lo que venía a continuación. Pero ahora sé qué viene. Pasamos a la otra vida, nos curan, nos aman. Es pura felicidad. Es exactamente lo contrario del miedo. ¿Cómo es que lo entendimos todo tan al revés?

Después volví a casa, pero el recuerdo de la experiencia ha permanecido conmigo hasta hoy. El dolor vuelve de vez en cuando, pero ahora soy capaz de tolerarlo. Me consuela muchísimo el hecho de saber que este lugar me aguarda, que nos aguarda a todos. Me parece que, cuando muera, regresaré al estado de dicha que experimenté durante esos momentos vitales en su taller.

He explicado a otras personas lo que aprendí ese día. Es un objetivo que tengo ahora en mi vida: ayudar a otros. De hecho, todos tenemos esta finalidad. Todos somos importantes, del primero al último. Aunque quizá nos comportemos mal debido a ignorancia, temor o criterio erróneo, nunca somos «malos». Jamás podemos decir de un alma que es mala.

Si, aunque solo fuera por unos instantes, todo el mundo pudiera sentir el amor que siento yo, no habría más guerra ni violencia. ¿Por qué va a querer nadie hacer daño a un alma? Ahora sé todas estas cosas, y aunque acaso se acerque el final de mi vida, en cierto sentido está solo empezando. Estoy en paz.

~ *Nathaniel Peterson*

«El amor no sabe juzgar», afirma Nathaniel. «Abraza, sin condiciones ni limitaciones.» Sabemos esto de manera innata, pero seguimos olvidándolo, y el olvido nos hace sufrir. Nos han enseñado metáforas que nos ayudan a recordar. El sol brilla tanto en las cárceles como en las iglesias; la lluvia cae igual sobre las flores que sobre las malas hierbas. No obstante, seguimos olvidando. Permitimos a los demás que nos juzguen, aceptando sus proyecciones y distorsiones, con lo que perdemos confianza y autoestima.

En vez de ello, uno debe llenarse de amor a sí mismo. Ha de recordar su verdadera naturaleza de ser espiritual e inmortal, un alma eterna siempre amada que nunca está sola. El monje zen Thich Nhat Hanh escribió lo siguiente: «La ola no tiene por qué morir para convertirse en agua. Es siempre agua.» Tampoco nosotros necesitamos morir para llegar a ser los seres espirituales que ya somos.

Nathaniel ha perdido su miedo a la muerte. Ha alcanzado a ver el otro lado del velo y ha descubierto que ahí hay puro amor. Puede cumplir su propósito y afrontar de cara su pronóstico. La muerte ya no es un misterio para él.

La vida siempre encierra un significado y un fin de gran calado. «Aunque acaso se acerque el final de mi vida», dice Nathaniel, «en cierto sentido está solo empezando». La perspectiva resultante de esta experiencia en el taller le ha brindado una nueva vida, que, aunque realmente se acerca su final, es mucho más tranquila y satisfactoria. Pero ¿y si lo que siempre consideramos el final es de hecho solo el comienzo? Jade, en la última historia de este libro, describe esta espléndida posibilidad.

. EL FINAL ES SOLO EL PRINCIPIO .

En 2010, asistí a uno de los seminarios de regresiones a vidas pasadas del doctor Weiss en Denver, Colorado. Solo siete meses antes había perdido a mi novio, Christian, a causa de una muerte súbita e inesperada: lo peor que me había pasado jamás. Me quedé totalmente impotente y paralizada, con montones de dudas y pensamientos dolorosos. Al mismo tiempo, también recordé espontáneamente una trágica vida anterior con Christian que había terminado de un modo parecido, lo que para mí fue todavía peor.

Estaba tan consternada por esas pérdidas, que la tía de Christian me habló del doctor Weiss y me aconsejó que me apuntara a una de sus sesiones, pues quizás allí encontraría alguna respuesta o al menos me sentiría mejor. Leí sus libros, que me transmitieron cierta paz de espíritu. Pero cuando me enteré de que iba a estar cerca, en Colorado, aproveché la oportunidad para asistir a su acto. Mi experiencia allí me ha ayudado mucho a cambiar de perspectiva.

Fue la primera regresión efectuada el día después de que el doctor Weiss se presentara y nos preparara para lo que cabía esperar durante el tiempo que estuviéramos con él. Cuando nos llevó a un estado profundo de regresión hipnótica, desde luego yo contaba con remontarme a una vida anterior, como había hecho ya varias veces mientras escuchaba sus CD. Le recuerdo en el momento en que nos sugería volver al recuerdo más temprano de la infancia, cosa que yo hice. Como una niña, me veía a mí misma asombrada y expectante ante la inminente aventura cuando él me llevó hacia una vida pasada. ¿Qué pistas y vestigios sacaría a la luz? ¿Y qué me enseñarían estos sobre mi vida y sobre mí?

No estoy totalmente segura de las palabras que pronunció él en el momento de cruzar el umbral entre esta vida y la otra, pero sí oí lo de «pasa por esta puerta y entra en la luz». Y lo hice sin vacilar.

Con gran deleite y sorpresa mía me vi arrastrada a un túnel de luz bellísima. Cuando él nos pidió que mirásemos qué tipo de ropa y calzado llevábamos, me quedé desconcertada al ver que tenía los pies descalzos y que lucía una suerte de túnica. De repente me di cuenta de dónde probablemente me encontraba, y aunque para mi cerebro no tenía demasiado sentido, seguí con la experiencia. Era como si lo estuviera viendo con los ojos abiertos.

En el túnel con esa iluminación cálida, vi figuras de seres. No distinguía su cara, pero sí percibía su fuerte presencia. Sobresalía el espíritu de mi madre, que había cruzado hacía casi cuarenta años, siendo yo solo una niña. Se veía también a otros, pero yo estaba tan enamorada de la energía de la luz que no podía dejar de fijarme en ella.

Llegué a ser consciente de que era ingrávida y estaba experimentando esa nueva y maravillosa sensación de «estar flotando». Sentía cada parte de mí como si estuviera inmersa y bañada en la energía más dulce y limpiadora. Era como si hubiese ido al cielo tras haberme muerto. La dicha era absorbente, y no había sitio alguno donde no hubiera amor. Recuerdo haber pensado que podría permanecer eternamente en esa luz afectuosa. Al sentirme tan tranquila y realizada, supe que a partir de entonces ya no volvería a querer o necesitar nada.

A continuación, sin saber cómo, pasé de flotar en el túnel a estar en una especie de zona de transición. Parecía un hospital, solo que no había ni rastro del material que suele haber en un hospital de la Tierra. Sabía lo que parecía porque me hallaba en dos sitios a la vez: estaba observando *y* al mismo tiempo experimentando lo que pasaba mientras yacía inconsciente.

Me vi a mí misma tendida en una superficie plana, iluminada, que, a falta de una palabra mejor, podríamos llamar «cama». Esta cama era de lo más curioso. Alcanzaba a ver y sentir su asombrosa energía palpitante. Podía sentir su sutil vibración. Parecía estar hecha de roca lisa y cristalina, que irradiaba una luz resplandeciente responsable de que mi alma y mi espíritu estuvieran asombrosamente vigorizados. La cama encerraba cierta cualidad magnética, y, como la luz del túnel, era un hervidero de inteligencia.

Notaba que estaba pasándome algo muy especial. Algo que parecía tener una cualidad y un efecto reconstituyente y curativo. Yo miraba la parte inconsciente de mí que yacía sin vida, mientras mi novio, Christian, que había muerto hacía solo siete meses, intentaba despertarme a la conciencia de su esfera celestial.

Aunque en esa esfera celestial había una parte muy consciente de mí, otra parte de mi conciencia aún se quedaba atrás, quizás en la dicha del túnel o tal vez en la vida que había abandonado. Curiosamente, el yo consciente tenía de algún modo información relativa a mi muerte. Yo sabía que esta era repentina e inesperada. Sabía que tenía algo que ver con la garganta; tenía la impresión de que la causa de la muerte había sido asfixia. Quizá me ahogué, pero lo que más me fascinó fue que la persona dormida que yo observaba en aquella cama aún no sabía que había abandonado el mundo terrenal.

En su vida, lo que había aflorado como existencias pasadas suyas eran muchos recuerdos de muertes horribles en que permanecía en el cuerpo hasta ese último y espeluznante jadeo. Pero esta vez era diferente. Como su espíritu se había ido antes de ver el rostro de la muerte, no hubo lucha, ni siquiera un atisbo de dolor o pesar en el proceso, por lo que nunca hubo sensación de fallecimiento. El cuerpo murió sin dramatismo alguno, y ahora ella se encontraba experimentando esa paz y esa libertad insólitas.

Desde la perspectiva de la belleza durmiente allí tendida,

yo tenía la impresión de estar en un estado de sueño profundo del que me despertaría muy lentamente, como si me hubieran puesto una dosis elevada de anestesia. Mientras recobraba el conocimiento, oía a mi querido Christian hablar débilmente al principio, las palabras cada vez más fuertes. Le oí decir: «Cariño, despierta. Soy yo. Vamos, amor mío, despierta. Estoy aquí contigo.» Al oír estas palabras a lo lejos, no sabía dónde concentrar la conciencia. En mi situación, ¿qué era el sueño y qué era la realidad?

Yo veía y sentía a la vez la presencia junto a mí de otros seres queridos, todos ellos mirándome con gran interés y atención, esperando ese preciso instante en que yo despertaría de mi sueño y abriría los ojos para ser recibida y bienvenida en la desbordante alegría que es el amor. Eso me recordó el estado de expectativa y emoción que hay cuando está a punto de venir al mundo un bebé.

Como he señalado antes, me iba encontrando la escena entera desde lo que parecían ser dos perspectivas totalmente distintas. Era fascinante. Pero lo que estoy haciendo realidad es una tercera perspectiva posible. Experimenté las dos, y ahora otro está escribiéndolas. Quizá todas son aspectos de mí, solo separados por diversos episodios en el tiempo.

Fue únicamente debido a los espíritus concretos que habían muerto antes que yo por lo que creo que estaba presenciando la muerte real de mi actual vida terrenal. Sin embargo, como he dicho, me parecía más un nacimiento a una maravillosa existencia nueva —a la que necesitaba ajustarme y aclimatarme— que una muerte.

No llegué a despertar de mi estado inconsciente para ver lo sucedido porque fue entonces cuando el doctor Weiss inició el proceso de traernos de vuelta de nuestro estado hipnótico hasta la conciencia de esta vida terrenal. Tras haber regresado, tardé unos minutos en asimilar las repercusiones de lo que había acabado de ocurrir. De hecho, al cabo de unas semanas aún estaba intentando comprenderlas. De todos modos, pese a mi falta de comprensión absoluta, este suceso me dio muchísimo más de lo que yo hubiera podido pedir.

Me dio el consuelo personal de saber que Christian no solo estará aquí para recibirme cuando me llegue el momento de cruzar, sino que nuestro amor sigue vivo. También me ayudó a afrontar mis miedos sobre mi propia muerte. Al prever y experimentar mi muerte, me doy cuenta de que no tengo nada que temer respecto a mi turno para cruzar la puerta que lleva al otro lado, pues más allá del umbral hay una libertad y una felicidad inimaginables. Siempre estaré agradecida por haber gozado de esta fabulosa oportunidad. Ha sido un verdadero regalo.

~ *Jade Kramer*

¿Y si la muerte no fuera realmente más que un nacimiento a un bello reino de paz, en el que, como dice Jade, «no había sitio alguno donde no hubiera amor»? ¿Y si los seres queridos fallecidos se reunieran con anticipación para dar la bienvenida a nuestro nacimiento en el otro lado, para reencontrarnos de nuevo? Entonces, como en los casos de Jade y Nathaniel, perderíamos el miedo a la muerte y abrazaríamos la vida con más júbilo y el norte más claro.

En mi libro *Muchos cuerpos, una misma alma*, documento numerosos sueños precognitivos y viajes al futuro cercano y lejano. Esto es completamente factible, pues, como señala la física moderna, el tiempo es relativo y totalmente ajeno a nuestros conocimientos y nuestras percepciones conscientes. Es posible ver el futuro.

Hace poco, una mujer que respondía a una entrevista mía con una descripción de su propia experiencia cercana a la muerte se hizo eco sin saberlo de las palabras de Jade. «Comprendí que la vida es como un sueño», escribió. «Cuando nacemos, despertamos de la inmortalidad metidos en este cuerpo físico. Cuando el cuerpo físico muere, regresamos a la inmortalidad. Ya no tengo miedo de morir. Es como volver a casa.» Cantábamos esta verdad cuando niños, pero de adultos la hemos olvidado. La vida no es más que un sueño, y hemos de ser alegremente partícipes del mismo mientras navegamos por el río del tiempo.

La autora Katherine Frank me escribe sobre el tiempo diciendo que, más que un río de flujo rápido, es un estanque profundo. ¿Y si el tiempo es efectivamente un lago y no una corriente rápida, con profundidad en vez de caudal? Todos nuestros recuerdos, pensamientos y acciones están acumulados ahí y podemos recuperarlos entrando en esas aguas profundas. No se van con la corriente. No se pierden nunca. Podemos introducirnos en el agua siempre que lo deseemos. Y cuando terminamos con el tiempo, salimos del lago y nos sentamos en la orilla, mientras todos aquellos que hemos conocido y amado vienen a darnos la bienvenida y la luz brillante restablece nuestra alma.

Tanto Jade como Nathaniel, e innumerables personas de todo el mundo que han compartido conmigo sus experiencias, llaman a esta orilla «felicidad». Es felicidad. Es la Fuente. Todas las palabras y todas las páginas de este libro cuentan su historia. Es el aliento a partir del cual se crea el cosmos. Existe antes y más allá de todas las dimensiones. Antecede a todo el espacio, todo el vacío, toda la materia, todas las fuerzas y todas las energías. Es el precursor eterno de todo lo que es. Es el origen del campo magnético y de todas las intenciones. Es el amor propiamente dicho, y es lo que engendra amor. Recibe muchos nombres, pero escapa al conocimiento.

Es nuestro verdadero hogar.

Es donde por última vez nos deshacemos de los cuerpos y las máscaras, que arrojamos al torbellino de la eternidad. Es donde por fin comprendemos esa verdad trascendente de la naturaleza eterna del alma, de su viaje al hermoso sueño que es la vida. Es donde despertamos tras miles y miles de sueños, y donde nacemos tras miles y miles de nacimientos.

El fin es solo el principio.

Agradecimientos

Nuestro mayor agradecimiento es para Gideon Weil, el extraordinario editor de HarperOne. Tras leer el primer borrador, las magistrales ideas y la inspirada visión de Gideon para este libro nos llegaron a ambos muy adentro, y entonces supimos que habíamos encontrado al colaborador perfecto. Gracias también a la editora de producción, Suzanne Quist, a la ayudante de edición, Babette Dunkelgrun, y a todo el equipo de HarperOne por su diestro trabajo en este libro. Valoramos todo lo que han hecho.

Estamos muy agradecidos a Tracy Fisher, nuestra excepcional agente de William Morris Endeavor, cuya ayuda ha sido valiosísima a lo largo de los años. Ella ha orientado con pericia este proyecto desde su inicio. Nuestro agradecimiento se hace extensivo a su ayudante, Pauline Post, por sus esfuerzos y su apoyo entusiasta.

Estamos en deuda con todas las organizaciones que han albergado nuestros actos a lo largo de los años y han procurado la fuente de muchos de los milagros descritos en el libro. En concreto, el Instituto Omega ha ofrecido respaldo constante y un entorno curativo idílico para nuestros retiros y talleres más concurridos. Gracias especialmente a Carol Donohoe por facilitar estos fantásticos acontecimientos en Omega. Hay House ha organizado expertamente la mayoría de nuestros seminarios de un día así como algunos más largos. Damos en particular las gracias a Reid

Tracy, máximo responsable de Hay House, y a Mollie Langer y Nancy Levin, que nos han ayudado de manera incansable a influir en la vida de miles de participantes en los talleres.

Por su *input* y sus prudentes consejos así como por su relato, todo el agradecimiento y el cariño para Jordan Weiss.

También queremos reconocer la labor del afectuoso y leal S., cuyos penetrantes comentarios dieron forma literalmente a las páginas de este libro.

Este libro no existiría sin los sesenta y ocho fabulosos colaboradores que han compartido sus palabras con el mundo. Nuestras propias palabras no pueden expresar lo agradecidos que nos sentimos. Gracias a Renata Bartoli, doctora; Wayne-Daniel Berard, doctor; Bryn Blankinship, CMHt [equipos comunitarios de salud mental]; Lori Bogedin; Kaaran Bowden; Michelle Brock; Michael Brown, MSSW [máster de ciencia en trabajo social]; Marylyn Calabrese; Maria Castillo, LC SW [trabajadora social clínica]; Cherelle; Valarie Coventry; Horace Crater, doctor; Cynthia; Dave; Eileen de Bruin; Nikkie DeStio; rev. Cindy Frado; Mara Gober; Susie Gower; T. H.; Michelle A. Hardwick; Melanie Weil Harrell, M.A. [maestría en humanidades], CH [compañero de honor]; Jessica; Judi; Mira Kelley; Jade Kramer; Patricia Kuptz; Jeannette; Chris Johnson, M.Sc. [maestría en ciencias]; Lee Leach; Michelle Lin, D.D.S. [doctora en cirugía dental]; Nina Manny, C.Ht. [hipnoterapeuta certificada]; Donna Offerdinger; Judith Oliver, D.V.M. [doctora en veterinaria]; Nathaniel Peterson; Christy Raile, M.S.N., ARNP [enfermera titulada], CRNA [anestesista titulada], HHP [productos salud-hogar]; Toni Reilly; Heather Rivera, doctora, R. N. [enfermera titulada], J. D.; Margie Samuels; Sandy; Aviva D. Shalem; Faith Susan; Terri; Tong; Gregg Unterberger, M.Ed. [máster en educación]: Asia Voight; doctor K. C. Vyas; Donna West, Psy.D. [doctora en psicología]; Carla White; y Jennifer Williams, LCSW [trabajadora social clínica]. Algunos de los autores quisieron firmar con seudónimo, y aunque no los hemos incluido en la lista, les damos igualmente las gracias por sus aportaciones.

Las limitaciones de espacio nos obligaron a dejar fuera algunas historias maravillosas y conmovedoras. Hacemos extensivo también nuestro agradecimiento a quienes enviaron un relato que, por desgracia, no pudimos incluir en el libro.

Y nuestra gratitud más sincera a todas y cada una de las personas de todas partes del planeta que, a lo largo de décadas, han asistido a los talleres, leído los libros, trabajado con los CD y compartido sus historias con nosotros.